U0917042

马克思空间哲学研究

Research of Marx's Space Philosophy

李维意◎著

图书在版编目（CIP）数据

马克思空间哲学研究 / 李维意著. —北京：中央编译出版社，2022.9

ISBN 978-7-5117-4236-0

Ⅰ.①马… Ⅱ.①李… Ⅲ.①马克思主义哲学-研究 Ⅳ.①B0-0

中国版本图书馆 CIP 数据核字（2022）第 139834 号

本书获得河北大学马克思主义学院学术出版基金资助出版

马克思空间哲学研究

责任编辑 李媛媛 彭永强
责任印制 刘 慧
出版发行 中央编译出版社
地 址 北京市海淀区北四环西路 69 号（100080）
电 话 （010）55627391（总编室） （010）55627308（编辑室）
（010）55627320（发行部） （010）55627377（新技术部）
经 销 全国新华书店
印 刷 北京时捷印刷有限公司
开 本 710 毫米×1000 毫米 1/16
字 数 397 千字
印 张 25
版 次 2022 年 9 月第 1 版
印 次 2022 年 9 月第 1 次印刷
定 价 98.00 元

新浪微博：@中央编译出版社 微 信：中央编译出版社(ID: cctphome)
淘宝店铺：中央编译出版社直销店(http://shop108367160.taobao.com) (010)55627331

国家社科基金后期资助项目
出版说明

后期资助项目是国家社科基金设立的一类重要项目，旨在鼓励广大社科研究者潜心治学，支持基础研究多出优秀成果。它是经过严格评审，从接近完成的科研成果中遴选立项的。为扩大后期资助项目的影响，更好地推动学术发展，促进成果转化，全国哲学社会科学工作办公室按照“统一设计、统一标识、统一版式、形成系列”的总体要求，组织出版国家社科基金后期资助项目成果。

全国哲学社会科学工作办公室

目　录

引　言

资产阶级通过空间革命首先开创了世界历史，按照自己的样子重构全球社会空间结构，成为现代性的开启者。资产阶级空间革命把“现实的个人”分割成为相互敌对的两大阵营即资产阶级和无产阶级。资产阶级开启现代历史的过程表现为从乡村城市化到经济全球化的发展。从乡村城市化到经济全球化是资本积累空间化的过程，它们是现代资产阶级登上世界历史舞台的出场方式。由资本逻辑主宰的乡村城市化和经济全球化带来了社会空间的深刻变化，其典型标志就是城市群和地球村的形成发展，以及马克思预言的由“地中海时代”到“大西洋时代”再到“太平洋时代”的全球空间发展格局演变。当今时代，城市成为人类生产生活最主要的空间场域，地球成为“天涯若比邻”的现实生活世界，网络突破地理屏障和空间距离的局限把不同民族国家的人们粘合起来。1967 年，福柯在巴黎的一次小型聚会的演讲中说：“现在的时代也许首先是一个空间的时代。”① 然而，在西方传统中，历史想象始终是占主导地位的思维方式和时代精神。马克思的哲学把历史想象推进到实践唯物主义高度，实现了人类哲学思维方式的革命。我们提出“马克思空间哲学”范畴，旨在系统总结马克思空间哲学体系，确证马克思空间哲学的伟大发现和理论贡献，占领空间问题域的马克思主义理论制高点和话语权。

第一节　马克思空间哲学研究的理论重释与现实价值

马克思把时间理解为人的积极的实践存在方式，把空间理解为实践

① Michel Foucault, “Of Other Space”, *Diacritics*, Vol. 16, No. 1, Spring, 1986, pp. 22 – 27.

活动对象化的确证，阐明了社会空间的实践本质和演变规律，揭示了社会运动的空间存在方式，创立了马克思主义的空间哲学，为我们破解空间问题和从事空间实践提供了科学的世界观和方法论。在西方哲学社会科学“空间转向”中，马克思被指认为空间存在、空间生产和空间正义等问题的缺场或失语，失去了应有的主导地位和指导作用。对此，我们必须给予坚决驳斥。马克思的实践唯物主义和历史唯物主义不仅揭示了社会空间的本质及其发展规律，而且对资本空间的“人体解剖”揭示了资本剥削劳动的秘密，论证了现实“必然王国”走向理想“自由王国”的发展趋势，为无产阶级空间解放指明了方向。资产阶级开启的现代性实现了资本空间解放，马克思关心的是劳动空间解放。资本和劳动关系的变化创造着全新的社会空间形式。资本空间化形塑了富人的“天堂”和穷人的“地狱”，为此，马克思主张，颠覆资本空间，实现劳动空间解放，使劳动者成为空间生产和空间关系的主人。今天，中国已经进入全面深化改革开放的新时代，新时代是由中国共产党领导的各族人民共同奋斗的一场劳动空间革命，它需要我们从马克思空间哲学中汲取理论智慧和精神资源。

一、马克思空间哲学研究的理论重释

理论重释重在发现某一理论立场、观点和方法的意义，阐明对同类论题补充了什么新内容、新见解。本书从回答“何谓马克思空间哲学”出发，重点阐明“空间”范畴在马克思主义哲学中的地位作用，论证马克思空间哲学的奠基性、原创性和革命性贡献。理论重释源于理论挑战和实践挑战。马克思空间哲学的理论重释，与西方哲学社会科学的“空间转向”有关，也与我国城乡一体建设、区域协调发展和全球产业重构等空间问题凸显有关。我们认为，“空间转向”应当保持“历史的出场形态”和“时代的视野”①，不能偏离马克思主义哲学的理论方向。在西方哲学社会科学“空间转向”中，马克思的空间致思受到了人们重视。与之相比，我国理论界反应迟钝，在较长一段时间，马克思空间哲学

---

① 任平：《论马克思主义哲学研究的出场学视域》，载《中国社会科学》，2008 年第 4 期，第 6 页。

“游离于我国马克思主义理论研究视野之外”①。从20世纪80—90年代开始，随着我国改革开放的深度发展，城市化和全球化把空间问题投射到马克思主义的核心，于是，回应“空间转向”的理论挑战和破解空间问题的实践挑战同频共振，推动了马克思空间哲学的建构与发展。

（一）用旗帜鲜明的理论立场重释马克思空间哲学

理论立场是指一个理论学说之中所蕴含的基本思维方式和价值原则，是与其他理论学说相区别的根本标志。马克思主义哲学蕴含实践唯物主义、辩证唯物主义和历史唯物主义的立场、观点和方法，蕴含实现人类自由全面发展的价值理想。重释马克思空间哲学必须旗帜鲜明地坚持马克思主义哲学立场，守望人类自由全面发展的价值理想。德里达在提到马克思“批判性立场”时强调，要把“马克思主义批判的精神”与辩证唯物主义和历史唯物主义立场相区别。② 然而，当“批判性立场”背离辩证唯物主义和历史唯物主义轨道时，便是对马克思主义理论方向的偏离。

首先，坚持实践唯物主义的理论立场。在《论马克思哲学的“实践主体”立场》一文中，本人探讨过马克思哲学的理论立场问题，认为“马克思的哲学立场是一元‘实践主体’立场，马克思哲学的‘多元立场’是‘实践主体’立场的展开”③。杨楹教授在《论马克思哲学的理论立场》一文中，概括了马克思哲学的生活、历史、现实、未来、主体、阶级的立场等。④ 其实，这些理论立场是基于“实践主体”立场的多维视域。立足实践主体立场就是从实践活动创造的自然关系和社会关系中把握社会空间，特别是从生产和交往中引出空间概念。马克思阐述的是“实践的空间”⑤，坚持实践活动立论，从实践过程和结果把握空间的本质，把空间理解为实践的形式和社会存在的方式。

---

① 孙江：《马克思的空间生产思想及其当代意义研究》，苏州：苏州大学出版社2019年版，第1页。

② ［法］雅克·德里达（Jacques Derrida）：《马克思的幽灵》，何一译，北京：中国人民大学出版社2008年版，第67页。

③ 李维意：《论马克思哲学的“实践主体”立场》，载《云南行政学院学报》，2006年第4期，第25页。

④ 杨楹：《论马克思哲学的理论立场》，载《哲学研究》，2003年第8期，第23—28页。

⑤ 倪志安、冯文平：《论马克思“实践的空间”思想》，载《黑龙江社会科学》，2014年第4期，第11页。

其次，坚持辩证唯物主义的理论立场。马克思指出：“我的辩证方法……和黑格尔的辩证方法……截然相反。”① 黑格尔坚持唯心主义辩证法，马克思坚持唯物主义辩证法。在辩证唯物主义看来，空间是物质运动的存在方式。恩格斯说，“一切存在的基本形式是空间和时间”②。对于社会空间、空间生产、空间正义等问题的反思必须坚持辩证唯物主义理论立场。马克思对社会时间与社会空间辩证关系的把握丰富和发展了辩证唯物主义，辩证唯物主义是马克思空间哲学的理论基石。马克思恩格斯在《德意志意识形态》《共产党宣言》等著作中，对生产与交往关系的把握、对资本空间的批判、对民族交往向世界交往转变的揭示等，都坚持了辩证唯物主义理论立场。

第三，坚持历史唯物主义的理论立场。历史唯物主义是马克思的两个伟大发现之一。历史唯物主义克服了“半截子唯物主义”的缺陷，实现了社会历史观的革命性变革。大卫·哈维在空间研究中便运用了历史唯物主义分析方法，他将地理学的空间分析与历史唯物主义的时间分析结合起来，阐释了一种历史地理唯物主义方法。③ 历史唯物主义把社会发展规律理解为社会时间的生动体现，把社会空间理解为人化自然，把生产方式理解为社会地理空间和社会交往空间的同构。从社会时间的纵向维度看，人类社会历史遵循一定规律，由低级向高级、由简单向复杂不断发展进步；从社会空间的横向维度看，人类生产和交往活动从地域历史走向世界历史，不断开拓空间发展的新疆域。

（二）用与时俱进的理论观点重释马克思空间哲学

当今世界是一个空间崛起与重构的时代。走向世界历史舞台的中国必须融入全球社会空间。乡村城市化和经济全球化是中国特色社会主义现代化的内在诉求和外部环境。从实践中回应空间问题的凸显，要求我们用与时俱进的理论观点重释马克思空间哲学。系统建构马克思空间哲学体系，旨在把握空间问题的马克思主义学术话语权。空间是马克思哲学的重要范畴之一，马克思对空间哲学具有原创性、奠基性和革命性贡献。用与时俱进的理论观点重释马克思空间哲学就是用马克思主义基本

---

① 《马克思恩格斯文集》（第5卷），北京：人民出版社2009年版，第22页。

② 《马克思恩格斯文集》（第9卷），北京：人民出版社2009年版，第56页。

③ 尹保红：《西方马克思主义空间理论建构及其当代价值》，北京：光明日报出版社2016年版，第38页。

原理破解现实空间问题，实现马克思空间哲学的中国化。

首先，马克思空间哲学坚持社会空间的实践本体论。社会空间是社会运动的存在方式，不仅具有客观性、有限性和无限性，而且具有社会性、属人性和历史性。马克思空间哲学的重要贡献在于把空间理解为社会运动的存在方式，坚持实践唯物主义的空间观。历史进步是时间累积和空间累积的统一，个体生命时间的有限使人们趋于追求生命的宽度，“忙于进行空间与场所、疆域与区域、环境与居所的生产”①。空间是把握实践活动的尺度。福柯认为：“从康德以来，哲学家们思考的是时间……与此相应，空间遭到贬值。”② 马克思则重点探讨了空间的时间真理，强调：“在批判旧世界中发现新世界。”③ “旧世界”意味着资本空间解放，“新世界”意味着劳动空间解放。

其次，马克思空间哲学坚持“社会—历史”的辩证唯物论。社会和历史是时间与空间的统一，但“社会”概念更具空间意蕴，“历史”概念更具时间意蕴。历史是自然史和人类史的统一，马克思对人类史的重点考察被一些人误解为“时间偏好”。实际上，在马克思那里，始终保持着社会的历史时间维度和历史的社会空间维度，基于实践唯物主义的历史唯物论、历史辩证法同样是社会唯物论、社会辩证法。④ 马克思把理想“社会”理解为“人同自然界的完成了的本质的统一”⑤，把社会形态的演变理解为劳动者和生产资料空间结构的变化。马克思以资本空间的世界历史性扩张为切入，考察了资本空间化，论证了劳动空间解放的必然趋势。

第三，马克思空间哲学重在揭示“社会—历史”的空间向度及其发展规律。马克思空间哲学研究把“社会—历史”空间作为研究对象，从人类空间实践出发，探讨了“社会—历史”的空间向度及其发展规律。马克思立足生产与交往的相互作用，揭示了“社会—历史”空间的生产

① 〔美〕迪尔（Michael J. Dear）：《后现代都市状况》，李小科译，上海：上海教育出版社2004年版，第5页。

② 〔法〕米歇尔·福柯（Michel Foucault）：《权力的眼睛》，严锋译，上海：上海人民出版社1997年版，第152页。

③ 《马克思恩格斯全集》（第1卷），北京：人民出版社2016年版，第416页。

④ 章仁彪：《“人化自然”：和谐社会建构中的三大空间论——从“全球化”语境下的当代时空观谈起》，载《同济大学学报（社会科学版）》，2007年第4期，第36页。

⑤ 《马克思恩格斯文集》（第1卷），北京：人民出版社2009年版，第187页。

和再生产。马克思的《关于费尔巴哈的提纲》和马克思恩格斯的《德意志意识形态》是其空间哲学的形成标志，他们论证了“自在自然空间”向“人化自然空间”和“社会关系空间”的历史生成，以生产方式为尺度，分析了社会空间形态的演变规律。马克思通过资本空间批判论证了劳动空间解放的必然趋势。马克思恩格斯晚年阐述了两种生产理论，揭示了社会空间形态的历史演变，对唯物史观做出了经典表述。

（三）用返本开新的理论方法重释马克思空间哲学

返本开新之“本”就是原汁原味的马克思经典文本，返本开新之“新”重在推陈出新。需要说明的是，虽然我们称之为“马克思空间哲学”，但在实际论述中也包括恩格斯的空间思想，因为马克思恩格斯对于空间问题的理论立场、观点和方法是一致的。打开马克思经典文本便不难发现，马克思空间哲学如“幽灵”一般贯通在社会空间结构、资本空间批判和世界历史发展等问题域。在马克思恩格斯合著的《德意志意识形态》《共产党宣言》，以及马克思的《1844 年经济学哲学手稿》《资本论》及其手稿和恩格斯的《英国工人阶级状况》《论住宅问题》之中，他们从实践唯物主义空间观出发，把“猴体解剖”和“人体解剖”相结合，对资本城市化、资本全球化的空间剥夺、空间扩张等展开批判，形成了空间哲学的基本理论立场、观点和方法。

首先，马克思空间哲学的形成发展与马克思哲学、经济学的形成发展同步。大体分为四个阶段：第一阶段是在 1844 年之前，马克思以英法资产阶级革命的政治成果为参照，对普鲁士封建专制制度展开批判，以劳动异化为武器解剖“市民社会”，揭露资本逻辑对城乡空间结构的重塑。第二阶段是从 1845 年到 1849 年，期间，马克思完成《关于费尔巴哈的提纲》、马克思恩格斯合作完成《德意志意识形态》《共产党宣言》等著作，在对资本城市化、资本全球化展开经验研究基础上，确立空间实践本质论、空间社会本质论，提出世界历史、世界交往、世界市场等范畴，标志马克思空间哲学的形成与发展。第三阶段是从 1850 年到 19 世纪 60 年代末，马克思对资本空间进行深入细致的“人体解剖”，完成《资本论》及其手稿，以雇佣劳动制度为批判对象，以剩余价值论为武器，揭露资本空间剥夺劳动时间的秘密。第四阶段是“马克思晚年面对工业资本主义新发展和人类学研究新成果，聚焦全球工业中心城市化、工业化对东方民族的后效应，最终形成工业资本主义时代中心—

边缘的全球空间结构体系”①。

其次，马克思空间哲学揭露了资本主义生产方式的空间本性。马克思把生产和交往的相互作用理解为一切历史事变的根源，从城市、区域和全球空间层面对工业资本主义的空间向度进行剖析。城市空间研究是马克思空间哲学最初出场方式。借助城市空间解剖，马克思确立了市民社会决定国家和法的思想。工商业城市是市民社会的空间存在样态和无机躯体。城市空间是市民社会解剖的重要方面。基于城市空间研究形成的“生活决定观念”思维方法颠覆了头足倒置的黑格尔哲学。城市空间研究推动了马克思空间哲学形成。区域空间城乡对立研究是马克思空间哲学重点反思的问题。城乡对立和区域不平衡发展是资本主义生产方式空间表达的结果。城市成为资源集聚中心，乡村成为资源耗散边缘。资本主义大工业把原本统一的社会空间撕裂开来，由此，一部分人变成城市动物，一部分人变成乡村动物。全球空间结构分裂研究是马克思空间哲学的世界历史视野。马克思分析了资本主义生产方式对全球社会空间的剥夺，揭示了“野蛮民族”与“文明民族”在世界历史空间的并联互动。全球空间结构分裂彰显了资本空间化的力量，暴露了人类空间存在方式的危机。颠覆资本空间压迫，实现劳动空间解放，是世界历史时代赋予马克思的重大课题。马克思空间哲学阐明了劳动空间解放的必然规律，为无产阶级空间解放提供了理论指南。

二、马克思空间哲学研究的现实价值

空间是由人与自然和人与人的关系构成的现实生活世界。现实生活世界既是人类筑造和栖居的场所，又是生活按照人类本性的实践布展。空间既是一个理论问题又是一个实践问题。理论意义重在“解释世界”，即对空间问题做出马克思主义的阐释；实践意义重在“改变世界”，即用马克思空间哲学指导空间实践。现代化是每一个民族国家都无法回避的现实境遇。全球化运动、城市化浪潮、网络化进程此起彼伏、相互交织，它们是现代化时间旋律中跳动的空间音符。全球化的纽带把人类连接成为天涯若比邻的地球村，城市化的桥梁把人类生存空间紧缩，网络化的平台昭示着“距离的死亡”。这一切使人们重新审视现代化的空间

① 孙江：《马克思的空间生产思想及其当代意义研究》，苏州：苏州大学出版社 2019 年版，第 4 页。

之维。米歇尔·福柯说："我们处在共时性的时代。"① 在这个空间崛起的时代，距离的远近、关系的疏密经常被颠覆。空间问题域涉及城市化、区域化、全球化、网络化等，对空间问题的阐发必须坚持马克思主义哲学的立场、观点和方法，偏离马克思主义哲学的"空间转向"，最终必将走向马克思主义的反面。

（一）加强马克思空间哲学研究能够为我国城乡融合发展提供理论依据

城乡空间关系问题是马克思空间哲学研究的重要问题之一。马克思立足人类物质生产的时空辩证法，"揭示了人类文明空间结构由分散孤立到整体发展的演化趋向。"② 其中，乡村城市化是资产阶级现代历史的开启，是资产阶级开创世界历史的前提，是资本追逐剩余价值的必然结果。工商业城市的崛起就是工业资产阶级和商业资产阶级的崛起。马克思提出的"乡村城市化"概念表达了资本对城乡空间关系形塑及城乡空间结构的发展趋势。乡村与城市是人类创造的两大社会空间形态。借助乡村城市化的进程，资产阶级在城市空间获得了自由发展的场域，按照资本增殖的意愿实现了生产资料与自由劳动者的结合。商人阶级的发展为远程贸易准备了主体力量，当然，远程贸易的实现取决于交通工具的发展、沿途的社会治安和这些地区的社会需要。

首先，马克思空间哲学揭示了城乡空间分离与对立的经济根源。在《德意志意识形态》中，马克思恩格斯认为，分工发展水平是生产力发展水平的显著标志，城乡分离是物质劳动和精神劳动最大的一次分工。由资本主义生产方式主导的城乡分离是资本对于地产的胜利。城乡对立的实质是有产者与无产者的对立，是剥削与被剥削、统治与依附关系的体现。资产阶级的兴起加剧了城乡空间的对立与冲突。"城乡之间的对立是个人屈从于分工……的最鲜明的反映"③。资本主义私有制的发展推动了分工发展，加剧了城乡空间的分离与对立。城乡空间的分离意味着资本和地产的分离，意味着资本摆脱地产束缚获得了长足发展的空间。在大工业和世界市场基础上，资本主义工商业城市迅速取代了自然形成的

---

① Michel Foucault, "Of Other Space", *Diacritics*, Vol. 16, No. 1, Spring, 1986, pp. 22 -27.

② 田毅鹏、张金荣：《马克思社会空间理论及其当代价值》，载《社会科学研究》，2007年第2期，第15页。

③ 《马克思恩格斯文集》（第1卷），北京：人民出版社2009年版，第556页。

城市。

其次，马克思空间哲学揭示了城乡空间融合发展的历史趋势。城市化是现代化的重要标志。资本主义兴起与发展是城市不断发展壮大并战胜乡村的过程。城市空间为资本和雇佣劳动的自由结合创造了宽松环境，于是，一个有组织的市民社会迅速形成，这便是早期的资本主义。机器大工业是推动城市化的物质力量，资产阶级是推动城市化的主体力量。在资产阶级时代，城乡关系的最大特点是城乡空间的分离与对立，或者说，资产阶级推动了乡村城市化运动，城市成为资本主义生产方式空间表达的体现。城乡空间对立的现实表现是资产阶级与无产阶级的尖锐对立。马克思恩格斯认为，破解城乡空间对立必须颠覆资本空间，实现劳动空间解放，从而为城乡融合发展开辟广阔道路。

第三，马克思空间哲学提供了破解城乡空间结构问题的理论智慧。在经济全球化资本逻辑笼罩下，我国的城市化运动产生了“双刃剑”效应，一方面，城市化运动推动了我们社会经济的高速发展，另一方面，出现了城乡空间关系发展失衡、大城市病等问题。为此，推动中国的城市化运动，必须坚持马克思空间哲学的指导，既要大力推动乡村振兴，又要重视城市空间正义的实现，在我国城市社会空间迅速崛起的时代，坚持市场配置资源和政府宏观调控的有机结合，围绕城乡融合发展，合理处理城乡空间关系。“如果背离马克思主义，我国的城市化道路就会迷失方向。”① 面对我国全面改革开放过程中，公民的空间剥夺感、压迫感日趋增强，空间生存危机日益凸显等问题，需要从马克思空间哲学中汲取智慧。

（二）加强马克思空间哲学研究能够为我国融入经济全球化提供价值指南

经济全球化是空间崛起时代我们面临的世界历史际遇。经济全球化的深度发展使马克思主义哲学研究的空间向度彰显出来。马克思虽然没有提出过“全球化”概念，但是我们却不能否认他有着丰富的“全球化”思想。“马克思‘世界交往’理论中蕴涵着丰富的全球化思想。”②

① 杨小冬、贺善侃、高晓红：《基于城市化的马克思空间正义思想探析》，载《中国地质大学学报（社会科学版）》，2020年第3期，第19页。

② 唐踔：《“世界交往”视阈下的马克思全球化思想》，载《甘肃联合大学学报（社会科学版）》，2012年第1期，第1页。

马克思认为，生产力与交往形式的矛盾运动是全球化最深厚的根源。世界交往使全球化变成经验事实，它意味着人类生产、交往活动突破民族的地域的空间壁垒扩大到全球社会空间。全球范围不同民族、国家不仅现实地联系在一起，而且也使人们的理论视野从民族、国家、地域立场提升到从全球出发、从全世界出发、从整个人类出发。

首先，马克思空间哲学揭示了经济全球化的推动力量和历史作用，为我国融入经济全球化指明了方向。生产力和交往是全球化的直接推动力量，大工业为全球化准备了物质基础，交通运输工具的改善克服了交往范围扩大所遇到的空间障碍，推动了生产组织的变革和市场的扩展。资产阶级开启了经济全球化的历史时代，资产阶级出于掠夺资源、倾销商品的需要力图摧毁任何民族国家的孤立隔绝状态。经济全球化是资产阶级开启的，是资本逻辑空间化表达的结果。资本积累的目的伴随着资本主义世界市场计划而逐步实现。马克思认为，资产阶级在历史上曾经起过非常革命的作用，经济全球化的开启正是资产阶级伟大革命作用体现之一。因为世界市场的开辟为大工业的发展提供了广阔空间。

其次，马克思空间哲学揭示了经济全球化的资本逻辑，为构建经济全球化的“真实共同体”逻辑提供了理论指南。资本具有持续增值的本性，它不仅需要兜售过剩产品，而且需要到处掠夺原料。资本对剩余价值的追求是无限的、贪婪的，其结果，必然把整个地球空间作为它的原料产地和商品市场。经济全球化的资本逻辑造成全球社会空间的分裂，即“未开化和半开化的国家从属于文明的国家”“农民的民族从属于资产阶级的民族”“东方从属于西方”。① “三个从属于”从国家关系、民族关系、地域关系层面阐述了资本主义经济全球化的本质特征。资本逻辑建构的全球空间结构是落后民族国家的陷阱，一旦掉入其中，便会承受资本主义空间剥夺的命运。

第三，马克思空间哲学论证了全球化的共产主义必然取代全球化的资本主义。资本空间化是资产阶级开辟世界市场的本质规定，它一般是通过强制性的空间扩张、空间占有和空间重组实现的。资本主义生产方式打破过去民族的地域的国家的空间壁垒，建立了经济全球化的空间格局，在传播现代文明的同时加剧了全球空间剥削。资本空间化的结果是

① 《马克思恩格斯文集》（第2卷），北京：人民出版社2009年版，第36页。

空间资本化，是全球化的资本主义。全球化规定了资本主义的空间界限，全球化把资本与劳动的矛盾冲突推向了顶点和最高阶段。马克思认为，资产阶级开创了世界历史但却没有终结世界历史，资产阶级所主导的经济全球化为共产主义的经济全球化提供了条件。伴随无产阶级成为空间革命的主体力量，经济全球化发展的最终结果必将是全球化的共产主义。

（三）加强马克思空间哲学研究能够为人类命运共同体构建提供哲学理念

2018 年，北京大学以“马克思主义与人类命运共同体”为主题举办了第二届世界马克思主义大会。《共产党宣言》与人类命运共同体的关系等问题受到与会专家的广泛讨论。期间，美国学者大卫·哈维在接受采访时指出，“命运共同体应该被看作是一个克服异化和超越异化的社会”。① 命运共同体理念开阔了问题域，但究竟会发生什么，取决于政治行动的意义填充。《共产党宣言》是马克思主义诞生的标志。《共产党宣言》揭示了资产阶级开创世界历史过程中，资本积累空间化逻辑让位于共产主义逻辑的必然趋势。《共产党宣言》是马克思空间哲学的标志性成果，但是，“其中关于全球空间的思想在一定程度上被遮蔽了”②。

首先，马克思空间哲学揭示了资本积累空间化逻辑让位于共产主义“自由王国”空间逻辑的世界历史基础。资产阶级第一次开创世界历史，推动全球社会空间一体化发展，全球社会空间发展又为西方资本主义崛起注入强劲动力。资产阶级全球扩张是非正义的，但却为共产主义“自由王国”创造了世界历史条件。资本逻辑的空间化导致空间资源占有的贫富分化，少数民族国家成为资本空间化的受益者，多数民族国家成为资本空间化的受害者。马克思从全球社会空间分裂视角指出，资本主义生产方式空间表达造成“文明的灾祸”。资本主义私有制把公共自然空间和社会空间转变成为私有空间，导致了空间霸权体系的形成。破解“文明的灾祸”必须消灭私有制、剥夺剥夺者，实现劳动空间解放。

其次，马克思空间哲学揭露了基于资本主义私有制的资产阶级共同体的虚假性。通过对资本空间的“人体解剖”，马克思认为，“以资本为

---

① 邱华宇、崔琳菲：《从空间维度理解马克思主义及现实——访美国纽约城市大学教授大卫·哈维》，载《理论视野》，2018 年第 9 期，第 21—26 页。

② 左路平、赵爱霞：《〈共产党宣言〉蕴涵的全球空间思想与人类命运共同体构建》，载《石河子大学学报（哲学社会科学版）》，2018 年第 6 期，第 2 页。

基础的生产”形成了资产阶级“虚假共同体”。“真实共同体”取代“虚假共同体”是历史必然趋势。马克思对“虚假共同体”的揭露以及对资本主义空间生产的生态批判，为我们“建立人类命运共同体的空间形态”① 指明了方向。人类命运共同体是在社会主义制度和资本主义制度并置、博弈和翻转的空间逻辑基础上，“社会主义引领全球化新时代的逻辑”②。

第三，人类命运共同体是马克思追求的“真实共同体”的现实形态。走近世界舞台中央，雄立世界民族之林，实现中华民族的伟大复兴，我们面临着前所未有的机遇和挑战。为顺应世界多极化、经济全球化、社会信息化和文化多样化趋势，我国向全球社会提出了构建“人类命运共同体”，其根本目的在于将和平发展理念落地，把共赢共享思想推广，充分发挥政府宏观调控和市场资源配置的优势，避免和克服资本空间化危机，抵御空间霸权主义。构建人类命运共同体新理念既是对文明冲突论、西方中心论的有力回应，又是向世界庄严宣告构建人类空间文明新形态的中国方案。人类命运共同体的中国方案旨在建立一种全世界范围、全人类意义的新型联合体，它的特点是“以文明交流超越文明隔阂、文明互鉴超越文明冲突、文明共存超越文明优越”③，打破资本制度文明的空间霸权，坚持多边立场、开放共享、差异发展、共生共赢。

第二节　马克思空间哲学研究的文献综述

《马克思空间哲学研究》的文献综述包含三个问题，即文献回顾、研究不足和未来研究趋势。从文献回顾看，主要是梳理《马克思空间哲学研究》的相关著作、学术论文和学位论文情况，这些文献大体分为三类：第一类，是以马克思空间哲学研究为主题的研究文献，包括对经典作家马克思、恩格斯、列宁、毛泽东、邓小平等空间思想研究，主要涉及空间实践、社会空间、空间生产、空间正义、资本空间化等领域的内

① 孙全胜：《马克思“空间生产”生态批判伦理的三重理论形态》，载《重庆社会科学》，2020 年第 7 期，第 43 页。

② 宋朝龙：《〈共产党宣言〉的空间逻辑与人类命运共同体的构建》，载《学术论坛》，2018 年第 3 期，第 20 页。

③ 习近平：《决胜全面建成小康社会，夺取新时代中国特色社会主义伟大胜利》，北京：人民出版社 2017 年版，第 59 页。

容。第二类，是以马克思空间哲学相关范畴为主题的研究文献，包括马克思恩格斯的人化自然思想、世界交往思想、世界历史思想、世界市场思想、全球化思想、国际关系思想、乡村城市化思想、土地思想等方面的文献。第三类，是西方哲学社会科学“空间转向”理论家的空间思想研究，包括列斐伏尔的空间生产理论、大卫·哈维的历史地理唯物主义和资本主义城市空间思想、福柯的权力空间思想、苏贾的三元辩证法和“第三空间”、鲍德里亚的空间批判思想、曼纽尔·卡斯特尔的网络社会等。总体看，以马克思空间哲学为主题的直接文献较少、间接文献较多。从现有研究的不足看，表现为多学科角度专门化、系统化的研究缺乏，理论价值和现实价值挖掘得不深，破解空间相关现实难题的思路狭窄，研究方法改进、创新不够多样等。从未来研究发展趋势看，应当加强马克思空间哲学的中国化研究，尤其是深入挖掘毛泽东、邓小平、习近平的空间哲学思想，加强面向城市化和全球化的空间哲学研究，加强当代西方哲学社会科学“空间转向”理论家的交流互鉴，加强研究方法的改进与创新等。

一、马克思空间哲学研究的文献回顾

《马克思空间哲学研究》的现有相关文献是我们继续开展研究的文献基础。通过现有文献回顾、梳理与反思，我们能够从整体上把握马克思空间哲学研究的现状、已经取得的成就、存在的不足和未来研究的趋势。2021 年 5 月 5 日，通过“读秀”学术搜索和中国知网对马克思空间哲学研究相关文献进行了搜集，从结果看，书名中包含“空间哲学”的著作有 2 部，包含“马克思 + 空间”的著作有 21 部；通过中国知网探索“马克思 + 空间”的 CSSCI 论文有 203 篇，“马克思 + 空间”的博士论文 12 篇。总体看，研究文献基础相对薄弱，文献资源相对不足。

（一）与《马克思空间哲学研究》选题相关的学术著作

从“读秀”学术探索篇名为“空间哲学”的著作有 2 部：一是谭长流著《空间哲学》（2009 年），他在此书中论及空间的认识、性质、宇宙、质量、时间、生成等，是从自然哲学意义上对空间的致思，但并不是以“马克思空间哲学”为主题的著作。二是童强著《空间哲学》（2011 年），他从爱因斯坦空间相对论入手，论证了空间的不确定性，探讨了社会空间的构成及特点，虽然与马克思空间哲学具有一定的关联性，但也不是以马克思空间哲学为主题的著作。

首先，我国学者与马克思空间哲学研究主题相关的学术著作。2021年5月5日，从“读秀”学术探索“马克思＋空间”且考虑与本论题的相关性，主要著作有21部。主要包括：包亚明主编《后现代性与地理学的政治》(2001年)、包亚明主编《现代性与都市文化理论》(2008年)、孙江著《“空间生产”——从马克思到当代》(2008年)、侯斌英著《空间问题与文化批评——当代西方马克思主义空间理论》(2010年)、李春敏著《马克思的社会空间理论研究》(2012年)、袁久红编《西方马克思主义空间政治理论》(2013年)、武廷海等著《空间共享——新马克思主义与中国城镇化》(2014年)、王晶著《用时间消灭空间——论马克思恩格斯的传播时空观》(2014年)、张佳著《大卫·哈维的历史地理唯物主义理论研究》(2014年)、朱杰编著《空间的生产——马克思主义新闻思想简论》(2014年)、刘进，李长生著《“空间转向”与当代西方马克思主义文学批评研究》(2015年)、周和军著《西方新马克思主义空间理论与当代都市文化研究》(2015年)、张荣军著《马克思主义空间理论及其当代价值研究》(2016年)、林密著《意识形态、日常生活与空间——西方马克思主义社会再生产理论研究》(2016年)、刘艳龙著《马克思的空间经济学思想研究》(2016年)、尹保红著《西方马克思主义空间理论建构及其当代价值》(2016年)、罗敏著《马克思主义社会空间理论及其在城乡关系上的应用研究》(2016年)、尹才祥和袁久红著《西方马克思主义空间政治理论》(2016年)、孙江著《马克思的空间生产思想及其当代意义研究》(2019年)、王志刚著《马克思主义空间正义理论的历史逻辑》(2020年)。

其次，西方哲学社会科学“空间转向”理论家与马克思空间哲学研究相关的代表著作。主要包括：〔法〕列斐伏尔著《空间的生产》(1991年)、《空间与政治》(2008年)、《马克思的社会学》(2013年)、《日常生活批判》(2018年)、《都市革命》(2018年)等；〔美〕戴维·哈维著《希望的空间》(2006年)、《后现代的状况》(2013年)、《正义、自然和差异地理学》(2010年)、《新帝国主义》(2019年)；〔美〕爱德华·W. 苏贾著《后现代地理学——重申批判社会理论中的空间》(2004年)、《寻求空间正义》(2016年)；〔西班牙〕曼纽尔·卡斯特尔著《网络社会的崛起》(2001年)；〔法〕米歇尔·福柯《福柯访谈录：权力的眼睛》（1999 年）、《疯癫与文明：理性时代的疯癫史》（1999 年）；〔法〕鲍德里亚著《生产之境》（2005 年）、《消费社会》（2009 年）、《物体系》（2019 年）。

（二）与《马克思空间哲学研究》选题相关的学术论文

2021 年 5 月 5 日，从中国知网搜索“马克思 + 空间”的 CSSCI 论文共 203 篇。这些论文的主题涉及空间哲学的相关研究、实践唯物主义和历史唯物主义视域的空间问题研究、马克思政治经济学视域的空间问题研究、马克思道德哲学视域的空间问题研究、关于西方哲学社会科学“空间转向”过程中新马克思主义的空间理论研究。

首先，围绕“空间哲学”的相关研究。国内学者在研究西方哲学社会科学“空间转向”理论家的空间思想时开始使用和论及“空间哲学”问题。如汪行福的《空间哲学与空间政治——福柯异托邦理论的阐释与批判》（2009 年）、强乃社的《空间性与社会理论重建——苏贾空间哲学思想的一条重要线索》（2011 年）、刘洋等的《列斐伏尔日常生活批判的空间哲学转向》（2012 年）、强乃社的《资本主义的空间矛盾及其解决——大卫·哈维的空间哲学及其理论动向》（2012 年）、傅立宪的《时间与空间的双重变奏——大卫·哈维的空间哲学探赜》（2013 年）、王勇的《福柯的空间哲学异托邦特质思想分析》（2014 年）、刘鹏飞等的《空间哲学的资本批判维度探赜》（2017 年）、王志刚的《当代资本主义的空间正义批判及其限度——基于爱德华·苏贾的空间哲学》（2020 年）。另外是对中国化的马克思主义空间哲学相关问题的研究，如张厚军等《毛泽东思想的空间哲学意蕴》（2017 年）、陈良斌的《空间哲学视域下中国道路的样本意蕴及其想象力》（2019 年）、《马克思空间哲学的研究对象、内容结构和出场方式》（2019 年）等。

其次，实践唯物主义和历史唯物主义视域的空间问题研究。主要围绕“实践的空间”“社会空间”“空间批判”“空间理论的中国化”“历史唯物主义的空间维度”“空间解放”等问题展开。如戴维·哈维、郇建立的《马克思的空间转移理论——〈共产党宣言〉的地理学》（2005 年）、张文喜的《从空间维度反思欧洲中心主义历史观——黑格尔与马克思比较》（2005 年）、田毅鹏等的《马克思社会空间理论及其当代价值》（2007 年）、张康之的《基于人的活动的三重空间——马克思人学理论的自然空间、社会空间和历史空间》（2009 年）、李春敏的《〈博士论文〉：马克思空间思考的重要起点》（2010年）、李春敏的《马克思恩格斯对城市居住空间的研究及启示》（2011年）、赫曦滢等的《马克思主义空间理论的批判性重构》（2011年）、姚顺良的《“自由时间是人的发展空间”——马克思“人生时间”哲学发微》（2011年）、胡大平的《马克思主义与空间理论》（2011年）、胡潇的《空间的“生产性”解读——马克思恩格斯空间理论多维释义之一》（2012年）、龚培河等的《是马克思主义历史决定论还是历史宿命论？——论“可能性空间”说的逻辑困境》（2012年）、张立波的《历史·政治·空间：2011年的马克思主义哲学研究》（2012年）、胡潇的《空间的社会逻辑——关于马克思恩格斯空间理论的思考》（2013年）、王刚的《回归原初话语：经典马克思主义的空间地理学探析》（2013年）、张志的《马克思主义中国化的空间视域》（2013年）、孙全胜的《马克思主义社会空间现象批判伦理的出场形态》（2014年）、倪志安等的《论马克思“实践的空间”思想》（2014年）、魏强的《马克思现代性思想的演进逻辑与空间批判理论的出场——从马克思主义出场学视域看》（2014年）、胡潇的《空间现象的文化解读——基于马克思恩格斯空间理念的思考》（2014年）、戴卫华等的《从时间范式、空间范式到时空整体范式——马克思主义帝国主义理论的当代审视》（2015年）、李红章的《空间下沉的隐喻与逻各斯的重建——论马克思意识形态的批判叙事》（2015年）、胡潇的《社会形态的空间界画——试论马克思关于历史考量的空间尺度》（2015年）、熊小果的《马克思历史唯物主义的空间在场》（2015年）、张厚军的《马克思主义空间理论发展及其中国化创新》（2016年）、车玉玲的《空间修复与“城市病”：当代马克思主义的视野》（2017年）、张哲的《马克思恩格斯社会空间思想的理论视野及其当代启示》（2017年）、高广旭的《空间、时间和语言——重新理解马克思哲学的存在论革命》（2018年）、王雨辰的《马克思主义空间理论与当代都市空间问题》（2018年）、王丽丽的《从西欧社会到东方社会：马克思晚年关于社会形态问题的空间转向——兼论马克思思想的整体性和连贯性》（2018年）、吴猛的《费尔巴哈的空间原则与马克思〈1844年经济学哲学手稿〉》（2018年）、张荣军等的《马克思主义空间理论视域中的当代资本布展》（2018年）、李维意的《论世界交往的空间效应——基于马克思资本与劳动关系的现代性批判视角》（2019年）、李维意的《马克思“现实的个人”空间解放的历史逻辑》

（2019 年）、付清松的《马克思的实践空间观及其理论潜能》（2020 年）。

第三，马克思政治经济学视域的空间问题研究。主要围绕“空间生产”“资本全球化”“空间经济”“资本空间批判”等问题展开。任平的《论空间生产与马克思主义的出场路径》（2007 年）、仰海峰的《弹性生产与资本的全球空间规划——从马克思到哈维》（2008 年）、彭必源的《马克思价值决定中的时间性与空间性分析》（2009 年）、李春敏的《马克思的空间思想初探——〈1857—1858 年经济学手稿〉解读》（2009 年）、李春敏等的《资本全球化视阈下的几个社会空间问题——马克思的社会空间思想初探》（2010 年）、林密的《马克思资本主义生产方式批判的空间视域》（2011 年）、李春敏的《马克思恩格斯论资本主义空间生产的三重变革》（2011 年）、单许昌的《空间经济研究中马克思主义与新古典两条路径的关联》（2012 年）、武剑等的《马克思主义空间政治经济学：研究进展及中国启示》（2013 年）、孙乐强的《〈资本论〉与马克思的空间理论》（2013 年）、宋华等的《马克思经济学与西方经济学空间经济理论的比较》（2013 年）、袁久红的《马克思〈1857—1858 年经济学手稿〉中的空间思想及其政治意蕴》（2014 年）、孙全胜的《马克思主义社会空间生产批判的伦理形态》（2014 年）、王南湜的《解释“时空压缩”现象需要“空间转向”吗？——一种基于扩展马克思剩余价值论的透视》（2015 年）、王志刚的《马克思〈政治经济学批判大纲〉中的空间思想》（2015 年）、高玉林的《资本的空间限度——马克思主义对资本主义的空间批判》（2015 年）、高晓溪等的《生存论转向与资本的空间诠释学——基于马克思主义的视角分析》（2015 年）、白刚等的《〈资本论〉：马克思的希望空间》、徐国松的《时间和空间：马克思经济学分析的两个核心维度》（2015 年）、杨奇才等的《空间级差地租：基于马克思地租理论的研究》（2017 年）、杨建飞等的《从剩余价值、地租到当代城市空间资源的占有与配置——马克思地租理论的逻辑与发展》（2017 年）、郑丽莹的《马克思主义存在空间缺场吗？——基于对〈资本论〉及其手稿的文本考察》（2017 年）、夏一璞的《马克思资本空间化思想的现实启示》（2018 年）、黎家佑的《马克思主义视野下空间生产的历史考察》（2018 年）、赫曦莹的《马克思主义空间政治经济学的叙事逻辑及对当代中国的启示》（2018 年）、林密的《马克思“以时间消灭空间”的空间生产思想及其深层逻辑探微》（2019 年）、孔妍等《空间视域下马克思货币资本理论的三个维度》(2019 年)、温权的《政治哲学批判的空间形而上学叙事》(2019 年)、李辉等《马克思空间思想及其思想政治教育价值》(2019 年)、孙全胜的《马克思“空间生产”的理论形态》(2020 年)、孙全胜的《马克思“空间生产”生态批判伦理的三重理论形态》(2020 年)、孙全胜的《论马克思“空间生产”生态批判伦理的路径及启示》(2020 年)。

第四，马克思道德哲学视域的空间问题研究。主要是围绕“空间正义”等问题开展的讨论。如刘红雨的《论马克思恩格斯空间正义思想的三个维度》(2013 年)、王志刚的《马克思主义空间正义的问题谱系及当代建构》(2017 年)、齐勇等的《马克思主义空间思想的人民性》(2017 年)、张凤超等的《乡村振兴与城乡融合——马克思空间正义视阈下的思考》(2017 年)、罗方禄的《网络空间对马克思主义人的本质的确证》(2017 年)、陈联俊的《网络空间中马克思主义认同的挑战与应对》(2017 年)、赫曦滢的《马克思空间正义思想及其当代价值》(2018 年)、张翠的《马克思主义与都市马克思主义的空间正义观比较》(2018 年)、胡潇的《空间正义的唯物史观叙事——基于马克思恩格斯的思想》(2018 年)、李武装的《空间对正义的介入和生产——西方哲学的空间发声与马克思主义的社会空间批判》(2018 年)、裴萱的《马克思主义空间正义与环境美学话语批判》(2019 年)、熊小果的《空间正义的存在论阐释》(2019 年)、李武装的《经典马克思主义的空间正义理论及其当代启示》(2020 年)、杨小冬等的《基于城市化的马克思空间正义思想探析》(2020 年)、袁超的《马克思主义城市空间正义理论在西方的发展脉络及其理论贡献》(2020 年)。

第五，关于西方哲学社会科学“空间转向”过程中新马克思主义的空间理论研究。大卫·哈维的城市空间批判关注的最多，然后就是列斐伏尔的空间生产思想。如刘爱文等《空间经济研究的转向——新经济地理学与马克思主义经济地理学的比较》(2009 年)、李春敏的《论詹姆逊后现代主义空间理论对马克思的继承》(2009 年)、孙萌的《后工业时代城市空间的生产：西方后现代马克思主义空间分析方法解读中国城市艺术区发展和规划》(2009 年)、魏开等的《城市空间生产批判——新马克思主义空间研究范式述评》(2009 年)、何舒文的《城市空间的资本改造——基于新马克思主义分析视角》(2009 年)、高峰的《城市空间生产的运作逻辑——基于新马克思主义空间理论的分析》(2010 年)、章仁彪等的《大卫·哈维的新马克思主义空间理论探析》(2010 年)、张凤超的《资本逻辑与空间化秩序——新马克思主义空间理论解析》(2010 年)、李秀玲等的《"空间生产"思想:从马克思经列斐伏尔到哈维》(2011 年)、张凤超的《新马克思主义批判视阈下的空间命运》(2012 年)、范瑛的《城市空间批判——从马克思主义到新马克思主义》(2013 年)、林青的《结构主义的马克思主义与空间理论的兴起》(2013 年)、孙琳的《场域与空间异化批判——从马克思到列斐伏尔》(2013 年)、陈嘉平的《新马克思主义视角下中国新城空间演变研究》(2013 年)、梁苗的《空间政治与认知图绘——詹姆逊晚期马克思主义文化政治学探析》(2013 年)、乔洪武等的《经济正义的空间转向——当代西方马克思主义的空间正义思想探析》(2013 年)、耿波等的《马克思主义的空间转向与都市空间美学》(2013 年)、王贵楼的《空间转向与价值发掘:西方当代马克思主义空间政治思想探究》(2014 年)、曹海军等的《空间、权力与正义:新马克思主义城市政治理论评述》(2014 年)、齐勇的《西方马克思主义空间生产理论探析》(2014 年)、汪毅等的《新马克思主义空间研究的逻辑与脉络》(2014 年)、尚杰的《物质化了的哲学空间与哲学剧场——福柯眼里的马克思》(2014 年)、卢春雷的《霸权、话语建构、反极权主义:后马克思主义社会批判空间转向》(2014 年)、袁久红的《劳动的空间分工:政治、权力与地方——马克思主义的女性主义者多琳·马西的空间政治哲学》(2014 年)、王贵楼的《空间政治化与策略:当代西方马克思主义空间政治思想》(2015 年)、王志刚的《新马克思主义空间批判范式及当代意义》(2015 年)、刘翠霞的《社会学想象力的空间拓展——哈维的后现代性新马克思主义理论及其启示》(2015 年)、方环非等的《马克思主义城市空间理论的重构—— 一个新马克思主义的视角》(2015 年)、朱军的《"文化转向"的危机与"空间转向"的路径选择:新马克思主义的视野》(2015 年)、董慧等的《"城市权利"何以可能、何以可为?——国外马克思主义空间批判的视野》(2016 年)、董慧的《现代性与城市治理——以国外马克思主义空间批判为线索》(2016 年)、林密的《马克思主义社会批判理论视域中的空间问题——以哈维关于资本积累的空间研究为中心》(2016 年)、王雨辰的《国外马克思主义研究:空间与生态》(2016 年)、金正連的《列斐伏尔与马克思主义空间政治学》(2016年)、洪世键等的《新马克思主义城市空间理论述评及应用反思》(2016年)、王志刚的《城市空间与工人阶级早期形成史的重塑——评卡茨纳尔逊的〈马克思主义与城市〉》(2016年)、陈然的《新马克思主义空间理论与中国城镇化反思》(2016年)、王雨辰等的《空间批判与国外马克思主义解放政治的逻辑》(2016年)、周来顺的《作为文化空间的社会主义——梅茹耶夫对苏联马克思主义的反思与探索》(2016年)、卓承芳的《空间社会理论与西方马克思主义的当代发展》(2017年)、胡大平的《马克思与当代激进社会空间理论》(2017年)、丁乙等《对大卫·哈维空间政治理论局限性的批判反思——来自马克思主义女性主义者多琳·马西的视角》(2017年)、刘怀玉的《城市马克思主义的问题域、空间话语与中国实践》(2017年)、胡大平的《地方性空间生产知识——都市马克思主义的理论形态》(2017年)、孙炳炎的《马克思危机理论的"空间"重构——哈维理论的一重视角阐释》(2017年)、温权的《资本逻辑的空间辩证法及其非正义地理症候的三个悖论——大卫·哈维对马克思政治经济学批判的政治哲学阐释》(2017年)、王志刚等的《马克思主义者如何解读城市空间?——以卡茨尼尔森的都市马克思主义为借鉴》(2017年)、刘怀玉的《马克思主义如何研究城市问题:一种三元空间辩证法视角》(2017年)、胡大平的《社会空间元理论与解放政治学前提重建——西方马克思主义的经验》(2017年)、张佳的《新马克思主义城市空间理论的核心论题及其理论贡献》(2017年)、林密的《空间转向与马克思政治经济学批判的空间化——以列斐伏尔、哈维为中心》(2017年)、冀福俊等的《资本的空间生产与中国城镇化的内在逻辑——基于新马克思主义空间生产理论的视角》(2017年)、张佳的《城市政治话语的空间转向——从马克思主义到新马克思主义》(2018年)、邱华宇等的《从空间维度理解马克思主义及现实——访美国纽约城市大学教授大卫·哈维》(2018年)、杨永强的《从时间到空间:全球化、现代化叙事逻辑的转化——基于新马克思主义空间政治批判的视角》(2018年)、刘鹏飞等《马克思主义解放政治学与空间重塑——以大卫·哈维〈希望的空间〉为参照》(2018年)、陈良斌的《城市化不平衡发展的双重逻辑——基于新马克思主义空间理论视角》(2018年)、谢富胜等的《资本积累驱动下不同尺度地理空间的不平衡发展——史密斯马克思主义空间理论探讨》(2018年)、杨喻清的《苏贾“第三空间”认识论的马克思主义立场》(2019年)、薛稷的《21世纪以来国外马克思主义空间批判理论的发展格局、理论形态和当代反思》(2019年)、林承园的《信息流空间、流动空间与网络社会：卡斯特对新马克思主义空间理论的研究与发展》(2019年)、马志云的《资本主义空间批判的逻辑架构考察——以新马克思主义为中心》(2019年)、刘勇的《都市马克思主义意识形态领域的空间斗争——以列斐伏尔、爱德华·苏贾为线索》(2019年)。

(三) 与《马克思空间哲学研究》选题相关的学位论文

截至2021年5月5日，从中国知网搜索与马克思空间哲学研究主题相关的博士论文12篇。主要包括：孙江的《马克思的空间生产理论及其当代意义》(苏州大学2007年)、侯斌英的《空间问题与文化批评》(四川大学2007年)、杨有庆的《城市与文学的辩证意象：论西方马克思主义文学批评的空间传统》(四川大学2010年)、罗敏的《马克思主义社会空间理论及其在城乡关系上的应用》(电子科技大学2011年)、林密的《意识形态、日常生活与空间——西方马克思主义的社会再生产理论研究》(南京大学2012年)、刘艳龙的《马克思的空间经济学思想研究》(吉林大学2014年)、庄立峰的《马克思的空间理论与城市空间政治学》(东南大学2015年)、熊小果的《马克思视角下资本空间化及其中国启示研究》(上海交通大学2017年)、洪北頔的《劳动的空间分工与地方——多琳·梅西“后马克思主义”空间理论研究》(南京大学2018年)、雷志春的《马克思主义群众观视域下中国网络空间治理模式研究》(华中科技大学2018年)、郑丽莹的《新马克思主义城市学派的城市空间正义思想研究》(福建师范大学2018年)、李长学的《新马克思主义城市空间理论与中国新型城镇化理论比较研究》(中共中央党校2018年)。

二、马克思空间哲学研究的不足之处

时间与空间是辩证唯物主义两个最基本的范畴。在西方哲学社会科学“空间转向”视域中，马克思被冠之以“偏爱时间而疏离空间”之名。实际上，时间与空间哪一个被重视被重释往往与现实问题的凸显有关。马克思空间哲学之所以受贬抑与马克思空间思想的挖掘不足有关，也与西方空间理论家擅长自我标榜有关。西方哲学社会科学“空间转向”发生在20世纪60—70年代，可是，直到20世纪90年代，我国理论界才开始出现关注马克思空间哲学的相关成果。如1992年《国外社会科学》发表了《空间政治学——评〈后现代地理学〉和〈后现代性的条件〉》，这是最早译介西方空间理论家的成果。同一年，出现的一批马克思空间哲学的相关成果，如张可云的《空间经济学新论》、杨吾扬的《经济地理学、空间经济学与区域科学》、卢嘉瑞的《试论空间生产力》《空间资源的开发与利用》、阳兆祥等的《空间无限性问题初探》等。之后，与城市化、全球化等相关的空间问题受到经济学、哲学、社会学和新闻学等学科的密切关注。总体看，学术界对马克思空间哲学的研究虽然取得了一定成绩，但仍然存在诸多不足之处。

（一）从空间哲学角度缺乏专门化、系统化的研究

在马克思的时代，工商业城市取代了自然形成的城市、世界历史已经形成，城市化和全球化作为典型的空间形态已经成为经验事实。马克思对于城市化、全球化问题的致思奠定了我们今天分析空间问题的理论框架。在西方哲学社会科学"空间转向"中，涌现出一大批空间理论家和代表作。如列斐伏尔的《空间的生产》、哈维的《希望的空间》、苏贾的《后现代地理学》、卡斯特尔的《网络社会的崛起》、福柯的《疯癫与文明：理性时代的疯癫史》、鲍德里亚的《生产之境》等。他们与马克思的空间理论有着千丝万缕的联系。我国学术界对马克思空间哲学展开专门化、系统化研究的专著在21世纪以来才开始出现，而且多以中青年学者为主，如孙江的《"空间生产"——从马克思到当代》（2008年）、李春敏的《马克思的社会空间理论研究》（2012年）、张荣军的《马克思主义空间理论及其当代价值研究》（2016年）、刘艳龙的《马克思的空间经济学思想研究》（2016年）、孙江的《马克思的空间生产思想及其当代意义研究》（2019年）、王志刚的《马克思主义空间正义理论的历史逻辑》（2020年）等。目前的研究主要是关于马克思空间经济学、空间政治学的研究，有关于空间生产、空间正义等专题性的研究，但缺乏以"马克思空间哲学"为题的专门化、系统化研究。

（二）理论价值和现实价值挖掘得不深

持续推进马克思空间哲学中国化是彰显马克思主义哲学当代性的主要出场方式。只有实现马克思空间哲学的中国化才能为我们提供研究破解乡村城市化运动和经济全球化浪潮的科学世界观和方法论。马克思空间哲学的生命活力存在于中国特色社会主义现代化的空间实践土壤之中。

诚然，马克思空间哲学思想具有重要的理论价值和现实价值，但是，目前理论界对于马克思空间哲学的理论价值和现实价值挖掘得还远远不够。学院式的阐释和解读较多，现实性的应对和创新较少；译介式的传播研究较多，批判式的创新研究较少，尤其是对城市化、全球化实践中出现的空间结构、空间关系大变局关注和研究不够，对中国日益走向世界交往舞台中心过程中空间结构的裂变和空间关系的冲突缺乏应有的理论准备。马克思空间哲学是在世界历史背景下形成的，深刻揭示了资本积累空间化带来的全球社会空间的冲突与危机，提出了根本解决全球社会空间冲突与危机的理论应对。因此，破解全球社会空间的冲突与危机，既要“回到马克思”，从马克思空间哲学中汲取理论智慧，又要推进马克思空间哲学的中国化，在解决中国特色社会主义现代化进程的空间问题中，彰显马克思空间哲学的现实价值。中国在走向世界交往舞台中心的过程中不能迷失方向，这就是全世界无产阶级联合起来为实现共产主义“自由王国”的理想社会空间而奋斗，同时，又要脚踏实地，以构建人类命运共同体为己任，重构和优化全球社会空间结构和空间关系。

（三）研究方法改进、创新的不够多样

文本解释和文献分析是研究马克思空间哲学的基本方法。文本解释与文献分析属于“我注六经”的方法，就是通过研读马克思空间哲学经典著作，对马克思空间哲学的相关文本做出符合马克思本意的合理分析和正确解释。“我注六经”方法要秉承坚持马克思主义和发展马克思主义的统一，避免曲解或过分解读。比较而言，“‘六经注我’的方法——用马克思主义的观点来论证和支持自己的观点和理论则稍嫌不足。”① 本书研究过程中坚持了价值分析与事实分析相结合、理论诠释与实践批判相统一的方法，以期弥补研究方法亟需改进、创新不够多样的问题。马克思生活的时代和今天的时代相比，城乡化和全球化不仅制度本质不同，而且时代特征不同。马克思对资本的城市化和全球化主要是持一种批判立场，对理想社会空间建构只是提出一些原则性观点。今天中国特色社会主义的城市化和全球化是在以人民为中心的前提下的空间建构过程，因而必须在马克思空间哲学指导下，通过理论创新指导空间实践的发展，

---

① 唐踔：《马克思世界交往理论及其当代价值研究》，广州：世界图书出版广东有限公司2013年版，第106页。

积极推进人类命运共同体建设。

三、马克思空间哲学研究的发展趋势

乡村城市化运动和经济全球化浪潮的发展要求马克思空间哲学做出积极应对。马克思空间哲学研究旨在满足空间理论和空间实践发展的需要，在破解空间问题过程中实现当代出场。马克思空间哲学的发展应当与社会需要同频共振。社会需要通常来自两个方面：一方面，是马克思主义空间理论建设的需要，要针对一些马克思主义者的误解误读和反马克思主义者的歪曲、攻击，实现马克思空间哲学的正本清源、与时俱进，尤其是在应对西方哲学社会科学“空间转向”挑战中保持马克思主义哲学的理论方向和理论原则；另一方面，是指导城乡融合发展、经济全球化等空间实践的需要，坚持把马克思空间哲学与中国特色社会主义的空间实践相结合，在破解空间冲突、空间正义等现实问题中实现马克思空间哲学的中国化。

（一）加强中国化的马克思主义空间哲学研究

中国化的马克思主义空间哲学思想是在运用马克思空间哲学理论破解中国现实的空间实践问题中形成发展起来的。近年来，中国化的马克思主义空间哲学研究产出了一些有价值的成果。大体分为三类：第一类是对毛泽东、邓小平、习近平空间思想的研究。如罗敏等的《空间激励与整合：邓小平对马克思主义社会空间理论的应用与发展》（2010 年）、张荣军等的《毛泽东思想的空间之维》（2014 年）、张荣军的《邓小平理论的空间思想之维》（2014 年）、张厚军的《毛泽东思想的空间哲学意蕴》（2017 年）、唐远清的《习近平总书记的网络空间治理思想》（2017 年）。第二类是以城市空间治理为主的区域空间规划与治理。如张京祥等的《空间治理：中国城乡规划转型的政治经济学》（2014 年）、张兵的《京津冀协同发展与国家空间治理的战略性思考》（2016 年）、刘云中的《突出空间治理的社会主义大国首都城市总体规划》（2017 年）、刘继华等的《新马克思主义空间理论对我国大城市国家治理的启示》（2019 年）、张丽新的《空间治理与城市空间关系重构：逻辑·诉求·路径》（2019 年）、黄怡的《超大城市空间治理的价值、挑战与策略》（2019 年）、黄成亮的《近代中国国家空间治理转型的实践逻辑——兼论新时代背景下空间治理均衡机制的创新》（2020 年）、王开泳等的《“十四五”时期行政区划设置与空间治理的探讨》（2020 年）等。第三类是网络空间治理问题研究。如蔡翠红的《全球大变局时代的网络空间治理》(2019 年)、鲁达非等的《互联网络时代的城市空间演化与空间治理策略》(2020 年)。除以上三个方面之外，加强中国化的马克思主义空间哲学研究应当在以下两个方面继续加强：一是加强习近平空间哲学思想研究；二是以乡村振兴为重点，以城乡融合发展为目标，加强乡村社会、贫困地区空间治理研究。

（二）加强西方发达资本主义国家空间理论的借鉴研究

要密切关注西方发达资本主义国家空间理论的借鉴研究，搜集国外学者研究马克思空间哲学的著作和论文，扩大国际学术交流，在实现马克思空间哲学中国化过程中坚定理论自信。近年来，关于西方哲学社会科学“空间转向”理论家思想的研究日趋增多，从最初以对国外空间理论思潮引介为主到现在的分析鉴别为主，但仍需加强对马克思与当代“空间转向”之间理论联系的深入研究。西方新马克思主义空间理论家关于马克思空间思想的研究主要集中在资本主义空间生产、资本城市化和全球化、空间正义等问题，对资本空间的发展持一种社会空间批判立场。然而，当代中国推进乡村城市化和经济全球化的方式和道路与西方发达资本主义根本不同。西方资本主义的乡村城市化和经济全球化过程是城市剥夺乡村、西方发达国家剥夺东方落后国家的过程。中国特色社会主义的乡村城市化决定了必须走城乡融合发展道路，中国特色社会主义的经济全球化决定了必须走和平发展、合作共赢的发展道路。中国特色社会主义与发达资本主义的空间并置是当代全球化实践最突出的空间问题。在学习借鉴发达资本主义国家一切肯定性成果的过程中妥善处理与发达资本主义国家之间的利益冲突是我们面对的重大课题。

（三）加强全球社会空间冲突的化解策略研究

资产阶级在开创经济全球化的过程中使全球社会空间治理成为一个突出的问题。马克思恩格斯站在世界历史的高度，对资本建构的全球社会空间给予了深刻批判，并且构想了未来全球的理想社会空间即共产主义“自由王国”。近年来，全球社会空间出现历史性大变局，学术界对全球社会空间的变化给予了高度关注。主要围绕以下四个方面展开了研究：一是从马克思空间哲学视角对全球社会空间关系的理论研究。如仰海峰的《弹性生产与资本的全球空间规划——从马克思到哈维》（2008

年）、赫曦滢等的《大卫·哈维：全球空间生产的资本逻辑再认识》（2011 年）、麋海波的《全球资本主义批判：空间视角的理论建构》（2013 年）、陈汝东的《论中国的全球话语空间建构》（2017 年）、任政的《空间重构与全球正义的可能性路径——论大卫·哈维正义的全球视域》（2017 年）、刘莉的《资本全球生产空间结构中城市空间地理的演变——地理学派的新马克思主义城市空间批判理论解析》（2016 年）、左路平的《迈向全球空间正义：人类命运共同体的空间意蕴》（2019 年）等。二是对全球城市的扩张与城市地方化的研究。如杨东峰的《全球复杂性视角下的中国快速城市化》（2012 年）、胡彬的《生产网络、新型空间形式与全球城市崛起：亚太路径之比较与启示》（2015 年）、许鑫等的《中国全球城市构建的三维逻辑：制度环境、区位引力与空间正义》（2017 年）、陈建华的《全球城市的空间二元化机理研究》（2018 年）、刘铭秋的《全球城市：空间转型与历史记忆》（2019 年）、刘铭秋的《全球城市的空间扩张与地方逻辑》（2020 年）、宋道雷的《全球地方化及其悖论：城市空间面临的治理与文化挑战》（2020 年）等。三是对全球空间经济的关联性研究。如刘瑞翔等的《全球空间关联视角下的中国经济增长》（2017 年）、邵朝对等的《全球价值链生产率效应的空间溢出》（2017 年）、宋宪萍等的《全球流通网络的形成及其去地方化：空间生产的视角》（2017 年）、乔小勇等的《全球价值链嵌入的制造业生产分工、价值增值获取能力与空间分异》（2018 年）、倪江飞的《全球价值链生产活动视角下中国经济空间关联度研究》（2019 年）、戴翔等的《中国 OFDI 的全球价值链构建效应及其空间外溢》（2020 年）、韩嵩等的《全球供应链视角下中国物流业国际空间关联测度与分析》（2020 年）等。四是对全球网络空间治理的研究。如沈逸的《全球网络空间治理原则之争与中国的战略选择》（2015 年）、徐佳的《从人性出发探索全球网络空间治理的新思路》（2015 年）、蔡翠红的《全球大变局时代的网络空间治理》（2019 年）、李海敏的《数字丝路与全球网络空间治理重构》（2019 年）、谢晶仁的《以“中国方案”助推全球网络空间治理的意义及路径分析》（2020 年）、毕晟的《应对“逆全球化”中国全球网络空间治理理念的传播》（2020 年）等。经济全球化问题是理论界持续关注的一个热点问题。在中国加快走向世界历史舞台中央的过程中，中国与美国等发达资本主义国家之间的关系日趋复杂和尖锐。因此，从全球空间治理、国际关系、大国交往、人类命运共同体构建等视角加强全球社会空间战略研究，着力于全球社会空间冲突的化解策略研究等，是马克思空间哲学当代建构必须直面的现实问题。

第三节　马克思空间哲学研究的创新之处

理论创新重在揭示社会发展规律，把握历史脉动方向，推动人类文明进步。理论创新离不开实践创新，“实践创新是理论创新的源头活水，也是检验理论创新成果是否正确的唯一标准。”① 马克思空间哲学研究的创新应当坚持理论诠释与实践面向的统一。理论诠释重在尊重马克思恩格斯文本，挖掘空间问题有关论述的本真含义，避免过度解读和曲解；实践面向重在坚持问题导向，从中国改革开放伟大实践、人类命运共同体构建、融入经济全球化过程中遇到的空间问题出发，运用马克思空间哲学的立场、观点和方法做出科学分析。马克思空间哲学研究的创新体现在学术观点、内容结构和研究方法方面。学术观点包括“马克思主张人类实践活动立论的社会空间观”“社会基本矛盾运动是社会空间形态演变的内在机制”“物质生产是时间和空间相统一的载体”“世界交往是由资产阶级主导的空间革命”“资本空间化导致空间资本化”“人的自由解放表现为全新社会空间的创造”“劳动空间解放必然取代资本空间统治”等。内容结构包括实践空间论、社会空间论、空间生产论、资本空间论、劳动空间论、空间正义论、空间转向论等。研究方法包括文献分析方法、文本解释方法和比较研究方法。

一、马克思空间哲学的学术观点创新

马克思空间哲学的学术观点创新就是针对新现象、新问题，运用马克思空间哲学的立场、观点和方法做出新解释、提出新观点。一方面，回到马克思经典著作的文本，做出符合本意的解读，另一方面，结合现实空间问题给予科学合理的阐释。社会空间是人类实践活动对象化的确证和表现。社会空间的发展是人类实践基础上理想空间向现实空间的历史生成。把握空间的社会性就必须着眼于社会运动的空间维度，把握社

---

① 刘红玉、彭福扬：《习近平创新思想的哲学阐释》，载《湖南大学学报（社会科学版）》，2018 年第 6 期，第 9 页。

会运动就必须立足生产和交往的相互作用。马克思坚持把生产力与生产关系的矛盾运动理解为社会空间形态演变的内在机制，从物质生产和再生产过程去把握历史与自然、时间与空间的统一性。马克思是空间生产理论的奠基者。资产阶级开辟了空间生产的纪元，资本主义是一种典型的空间生产方式。对于空间生产的分析研究必须纳入马克思哲学的物质生产逻辑。物质生产是时间生产和空间生产的统一，用空间生产取代物质生产的地位必然偏离马克思的唯物史观。世界交往是资产阶级主导的社会空间革命。人的自由解放和全面发展表现为全新社会空间的建构。空间正义的价值诉求贯穿经济、政治和文化空间。

（一）社会空间必须当做人类实践活动去理解

马克思创立的新唯物主义坚持“对对象、现实、感性，……当做实践去理解”①。对于社会空间，也必须当做实践去理解，坚持从实践活动创造的人的自然和社会关系中去把握空间的本质。空间是基于实践活动的自然性和社会性的统一。马克思特别注重“从生产劳动出发引申出时空概念”②，特别注重从社会交往出发诠释时空概念。马克思空间哲学融通了人类整体活动立论和人类个体活动立论，坚持人类实践活动立论，始终从实践活动的过程和结果去把握社会空间的发展规律。因此，对马克思社会空间观的理解必须立足于实践主体立场，既要从“现实的个人”出发，又要放眼人类活动的“社会—历史”领域，坚持实践唯物主义的社会空间观。实践的社会空间超越了费尔巴哈直观的自然空间。社会空间是实践活动的表现方式和社会关系的存在形式，实践活动是形塑“人化自然空间”和“社会关系空间”的过程。虽然人类创造了社会空间，但却不能因此消除自然空间，而是以扬弃方式把它包含在社会空间之中。

（二）生产力与生产关系的矛盾运动是社会空间形态演变的内在机制

空间是自然性和社会性的统一。“自在自然空间”是抽象的，对于现实的人相当于“无”，经由实践形塑的“人化自然空间”保留着“自在自然空间”的物质基质，但当它表现人与自然和人与人的关系时，便是社会空间。空间性是社会运动的广延，社会性是空间关系的本质。物

---

① 《马克思恩格斯文集》（第1卷），北京：人民出版社2009年版，第499页。

② 俞吾金：《马克思时空观新论》，载《哲学研究》，1996年第3期，第18页。

质生产是形塑“人化自然空间”和“社会关系空间”的过程，把握空间的现实性和社会性必须把“人化自然空间”归结为“社会关系空间”。曼纽尔·卡斯特尔说：“空间就是社会。”① 马克思深入探讨了社会空间形态演变的机制，把生产力与生产关系的矛盾运动看作社会空间形态历史演变的基本动力。社会的空间叙事重在从空间维度揭示生产关系的演变规律以及新的生产关系对于空间的形塑，也就是说，在由“物理—地理空间”向“社会—经济空间”的转化中，生产关系的变革起着关键性的作用。生产力和生产关系的辩证统一构成生产方式。某一时代的城乡空间结构是这一时代生产方式空间表达的结果。

（三）物质生产是历史和自然相统一的基础、时间和空间相统一的载体

唯物史观奠立在人与自然的实践关系——物质生产基础之上，强调人首先是自然存在物，遵循自然而人、而社会、而历史的发展逻辑。马克思看到，在机器大工业之前，人与自然的实践和认识关系并没有得以充分展开，“人们对自然界的狭隘的关系”与“他们之间的狭隘的关系”相互制约。② 此时人的自然和社会关系都是“狭隘的”，人类物质生产在分散、孤立的空间进行。基于物质生产和交往活动的空间结构、空间关系和空间产品缺乏丰富性和多样性。“自然的历史”和“历史的自然”尽管一致，但是，“自然的历史”主要表现为时间问题，“历史的自然”主要表现为空间问题。马克思坚决反对把历史和自然、时间和空间对立起来，坚持把物质生产理解为历史和自然相统一的基础、时间和空间相统一的载体。历史与自然、时间与空间的统一性，在每个时代都随工业或快或慢地发展。马克思空间哲学坚持实践基础上“人化自然空间”和“社会关系空间”的统一，把人类社会的发展规律归结为物质生产的时空逻辑。从物质生产出发，坚持空间的生产性解读是唯物史观当代出场的基本路径。

（四）世界交往是资产阶级主导的社会空间革命

世界交往的内在本质在于资本的空间规划和全球积累。世界交往扩

---

① 〔美〕曼纽尔·卡斯特（Manuel Castells）：《网络社会的崛起》，夏铸九等译，北京：社会科学文献出版社2003年版，第504页。

② 《马克思恩格斯文集》（第1卷），北京：人民出版社2009年版，第534页。

大了人类活动的领域和范围，人类第一次知道自己居住的地球空间的位置和大小。世界交往是由资产阶级主导的社会空间革命，殖民扩张和开辟世界市场是资产阶级世界交往的主要方式。西方率先实现工业革命的资本主义国家，凭借坚船利炮和廉价商品打开了落后民族国家的大门，把那里变成他们的商品市场和原料产地，极大地推动了资本主义的发展。在马克思看来，不论是资本原始积累还是资本现代积累都有一个深层次的地理空间扩张问题。正是资产阶级把民族交往推进到了世界交往阶段，极大地解放了人类实践活动空间。但是，由资产阶级开创的世界交往本质是把商品生产和商品交换的剥削压迫关系扩大到了整个世界。资产阶级的世界交往解放了资本空间，但却囚禁了世界范围的劳动力和自然力，把它们变成资本增殖的工具。资产阶级开创的世界交往空间遵循资本榨取剩余价值的逻辑。马克思认为，无产阶级将取代资产阶级成为空间实践的真正主体，从而实现“人化自然空间”和“社会关系空间”的革命化，并且逐步把“必然王国”推进到共产主义的“自由王国”。

（五）人的自由解放和全面发展表现为全新社会空间的建构

个人与社会的解放问题是马克思学说一以贯之的主题。个人与社会的解放，核心在于“现实的个人”从他的自然关系和社会关系的压迫中解放出来，“现实的个人”的解放本质是劳动解放，具体表现为从“人化自然空间”和“社会关系空间”获得解放。资产阶级的空间革命实现了资本空间解放，开创了世界历史，表现了伟大的文明作用。然而，资本逻辑主宰的全球社会空间成为劳动者的囚笼。资本空间化的结果是空间资本化，是资本空间的自由发展并创造了伟大的文明。资产阶级通过资本空间化，按照自己的样子重新建构世界历史空间。但是，资产阶级狭隘自私本性决定了资本主义生产方式的狭隘自私本性。资本空间化把更加沉重的锁链套在无产阶级身上，无产阶级成为被彻底剥夺了的阶级，丧失了自由解放和全面发展的权力。无产阶级要解放自身必须解放整个人类，必须彻底颠覆资本的空间统治和空间压迫。无产阶级只有在打碎资本空间“旧世界”的前提下才能建构一个自由解放和全面发展的“新世界”。马克思空间解放学说的旨趣就是扬弃和超越资本空间，为无产阶级和全人类创造一个全新的社会空间，即共产主义“自由王国”。

（六）空间正义的价值诉求贯穿经济、政治和文化空间

在对资本主义时代空间革命的分析中，马克思真切地表达了对空间

正义的价值诉求。马克思空间正义思想遵循“在批判旧世界中发现新世界”的原则。马克思以资本主义生产方式和资本空间化批判为主线，在资本主义经济空间系统批判基础上，展开对政治空间和文化空间的批判，以“改变世界”的旨趣探索空间正义的现实路径。马克思虽然没有使用过“空间正义”概念，但是，他对资本空间的批判蕴涵着空间正义思想。马克思从实践唯物主义和历史唯物主义的立场、观点和方法出发，阐述了经济、政治和文化空间正义。经济空间正义体现在生产、分配、交换、消费诸环节，政治空间正义的致思在于把“政治的集中”归结为资本逻辑，少数人压迫绝大多数人是政治空间非正义的集中表现。资产阶级所宣扬的平等、自由、民主等具有阶级局限性。主体正义、制度正义和交往正义是文化空间正义的体现。实现文化空间正义重在通过文化领导权、管理权和话语权的掌控，保障广大人民群众的自由平等权利和尊严地位价值。

二、马克思空间哲学的内容结构创新

本书从“何谓马克思空间哲学”的提问出发，揭示马克思空间哲学的理论立场、观点和方法，确认马克思是实践唯物主义空间哲学的创始人，论证马克思对空间哲学的奠基性、原创性和革命性贡献。本书除“引言”“结语”外，共分六章内容，试图从马克思实践哲学、社会哲学、经济哲学、政治哲学、道德哲学等视角剖析空间问题。马克思空间哲学理论体系的建构，有两点考虑需在此说明：一是我们提出“马克思空间哲学”，旨在强调马克思对于空间问题的反思并非只言片语而是有着系统的思考。诚然，马克思空间哲学是与实践唯物主义、辩证唯物主义和历史唯物主义完全一致的，是马克思恩格斯同心同向、共同创作完成的，他们的理论立场、观点和方法是根本一致的。二是我们提出“马克思空间哲学”，旨在论证马克思空间思想的重大贡献，阐明社会空间的本质和发展规律。目前，马克思空间思想的研究，更加注重回应西方“空间转向”和剖析现实的空间问题，本书重在整体呈现马克思空间哲学的内容，弥补马克思空间思想挖掘不足的问题。

（一）马克思实践唯物主义社会空间本质论

什么是空间？这是马克思空间哲学首先应当回答的问题。马克思从实践唯物主义出发揭示了社会空间的本质，实现了社会空间观的革命性变革。马克思在人类历史上第一次科学揭示了社会空间的实践本质。社会空间是社会运动的广延性。对社会运动空间的把握，可分为人类整体活动立论、人类个体活动立论和人类实践活动立论。人类整体活动立论是从社会空间维度考察人类共在方式的本质特征和人类共同活动方式的基本规律。人类个体活动立论是从个体生命时间维度考察社会空间的价值，坚持把空间看作个人活动的时间和尺度。人类实践活动立论是人类整体活动立论和个体活动立论的统一。马克思从实践活动立论出发，揭示了实践空间的“三态一体”和“三维统一”。“三态一体”即人化自然空间、社会关系空间和历史活动空间统一于实践活动空间。实践活动空间具有自然性、社会性和历史性。“三维统一”即“物理—地理空间”“社会—经济空间”“文化—心理空间”的三个维度统一于人类生命活动和物质生产实践。实践唯物主义是打开社会历史空间之门的钥匙，为我们把握社会空间本质、社会时空的辩证关系等提供了正确的立场、观点和方法。

（二）马克思空间理论的社会逻辑

空间是万物的存在形式、实践的布展场域和生命的寄寓处所。空间具有自然性、社会性和实践性。人与自然和人与人的关系构成了“人化自然空间”和“社会关系空间”，二者统一于“实践活动空间”。在实践基础上，“空间的社会化形塑和社会的空间化厝置”① 实现统一。空间是社会生产的必备要素和物质前提，又是社会生产的后果。马克思从现实的个人和自然出发，把它们置于“社会关系空间”和“人化自然空间”，抓住了空间的社会本质。马克思把实践理解为空间的本质，强调现实空间是实践活动对象化的产物，又把社会性理解为空间的本质，空间是“有目的的实践活动建构起来的社会空间秩序，是开放的、流动的、丰富的社会关系载体”②。空间的社会化形塑是由物质生产推动的改造客观世界过程，是自然人化的过程。社会的空间化厝置是生产、交往活动在空间的物化定形，是对物质生产、社会生活、政治生活、精神生活的结构、特征、关系、功能的空间分割、局域型制和环境安排。马克思分析社会

---

① 胡潇：《空间的社会逻辑——关于马克思恩格斯空间理论的思考》，载《中国社会科学》，2013 年第 1 期，第 114 页。

② 李春敏：《马克思的社会空间理论研究》，上海：上海人民出版社 2012 年版，第 278 页。

空间形态演变规律时，紧紧抓住生产方式范畴，把它理解为社会形态的基础，把社会基本矛盾运动理解为社会空间形态演变的内在机制，揭示了共产主义“自由王国”社会空间实现的历史必然性。

（三）马克思的空间生产理论

马克思从实践唯物主义出发，诠释了空间的社会本质，并把它应用于解剖资本空间，揭露了资本剥削劳动的秘密。马克思深入剖析了资本主义生产方式形成、转型与扩张过程中空间诉求的实现，“揭示了时间—空间辩证法到空间—时间辩证法的转变。”① 资本主义生产方式从“时间规划”走向“空间规划”，开辟了空间生产的纪元。前资本主义时代的生产方式是主要依靠劳动时间累加集聚财富的“时间生产方式”，资本主义生产方式是主要依靠劳动空间并置集聚财富的“空间生产方式”。在资本主义商品生产中，空间之于时间成为更加重要、优先考虑的因素。马克思的《资本论》揭示了资本主义商品生产、商品流通的时空辩证法。目前，学界的诸多研究更加突出商品流通对于资本主义“空间生产方式”的重要性，对马克思商品生产的空间特性缺乏足够重视，以至于一谈到“空间生产”，便把功劳记在列斐伏尔身上。马克思对资本主义商品生产环节的分析是资本空间批判的起点，商品生产的前提“一是存在社会分工，二是产品或劳动成果归不同的所有者所有，他们要互相得到对方的产品，就只能通过等价交换形式来进行”②。这种以交换为根本目的的商品生产规定了空间生产的本质。

（四）马克思对资本空间化的剖析与批判

资本空间化是资本创造出从属于自身的空间结构、空间关系和空间产品的过程。空间结构、空间关系和空间产品的资本形塑依靠的是综合性的社会力量，包括资本、权力和利益等，它们构成了资本空间的“钢筋铁骨”。资本主义的空间生产是一个“去空间化”和“再空间化”的过程，它按照自己的样子重构了世界历史空间。资本空间化的必然结果是空间资本化。资本空间化是按照资本逻辑重构世界历史空间的过程。

---

① 孙乐强：《〈资本论〉与马克思的空间理论》，载《现代哲学》，2013 年第 5 期，第 6 页。

② 孙尚清：《社会主义市场经济十万个为什么（市场流通分册）》，北京：光明日报出版社 1993 年版，第 52 页。

空间资本化是基于资本逻辑的空间统一性。资本空间是一个从属性、差异化和非均衡的社会空间。资本空间化和空间资本化围绕资本增殖的铁律展开。现代社会的“空间拜物教”从根本上说是资本崇拜，资本如同现实世界的“魔法石”，它按照自己的意愿重构了劳动力和生产资料的空间关系。开创世界市场是资产阶级世界交往的方式，资产阶级的世界交往过程就是资本空间化过程，资本空间化形塑了以“中心与边缘”“主导与依赖”为特点的异化的全球社会空间。这种异化的资本空间终将被共产主义“自由王国”的社会空间所代替，“自由人联合体”作为一种空间解放的社会历史形态，是对资本形塑的异化的全球社会空间的扬弃，是无产阶级劳动解放的空间样态。

（五）马克思劳动空间的现代性批判思想

马克思劳动空间的现代性批判思想紧紧围绕资本与劳动关系的现代性整体重构展开。“资本和劳动的关系，是我们全部现代社会体系所围绕旋转的轴心”①。资产阶级所开启的现代历史是一个臣服和重构劳动空间的过程，这一过程的全方位全过程的时空布展体现在资本主义生产、分配、交换、消费诸环节。资本对劳动的剥削和压迫，在时间维度体现为自始至终，在空间维度体现为方方面面。马克思从劳动价值论、剩余价值论、资本积累论、资本再生产论等角度展开劳动空间的现代性批判，揭示了资本的伟大文明作用及其历史终结。劳动是人与自然之间的物质变换过程。物质变换“裂缝”的秘密是资本对于劳动力和自然力的剥削，它的本质是资本对劳动空间的压迫和剥削。马克思把物质变换作为解剖劳动空间的重要范畴，揭示了劳动空间现代性展开中的异化图景。马克思对物质变换“裂缝”的空间致思，彰显了在批判“旧世界”中发现“新世界”的宽广视野和理论深度。资本逻辑造成物质变换“裂缝”在全球社会空间扩大，把资本与劳动的矛盾扩展为世界资产阶级与世界无产阶级的对立。马克思空间解放的旨趣是用无产阶级空间解放取代资产阶级空间解放，实现从“必然王国”到“自由王国”的飞跃。

（六）马克思的空间正义思想

在西方哲学社会科学“空间转向”中，“空间正义”成为一个受捧宠的流行词。与此同时，马克思“空间正义”思想受到贬抑，“几乎要

① 《马克思恩格斯选集》（第 2 卷），北京：人民出版社 2012 版，第 70 页。

被遮蔽"①。然而，对"空间正义"探讨的"马克思的幽灵"始终在场。马克思对大工业空间扩张的分析、对城乡空间断裂和资本空间殖民的批判等，体现着对空间正义的价值追求。西方哲学社会科学"空间转向"理论家虽然沿袭了马克思资本空间批判的旨趣，但是，他们对空间正义实现路径的探讨远远没有达到马克思的高度。大卫·哈维在《社会正义与城市》《正义、自然和差异地理学》《新自由主义化的空间》等著作中，揭露和批判了资本城市化造成的正义危机，探讨了实现城市空间正义的途径，奠定了他作为空间正义理论开拓者的地位。苏贾在《后大都市》等著作中，批判了资本都市化运动带来的空间正义问题，被誉为空间正义理论的集大成者。在现实生活中，城乡空间对立、国家之间的边界冲突、生态环境危机等问题都属于空间非正义范畴。为破解空间非正义问题，国内理论界开始深入探讨马克思空间正义思想。空间是马克思解剖资本主义的重要视角，但"这种空间特征被长时间的压抑了"②。对马克思空间正义思想研究，旨在巩固发展空间正义问题的马克思主义话语权。

三、马克思空间哲学的研究方法创新

对于研究工作来说，研究方法是非常重要的。研究方法的选择是做好学问的关键。马克思空间哲学的研究坚持以实践唯物主义、辩证唯物主义和历史唯物主义为指导，从空间实践出发，实事求是地分析相关文献资料，全面系统科学地阐发马克思空间哲学思想体系。毛泽东说："我们不但要提出任务，而且要解决完成任务的方法问题。"③ 要"过河"须先解决船和桥的问题，"过河"是任务，船和桥是方法。方法的突破往往有助于理论创新。俗话说："条条大路通罗马。"但是，我们真要去罗马却不能条条大路都走。我们只能选择一条道路，而且每当遇到岔路口时，还要做出明智选择，不然就会走很多冤枉路。马克思空间哲学研究需要一种始终指引前进方向的方法，这就是唯物辩证法，它是包容多种研究方法的科学方法。唯物辩证法坚持理论与实践的统一、历史与现实

---

① 张天勇、王蜜：《城市化与空间正义——我国城市化的问题批判与未来走向》，北京：人民出版社2015年版，第144页。

② 刘红雨：《论马克思恩格斯空间正义思想的三个维度》，载《西北师大学报（社会科学版）》，2013年第1期，第18页。

③ 《毛泽东选集》（第1卷），北京：人民出版社1991年版，第139页。

的统一、时间与空间的统一。在唯物辩证法统揽下，马克思空间哲学研究重点使用了文献分析方法、文本解释方法和比较研究方法。

（一）文献分析方法

文献分析方法是哲学社会科学研究最主要的研究方法。围绕“马克思空间哲学”这一论题进行文献的搜集、整理与分析，对于把握研究对象、概括研究重点和确定创新方向极为重要。文献分析方法必须把功夫下在大量阅读文献和深刻反思文献基础之上，以便钩沉观点、寻求佐证、辩证方法、阐幽发微、探索真理。文献分析研究的过程虽然艰苦，但是，没有文献分析研究，概括总结、提炼升化便会陷入“巧妇难为无米之炊”的窘境。本书运用文献分析方法主要涉及两个方面的内容：一是运用文献分析方法，阅读《马克思恩格斯选集》《马克思恩格斯文集》《马克思恩格斯全集》及其单行本等著作，搜集马克思恩格斯关于空间问题的论述，主要包括关于城市、土地、人化自然、世界历史、世界交往、世界市场等问题的重要论述，构建马克思空间哲学理论框架。二是阅读研究国内外学者关于马克思空间思想研究的文献资料。在西方哲学社会科学的“空间转向”中，涌现出许多空间理论家，他们对马克思的空间理论进行了积极深入的探索，其中有许多真知灼见值得学习借鉴。同时，21 世纪以来，我国理论界开始加强马克思空间思想的研究，取得了较多有益成果。因此，在对马克思空间哲学研究中，要大胆借鉴前人研究成果，为丰富和完善马克思空间哲学思想体系做好文献资料准备。目前，马克思空间哲学研究的主要范畴有：自然空间、社会空间、实践空间、历史空间、空间生产、空间正义、空间解放、空间经济、空间政治、空间转向、资本空间化、城市空间、居住空间、空间在场与缺场、城市化、区域化、全球化等。围绕这些范畴的文献梳理与分析，将有助于“马克思空间哲学”主题的明确和内容的完善。

（二）文本解释方法

文本解释的基本前提就是回归文本，去品读原汁原味的马克思恩格斯的空间哲学思想。但是，对于文本的解释便引出了关于解释学方法问题。那么，如何解释马克思空间哲学以及什么样的解释更符合马克思空间哲学文本问题，是运用好文本解释方法的关键。“马克思空间哲学是什么”和“解释者怎样看待马克思空间哲学”是不同的问题。“马克思空间哲学是什么”的意思是说，马克思空间哲学究竟是文本呈现的样子还是解释表达的样子？判断马克思空间哲学是否属于马克思主义，没有比文本自身更加恰当的标准了。文本解释方法的前提是尊重文本，根本原则是文本优先于解释、解释服从于文本。当然，强调文本优先并不能否定解释的必要性。“解释的必要性在于：一是文本卷帙浩繁，阅读不便，需要对其作简约化处理；二是文本义理深奥，不易明了，需要对其进行阐发。”① 从马克思恩格斯本身的文本看，他们坚持的是一种“实践的解释学”。“实践的解释学”突出理解的“应用”特征，坚持历史解释和批判解释的统一，坚持理论与实践相统一的辩证的总体性。马克思坚持从物质实践出发解释观念，坚持从对实践的理解中合理地解决理论问题。对于空间问题，只有坚持实践第一的原则，才能对空间的社会本质及其历史演变做出合理的解释。

（三）比较研究方法

比较研究方法又称类比分析法，是研究社会历史问题的常用方法。比较研究方法就是对两个或两个以上研究对象加以对比分析，寻找出它们的相同点和相异点。马克思非常重视比较研究方法。他说：“要了解一个限定的历史时期，必须跳出它的局限，把它与其他历史时期相比较。”② 比较方法坚持可比性原则，一般包括时间维度的纵向比较和空间维度的横向比较。马克思空间哲学研究，一方面要重视它与思想理论源渊的比较，揭示马克思对于空间哲学的独特贡献。古希腊哲学家德谟克利特把“实”与“空”理解为元素，“实”为存在，“空”为非存在，但“空”比“实”和“存在”更重要。马克思的博士论文研究的是德谟克利特和伊壁鸠鲁的自然哲学，在那时，马克思已经开始思考“原子”在“虚空”中的运动形式问题。由此，拉开了马克思对空间问题探索的序幕。另一方面要重视它与西方马克思主义空间理论家的比较，阐明马克思空间哲学的当代价值。20 世纪 60—70 年代，西方哲学社会科学出现“空间转向”。列斐伏尔、福柯等成为“空间转向”的开启者。之后，卡斯特尔、哈维、苏贾、詹姆逊等壮大了社会空间问题的研究队伍。把马克思空间哲学置于“空间转向”的语境，通过比较研究，旨在阐明马克思空间哲学的理论贡献，彰显马克思空间哲学的当代价值。

---

① 徐长福：《马克思主义研究的学术化探索》，北京：社会科学文献出版社 2010 年版，第 11 页。

② 《马克思恩格斯全集》（第 44 卷），北京：人民出版社 2016 年版，第 287 页。

第一章　马克思实践唯物主义社会空间本质论

马克思的实践唯物主义实现了社会时空观的革命性变革。马克思在人类历史上第一次科学地揭示了社会时空的实践木质。对社会运动时空的把握，可分为人类整体活动立论、人类个体活动立论和人类实践活动立论。人类整体活动立论是从社会空间维度考察人类共在方式的本质特征和人类共同活动方式的基本规律。人类个体活动立论是从个体生命时间维度考察社会空间的价值，坚持把空间看做“个人活动的时间”，看做个人活动的尺度。马克思坚持的是人类实践活动立论，它是人类整体活动立论和人类个体活动立论的辩证统一。在人类实践活动立论基础上，马克思揭示了实践空间的“三态一体”和“三维统一”。“三态一体”即“实践的空间”是人化自然空间、社会关系空间和历史活动空间的统一体。它表明“实践的空间”具有自然性、社会性和历史性。“三维统一”即“物理—地理空间”维度、“社会—经济空间”维度和“文化—心理”空间维度，它们统一于人类的生命活动，统一于人类的物质生产实践。马克思的实践唯物主义是打开社会历史空间之门的一把钥匙，为我们把握社会空间的本质、把握社会时空的辩证关系等提供了正确的立场、观点和方法。

第一节　实践空间的三种立论

社会运动是物质运动的高级形态，社会运动的空间结构有着自己的特殊性，它表现为人与自然和人与人关系的结构性变化。当然，社会空间与社会时间是不可分割的，它们在实践中实现动态统一。对社会运动时空的把握，既可以着眼于人类整体活动立论，又可以着眼于人类个体活动立论。在马克思社会发展理论中，人类整体活动立论和人类个体活动立论是辩证统一的，它们统一于人类实践活动立论。马克思坚持“实践主体立场”①，始终把时空理解为社会运动的存在方式。马克思从实践唯物主义出发，揭示了人类社会历史发展规律和个体自由全面发展的规律。

一、人类整体活动立论

时间是人的类本质、类能力的体现，是人类实践活动的空间布展。人类整体活动立论就是从社会时空维度考察人类共在方式的本质特征和人类共同活动方式的基本规律。人类世代延续、持久发展表现着社会时空有限与无限的辩证法。人类整体活动时间的无限性是人类永恒发展、不断进步的积极条件。社会空间作为人类整体活动对象化的确证，是过程与结果的统一。社会空间对社会时间的依赖表现为历史越久远、空间越充盈。在前资本主义时代，人类物质财富的增长主要依赖时间性积累。资本主义时代开始，人类物质财富的增长方式实现了由时间性积累向空间性积累的转变。对此，只有从社会运动的内部机制才能得到合理解释。马克思从时空的辩证统一角度揭示了社会运动的本质和规律。机械运动、物理运动、化学运动、生命运动和社会运动有着各自不同的时空结构。其中，社会运动是最高级最复杂的运动形式，有着最高级最复杂的时空结构。研究社会运动的时空结构是马克思唯物史观的重要内容之一。

（一）社会空间中的时间结构

社会时间结构是探索社会空间本质内涵及其发展变化的重要维度，它表明了社会空间的时间价值。社会时间结构是指“满足不同需求的各种活动在人的整个时间中所占的比例”②，它一般由用于满足生存需要、发展需要、休闲需要等的时间构成。不同社会经济地位的人，时间结构是不同的。社会时间结构体现着时间的合理性、层次性、相容度和混乱度等。马克思从经济学研究出发，把资本主义社会时间结构分解为必要

---

① 李维意：《论马克思哲学的“实践主体”立场》，载《云南行政学院学报》，2006 年第 4 期，第 25 页。

② 刘奔：《时间是人类发展的空间——社会时—空特性初探》，载《哲学研究》，1991 年第 10 期，第 6 页。

劳动时间、剩余劳动时间与自由时间。这三者的比例关系直接决定着社会空间结构的性质。必要劳动时间是生产劳动力价值的时间，马克思将之归为“自然必然性”；剩余劳动时间是为资本家创造剩余价值的时间，它体现着资本剥削劳动的关系，是资本空间异化的根源；自由时间是用于发展“人的能力和社会的潜力”① 的时间。对于雇佣工人而言，自由时间是很少的。每个个体生命的时间是恒常的，都是一天 24 小时。因此，在社会时间结构中，一个要素的增加就意味着其他要素的减少。自由时间是具有弹性的，可以增加也可以减少。借助发达的生产力和科技进步能够大量压缩劳动时间而增加自由时间，从而“为全体社会成员的发展腾出大量时间”②。创造自由时间的根本途径是缩短劳动时间，在资本主义制度下，主要是消灭剩余劳动时间，因为它是无偿的不合理的，当然，也需要缩短必要劳动时间，但这需要以生产力的发展和科技进步为前提。创造自由时间意味着“创造产生科学、艺术等等的时间”③。科技发明、艺术创作的时间是人的发展空间，是自由时间的价值体现。

在资本主义社会，自由时间是劳动者的发展空间，剩余劳动时间是资本家的发展空间。剩余劳动时间越多，工人所受的剥削越重，资本的力量越强大。劳资之争是自由时间与剩余劳动时间的博奕。1866 年，第一国际日内瓦代表大会确定的八小时工作制是经过工人阶级的斗争甚至流血牺牲才换来的。劳动空间解放的关键在于获得更多的自由时间。自由时间既可用于开发社会之中的沉睡潜能，又可用于个人的自我发展。马克思说：“时间是发展才能等等的用武之地。”④ 社会时间结构本质上是不同实践活动的时间比例，在剥削制度下，必要劳动时间和剩余劳动时间的比例是造成阶级对抗的深层原因。资本主义社会，绝大多数工人靠“出卖自己一生的全部能动时间，出卖自己的劳动能力本身”⑤ 为生。资本剥削工人的秘密就是无偿占有工人的劳动时间。无产阶级与资产阶

① 《马克思恩格斯全集》（第 47 卷），北京：人民出版社 2016 年版，第 215 页。
② 龚文霞：《自由时间与人的全面发展》，载《求索》，2008 年第 9 期，第 109 页。
③ 《马克思恩格斯文集》（第 8 卷），北京：人民出版社 2009 年版，第 86 页。
④ 《马克思恩格斯全集》（第 35 卷），北京：人民出版社 2013 年版，第 229 页。
⑤ 《马克思恩格斯文集》（第 5 卷），北京：人民出版社 2009 年版，第 313 页。

级的斗争，实质是争夺自由时间之战或“争夺发展空间之战”①。无产阶级革命就是要“剥夺剥夺者”，就是要把资本家无偿占有的剩余劳动时间归还给劳动者本身，从而使其成为劳动者的发展空间。在未来共产主义“自由王国”，社会时间结构将发生根本性的变化，到那时，社会时间结构是“统一的自由时间”②。虽然物质生产的“自然必然性”始终存在，但是，由于消灭了社会剥削和社会压迫，物质生产成为自由自觉活动，必要劳动和剩余劳动不再是对抗性关系，劳动成为人们的第一需要，成为表现自身本质的自由活动。到那时，每个人的潜能充分涌流，时间真正成为每个人的自由发展空间。

（二）社会时间中的空间结构

社会空间结构是探索社会时间本质及其历史变化的重要维度，它表明了社会时间的空间价值。什么是社会空间结构？它是指社会的构成要素之间的交互关系。人与自然是社会的两大实体要素，人与自然和人与人的关系是社会空间结构的基础。马克思首先建构了“从生产力到生产关系、经济基础到上层建筑的社会空间结构模型”③，揭示了社会运动的时空辩证法，从社会时间视角阐明了社会空间结构的本质内涵和发展规律。时间和空间是马克思研究人类社会发展规律的基本维度，它们构成了社会发展图式的纵坐标和横坐标。马克思从实践的社会时空出发，历史性地超越了自然时空的生存方式，揭示了人类“全新的社会时空的生存形式”④。时间空间作为社会存在的方式和社会运动的尺度是一个与人类生存实践有着密切关联的概念。社会时空表现了社会运动的持续性、顺序性和广延性、伸张性。人类社会发展史是社会运动在时空中的展开。社会时空借助实践活动获得现实性。生产和交往实践赋予社会时空以活力和灵魂，使社会时空成为主体能动性的表征和确证。

马克思第一次真正揭示了社会时空的实践本质。社会时空的实践本质论为后来许多思想家所接受。比如，卡斯特认为，空间牵涉于历史决

---

① 刘奔：《时间是人类发展的空间——社会时空特性初探》，载《哲学研究》，1991 年第 10 期，第 7 页。

② 余章宝：《马克思社会时空观探微》，载《学术月刊》，1998 年第 5 期，第 21 页。

③ 胡承槐：《马克思总体方法论“八维社会时空结构”学说的基本涵义》，载《浙江社会科学》，2019 年第 10 期，第 104 页。

④ 贾英健：《马克思社会时空观的实践维度与虚拟转向》，载《理论学刊》，2013 年第 4 期，第 69 页。

定的社会关系中，社会关系赋予空间以形式、功能和意义。他说："我们必须从社会实践的观点来界定空间是什么。于是，我们必须说明社会实践的历史特殊性。"① 马克思对社会历史发展规律的阐发立足点是生产和交往，强调社会时空"属于生产过程本身"②，把社会时空理解为生产和交往过程的要素。社会时空是考察人类社会发展的重要维度。社会发展的根本目的是争取更多的自由时间、赢得更广的发展空间。社会时间的分配决定着社会空间的结构，决定着人类社会发展的水平。在社会历史发展中，时间空间成为易逝性、多变性的要素。

社会时间是极为宝贵的资源。节约时间是商品生产和商品流通"首要的经济规律"，时间节省从根本上决定着"社会发展、社会享用和社会活动的全面性"。③ 节约时间是为了缩减劳动时间进而增加自由时间。自由时间能够用于挖掘社会潜能和发展个人能力，它是社会进步和人类解放程度的标志。马克思认为，自然存在物是易逝的暂时的，它们"通过活的时间而被赋予形式"④。自然存在物通过实践活动转化为社会存在物是社会时间转化为社会空间的方式。资本剥削劳动的实质是把工人的劳动时间转化为资本的发展空间。"时间游离"即剩余劳动时间的大量出现是资本剥削劳动的前提。"时间游离"是生产发展的结果，在资本主义社会空间，"时间游离"变成了资产阶级的剥削果实。因为资本剥削劳动就是对工人自由时间的无偿占有。在共产主义社会，"自由人联合体"的社会空间扬弃了资本空间，从而为人的自由活动和自由发展开辟了广阔天地。劳动时间向自由时间的持续转化是社会空间结构优化发展的内在机制。

（三）时间空间与社会运动的规律

时间与空间是社会运动的表现形式。时空问题"是历史唯物主义的核心构成部分"⑤。时间与空间的直接统一是在社会运动中实现的。社会运动的本质是人类实践活动的对象化过程，是社会时间现实地转化为社

---

① 〔美〕曼纽尔·卡斯特尔：《网络社会的崛起》，夏铸九、王志弘译，北京：社会科学文献出版社 2003 年版，第 505 页。

② 《马克思恩格斯全集》（第 30 卷），北京：人民出版社 1995 年版，第 532 页。

③ 《马克思恩格斯文集》（第 8 卷），北京：人民出版社 2009 年版，第 67 页。

④ 《马克思恩格斯文集》（第 8 卷），北京：人民出版社 2009 年版，第 73 页。

⑤ 王南湜：《社会时空问题的再考察》，载《社会科学战线》，2009 年第 3 期，第 226 页。

会空间的过程。因此，社会时空构成人类社会的存在方式以及人类历史的发展方式。社会运动的时间形式是非均匀的，表现为人类社会或快或慢、或顺利或曲折的发展。社会运动的空间形式是通过变大变小变远变近来适应人类实践发展需要的。唯物史观和剩余价值学说是对社会运动规律的揭示。社会运动与时间空间紧密关联。美国学者塔罗认为，马克思恩格斯是“最早的社会运动理论家”①。社会运动的时间与空间是直接统一的。黑格尔已经看到，在社会运动基础上时间与空间的现实性统一。他指出：“空间与时间在运动中才得到现实性。”② 现实性的时间与空间是社会运动的表现形式。但是，黑格尔并没有真正把握社会运动主体的实践性和物质性，他把“绝对精神”理解为社会运动的主体。社会运动是受一定规律支配的历史过程。一方面，马克思认为，社会运动是一个自然历史过程。自然历史过程是指“社会史总体结果上的非主体性，人类主体对社会客体运动的非调控性，即社会史的自在性、盲目性和无计划性”③。正如马克思所说，“整个历史进程……都是不知不觉地完成的”④。“社会”变成了卢卡奇和施密特所称谓的“第二自然”，“社会”的各种形式表现为外在必然性。另一方面，马克思认为，社会运动又表现为对自然历史过程的超越。人类社会发展至资本主义为止，仍远处于“实行自觉改造以前的历史时期”⑤，即处于自然史阶段，表现为自然历史过程，但同时为向人类史过渡准备了条件。由自然史到人类史的发展就是由“必然王国”到“自由王国”的飞跃，到那时，“社会化的人，联合起来的生产者，将合理地调节他们和自然之间的物质变换，把它置于他们的共同控制之下，而不让它作为一种盲目的力量来统治自己”。⑥

马克思的空间哲学坚持从现实的个人出发，依据现实的个人的实践活动阐发时间和空间概念，从而超越了旧唯物主义和唯心主义的时空观。马克思重点对自由资本主义的社会时空形态进行了解剖，形成了基于社

---

① 〔美〕西德尼·塔罗（Sidney Tarrow）：《运动中的力量——社会运动与斗争政治》，吴庆宏译，南京：译林出版社 2005 年版，第 14 页。

② 〔德〕黑格尔（Hegel）：《自然哲学》，梁志学等译，北京：商务印书馆 1980 年版，第 58 页。

③ 刘森林：《历史唯物主义：现代性的多层反思》，广州：中山大学出版社 2016 年版，第 24 页。

④ 《马克思恩格斯文集》（第 10 卷），北京：人民出版社 2009 年版，第 691 页。

⑤ 《马克思恩格斯全集》（第 46 卷），北京：人民出版社 2003 年版，第 103 页。

⑥ 《马克思恩格斯全集》（第 46 卷），北京：人民出版社 2003 年版，第 928 页。

会经济形态历史演变的时空理论。马克思认为，社会经济形态的演变和发展突出表现在时间、空间形态的差异方面。虽然社会运动的时间与空间能够实现直接统一，但是，马克思的考察更偏重于时间，把“时间”提到了头等重要的位置，把时间看做空间的真理。从唯物史观角度看，时间是实践活动革命性和能动性的体现，是人类自由自觉活动的尺度。时间更能反映社会运动过程的深刻本质。人类的实践活动从根本上决定着社会时空结构及其历史变化。人类一开始从事物质生活资料的生产，便把自己和动物区分开来。人类生产的本质特征是工具的制造和使用，随着生产力的发展、劳动生产率的提高，在时间和空间上，劳动资料和生活资料的生产与消费出现分化，直接物质生产和直接消费活动出现分化等，正是在这种分化中，人类不断开辟新的社会生存发展空间。

二、人类个体活动立论

从人类的整体生命看，时间是无限的；从人类的个体生命看，时间是有限性。时间的有限性是个体生命活动不可逾越的界限，因此，把有限的个体生命投入到无限的社会创造之中，是每个生命个体人生考量的首要问题。人类个体活动立论就是从个体生命时间维度考察社会空间的价值，坚持把空间看做“个人活动的时间”①，看做个人活动的尺度。每一个体活动的内容、领域是不同的，因而，个体活动的空间会表现出明显的多样性和差异性。自由时间是个体发展的必备条件，是“个人受教育的时间，发展智力的时间，履行社会职能的时间，进行社交活动的时间，自由运用体力和智力的时间”②。自由时间的增加直接地表现为社会必要劳动时间的缩减。自由时间的增加能够为个体提供更多创新发展的空间，而个体发展就是劳动生产力的发展。人类由“现实生活空间”向“理想社会空间”的跨越，有赖于自由时间的解放。“现实生活空间”和“理想社会空间”的根本性差异表现为自由时间的多少。

（一）人类个体的共同活动方式及其时空特征

现实的个人是马克思空间哲学的出发点。现实的个人既以个体方式

① 朱宝信《空间是个人活动的时间——读〈时间是人类发展的空间〉有感》，载《内蒙古社会科学》（文史哲版），1996 年第 1 期，第 7 页。

② 《马克思恩格斯文集》（第 5 卷），北京：人民出版社 2009 年版，第 306 页。

存在，又“以某种共同活动方式共在”①。从时间角度看，现实的个人的发展表现为共同活动方式的持存与演变。人类个体的存在以自然生命为前提，以社会生命为本质。马克思认为，生命的生产必须“以一定的方式共同活动和互相交换其活动”② 为前提，生命的生产表现为人的自然关系和社会关系的生产和再生产。其中，社会关系则是指诸个体的共同活动。从空间角度看，现实的个人的发展表现为共同活动方式的不断扩展。在世界历史时代，诸个体的共在发展方式表现为人类命运共同体的存在发展方式。现实的个人的发展以共同活动方式的矛盾运动为依托。社会历史发展始终是“个体发展的历史”③。个体发展是把握历史发展的中心线索。个体发展经历了人的依赖关系、物的依赖关系和自由个性发展三个阶段。它们体现了基于诸个体共同活动方式的社会空间结构模式的发展。

从人类个体活动的时空特征看，主要体现在三个方面：首先，个体活动的空间是对个体有限时间的超越。一方面，个体生命是有限的，个体的生命时间是其活动的前提，因而，个体活动的时间总是有限的；另一方面，个体活动的结果具有确定性，它保存了个体活动的时间。当然，个体实践活动对象化的结果和确证也具有不确定性和差异性，由于每个个体的家庭背景、生活经历、努力程度等方面的差异，必然导致他的空间表现即实践活动对象化积累上的巨大差别。那些优秀个体的卓越成就是能够超越时间局限的，他们的历史性创造往往对后世产生重大影响。作为人类个体实践活动对象化结果的空间，是个体活动时间的凝聚和超越。一个人的生命是有限的，但他的伟大创造却能够流芳百世、名扬千古，这便是无限空间对有限时间的超越。其次，空间是区别时间的依据。人类个体活动空间对个体时间的超越程度能够区分不同的个体时间。个体的空间活动是其价值的体现，并具体表现为创造社会物质和精神财富的多少。创造的财富越多，空间活动对个体生命的超越程度越高，个体生命就越有价值。人类个体的空间存在是空间创造活动和成果的统一。个体的空间存在是区别生命时间的标志。再次，空间是时间实现的保证。

① 沈湘平、赵婧：《马克思“诸个体共同活动方式”理论及其启示》，载《北京师范大学学报（社会科学版）》，2019 年第 6 期，第 109 页。

② 《马克思恩格斯文集》（第 1 卷），北京：人民出版社 2009 年版，第 724 页。

③ 《马克思恩格斯选集》（第 4 卷），北京：人民出版社 2012 年版，第 409 页。

空间的超越性是时间相互区别的依据，个体空间的创造活动是其生命时间所要达到目标的保证。个体生命活动时间的有限性内在地要求其活动空间保持最大限度的超越。也就是说，每一个体都希望在有限的生命时间里实现自己的最大价值。对于个体活动而言，时间是手段，空间是目标。个体活动的时间表现为均匀流逝、持续不断；个体活动的空间表现为非均匀性、可重复性。换言之，时间是一维的，它的易逝性对于每一个体活动而言是相同的，然而，空间是多维的，即便同一时间，个体活动空间也是千差万别的。个体活动空间的非均匀性，表现为他们“空间活动频率”① 的不同。“空间活动频率”就是单位时间为社会创造财富活动的次数。“空间活动频率”越高，个体为社会创造财富的次数就越多，于是，个体活动均匀流逝的时间便会转化为个体活动空间的丰富性、多样性和复杂性。

（二）人类个体以空间活动超越生命时间

人类个体活动的意义在于以空间建构超越生命时间。每个个体的生命时间是有限的，但是，在有限的时间可以增加生命的宽度，通过空间建构让生命永恒。生命的宽度就是个体活动的社会空间。

个体活动离不开时空，个体活动的时空是对立统一的。首先，时间有限性和空间无限性是对立统一的。个体的生命是有限的，但是，个体的空间创造是无限的。个体的活动空间是无限的开放的，它表现为非均匀性和可重复性。单位时间内个体活动空间可以“浓缩”（复杂化），也可以“稀释”（简单化），这种个体空间的“浓缩”与“稀释”意味着个体生命活动时间的延长与萎缩。空间的无限可以使个体突破生命的有限，化有限为不朽。生命时间的有限给人以压力，活动空间的无限给人以希望。每个个体的生命活动都是压力与希望的二重奏。马克思在对资本主义社会的“人体解剖”中，分析了资本运动的时空界限。资本是资本家人格的化身。资本积累不断挑战工人生命活动的时空界限。空间对资本的限制包括：“对资本的外部限制”，“空间是资本活动的一个容器”，它限制了资本积累；“空间也是一种资本，它作为资本也会遇到限制”。② 资本运动的周期不仅取决于商品生产过程，而且取决于商品流通

① 砺顾琛、李蔚、傅彬：《节奏空间探究》，武汉：湖北人民出版社 2012 年版，第 71 页。

② 马文保、程晓：《马克思资本积累的时空界限观念蠡测》，载《人文杂志》，2016 年第 6 期，第 12 页。

过程，商品流通是商品生产的主要限制。马克思指出，“以资本为基础的生产，其条件是创造一个不断扩大的流通范围”①。资本每次的空间扩张都是尝试突破自身限制，然而它却“遭到一次比一次更大的崩溃”②。时间的有限性和空间的无限性与个体发展直接关联，只有消灭私有制对劳动的控制，劳动者才能根本摆脱空间的局限而同整个世界的生产紧密联系起来。整个世界的全面生产可以使个体处于时空开放状态，从而克服片面生产的狭隘性，获得全面生产的能力。其次，时间是一维的，空间是多维的。时间的一维性表明，它永远朝着未来流逝，逝者如斯，不可逆转。个体的活动空间具有非均匀性和可重复性，可以“浓缩”或“稀释”，可在不同方位重复，具有可逆转性，这些都是空间多维性的表现形式。时间的一维性是其有限性的具体化，空间的多维性是其无限性的具体化。时间的一维给人以压力，从而惜时如金、只争朝夕。空间的多维给人以希望，从而大展宏图、尽展风采。对于社会运动而言，时空维度更为复杂。社会时间不是一维的。从人类社会内在地历史生成的社会时间来看，它是“一种活生生的建基在世世代代人的生存之上的，将过去扬弃在自身内部、同时生成现在并走向未来的感性活动和创造时间”③。社会空间也不是三维性，社会空间比自然物理空间有着更为复杂的结构，存在着多个维度，比如人与自然的关系维度、人与人关系的维度、理论与实践关系的维度，社会时间也是社会空间的一个重要维度。再次，时间量的固定性和空间质的变动性。时间是有限的、可以分割的，体现着个体生命活动的量的特性，空间作为个体生命活动的过程和结果是非均匀的、可重复的，体现着生命活动的质的特性。个体生命活动的价值既有量的差别，又有质的不同。时间是个体积极的能动的本质。个体本质的实现是通过实践的对象化完成的。从资本时空看，它遵循“以时间消灭空间”的同一性逻辑。“以时间消灭空间”是一种创造性的破坏，即“资本主义空间生产机制内在矛盾的全球空间投射与外化”④。资本运动的趋势总是朝向周转时间的加速和空间范围的缩减。资本主义“以时间

① 《马克思恩格斯全集》（第 30 卷），北京：人民出版社 1995 年版，第 387 页。

② 《马克思恩格斯全集》（第 30 卷），北京：人民出版社 1995 年版，第 397 页。

③ 熊进：《马克思时间概念的三维特质》，载《北方论丛》，2011 年第 6 期，第 110 页。

④ 林密：《马克思“以时间消灭空间”的空间生产思想及其深层逻辑探微》，载《哲学研究》，2019 年第 12 期，第 30 页。

消灭空间”的同一性空间生产表现为一切等级的和固定的东西都烟消云散了，也表现为资本运动造成全球社会空间的对立与冲突。

（三）时间空间与历史发展的规律

唯物史观是关于现实的个人及其历史发展的科学。现实的个人是自然属性、社会属性和精神属性的统一。马克思从社会运动的主体现实的个人出发，考察社会运动的时间空间，强调时间是人的发展空间。马克思说：“作为它的主体出现的只是个人，不过是处于相互关系中的个人，他们既再生产这种相互关系，又新生产这种相互关系。这是他们本身不停顿的运动过程，他们在这个过程中更新他们所创造的财富世界，同样地也更新他们自身。”① 历史发展的基础是实践活动。社会实践表现为物理时空、生命时空和社会时空的复合。实践活动推动着社会时空结构的变化发展。

马克思对历史发展规律的探讨是从社会历史发展和个体历史发展两个维度展开的，但马克思并没有把社会历史发展和个体历史发展截然分开。

从社会历史发展维度看，马克思恩格斯在《德意志意识形态》中第一次提出“五大社会形态理论”，揭示了社会历史发展的规律。他们以“所有制形式”为尺度，以“部落所有制”为起点，概括了五种所有制形式的依次更替。“所有制形式”主要是指生产资料由谁占有和支配，它属于生产关系范畴，立足点是人与自然的空间占有和支配关系。马克思在1859年的《〈政治经济学批判〉序言》中，第二次提出“五大社会形态理论”，即“大体说来，亚细亚的、古希腊罗马的、封建的和现代资产阶级的生产方式可以看做是经济的社会形态演进的几个时代”②。“生产方式”与“所有制形式”的不同在于，“生产方式”是生产力和生产关系的统一，它的立足点是人与自然和人与人的空间占有和支配关系。

从个体历史发展维度看，个体的历史发展虽然有自身的规律，但是，个体社会发展离不开社会历史发展，并且归根结底受社会历史发展规律的制约。马克思指出：“全面发展的个人——他们的社会关系作为他们自己的共同的关系，也是服从于他们自己的共同的控制的——不是自然的

① 《马克思恩格斯全集》（第31卷），北京：人民出版社1998年版，第108页。
② 《马克思恩格斯文集》（第2卷），北京：人民出版社2009年版，第592页。

产物，而是历史的产物。”① 马克思从个体历史发展的维度提出了“三大社会形态理论”，把个体历史发展概括为人类生存发展空间的演变，即人的依赖状态、物的依赖状态和自由个性发展。在“人的依赖状态”的社会空间，人类生活的时间节奏非常缓慢，人类活动的空间范围非常狭隘、分散和孤立。在“物的依赖状态”的社会空间，资本取得劳动控制权，它力求超越一切空间限制，由此，推动人类商品生产和商品流通走向整个世界，商品生产和商品流通的时间不断压缩，资本运动的周期持续缩短，生产生活节奏迅速加快。在“自由个性发展”的未来社会空间，随着社会空间的不断拓展，时间的重要性更加突出，劳动时间不再是财富的尺度，自由时间成为真正的财富。“创造出可以自由支配的时间是财富整个发展的基础。”② 人类实践活动之时间画卷的展开，便是新的社会活动空间和社会发展空间的形成，这种新的社会空间是人的本质力量增强的确证。当然，每一种活动都需要占有时间，时间在不同活动领域的分配决定着人的发展程度。在共产主义的“自由王国”，自由时间日趋增多、劳动时间日趋减少，时间在社会发展和个体发展中呈现出首要意义。

三、人类实践活动立论

人类实践活动立论强调对于时间和空间必须当做人的感性活动去理解。马克思的新唯物主义坚持“对对象、现实、感性，……当做实践去理解”③。对于时间和空间，也必须“当做实践去理解”，坚持从实践活动创造的自然关系和社会关系中去理解社会时空的本质。时间和空间是现实性的。马克思不仅特别注重“从生产劳动出发引申出时空概念”④，而且特别注重从社会交往出发引申出时空概念。马克思的实践唯物主义和历史唯物主义提供了对资本空间进行“人体解剖”的理论武器。马克思新唯物主义阐述的是“实践的空间”⑤。马克思空间哲学融通了人类整体活动立论和人类个体活动立论，坚持人类实践活动立论，始终从实践过程和结果中去把握社会时空的本质。时间与空间是实践活动的表现方

---

① 《马克思恩格斯全集》（第30卷），北京：人民出版社1995年版，第112页。

② 《马克思恩格斯文集》（第8卷），北京：人民出版社2009年版，第82页。

③ 《马克思恩格斯文集》（第1卷），北京：人民出版社2009年版，第499页。

④ 俞吾金：《马克思时空观新论》，载《哲学研究》，1996年第3期，第18页。

⑤ 倪志安、冯文平：《论马克思“实践的空间”思想》，载《黑龙江社会科学》，2014年第4期，第11页。

式和社会关系的存在方式，是人类实践形塑“人化自然空间”和“社会关系空间”的过程。虽然人类创造了社会时间与社会空间，但却不能因此消除自然时间与自然空间，而是以超越的方式把它们包含在社会时间与社会空间之中。

（一）空间问题致思理路的根本转变

马克思新唯物主义是在旧唯物主义基础上孕育和诞生的。马克思认为，旧唯物主义有两种形式：一是自然主义的唯物论或者叫做纯粹的唯物主义；二是人本主义的唯物论或者叫做直观的唯物主义。自然主义唯物论的致思理路是立足于具体的物质形态和自然规律，去求解空间的本质特征，探求空间发展的规律。在马克思看来，这是一种目中无人的唯物主义，只见物不见人，人只是被理解为人形动物，失去了主体性和能动性。在自然主义的唯物论看来，“空间”是一种空的状态或容器，具有长宽高三维，表征着自然存在物的地方、处所和位置。它们把“空间”和属人的世界相剥离，变成了与人的活动无关的自然物体的空间性状。马克思立足于实践立场，批判了这种自然主义的空间观。这种空间观的最大问题在于用自然的本位性、客观性遮蔽了人的本位性、主体性。

费尔巴哈的哲学是一种与旧唯物主义根本不同的唯物论。马克思称费尔巴哈是一种直观的唯物主义，即不把感性理解为实践活动的唯物主义。费尔巴哈认为：“空间和时间是一切实体的存在形式。”① 他看到了纯粹唯物主义的自然本位论缺陷，突出强调空间的人本性，把“人”与“自然”作为两个基础性哲学概念，强调人和自然是一种空间的存在、真正的存在。他认为，对于人而言，自然具有时间的先在性，但在自然与人的关系上，人是主体，是第一位的，自然只能是客体。客体的意义是由主体赋予的。所以，应当从人的本质对象化视角去把握空间的人本性。他在哲学中引入“人”，在哲学人本化方面做出了积极努力，但由于把人理解为“类”，理解为一种内在的无声的抽象性，因而，没有完成哲学革命的使命。费尔巴哈所做的努力是把自然主义唯物论的空间观引向另一极端，即人本主义唯物论的空间观，但是，他并没有达到那种在实践基础上人和自然真正统一的正确理解。费尔巴哈没有走完的路终

---

① 〔德〕路德维希·安德列斯·费尔巴哈（Ludwig Andreas Feuerbach）：《费尔巴哈哲学著作选集（上）》，荣震华等译，北京：商务印书馆1984年版，第109页。

究要有人走，这个任务历史地落在了马克思身上。

马克思立足实践主体立场把握空间的本质特征，从而超越了自然主义唯物论和人本主义唯物论。马克思空间哲学的出场是“一定的历史和空间条件下由多元出场主体之间的交往实践能动地构境的”①。资本是以主体身份出场的，资本的空间创新开启了世界历史时代，资本的时间创新开启了雇佣劳动的剥削方式。资本的空间生产形塑了物化的景观。马克思的实践思维方式超越了黑格尔的思辨思维和费尔巴哈的人本思维，形成了“‘从实践理解问题’（包括‘空间’问题）的实践唯物主义的哲学理路”②。对“空间”现象，既不能像自然主义唯物论那样只看到空间的客体性，又不能像费尔巴哈那样，以直观的形式去理解空间，更不能像唯心主义那样，把对空间的理解诉诸自由理性或绝对理念。在马克思看来，空间不是抽象的，对于现实的空间，必须“把它们当做感性的人的活动，当做实践去理解”③。“当做实践去理解”的致思方式把对于“空间”的把握置于“解释世界”和“改变世界”的辩证统一，从而，为我们找到了开启社会历史空间之谜的钥匙。

（二）基于实践的时空统一性

对社会时空的研究首先就要解决社会时空的本质问题。反思社会时空问题的核心就是弄清社会时空与人类实践活动的内在关联。从实践生成论来看，“社会时空是人类实践活动的创造”④。对社会时空的把握必须立足人类最基本的生产和交往实践。从实践主体立场看，与实践毫无关涉的时空必然是抽象的。现实性的时空是人类实践活动的方式、表征和确证。时空反映着实践活动的不同特征，时间指谓着实践活动的持续性和顺序性，表征着人类实践的过程；空间指谓着实践活动的广延性、伸张性，表征着实践活动的结果。

“时间是人的发展空间”的命题，是把空间当作时间来理解，强调了时间的社会价值。时间是人的感性活动持续的空间。从感性活动角度

① 任平：《论资本创新逻辑批判与马克思主义出场学的当代视域》，载《哲学研究》，2014 年第 10 期，第 17 页。

② 倪志安、冯文平：《论马克思“实践的空间”思想》，载《黑龙江社会科学》，2014 年第 4 期，第 13 页。

③ 《马克思恩格斯文集》（第 1 卷），北京：人民出版社 2009 年版，第 499 页。

④ 王南湜：《社会时空问题的再考察》，载《社会科学战线》，2009 年第 3 期，第 228 页。

看，时间是个人能力发挥和个性特征彰显的过程，是个人需求获得满足的过程。从社会空间角度看，时间是人类通过实践活动建构属人世界的历史过程。从马克思新唯物主义立场看，时间表现为实践活动的持续性和顺序性。时间与人的主体性、能动性、创造性紧密关联，与现实生活世界紧密关联。空间是实践活动对象化的确证，是实践时间耗损的结果。社会时间的本质在于它是“实践时间”而非“自然时间”。实践时间具有可塑性、现实性，它受实践活动规定和制约，人类可以影响社会性事务时间的快慢、长短。时间是人的活动尺度。社会时间结构的多样性取决于实践的丰富性。马克思指出，“时间实际上是人的积极存在”①。时间的积极性根源于实践之改变世界的功能。

“空间是人的发展时间”的命题，是把时间当作空间来理解，强调了空间的社会价值。空间表现为实践活动建构属人时间的伸张与扩展。一方面，在人的历史实践中，时间与空间借助实践相互转化，把空间看作人的发展时间更有助于把握空间的社会价值。实践时间撬动着时间空间化，实践空间撬动着空间时间化。这一过程也是主体客体化和客体主体化的双重建构。实践时间的空间化积淀着人类的文明，实践空间的时间化诉说着人类的历史。另一方面，在人类历史实践中，时间空间相互关联、相互贯通。实践时间表征着社会空间建构的持续性与顺序性，它意味着实践时间向实践空间的生成。同时，实践空间表征实践时间的扩延和伸展。

以实践为基础的社会空间发展趋势具有不可逆性，它从过去经由现在驶向未来。现在是过去发展的结果，未来是过去和现在的结果。历史发展的总过程和总趋势的不可逆是绝对的。但是，过去、现在和未来的因果决定性却是双向的。过去、现在和未来可以通过“浓缩”形式并存于同一社会空间。它体现了人类实践活动的累积本质。过去的劳动成果是现实劳动的前提，同时，劳动并非简单的重复，它在空间层面创造着现实世界，在时间层面创造着理想世界。人类的实践活动是革命的、能动的和批判的，它立足现实世界又面向未来的理想世界。马克思强调，对资本主义生产关系要做历史考察，一方面，“说明在这个制度以前存在的过去”，另一方面，要把握这一“生产关系的现代形式被扬弃”之后

---

① 《马克思恩格斯全集》(第37卷)，北京：人民出版社2019年版，第161页。

的未来先兆。①

（三）时间空间化与空间时间化

时间空间化是主体客体化过程，表现为时间要素转化为空间要素，活动本身转化为“社会关系空间”，活动结果转化为“人化自然空间”。空间时间化是客体主体化过程，表现为空间要素转化为时间要素、空间性存在转化为时间性存在。空间是实践活动的结果和前提。时间空间化和空间时间化是以实践为基础的“历史活动空间”之互为前提、不可分割的两个方面。时间更为积极、空间更为保守。空间持存、巩固和积累着人类实践的成果。空间是人类生存与发展的基础，但是，空间的保守性容易使其僵化，因而必须要由时间来打破。时间是开放的、流动的、易变的。时间是主体的能动性，是革命的实践。马克思之所以更加偏重时间，正是因为时间的革命性和能动性。

时间空间化和空间时间化是马克思以实践活动为基础的时空辩证法的充分体现。时间空间化侧重点在于空间，也就是把时间作为空间来理解。空间时间化侧重点在于时间，也就是把空间作为时间来理解。在马克思看来，商品生产的过程，就是劳动的时间形式转化为劳动的空间形式过程。马克思说：“劳动与劳动对象结合在一起。劳动对象化了，而对象被加工了。”② 一方面，人通过劳动把“动的形式”（时间形式）转化为产品的“静的属性”（空间形式），这一过程就是时间空间化。在资本主义私有制条件下，时间空间化意味着时间的丧失，因为，工人的劳动产品，也就是一定的空间形式被资本家无偿占有。商品作为时间空间化的表征变成了一种支配工人劳动时间的力量。源于时间形式的空间形式变成了时间形式的对立物，造成了时间与空间的异化。西方马克思主义的奠基者卢卡奇在马克思异化理论基础上，“沿着商品——时间的空间化——物化意识这样一个路径来展开对物化现象的现代性批判”③。劳动的对象化就是时间空间化过程，而在资本主义条件下，时间空间化表现为异化。另一方面，作为“静的形式”的空间把时间客体化，把人的类本质保存下来，把劳动时间转化成为空间化的社会存在。人类生存与发

---

① 《马克思恩格斯文集》（第8卷），北京：人民出版社2009年版，第109—110页。

② 《马克思恩格斯文集》（第5卷），北京：人民出版社2009年版，第211页。

③ 胡绪明、韩秋红：《〈历史与阶级意识〉与现代性批判》，载《长白学刊》，2006年第6期，第58页。

展的空间，也就是人类生存的环境和条件，包括生产工具和生产资料等都是既定的空间形式、“静的形式”，它们是劳动得以展开的前提。劳动过程把“静的形式”转换为“动的形式”，即空间时间化。人类生存与发展的空间条件不是“自在自然空间”，而是带有工业和商业等活动影响的“人化自然空间”。实践活动把“动”的时间耗费转化为“静”的空间拓展。① 自由时间是人类的发展空间，空间凝结着人类的劳动时间。人既是一种时间性存在，又是一种空间性存在。“在空间上存在的劳动，也可以作为过去的劳动而同在时间上存在的劳动相对立。”② 空间存在的劳动与时间存在的劳动的极端对立是资本主义社会劳动异化的结果。时间空间化的劳动成果被资本家无偿占有，资本家凭借空间的占有，推动着空间时间化，即剥削和压榨雇佣工人的社会时间。

时间性存在转化为空间性存在，就是人的活动形式转化为产品形式。劳动产品创造出来后，其中的劳动资料、劳动工具会重新进入劳动过程，在世代之间传递、保存和完善。劳动产品尤其是劳动工具在世代之间积累和传递着人类的经验、知识、智慧和价值追求，由此构成了人类特有的进化方式。劳动工具的积累和传递是人类进化的客观机制，由此形成的工具体系是支撑“社会—经济空间”的骨架。在此之上还表现为人类特有的“文化—心理空间”。当然，它们都不过是劳动时间的凝结。

总之，马克思从实践唯物主义出发，揭示了社会历史发展和个体自由解放的基本规律。人类整体活动立论和人类个体活动立论是把握社会运动的基本维度，它们统一于实践唯物主义立场。马克思对社会运动时空的把握是一种人类实践活动立论，它融通和超越了人类整体活动立论和人类个体活动立论。人类整体活动立论强调社会空间的时间价值。时间是人的发展空间，是人的类本质、类能力的体现。空间是人类实践活动对象化的确证。社会空间既作为人类整体实践活动的过程而存在，又作为人类整体实践活动的结果而存在。社会空间的建构从根本上依赖社会时间。历史越久远、空间越充盈是社会空间对社会时间根本依赖的表现。人类个体活动立论强调社会时间的空间价值。个体的生命时间是有限的，这是个体生命活动不可逾越的界限。把有限的个体生命时间投入到无限的社会空间创造是生命生产的意义所在。人类实践活动立论强调

---

① 熊进：《论马克思的时间概念》，武汉：武汉大学出版社 2014 年版，第 189 页。

② 《马克思恩格斯全集》（第 30 卷），北京：人民出版社 1995 年版，第 230 页。

对于社会时空必须当做人的感性活动去理解。马克思从实践唯物主义出发，把社会时空理解为实践活动展开方式，坚持从生产和交往实践出发引出时空概念，系统阐释了实践唯物主义的时空观，从根本上超越了旧唯物主义和唯心主义的抽象时空观。

第二节　实践空间的三态一体

空间的形态及其演变根源于人类有目的的实践活动，社会空间是人类生产和交往实践对象化的确证。现实的空间是由人类实践活动建构、形塑和改变的，具有丰富和复杂的社会生活内涵；现实的空间表征着主体的本质属性和生命力量，展现着人类的生存发展样态。现实的空间是“属人”的，是人类实践活动的形式和结果。现实社会空间向理想社会空间发展的根本动力是生产力和交往形式的矛盾。现实的个人和现实的空间是马克思空间哲学的立足点。马克思“实践的空间”包括“作为人类实践活动前提的自然空间”和“作为人的‘类特性’的社会关系空间”。① 实践是空间的本质，人化自然空间和社会关系空间是实践空间的呈现。马克思所理解的空间是基于实践活动的“自然空间、社会空间和历史空间”② 的统一，它表明“实践的空间”具有自然性、社会性和历史性。马克思把“人化自然空间”和“社会关系空间”的认识奠立在实践基础之上，从而超越了纯粹唯物主义和直观唯物主义的空间观。在人类实践的基础上，“自在自然必然历史地转化为人化自然，自然的历史也就会变为社会历史的自然”③。实践的空间在人类历史展开过程中表现为人化自然空间、社会关系空间和历史活动空间的现实统一。

一、人化自然空间

空间是一切生物体生存发展所依赖的客观物质载体。对食物、配偶和生存空间的争夺体现着动物世界的基本法则。空间是人类生命运动的

---

① 李春梅：《马克思的社会空间理论研究》，上海：上海人民出版社 2012 年版，第 43 页。

② 张康之：《基于人的活动的三重空间——马克思人学理论的自然空间、社会空间和历史空间》，载《中国人民大学学报》，2009 年第 4 期，第 60 页。

③ 姚顺良、刘怀玉：《自在自然、人化自然与历史自然》，载《河北学刊》，2007 年第 5 期，第 6 页。

持存形式。人类生命的生产和再生产依赖一定的空间条件。人的肉体占有空间，呈现出的是有生命的自然力。马克思认为，个人的自然存在表现为“站在坚实的呈圆形的地球上呼出和吸入一切自然力”①。马克思坚持一种彻底的自然主义或彻底的人道主义立场，在把握“人化自然空间”时对唯物主义和唯心主义给予了积极的扬弃。人首先是一种自然存在物，自然空间是人类生命持存的前提。马克思对自然空间的把握坚持了“自在自然空间”与“人化自然空间”的辩证统一。“自在自然空间”是客观的先在的，是把握自然空间的前提。“人化自然空间”是现实的实践的，是把握自然空间的根本。马克思说，“人对自然的关系首先……是实践的即以活动为基础的关系”②。实践是实现“自在自然空间”向“人化自然空间”转化的桥梁，是人、自然和社会辩证统一的基础。

（一）“自在自然空间”的客观性和先在性

“自在自然空间”是客观的先在的。但它又是抽象的隐性的。对于现实的个人而言，它相当于“无”，即“自在自然空间”与现实的个人之间是没有价值关联的。马克思空间哲学的立足点是作为人类本质外化的“人化自然空间”，它是人类实践活动对象化的确证，具有现实性、社会性和历史性，马克思称之为“人类学的自然”。“自在自然空间”是作为客观存在的自为自然，“人化自然空间”是作为感性活动的为我自然。马克思强调的是在实践基础上“自在自然空间”向“人化自然空间”提升，而这是以承认“自在自然空间”客观性和先在性为前提的。哲学的智慧属于“人化自然空间”（世俗世界），宗教的智慧属于“自在自然空间”（宗教世界）。当马克思强调“人化自然空间”即为我自然时，隐含着以“自在自然空间”为理论前提，而绝非对“自在自然空间”的否定与抛弃。马克思区分了“对象的自然和产物的自然”③，但并不否定“对象的自然”的存在，而是强调“对象的自然”的存在意义是人类实践赋予的。“对象的自然”就是“自在自然”，“产物的自然”就是“人化自然”。人类实践活动是“对象的自然”转化为“产物的自然”的中介。马克思反对黑格尔抽象地直观地把握人和自然界，他认为：“如

---

① 《马克思恩格斯文集》（第1卷），北京：人民出版社2009年版，第209页。

② 《马克思恩格斯全集》（第19卷），北京：人民出版社2016年版，第405页。

③ 胡莹：《福斯特生态学马克思主义思想研究》，哈尔滨：黑龙江大学出版社2013年版，第122页。

果没有人，那么人的本质表现也不可能是人的，因此思维也不能被看做是人的本质表现，即在社会、世界和自然界生活的有眼睛、耳朵等等的人的和自然的主体的本质表现。"① 对人的本质的把握要着眼于人的社会、人的世界。马克思"人就是人的世界"② 的命题是转向从现实性把握人和自然的历史起点。马克思并不否认"自在自然空间"的客观性和先在性，但从现实性来看，人与自然是不可分割的，与人类感性活动没有关涉的"自在自然空间"是抽象的、没有意义的，是宗教神学的领地。

"自在自然空间"不仅是客观的和先在的，而且是自在的和外在的，是独立于人的实践活动之外的存在，具有无限的延展性。在马克思理论视野中，它是作为客观的先在的自然而被设定。人类的感性实践活动直接表现为认识、利用、改造"自在自然空间"的过程。人类借助感性实践的力量征服和改造"自在自然空间"，从中获取自身生存发展的物质生活和精神生活资料。马克思说："人靠自然界生活。"③ "靠"就是依靠，它强调的是人对"自在自然空间"的依赖性。"自在自然空间"是人类从事生产劳动的先决条件，因为没有劳动工具和劳动对象，"工人什么也不能创造"。④ "自在自然空间"具有内在必然性，发现和运用这些内在必然性是科学发展的使命。马克思虽然重视生产劳动对"自在自然空间"的中介作用，但始终承认，"外部自然界的优先地位仍然会保持着"⑤。"自在自然空间"的内在必然性规定了人类实践活动的领域、范围和限度，对它的无视抑或逾越都将遭到惩罚。正如恩格斯所说，每一次人类对自然的胜利，"自然界都对我们进行报复。"⑥ 现实的个人和现实的自然是马克思空间哲学最根本的立足点，现实的自然就是"人化自然空间"。马克思青年时期由宗教批判向政治批判再向经济批判的转向，便是由对"自在自然空间"的研究向"人化自然空间"研究的跃升。

（二）"自在自然空间"向"人化自然空间"的实践转化

马克思的实践唯物主义破解了"自在自然空间"和"人化自然空

---

① 《马克思恩格斯文集》（第1卷），北京：人民出版社2009年版，第220页。
② 《马克思恩格斯文集》（第1卷），北京：人民出版社2009年版，第3页。
③ 《马克思恩格斯文集》（第1卷），北京：人民出版社2009年版，第161页。
④ 《马克思恩格斯文集》（第1卷），北京：人民出版社2009年版，第158页。
⑤ 《马克思恩格斯文集》（第1卷），北京：人民出版社2009年版，第529页。
⑥ 《马克思恩格斯文集》（第9卷），北京：人民出版社2009年版，第559—560页。

间”的辩证统一问题。“人化自然空间”是现实的自然，是由实践塑造的人与自然关系的社会形式。马克思说，“在人类社会的形成过程中生成的自然界，是人的现实的自然界”①。经过人类实践的改造，“自在自然空间”不再是纯粹的自然存在物，不再是自在自然自动延伸的当然产物，而是人类实践活动对象化的社会存在物，是人的现实生活世界。“人化”程度体现着人类从野蛮到文明的发展，但是，无论怎样的“人化”，“自在自然空间”和“人化自然空间”的客观性及对人类社会的基础性始终保持着。当然，“人化自然与人类的关系比自在自然更密切”②。

马克思的“人化自然”概念表明，人类实践认识和处置的自然空间是自然性与社会性的统一。“人化自然”概念既不是突出人，也不是突出自然，它所突出的是一个“化”字，是革命的实践。马克思的立足点是人与自然的统一，这个统一的基础是革命的实践。马克思认为：“被确定为与人分隔开来的自然界，对人来说也是无。”③“自在自然空间”属于抽象地理解的自为自然，它属于旧唯物主义自然观范畴，经过“对近代自然观的批判”④，马克思实现了从“自为自然”向“人化自然”、从抽象自然空间向现实自然空间的发展。在黑格尔那里，自然空间是“绝对理念”自我异化的展现，“绝对理念”是自然空间的本原，他虽然从主体出发来理解自然空间，但活生生的自然空间却变成了抽象的思辨活动。在费尔巴哈那里，自然空间是人的感性对象，他虽然力求实现自然空间的人本化，但由于不理解人的感性实践活动的意义，因而无法中介人与自然的关系。旧唯物主义包括费尔巴哈以及唯心主义在自然空间问题上的共同缺陷就是抽象地理解自然空间。马克思“人化自然”概念的本质特征就在于，它突出了自然空间的现实性、实践性。“自在自然空间”向“人化自然空间”实践转化的过程记载着人类文明发展史。“人化自然空间”表征和确证着人类文明发展的水平和程度。现实的自然界主要是通过人类实践活动形塑的“人化自然空间”。只有自觉的人，才能把自己和自然区分开来。自觉的人能够觉察到自身与自然的本质差别，

① 《马克思恩格斯文集》（第1卷），北京：人民出版社2009年版，第193页。

② 姚顺良、刘怀玉：《自在自然、人化自然与历史自然》，载《河北学刊》，2007年第5期，第7页。

③ 《马克思恩格斯文集》（第1卷），北京：人民出版社2009年版，第220页。

④ 杨勇兵：《马克思实践的人化自然观及其当代意义》，载《理论导刊》，2010年第3期，第37页。

能够把自身与自然区别开来。人的自觉是告别野蛮而走向文明的前提，是历史的前提。人的类本质是自由自觉的活动。“人化自然空间”作为人类实践活动对象化的确证，是人的外在本质。人类历史作为一个自然历史过程直接表现为在实践基础上“自在自然空间”向“人化自然空间”的持续转化。“人化自然空间”体现了人类的目的和意志。马克思认为，人类不仅再生产整个自然界，而且能够“按照美的规律”[①]再生产整个自然界。“人化自然空间”是基于实践的空间建构、转换和重组。古希腊著名哲学家芝诺曾提出“知识圆圈说”，他把圆圈里面的面积比作“已知”，把圆圈外面的面积比作“未知”。其实，“人化自然空间”表征着人类的“已知”世界，“自在自然空间”表征着人类的“未知”世界。由“自在自然空间”向“人化自然空间”的实践转化是人类认识改造世界从有限到无限、从现实到理想的持续发展过程。

（三）“人化自然空间”表征人类实践活动的发展水平

在人类发展的最初阶段，生产力水平低下，征服和改造自然的现实能力非常有限，人们在孤立的地点和狭隘的空间活动。“自在自然空间”对于人类而言是一种神秘的异己力量，人类表现为对自然力的崇拜。人类早期的多神教信仰恰恰是对多种多样神秘自然力量崇拜的表现。在这种宗教中，“人类差不多完全受着同他异己地对立着的、不可理解的外部大自然的支配”[②]。随着人类实践能力的发展，人类对“自在自然空间”的认识日益深刻，“自在自然空间”日益在人们面前显示出更加复杂多样的有用性，并且作为人类实践与认识的客体纳入“人化自然空间”的领域和范围。随着人类实践活动的发展，“人化自然空间”的内容更加丰富、形式更加多样。“人化自然空间”内含着“化”的社会力量，“化”的力量是“指人对自然的行为及其作用，反映着人与自然之间的对象性关系”[③]。“自在自然空间”所设定的界限不断被人类实践活动所打破，持续向“人化自然空间”跃升。“人化自然空间”并非停留在“实在的人化自然”层面，它还不断向“观念的人化自然”和“审美的

---

① 《马克思恩格斯文集》（第1卷），北京：人民出版社2009年版，第163页。

② 《马克思恩格斯文集》（第4卷），北京：人民出版社2009年版，第112页。

③ 刘希刚：《马克思主义人化自然观的思想内涵及其绿色发展意蕴》，载《江海学刊》，2017年第3期，第222页。

人化自然”拓展。[1] 人的本质凭借“人化自然空间”得以充分显现，“人化自然空间”是“一本打开了的关于人的本质力量的书”[2]。

“人化自然空间”是现实的自然空间，是人类世代活动的结果，是历史的产物。“人化自然空间”凝结着人类的“目的、意愿和需求”，表征着“劳动改造自然”的结果。[3] 马克思说：“人的感觉、感觉的人性，都是由于它的对象的存在，由于人化的自然界，才产生出来的。”[4]“人化自然空间”是人类社会发展和进步的体现，是主体的能动性对受动性的超越，是主体的社会性对自然性的扬弃。马克思认为，不论野蛮人还是文明人，“为了维持和再生产自己的生命，必须与自然搏斗”。[5]“自在自然空间”向“人化自然空间”的转化是人类创造对象世界的过程，是再生产整个自然空间的过程，是在人类物质力量和精神力量共同作用下，兽性向人性的生成、自然性向社会性的提升。无论怎样的社会形式，人类都必须妥善处理人与自然的关系，通过生产实践实现“自在自然空间”向“人化自然空间”的历史生成，因为这是一种“自然必然性”。在世界交往时代，“人化自然空间”具有了世界历史性。民族性历史空间向世界性历史空间的跨越，是在劳动基础上自然对人的生成，它使现实的个人成为了世界历史性的个人。人类史与自然史是同构的，我们既不能神化自然，又不能仅从征服改造意义上处置自然。马克思指出：“历史是人的真正的自然史。”[6] 人类历史既是一个自然历史过程，又是一个人类有意识地扬弃自身的形成过程。从“人是自然一部分”的立场出发，马克思提出“历史是人的真正的自然史”的命题，这说明，自然是一个指称“整全（whole）”的概念”。[7] 马克思从人与自然的统一性角度理解自然，以总体性思维把握“自然”，奠定了人与自然和解的理论基石。在此基础上，马克思进一步强调了人类史对自然史的超越和扬弃，从社会实践立场出发，真正破解了人与自然和人与人的统一性问题，并

---

① 李春梅：《马克思的社会空间理论研究》，上海：上海人民出版社2012年版，第47页。

② 《马克思恩格斯文集》（第1卷），北京：人民出版社2009年版，第192页。

③ 彭蕾、尹洁：《论马克思主义人化自然观与生态共同体的构建》，载《毛泽东邓小平理论研究》，2017年第10期，第60页。

④ 《马克思恩格斯文集》（第1卷），北京：人民出版社2009年版，第191页。

⑤ 《马克思恩格斯文集》（第7卷），北京：人民出版社2009年版，第928页。

⑥ 《马克思恩格斯文集》（第1卷），北京：人民出版社2009年版，第211页。

⑦ 沈佳强、叶芳：《马克思“人化自然”命题的存在论含义解析》，载《浙江海洋学院学报（人文科学版）》，2017年第2期，第39页。

且把人与自然关系的分裂归结为人与人关系的对立。

二、社会关系空间

“社会关系空间”强调的是空间社会性。空间社会性是对空间进行政治、经济和文化反思的逻辑起点，是当代西方空间理论的基石。在马克思的著作中，包含着对空间社会性的深刻揭示。列斐伏尔的“空间的生产”概念直接受到了马克思的启发。他从空间社会性出发，分析研究了历史空间、生活空间、自然空间、国家空间的社会内涵。哈维认为，空间自始至终表现一定的社会内容，空间争夺常常成为社会矛盾的焦点。把握“社会关系空间”离不开人的实践活动。人的本质在于自觉的能动的实践活动，人通过与自然的互动，在对象化的结果中复现自身和直观自身。人不仅在思想中理智地复现自身，更重要的是通过生产劳动，把外部世界变成人的真正现实。“人不仅像在意识中那样在精神上使自己二重化，而且……在他所创造的世界中直观自身。”① “人化自然空间”和“社会关系空间”是人类创造的现实世界。“人化自然空间”是实物的属人的空间，它表征着“人对人的社会关系”②。

（一）社会关系空间的自然维度

马克思的中学时期的毕业作文《青年在选择职业时的考虑》中，就已经看到了社会关系对于人们职业选择的决定性作用。他写道：“我们并不总是能够选择我们自认为适合的职业；我们在社会上的关系，还在我们有能力决定它们以前就已经在某种程度上开始确立了。”③ 马克思博士论文的基本思想是自我意识哲学。马克思之所以推崇伊壁鸠鲁主要在于对人的精神自由的向往。当马克思以一个自我意识哲学家的姿态步入社会生活舞台时，他对“社会关系空间”理解的立足点是精神性个人。1842 年，马克思提出了“有生命的有机体”和“国家生活的有机体”概念④，可以说，是对“社会关系空间”的第一次认真思考。在此时，他已经注意到自然要素之于“有机体”的意义。在马克思看来，对于“有生命的有机体”来说，自然界“各种元素作为元素本身的任何痕迹全都

① 《马克思恩格斯全集》（第 1 卷），北京：人民出版社 1995 年版，第 163 页。
② 《马克思恩格斯全集》（第 2 卷），北京：人民出版社 2016 年版，第 52 页。
③ 《马克思恩格斯全集》（第 1 卷），北京：人民出版社 1995 年版，第 457 页。
④ 《马克思恩格斯全集》（第 1 卷），北京：人民出版社 1995 年版，第 333 页。

消失”，自然界各种元素的差别“不过是一种无精神真实性的感性现象”，由于“有生命的有机体”的介入，自然界便“不断地在生命中消失和失去作用”。作为“自然的精神王国”，国家也“不应也不能在感性现象的事实中去寻找和发现自己的真实本质”。[①] “国家生活的有机体”的特征是“各种元素之间相互联系，并发生着矛盾运动”[②]。1842 年，马克思还是一个地地道道的自我意识哲学家，他所理解的“有生命的有机体”不过是自我意识的呈现，他对国家的理解也没有超越黑格尔，而是像黑格尔那样把国家理解为自由理性的体现。马克思此时是从自由理性的立场去把握“社会关系空间”本质的，因此，他对“有机体”的把握还是抽象的。当马克思转向“现实的个人”之后，才真正找到了理解“社会关系空间”的钥匙。

经历了《莱茵报》的斗争之后，以地产、私有财产所表现出来的“人化自然空间”进入了马克思的理论视野。在现实生活中，不同等级的人之于地产、私有财产的关系是普遍存在、不可回避且时时刻刻都在发挥着作用。但此时马克思还缺乏对“社会关系空间”之“自然”维度的深刻理解，因而便遇到了对“物质利益发表意见的难事”。马克思在 1843 年《黑格尔法哲学批判》中，确立了市民社会决定政治国家和法的理论原则，认识到“市民社会”的解剖是破解“社会关系空间”之谜的关键，由此实现了从哲学到经济学的理论转向。把握“社会关系空间”的本质必须揭示人的本质。在费尔巴哈影响下，马克思提出“人是人的最高本质”的命题，强调“人就是人的世界，就是国家，社会”[③]，把人与社会、国家直接划上了等号，说明“人”成为马克思理解“社会关系空间”的核心和基础。同时，马克思从黑格尔那里领悟到市民社会乃是指“物质的生活关系”，把握“社会关系空间”就要立足人的自然关系和社会关系。从自然维度和社会维度对“社会关系空间”的反思，推动了马克思的哲学革命。在《关于费尔巴哈的提纲》中，马克思从实践唯物主义出发，真正破解了“社会关系空间”之谜。那么，什么是“社会关系空间”的自然维度呢？就是“人化自然空间”的维度。就是说，

---

① 《马克思恩格斯全集》（第 1 卷），北京：人民出版社 1995 年版，第 333 页。

② 吕敬美：《马克思的社会有机体概念及其评价论意蕴》，载《社会主义研究》，2014 年第 3 期，第 13 页。

③ 《马克思恩格斯文集》（第 1 卷），北京：人民出版社 2009 年版，第 3 页。

"社会关系空间"是以"人化自然空间"为物质基础的，脱离"人化自然空间"的"社会关系空间"必然是抽象的。

（二）社会关系空间的实践本质

马克思把对"社会关系空间"的理解置于实践唯物主义基础之上，从而根本解决了"社会关系空间"的本质及其发展规律问题。马克思认为，西方的旧唯物主义是一种自然主义的唯物论，费尔巴哈的唯物主义是一种人本主义的唯物论。但是，由于他们不理解实践的意义，终究未能破解人与自然和人与人的关系问题。实践是人与自然和人与人之对立统一的纽带，"人化自然空间"和"社会关系空间"的本质只能从人类实践的过程和结果中去寻找。旧唯物主义对于空间的理解只是着眼于客体，费尔巴哈对空间的理解只是着眼于直观，他们都是为现存世界秩序辩护的"解释世界"的哲学。马克思指出："旧唯物主义的立脚点是市民社会，新唯物主义的立脚点则是人类社会或社会的人类。"① "市民社会"就是资本主义社会，就是资本空间，它是劳动异化的呈现。"人类社会"则是劳动对象化的确证，是真正的属人的社会。"社会关系空间"是"人在实践中基于特定的生产关系所建构的"②，它是包括经济、政治、家庭、法律、道德、文化、意识形态等丰富内涵的空间系统。马克思指出，"历史的每一阶段都遇到……人对自然以及个人之间历史地形成的关系"③。其中，人和自然的历史关系构成"人化自然空间"，人与人的历史关系构成"社会关系空间"，它们预先规定了新一代的物质生产条件，又为新一代的实践所改变。

实践是"自在自然空间"持续向"人化自然空间"转化的基础。"人化自然空间"从多个面向和多重作用表现着人的自然关系和社会关系。恩格斯说："对宫廷宣战，给茅屋和平！"④ 宫廷和茅屋以"人化自然空间"的形态表现着"社会关系空间"的内涵，即表现着无产阶级和资产阶级的对立。"社会关系空间"是马克思最为关注的空间形态，它以"人化自然空间"为基础，展现着人类实践活动的能力和水平。"社

---

① 《马克思恩格斯文集》（第1卷），北京：人民出版社2009年版，第502页。

② 倪志安、冯文平：《论马克思"实践的空间"思想》，载《黑龙江社会科学》，2014年第4期，第16页。

③ 《马克思恩格斯文集》（第1卷），北京：人民出版社2009年版，第544—545页。

④ 《马克思恩格斯文集》（第1卷），北京：人民出版社2009年版，第498页。

会关系空间”包含生产关系、婚姻家庭关系、阶级关系、国家关系、民族关系等，其中，生产关系是“社会关系空间”的决定性力量，规定着“社会关系空间”的性质。

人类实践活动建构“社会关系空间”，“社会关系空间”又制约着人类实践活动。“社会关系空间”是在实践活动基础上人的自然关系和社会关系的凝结与展示，考察“社会关系空间”的本质，必须深入到人类物质生产和物质交往的内部，揭示基于生产和交往的人的自然关系和社会关系。“人的感觉、感觉的人性，都是由于它的对象的存在，由于人化的自然界，才产生出来的。”① 人是对象性的人，外部世界是对象性的存在，马克思所说“在他所创造的世界中直观自身”②，就是要把对象世界作为一面镜子，从中去直观自己的本质。动物与外部世界也存在对象性关系，但是，人的对象性是一种社会的对象性，当对象对人说来成为社会对象的时候，“社会关系空间”表现为人的本质，人才能作为一种社会存在物确证自身，这时，“社会关系空间”就变成了人们的活动、生活、享受和财富的“场所”。人类的实践活动能动地建构着人的生存空间和意义场域。“人化自然空间”是人生命力量的投射，是“社会关系空间”的复现。“人化自然空间”是人的现实生活要素和人的社会联系纽带，是“他为别人的存在和别人为他的存在”③。“人化自然空间”为“社会关系空间”提供了生产生活的物质要素，“社会关系空间”规定着“人化自然空间”的社会性质和发展水平。

（三）社会关系空间与人化自然空间的同构

“社会关系空间”是从人的社会关系视角对空间的把握，“人化自然空间”是从人的自然关系视角对空间的把握。在社会实践活动中，人与自然和人与人关系同时并存和相互作用，形成了“社会关系空间”与“人化自然空间”的统一性。“社会关系空间”是“人化自然空间”的社会组织形式，“人化自然空间”是“社会关系空间”的物质承载者。在“社会关系空间”中，“人化自然空间”是“人的现实的生活要素”④。“社会关系空间”呈现的是人类处理与自然关系的共同活动方式。人类

---

① 《马克思恩格斯文集》（第1卷），北京：人民出版社2009年版，第191页。
② 《马克思恩格斯文集》（第1卷），北京：人民出版社2009年版，第163页。
③ 《马克思恩格斯文集》（第1卷），北京：人民出版社2009年版，第187页。
④ 《马克思恩格斯文集》（第1卷），北京：人民出版社2009年版，第187页。

的生产劳动表现为“自在自然空间”向“人化自然空间”的生成，这一历史过程受一定历史时代的“社会关系空间”制约。在生产劳动中，人与自然的关系和人与人的关系是不可分割的，其中，人化自然是人与人关系的中介，表征着人与人关系的自然属性，人与人的关系又是人化自然的基础，表征着人与自然关系的社会属性。马克思认为：“人对自然的关系直接就是人对人的关系，正像人对人的关系直接就是人对自然的关系，就是他自己的自然的规定。”① “人化自然空间”是人类实践活动空间的自然规定性，“社会关系空间”是人类实践活动空间的社会规定性，“人化自然空间”和“社会关系空间”是同一的不可分割的实践活动空间。

“社会关系空间”与“人化自然空间”是一种同构关系，前者突出空间的社会本质，后者突出空间的自然基础，它们将人的自然性和社会性融为一体，构成人的现实生活世界。但是，人的生产从来不是单个人进行的，而是基于一种群的联合的集体行动，也就是说，人类是以“社会关系空间”的方式从事生产活动的，越是往前追溯历史，从事生产的个人就越是从属于一个较大的整体。人类通过物质生活资料的生产和再生产直接地作用于自然并且相互影响。人们从事物质生产活动的前提是共同的活动方式和互相交换活动，由此，形成一定的生产关系和社会联系，只有在此基础上，才会有人类对自然的影响。生产劳动能动地改变着人和自然、人与人的关系，而结成一定的生产关系，通过一定方式的共同活动和交换活动，是生产劳动得以展开的前提。“社会关系空间”是人类生产“人化自然空间”的前提，它规定着“人化自然空间”的社会性质。“人化自然空间”的生产过程也是“社会关系空间”的生产过程。对于“人化自然空间”的形塑，马克思概括出了“生产力”范畴，生产力中介了人与自然的关系，表征着人类形塑自然空间的现实能力。对于“社会关系空间”的形塑，马克思概括出了“生产关系”范畴。生产关系是标志人与人之间关系的范畴，是人与人的互动所形成的联合行动和集体行动。生产关系从根本上决定着以分工为基础的横向社会关系。恩格斯认为，人类“以群的联合力量和集体行动来弥补个体自卫能力的不足”是人类“脱离动物状态，实现自然界中最伟大的进步”的重要因

① 《马克思恩格斯文集》（第1卷），北京：人民出版社2009年版，第184页。

素。① 生产关系的进步无非是人类“联合”方式的进步和“集体行动”方式的进步。

三、历史活动空间

“历史活动空间”是立足生命生产对“人化自然空间”和“社会关系空间”的考察。“自然史”和“人类史”是考察历史的两个维度。“自然史”是从“人化自然空间”维度对生命生产的考察，“人类史”是从“社会关系空间”维度对生命生产的考察。“历史活动空间”是“人化自然空间”和“社会关系空间”在历史实践中的展开。人与环境是“历史活动空间”的主体和客体，“历史活动空间”的发展就是革命的实践对人与环境的双重改造。“现实的个人”是历史活动空间的主体力量。在资本主义历史时代，“现实的个人”表现为无产阶级和资产阶级的对立。实现无产阶级空间解放“必须经过一系列将把环境和人都加以改造的历史过程”②。因此，必须立足现实世界、采用现实手段，无产阶级才能真正获得解放。“历史活动空间”直接表现为“人化自然空间”和“社会关系空间”的历史展开，表现为从“物质空间形态”向“精神空间形态”的提升、从“现实空间形态”向“理想空间形态”的跨越。

（一）“人化自然空间”和“社会关系空间”的历史展开

“人化自然空间”和“社会关系空间”是人的实践活动得以展开的自然基础和社会基础。人的实践活动既以一定的“人化自然空间”和“社会关系空间”为基础，又不断地重塑着“人化自然空间”和“社会关系空间”。人的实践活动是“人化自然空间”和“社会关系空间”的桥梁纽带，联结着人的自然关系和社会关系。只有人才能创造并活动于“人化自然空间”和“社会关系空间”，它们共同构成为我的“历史活动空间”。“凡是有某种关系存在的地方，这种关系都是为我而存在的”③。“历史活动空间”不仅是一种“实物存在”，而且是一种“关系存在”，“人化自然空间”是“历史活动空间”的实物存在，“社会关系空间”是“历史活动空间”的“关系存在”。“关系存在”是人与动物的本质区别，因为动物是一种“非关系存在”。“历史活动空间”不管表现出怎样的形

---

① 《马克思恩格斯文集》（第4卷），北京：人民出版社2009年版，第45页。

② 《马克思恩格斯文集》（第3卷），北京：人民出版社2009年版，第159页。

③ 《马克思恩格斯文集》（第1卷），北京：人民出版社2009年版，第533页。

态，从本质上说都是人们交互活动的产物，是生产和交往实践的产物。对于每一代人而言，都不能自由地选择“历史活动空间”，但是，每一代人都会在“历史活动空间”打上自身的烙印。马克思认为，资本主义的生产过程，既是资本和劳动关系的生产和再生产，又是使用价值和交换价值的生产和再生产。资本主义生产关系的再生产“比其物质结果更为重要”①。

“人化自然空间”是作为人与自然的社会关系总和的实物空间，“社会关系空间”是“作为人与人的社会关系总和的关系空间”②。在资本主义空间生产中，“社会关系空间”的生产和再生产比“人化自然空间”的生产和再生产更重要，因为“社会关系空间”规定着资本空间的性质，规定着人们的社会角色、社会地位、社会流动、社会权力等。“人化自然空间”是“社会关系空间”所具有的“场所”特征，是“社会关系空间”的物质依托。在资本主义条件下的“历史活动空间”，“场所”的自然属性趋于模糊、社会属性趋于突出。马克思从时空维度去理解“历史活动空间”，把它理解为人的自然关系和社会关系诸要素密切关联的整体。“历史活动空间”是自然性和社会性的统一。“人化自然空间”是它的自然性，“社会关系空间”是它的社会性，历史性是它时间维度的体现。马克思指出：“历史的每一阶段都遇到……人对自然以及个人之间历史地形成的关系。”③“历史活动空间”既表现为“人化自然空间”的历史，又表现为“社会关系空间”的历史。“人化自然空间”的历史就是自然史，“社会关系空间”的历史就是人类史。越往前追溯历史，历史越是表现为“自然史”，越往后追溯历史，历史越是表现为“人类史”。

（二）从“物质空间形态”到“精神空间形态”的提升

“历史活动空间”包含着自然史和人类史的双重维度。“自然史……我们在这里不谈；我们所需要研究的是人类史。”④马克思为什么说不谈“自然史”只谈“人类史”呢？因为破解了“人类史”之谜，“自然史”之谜便迎刃而解了。马克思恩格斯在手稿中把这段话删除了，为什么要

---

① 《马克思恩格斯文集》（第8卷），北京：人民出版社2009年版，第107页。

② 高云涌、王林平：《〈资本论〉及其手稿中的三种空间概念》，载《吉林大学社会科学学报》，2013年第5期，第81页。

③ 《马克思恩格斯文集》（第1卷），北京：人民出版社2009年版，第544—545页。

④ 《马克思恩格斯文集》（第1卷），北京：人民出版社2009年版，第516—519页。

删除呢？至少说明，他们存有疑虑或者担心人们产生误解。从历史唯物主义出发，“历史活动空间”表现为“物质空间形态”和“精神空间形态”的对立，它们具有历史性和现实性。“历史活动空间”是自然史和人类史的表征。人类产生以后，人类史从自然史独立出来，但是，由此并不能否认自然史对于人类史的基础作用。

自然史向人类史的飞跃，表现为“物质空间形态”向“精神空间形态”的提升。马克思指出：“物质生活的生产方式制约着整个社会生活、政治生活和精神生活的过程。”①“物质空间形态”从根本上决定着“精神空间形态”。“精神空间形态”与“物质空间形态”是不可分割的。“历史活动空间”不仅是物质的、经济的，而且也是政治的、精神的。唯物史观坚持“物质空间形态”决定“精神空间形态”。在资本主义社会，“物质空间动物般的生存状态诱发精神上动物般的野蛮、粗痞和愚昧，许多不耻于人的道德灾难在行为文化层面发生了”②。在《德意志意识形态》中，马克思恩格斯把“社会关系空间”比作是一座规模庞大的“建筑物”。其中，生产力、生产关系，包括工农业生产、交通运输等构成社会的经济基础；国家、政党、军队、法庭等构成主体建筑；政治、法律、道德等属于意识形态。马克思把“悬浮”于实体建筑之上即“物质空间形态”之上的“精神空间形态”称之为“意识形态的形式”。“它们就是人类精神开出的结果实与不结果实的花朵：哲学、宗教、艺术。”③马克思恩格斯把“哲学”“宗教”“艺术”置于比“政治”“法律”“道德”更高的层次，由于“哲学”“宗教”“艺术”位居“最高层次”而表现出特殊性质。恩格斯指出：“那些更高地悬浮于空中的意识形态……多半只是在消极意义上以经济为基础……要给这一切原始状态的愚昧寻找经济上的原因，那就太迂腐了。”④“精神空间形态”更高地“悬浮”于“物质空间形态”之上，经济基础从根本上决定意识形态，但是，却不能机械地直接地决定它们。“精神空间形态”中的宗教、哲学、艺术等与人类的精神追求直接关联。对宗教、哲学、艺术的研究并

① 《马克思恩格斯文集》（第2卷），北京：人民出版社2009年版，第591页。
② 胡潇：《空间现象的文化解读》，载《学术研究》，2014年第9期，第8页。
③ 鲁枢元：《文学的跨界研究：文学与心理学》，上海：学林出版社2011年版，第147页。
④ 《马克思恩格斯选集》（第4卷），北京：人民出版社2012年版，第611—612页。

不会重蹈唯心论。因为，马克思的研究方法是从“物质空间形态”去解释和说明“精神空间形态”。马克思坚持“从人间升到天国”① 的实践唯物主义立场，用“物质空间形态”解释和说明“精神空间形态”。马克思在经济学研究基础上，立足物化的资本空间探讨了“物质空间形态”到“精神空间形态”的提升问题。资本主义时代，物质变换的普遍化，形成多样化需求和全面的能力体系，表现为“人的发展对于这种物化空间的依赖”②，导致人类持续的空间竞争。因此，由“物质空间形态”到“精神空间形态”的提升，必须扬弃物化的资本空间，重塑属人的“历史活动空间”，进而为人的自由个性发展开辟广阔的天地。

（三）从“现实空间形态”到“理想空间形态”的跨越

人类实践活动的空间形塑是从“现实空间形态”向“理想空间形态”的跨越。人既具有现实面向，又具有理想面向。人的现实面向表明，人只有在“现实空间形态”中定义自身；人的理想面向表明，人只有在“理想空间形态”中超越自身。马克思从对现实的资本空间批判出发，表达了用“理想空间形态”扬弃资本空间形态的价值诉求。

人类的劳动实践是一个动态展开的过程，具有时间维度。劳动实践是决定着人化自然空间和社会关系空间的易逝性和暂时性，人化自然空间和社会关系空间“通过活的时间而被赋予形式”③。人既是一种空间性存在又是一种时间性存在。空间是人的消极存在，它不仅是人的本质的呈现，而且是人的睡着的时间。时间“是人的积极存在，它不仅是人的生命的尺度，而且是人的发展的空间”④。时间的积极性是由实践赋予的。人通过实践活动能动地作用于自然空间和社会空间，使“历史活动空间”留下人性的烙印。“历史活动空间”展现着人类实践活动的轨迹、范围和领域，保持着对于人化自然空间和社会关系空间的超越趋势和能力。人类通过实践活动在时间与空间中展现着自身的类能力、类特征和类本质。人化自然空间、社会关系空间和历史活动空间是基于人类实践活动的统一体。

马克思青年时期遇到了“苦恼的疑问”，这个“苦恼的疑问”归根

① 《马克思恩格斯文集》（第 1 卷），北京：人民出版社 2009 年版，第 525 页。
② 李春敏：《马克思的空间思想初探》，载《学术交流》，2009 年第 8 期，第 15 页。
③ 《马克思恩格斯文集》（第 8 卷），北京：人民出版社 2009 年版，第 73 页。
④ 《马克思恩格斯全集》（第 37 卷），北京：人民出版社 2019 年版，第 161 页。

结底是对现实社会生产生活空间的不满，因为，现实的空间日趋沦为资本家的天堂和劳动者的地狱。资产阶级成为人化自然空间的私有者和社会关系空间的统治者，无产阶级深受空间压迫和空间剥削。因此，作为对“现实空间形态”的超越，马克思提出了对共产主义“理想空间形态”的价值诉求，共产主义“自由王国”的社会空间“作为完成了的自然主义，等于人道主义，而作为完成了的人道主义，等于自然主义”。① 自然主义和人道主义的完成就是“人化自然空间”和“社会关系空间”的统一，就是按照美的规律形塑生产生活空间。自然主义和人道主义的完成是资本主导所形成的“中心—边缘”两极性“历史活动空间”的终结。自然主义坚持“自然中心论”，人道主义坚持“人本中心论”，自然主义和人道主义的完成需要融入“非中心化”的思维。自然主义和人道主义如同并行的双轨，“完成了的自然主义”和“完成了的人道主义”是一种全新的“历史活动空间”，是人与自然和人与人的和谐关系。用马克思的话说就是“人和自然界之间、人和人之间的矛盾的真正解决”②。对于“历史活动空间”的塑造，必须从人类自觉的实践活动去理解和把握。“历史不过是追求着自己目的的人的活动而已。”③ 人的有目的的实践活动形塑了“历史活动空间”。马克思认为，人类的实践活动应当遵循物的尺度和人的尺度的统一，它是一个“按照美的规律”塑造的生命活动过程。马克思恩格斯认为，“理想空间形态”就是未来的共产主义“自由王国”的社会空间。马克思对“理想空间形态”的追求是建立在对资本主义“现实空间形态”批判基础上的，这种批判包括“资本批判、政治批判和生态批判等三大主题”④。马克思既揭示了资本主义“现实空间形态”的历史暂时性和空间非正义性，又提出了解决空间矛盾的原则立场和实现路径。

总之，人化自然空间、社会关系空间和历史活动空间是基于人类实践活动的“三态一体”。从人化自然空间看，马克思把它理解为实践活动对于“自在自然空间”中介的结果。“自在自然空间”是客观的先在

① 《马克思恩格斯文集》（第1卷），北京：人民出版社2009年版，第185页。

② 《马克思恩格斯文集》（第1卷），北京：人民出版社2009年版，第185页。

③ 《马克思恩格斯文集》（第1卷），北京：人民出版社2009年版，第295页。

④ 孙全胜：《论马克思社会空间批判理论的三重主题》，载《中共福建省委党校学报》，2016年第10期，第22页。

的，经过实践中介，“自在自然空间”转化为现实性的“人化自然空间”。“人化自然空间”的提出，第一次把人、自然和社会辩证地历史地统一起来。从社会关系空间看，马克思把它理解为基于实践活动的人与自然和人与人关系的统一，或者说，是以物为中介的人与人的关系。离开人与自然的关系而谈论人与人的关系必然是抽象的。马克思把人与自然的关系作为理解人与人关系的基础，体现了“社会关系空间”是自然性和社会性的统一。在实践基础上，“人化自然空间”和“社会关系空间”是同构的。从“历史活动空间”看，人与环境是历史的主体和客体，在革命的实践基础上重构“历史活动空间”旨在实现环境的改变和人的自我改变的一致。“人化自然空间”是“历史活动空间”的对象化的确证和表征。“社会关系空间”规定了“历史活动空间”丰富内容和社会性质。在人类实践活动基础上，“历史活动空间”呈现为从“物质空间形态”向“精神空间形态”的提升、从“现实空间形态”向“理想空间形态”的跨越。

第三节　实践空间的三维统一

马克思立足实践立场，探讨了空间的生成与发展。人的实践活动与动物活动的不同在于，人是有目的、主动地在自然空间打上自身的烙印，通过对自然空间的干预和创造，将人的目的、意志加诸于自然，建构一个属人的现实世界，让外部世界呈现出人性的外观。这样，以人的实践活动为中介，“自在自然空间”不断地向“人化自然空间”生成。马克思对“人化自然空间”的分析，是基于实践活动的“物理—地理空间”维度分析研究的成果。“人化自然空间”是空间自然性和社会性的统一，它内在地包含着“物理—地理空间”维度。“人化自然空间”的生产离不开“社会关系空间”的生产。“‘社会关系空间’是人类社会空间的另一种基本形态”①。马克思对“社会关系空间”形态的分析，是实践活动“社会—经济维度”分析研究的成果。“人化自然空间”源自人与自然关系的建构，“社会关系空间”源自于人与人关系的建构，人与自然和人与人的关系在实践活动中是不可分割的。实践形塑“人化自然空间”和“社会关系空间”必然赋予它们文化属性，生成“文化—心理空间”。

---

① 李春敏：《马克思的社会空间理论研究》，上海：上海人民出版社2012年版，第12页。

“文化—心理空间”是人类观念把握世界的特殊方式。“文化—心理空间”是一种构建信念、凝聚意志、归摄情感的精神空间，对于“文化—心理空间”的理解只能归结为人类的精神生产。

一、物理—地理空间

“物理—地理空间”是马克思探讨空间问题的第一个维度。“物理—地理空间”是人类物质生产的现实条件和物质载体，具体表现为自然地理环境以及在此基础上的“劳动资料”“劳动对象”和“生活资料”等，它直接地参与人类物质生产过程，制约着人类的物质生产能力，决定着人类社会生活的内容。“物理—地理空间”是人类实践活动对象化的确证，体现着特定的社会关系。“物理—地理空间”具有使用价值和交换价值。例如，“土地”是“物理—地理空间”最重要的要素，随着乡村城市化的加快，“土地”的利用方式日益多样化且不断增值。“物理—地理空间”是政治权力的空间表达。列斐伏尔强调，空间“一直都是政治性的”①，建筑空间样态中存在权力体系的影子。福柯则认为，圆形监狱是“权力机制化约为其理想形式的简图”②，“最直接地体现了‘砖石纪律的智慧’”③，“每个空间的屋顶都被政治权力所覆盖。”④“物理—地理空间”具有文化象征意义，是人类文化创造活动的物质载体。文化史蕴含着大量的空间意象和隐喻。“物理—地理空间”的差异往往产生不同的习俗、文化、道德、制度等。“物理—地理空间”是人类生产生活必需的条件。马克思分析研究的资本对“物理—地理空间”的宰制，阐述了“地理环境”“生产场所”“运输设施”和“居住场所”等在生产生活中的意义。

（一）“地理环境”：作为自然条件的“物理—地理空间”

“地理环境”是人类生存发展必需的各种自然条件。马克思非常重视“地理环境”在物质生产中的基础作用，把它作为“社会存在”的基

---

① 〔法〕亨利·勒菲弗（Henri Lefebvre）：《空间与政治》，李春译，上海：上海人民出版社2008年版，第46页。

② 〔法〕福柯：《权力的眼睛》，严锋译，上海：上海人民出版社1997年版，第207页。

③ 〔法〕福柯：《规训与惩罚》，刘北成等译，北京：生活·读书·新知三联书店2003年版，第279页。

④ 汪民安：《全球化、空间与战争》，载《马克思主义与现实》，2007年第2期，第37页。

本要素之一。“地理条件”的差异从人类早期就开始影响社会分工的格局。在文明发展初期，“不同的共同体在各自的自然环境中，找到不同的生产资料和不同的生活资料。因此，它们的生产方式、生活方式和产品，也就各不相同。”① 后来出现的民族、国家同样存在这种差别。“人本身的自然”和“人周围的自然”都直接影响着劳动生产力的发展。“人本身的自然”就是劳动力，劳动力“先天的能力和后天获得的生产技能的区别”直接影响生产力的性质和水平，此外，劳动生产力主要取决于“劳动的自然条件”和“劳动的社会力的日益改进”。②“人周围的自然”就是劳动的自然条件。土地、河湖中的鱼、森林中的树木、地下的矿石等都是天然的劳动对象或原料。马克思尤其重视劳动资料，特别是生产工具的意义。他说：“各种经济时代的区别，不在于生产什么，而在于怎样生产，用什么劳动资料生产。”③ 地理环境对人类社会的影响具有历史差异性，在生产和交往发展水平较低的时代，河流、湖泊是联系的屏障，在交通通讯发达的时代，它们是人们相互联系的纽带。从经济发展角度来看外界自然条件可以分为两类“生活资料的自然富源”和“劳动资料的富源”。④ 在文明初期，前者起决定作用，在较高的发展阶段，后者起决定作用。资本空间剥夺的主要方式是制造非均衡的地理发展空间。哈维看到，资本主义通过“开拓非均衡地理环境”，利用空间交换实现了非对称性的资本积累，这是由于财富和权力“日益高度集中某些地区造成的”⑤。

“地理环境”首先是某一人类群体或者某一社会政治形式赖以存续发展的区域，包括地理位置、地表构造、土壤、地下矿藏等。地理位置就是离地球两极和赤道的远近，它决定着某一区域的气候、土壤、水文、动植物等，气候条件、水力资源和生物多样性构成了人类生存发展极为重要的条件。地表构造就是地势，如山川多还是平原多、陆地多还是湖海多等。土壤不仅是人类食粮的原始仓库，而且是劳动资料的原始库房，是自然形成的生产工具。地下矿藏就是区域的地质构造特点。马克思的

① 《马克思恩格斯文集》（第5卷），北京：人民出版社2009年版，第407页。

② 《马克思恩格斯文集》（第3卷），北京：人民出版社2009年版，第50页。

③ 《马克思恩格斯文集》（第5卷），北京：人民出版社2009年版，第210页。

④ 《马克思恩格斯文集》（第5卷），北京：人民出版社2009年版，第586页。

⑤ 〔美〕大卫·哈维（David Harvey）：《新帝国主义》，初立忠、沈晓雷译，北京：中国社会科学出版社2009年版，第28页。

“人化自然”概念，揭示了地理环境的社会本质。他指出，由于人的活动，“地球的表面、气候、植物界、动物界以及人本身都发生了无限的变化”①，人类通过劳动在自然界刻上了自己的印记。劳动改变着动植物的位置以及动植物本身，改变着居住地的气候和面貌，因而，只有立足于劳动才能正确把握“物理—地理空间”的本质。

（二）“生产场所”：从事生产活动的“物理—地理空间”

生产是人与动物的本质区别，是人类历史的起点。“生产场所”是物质生产不可或缺的空间条件。马克思认为，规模扩大的再生产包括两种方式：一种是外延式扩大，即“生产场所扩大”；一种是内涵式扩大，即生产效率提高。② 商品在生产场所之间的转移并没有脱离生产领域，当商品从生产领域转移到消费领域之后，完整的生产过程才算真正结束。马克思看到，在农业生产中，“有一定空间的生产场所，能够最大限度地逐渐地吸收资本”③。“生产场所”作为资本主义生产活动的“物理—地理空间”是资本运动的重要载体。

马克思重点讨论了作为“生产场所”的“土地”“厂房”和“仓储”等空间问题。首先是“土地”。马克思看到，作为一般劳动资料的“土地”能够给劳动者“提供立足之地”和“提供活动场所”。④ 不同的“土地”占有方式标志着不同的空间发展样态。小土地所有制是落后的自给自足的生产方式，它存在着天然的弊端，因而被资本主义的大土地所有制所取代。资本主义的大土地所有制极大地解放和发展了社会生产力，但是，它却加重了对劳动者的剥削和压迫。在资本主义的发展中，通过对农民土地的剥夺，资本家获得了迅速发展的空间。马克思认为，资本主义大工业“更多地滥用和破坏劳动力”，资本主义大农业则“更直接地滥用和破坏土地的自然力”，资本主义大工业和大农业的携手并进不仅造成“劳动者精力衰竭”，而且造成“土地贫瘠”。⑤ 资本家剥削和压迫工人所凭借的就是大土地所有制，大土地所有制是对劳动力和自然力更加残酷的剥夺方式。它为资本剥削劳动提供了前提条件，而劳动在

① 《马克思恩格斯文集》（第9卷），北京：人民出版社2009年版，第484页。
② 《马克思恩格斯文集》（第6卷），北京：人民出版社2009年版，第192页。
③ 《马克思恩格斯文集》（第6卷），北京：人民出版社2009年版，第193页。
④ 《马克思恩格斯文集》（第5卷），北京：人民出版社2009年版，第211页。
⑤ 《马克思恩格斯文集》（第7卷），北京：人民出版社2009年版，第919页。

大土地所有制下则走向了完全彻底的异化。在《共产党宣言》中，马克思恩格斯提出的“剥夺剥夺者”任务，最主要的内容之一就是剥夺资产阶级的地产，“消灭私有制”的重点是消灭土地私有制。其次是“厂房”。“厂房”是生产要素聚合的空间载体，是劳动者与劳动工具、劳动对象相结合的空间条件。在马克思看来，资本主义生产的历史和逻辑起点恰恰就体现在“生产场所”空间的本质性变化方面，也就是“生产场所”的时空集中。由同一资本家组织在同一时空生产同种商品是资本主义生产方式的历史起点。由简单协作到“工场手工业”是资本主义生产方式发展的重要阶段。在“工场手工业”的发展中，“厂房”则具有特殊的意义。商品生产越发展，“厂房”越会日益成为紧缺的空间商品。第三是“仓储”。“仓储”空间是生产储备的载体，制约着生产规模的大小。马克思说：“为保存生产储备（潜在资本）而必需的建筑物、装置等等，是生产过程的条件，从而也是预付生产资本的组成部分。”① 当产品从生产领域进入到流通领域时，“仓储”空间表现为商业资本家用于存储待售商品的货栈。生产资本家的“仓储”空间与商业资本家货栈空间之间有着潜在的此消彼长关系。

（三）“运输设施”：作为流通条件的“物理—地理空间”

“运输设施”是物质生产持续性的空间保障，它“出售”的是空间场所的转移，即让旅客和货物随着运输工具一起运行，它直接构成商品流通的必要条件。商品的运输是由商品生产转向商品交换的关键。马克思指出：“商品在空间上的流通，即实际的移动，就是商品的运输。”② 商品从生产领域进入到消费领域中间必须经过流通过程。“商品位置的移动，是同商品的流通结合在一起的，也是商品流通规律的客观要素。”③ 交通运输业是生产资本投资的特殊领域，属于生产过程。“运输设施”是社会生产过程的一般条件。在世界市场开辟中，“运输设施”成为实现商品空间跨越的关键。或者说，正是由于“运输设施”的根本改善才使得开辟世界市场变成现实。交通运输工具的发展直接制约着由生产到消费的转换，决定着“一个过程的产品能够以什么样的速度作为生产资

① 《马克思恩格斯文集》（第6卷），北京：人民出版社2009年版，第139页。

② 《马克思恩格斯文集》（第6卷），北京：人民出版社2009年版，第170页。

③ 朱解放：《马克思交通运输理论及其指导意义》，载《中国物流与采购》，2011年第6期，第68页。

料进入另一个过程”[①]。“运输设施”在生产和消费过程扮演着重要角色，把产品从生产领域运到消费领域是使其成为现成消费品的前提，为此，必须不断改善交通运输设施和不断优化交通运输环境。“运输设施”在“物理—地理空间”向“社会—经济空间”的转化过程中发挥着极为重要的作用。生产力的要素包括劳动者、劳动资料和劳动对象。劳动资料包括生产工具和劳动过程所需要的一切物质条件。“运输设施”属于劳动资料范畴，交通运输设施、通讯设施、能源设施等是劳动过程的重要物质条件。马克思非常重视交通运输工具的革命以及交通运输业发展对人类生活的“物理—地理空间”的影响。从人类的运输对象看，经历了由简单到复杂的逐渐扩充过程。在文明初期，那些容易运输的毛和生皮作为工业原料就来自遥远的国外市场。马克思还揭示了交通运输设施按需配置的规律，那种支配海上贸易的人，将能为各种不同的目的建造各种不同的船舶，有的用来航海，有的用在内河，有的用作战船，有的用作货船。

“运输设施”是有目的地改变商品空间位置的载体，交通运输业是从事这种改变的物质生产活动。物质生产活动越是以商品的交换价值为基础，交通运输业的发展便越加重要。交通运输业是联结生产和消费的纽带，它不是一成不变的，随着物质生产的发展而发展。资本主义机器大工业极大地推动了交通运输业的发展。交通运输的枢纽地带极易造成人口集中，导致新城新区的崛起。交通运输设施的改善，能够加速资本的周转，从而使生产中心和市场加速集中，最终使资本集中到少数人手中。交通运输设施的改善还影响着经济中心的转移。马克思看到：“一个生产地点，过去由于处在大路或运河旁边，一度享有特别的地理上的便利，现在却位于一条铁路支线的旁边，这条支线要隔相当长的时间才通车一次。另一个生产地点，原来和交通要道完全隔绝，现在却位于好几条铁路的交叉点。后一个生产地点兴盛起来，前一个生产地点衰落了。”[②] 可见，交通枢纽往往与经济中心相一致。交通运输工具的革命能够使社会生产力获得“一种突然地跳跃式地扩展的能力”[③]。因此，交通运输的技术革命是撬动人类社会发展进步的杠杆。

---

① 《马克思恩格斯文集》（第6卷），北京：人民出版社2009年版，第160页。

② 《马克思恩格斯文集》（第6卷），北京：人民出版社2009年版，第278—279页。

③ 《马克思恩格斯文集》（第5卷），北京：人民出版社2009年版，第519页。

（四）“居住场所”：作为生活场所的“物理—地理空间”

“居住场所”体现的是人类对生存空间的基本需求。居住空间“直接关系到劳动力的再生产”，并且“现实地参与到资本积累的循环中”①。“居住场所”是人们生存发展必需的生活资料，是马克思恩格斯考察资本空间生产的微观视角。居住场所的状况是考察工人一切需要满足情况的尺度。食物、衣着、燃料、住房等，是人类肉体存活的必备条件。马克思说：“人在肉体上只有靠这些自然产品才能生活，不管这些产品是以食物、燃料、衣着的形式还是以住房等等的形式表现出来。”② “住房”属于衣食住行等基本需求。自然产品作为“人化自然空间”有多种表现形态，如食物、衣服、燃料和住宅等。“居住场所”同吃、喝、穿同样重要，吃、喝、住、穿是人类生存首先要解决的问题。“居住场所”主要是指住宅以及周边社区环境等。作为人类生活的建筑空间，“居住场所”的主要功能是休息和娱乐。从原始的洞穴到现代的楼房，人类“居住场所”的“物理—地理空间”发生了深刻变化。“居住场所”虽然是“物理—地理空间”的表征，但同样也属于“社会—经济空间”的范畴，作为人类生产劳动对象化的确证，它反映着一定的社会经济关系。人类的“居住场所”与动物的住所或巢穴根本不同。动物的生产是片面的，人的生产是全面的。动物筑造巢穴是本能的，人类建造“居住场所”是自觉的。马克思指出：“最蹩脚的建筑师从一开始就比最灵巧的蜜蜂高明的地方，是他在用蜂蜡建筑蜂房以前，已经在自己的头脑中把它建成了。”③ 马克思曾多次描述在资本主义大工业背景下，城市雇佣工人的居住状况。在马克思看来，居住面积、功能分区、通风条件、基本的日常设施配备等是衡量居民居住水平和质量的重要尺度。马克思看到，由资本主义大工业所形塑的“居住场所”是一种断裂式的空间，与高楼大厦相辉映的是贫民窟。“劳动生产了宫殿，但是给工人生产了棚舍。”④ 城市“居住场所”表征着城市的社会关系，它既是环境性空间，又是关系性空间。在资本主义条件下，居住空间是资本主义生产方式的折射。恩

① 李春敏：《马克思恩格斯对城市居住空间的研究及启示》，载《天津社会科学》，2011年第3期，第5页。

② 《马克思恩格斯文集》（第1卷），北京：人民出版社2009年版，第161页。

③ 《马克思恩格斯文集》（第5卷），北京：人民出版社2009年版，第208页。

④ 《马克思恩格斯文集》（第1卷），北京：人民出版社2009年版，第158页。

格斯在《论住宅问题》中指出，劳动者的住宅短缺是“现代资本主义生产方式所造成的无数比较小的、次要的祸害之一”①。资本主义生产方式造成自然的破坏，带来工人工作和居住场所的空间污染。资本主义的物质生产力是一把双刃剑，在创造物质财富的同时，破坏了自然力和劳动力。马克思恩格斯看到，在资本主义条件下，拥有一个良好的居住场所是人们最为苦恼的问题之一。“居住场所”的争夺是激烈的，它给人们带来了巨大的苦痛。在这一点上，无产阶级和真正的中间阶级是内在同一的。恩格斯说：“在租赁住房的沉重的桎梏下，各中间阶级所受的痛苦同无产阶级一样厉害。”② 工人为拥有一个栖身之所而苦恼，资本家为如何盘活它的死钱财而苦恼。

二、社会—经济空间

“社会—经济空间”是马克思探讨空间问题的第二个维度，是马克思探讨空间问题的重心。在西方哲学社会科学“空间转向”中，一些人为了贬低马克思，把马克思的空间致思仅仅归结为“物理—地理空间”维度。如苏贾说：“马克思将空间主要处理为一种自然语境……社会行为的空间偶然性……马克思那里从未得到过一种有效的唯物主义阐释。”③“社会—经济空间”是由各种功能系统交织耦合起来的社会有机体，是一定社会形态的生产与交往活动形成的分工组织形式和空间聚集形态。资本主义社会是一种最高级最复杂的“社会—经济空间”形态，它创造了发达的生产体系、分工体系和交换关系。马克思认为，对资本主义“社会—经济空间”进行“人体解剖”具有重要的方法论意义，即“人体解剖”对于“猴体解剖”是一把钥匙。马克思对资本主义“社会—经济空间”的解剖主要是围绕“商品生产与流通空间”“社会分工空间”和“社会交往空间”三个方面展开的。

（一）对“商品生产与流通空间”的解剖

“商品生产与流通空间”是资本主义“社会—经济空间”的基本形式之一。从对实践概念的重视到对生产概念的重视，马克思完成了哲学

① 《马克思恩格斯选集》（第3卷），北京：人民出版社2012年版，第192页。

② 《马克思恩格斯文集》（第3卷），北京：人民出版社2009年版，第312页。

③ 〔美〕爱德华·W. 苏贾（Edward W. Soja）：《后现代地理学——重申批判社会理论中的空间》，王文斌译，北京：商务印书馆2004年，第192页。

向经济学的转变。生产是现实的历史的，永恒不变的一般生产是抽象的，特定历史条件下的特殊生产是具体的。马克思认为："一切生产都是个人在一定社会形式中并借这种社会形式而进行的对自然的占有。"① 对资本主义条件下特殊生产的研究，构成了马克思"人体解剖"的主要内容，工业资本运动包括生产、交换、分配和消费环节，它们构成一个相互衔接、连贯一体的社会空间结构，其中，有负责组织生产的产业资本家，有负责把商品转向流通领域的商业资本家，有为商品生产和交换提供资金担保和融通的货币资本家，也有为这些资本家提供劳动的雇佣工人。雇佣工人实际地执行着生产职能，当他被资本家雇佣时，便现实地纳入资本主导的经济结构和组织化的空间之中。

资本主义"商品生产与流通空间"是由剥削者和被剥削者这两类主体共同建构的，他们每一次的经济交往都实际地确证和强化着他们的社会角色。马克思认为，资本主义"商品生产与流通空间"的建构有两个基本前提，即"自由劳动同实现自由劳动的客观条件相分离"和"自由劳动以及这种自由劳动同货币相交换"。② 对于劳动者而言，他失去了生产资料，一无所有，只有靠出卖劳动力为生；对于资本家而言，他独占和支配生产资料，决定生产什么生产多少。资本主导的"商品生产与流通空间"创造了以往时代都无法比拟的高效剥削方式。在资本主导之下，任何商品生产的经营都变成了剥削劳动力的经营，这种基于资本主义商品生产的剥削方式，由于劳动组织和技术的巨大成就，随着资本对"商品生产和流通空间"的优化重组，不断使"社会—经济空间"发展变革，从而巩固了资产阶级的社会地位和经济实力。"资产阶级在它的不到一百年的阶级统治中所创造的生产力，比过去一切世代创造的全部生产力还要多，还要大。"③ 资本主义机器大工业推动了世界市场的开辟，由此，商品流通借助先进的交通运输工具和通讯手段在全球社会空间展开。生产力的解放和发展带来了"商品生产和流通空间"的革命化。

资本主义开创了商品生产与流通的新的空间形态。资本主义生产方式摧毁了一切旧的商品生产形式，"促使一切商品生产过渡到资本主义的

---

① 《马克思恩格斯文集》（第8卷），北京：人民出版社2009年版，第11页。
② 《马克思恩格斯文集》（第8卷），北京：人民出版社2009年版，第122页。
③ 《马克思恩格斯文集》（第2卷），北京：人民出版社2009年版，第36页。

商品生产”。[①] 与前资本主义时代不同，资本主义开创“商品生产和流通空间”的重心发生了变化，流通取代了生产的地位，交换价值主导着生产过程。伴随生产规模的不断扩大，流通的必要性日益彰显。马克思认为：“商品流通是资本的起点……贸易，是资本产生的历史前提。”[②] 流通包括商品、货币和资本的流通。马克思认为，“商品流通必须是以货币为媒介的商品交换”[③]，商品交换是一个连续的整体。流通表现为多个地点持续进行、不断结束又不断开始的错综复杂的资本循环运动。以货币为媒介的商品交换实现了买卖的时空分离，突破了物物交换的时空局限，加速了资本周转。流通有两种形式的形态变化：一是“卖”，即商品转化为货币，这一变化具有决定性意义，“是商品的惊险的跳跃”[④]，直接关系商品所有者利润的实现；二是“买”，货币转化为商品，货币是“一切商品的转换形态”。卖比买“更艰巨、更有风险”，但在供不应求的情况下，会出现“货币追逐商品”的现象。[⑤]

（二）对“劳动分工空间”的解剖

“劳动分工空间”是资本主义“社会—经济空间”的基本形式之二。劳动分工是大城市空间组织的“达芬奇密码”。了解城市的结构，把握乡村城市化的过程，必须对劳动分工进行深入研究。马克思恩格斯在《德意志意识形态》中，通过对劳动分工的深入研究，阐明了私有制产生的内在机制，破解了劳动异化的私有制致因。劳动分工体系把不同生产部门以及从事不同专业工作的个人联系起来，每个人由于职业差别在“劳动分工空间”占有特定的空间位置，并在资本空间化积累过程中发挥着特定作用。劳动分工是由生产的社会性决定的，它基于生产要素的空间聚集。人类最初的分工是基于生理差别的自然分工，随着物质生产和物质交往的扩大，社会意义上的分工开始产生。物质生产是人与动物的本质区别。物质生产一开始就是以共同活动方式进行的。“分工起初只是性行为方面的分工，后来是由于天赋（例如体力）、需要、偶然性等

---

① 《马克思恩格斯文集》（第6卷），北京：人民出版社2009年版，第43页。

② 《马克思恩格斯文集》（第5卷），北京：人民出版社2009年版，第171页。

③ 纪宝成、谢莉娟、王晓东：《马克思商品流通理论若干基本问题的再认识》，载《中国人民大学学报》，2017年第6期，第61页。

④ 《马克思恩格斯文集》（第5卷），北京：人民出版社2009年版，第127页。

⑤ 夏春玉：《马克思的流通理论及其评价》，载《当代经济科学》，1997年第3期，第26页。

等才自发地或‘自然地’形成的分工。”① 这种分工体现着人类协作生产和自主交往的发展。随着生产力的发展，出现了越来越多的剩余产品，最终，原始的公有制让位于私有制，原始的血亲共同体走向破裂，共同体“分裂成为两个对立的阶级：主人和奴隶、剥削者和被剥削者”②。分工使生产变得有序，它客观地促进了生产部门职能的专门化，当然，这些相互分离的不同部门又不是彼此割裂的，而是通过经济交往紧密联系成为一个整体。分工创造了一种以劳动的广泛分工和结合为基础的“社会劳动的自然力”。马克思“把社会力量叫做自然力”③。社会力量就是社会劳动的力量。分工既有生产力属性，又有生产关系属性，“分工带来的生产力效应是由分工的本质形式即协作产生的。”④ 作为一种生产组织方式，分工能够产生生产力的协作效应，从而促进生产力发展，因为“通过协作提高了个人生产力……这种生产力本身必然是集体力。”⑤ 同时，在资本主义私有制条件下，分工是资本增殖的重要手段，由于分工是被迫的，私有财产作为一种与工人对立的社会力量支配着分工，其结果，由分工协作产生的生产力转化成了资本生产力，这是“由各种劳动的结合所产生的生产力”⑥。商品生产者在分工条件下是独立的、私人的，他们依赖社会生产过程，受社会生产关系支配。“劳动分工空间”的本质特征在于人与人的互相独立受物与物的全面依赖体系所支配。

城乡分离是物质劳动和精神劳动最大的一次分工。马克思认为，真正的分工始于物质劳动和精神劳动的分离。分工的现实后果是生产者和消费者、劳动者和享受者的主体性分化，由此形成两大对立的社会利益群体。与分工发展相伴的是深刻的社会空间转换。在资本主义时代，“劳动分工空间”的发展第一次由地域空间拓展到整个世界。“在世界市场上，单个人与一切人发生联系，但同时这种联系又不以单个人为转移。”⑦ 资本主义生产极大地发展了个人之间的普遍联系，兼之分工协作

---

① 《马克思恩格斯选集》（第1卷），北京：人民出版社2012年版，第162页。

② 薛秀军：《分工与自然：马克思分工理论的逻辑进路初探》，载《哲学研究》，2013年第4期，第26页。

③ 《马克思恩格斯文集》（第8卷），北京：人民出版社2009年版，第85页。

④ 朱燕：《马克思主义分工理论视角下两种经济全球化模式比较研究》，载《马克思主义研究》，2017年第10期，第53页。

⑤ 《马克思恩格斯文集》（第5卷），北京：人民出版社2009年版，第378页。

⑥ 《马克思恩格斯文集》（第5卷），北京：人民出版社2009年版，第417页。

⑦ 《马克思恩格斯文集》（第8卷），北京：人民出版社2009年版，第55—56页。

的发展，劳动和科技的结合，使劳动体现出高度的社会化，劳动日益成为社会劳动。劳动分工极大地促进了资本生产力的发展。“在这里，资本家利用的，是整个社会分工制度的优点。”① 但是，“劳动分工空间”使雇佣工人的能力片面发展，分工越是发达，工人发展越是畸形。

（三）对“社会交往空间”的解剖

“社会交往空间”是资本主义“社会—经济空间”的基本形式之三。人类物质生产总是以群体方式进行的。社会交往是人类物质生产的特殊方式，是不同主体之间的社会性互动，它使每个人都生活于特定的社会关系之中，每个人都能够意识到必须和周围的个人来往。交往是现实的个人之社会本质，交往不仅造就了人的社会性，而且建构了由个体的人组成的社会。“社会交往空间”的主体既包括个体的人，也包括民族和国家。它们相互作用、相互影响。社会是人们交互活动的产物。当然，人与人之间最根本的是生产与技术交往，并在此基础上形成个体之间经济的政治的精神的社会交往。

马克思对“社会交往空间”的分析主要从两个层面展开：即静态的关系形态和动态的活动形态。前者主要关涉交往活动的结果，后者主要聚焦交往活动的过程。从静态的关系形态看，交往活动的经常化必然要求建构特定的秩序，实现交往活动的规范化，实际上，人类的社会结构层次和社会制度体系等都是交往规范化的产物。同时，“社会交往空间”形成之后，作为外在的空间环境和空间条件成为个体后续活动的限定、规矩和起点。从动态的活动形态看，人的交往与动物的根本区别在于自觉性，“社会交往空间”是“人按照自身的尺度能动地建构起来的，它随着现实的物质生产实践的发展而处于不断地变迁和流动之中，因而具有鲜明的社会历史性”②。在前资本主义时代，“社会交往空间”的主体是具有某种规定性的个人，属于某个等级或具有某种依附关系等，这种空间的特征以人的依赖性为基础，有着较强的封建宗法关系色彩。在资本主义时代，物质关系得到了普遍发展，在资本的推动下塑造了新的“社会交往空间”，由于货币关系和交换制度的发达，“人的依赖纽带、血统差别、教养差别等事实上都被打破了，被粉碎了。”③ “社会交往空

① 《马克思恩格斯文集》（第7卷），北京：人民出版社2009年版，第96页。
② 李春敏：《马克思的社会空间理论研究》，上海：上海人民出版社2012年版，第62页。
③ 《马克思恩格斯文集》（第8卷），北京：人民出版社2009年版，第58页。

间”的冲突开始由地域空间拓展到整个世界。

“社会交往空间”区分为内部交往和外部交往。马克思恩格斯认为：“这个民族本身的整个内部结构也取决于自己的生产以及自己内部和外部的交往的发展程度。”① 内部交往与外部交往是相互影响的，交往空间的扩大从根本上取决于生产力的发展。农业劳动、工业劳动和商业劳动所决定的社会交往关系是不同的。资本主义机器大工业推动了分工的发展，分工协作日趋精细和发达，国际分工在世界历史空间展开，从而，推进了世界性普遍交往的发展。于是，人的依赖被物的依赖所替代，而打破和粉碎这一切的是赤裸裸的金钱关系。这种物的依赖关系表现为物质变换的普遍化、交往能力的全面化和社会需要的多样化，“物”（金钱）既是人与人交往不可或缺的中介，又是人与人交往的障碍。在“社会交往空间”，人的主体性因物的依赖而掩蔽。马克思空间理论的旨趣就在于充分展现人的主体性，超越物的依赖关系，围绕着每个人的自由解放和全面发展重构“社会交往空间”。马克思看到，一方面，分工导致工人的片面发展，分工“靠使各个工人畸形化来发展社会的劳动生产力”②，另一方面，分工也使人与人的交往更为必要，借助社会交往可以实现由片面发展向全面发展的过渡。正因如此，马克思把交往的普遍化理解为人类自由解放和全面发展的前提条件。

三、文化—心理空间

人类的实践活动对于社会空间的建构不可避免地赋予文化属性，人与动物的不同就在于承载着一定的文化指令，从而，使文化成为类本质的体现。文化研究侧重于探讨在一定的生态环境和社会环境中，人类与动物行为模式的本质差别，以及与此相关的价值观念问题。观念地把握世界是人类认知世界的一种特有方式，正因如此，人类的空间形塑才成为具有审美意义的文化创造活动。“文化—心理空间”是一种构建信念、凝聚意志、归摄情感的精神空间，对于“文化—心理空间”的理解只能归结为人类的精神生产。“文化—心理空间”无形而有力，能够积蓄巨大的精神势能和激发强大的精神力量。马克思说：“人们是自己的观念、

---

① 《马克思恩格斯文集》（第1卷），北京：人民出版社2009年版，第520页。

② 《马克思恩格斯文集》（第5卷），北京：人民出版社2009年版，第422页。

思想等等的生产者。”① “文化—心理空间”是现实的物质关系在思想领域的体现，而现实的物质关系则是人类物质生产实践的产物。作为人类实践活动形塑的“人化自然空间”的属人特征包含着多个层面，既包含着人的物质力量的对象化又包含着人的精神力量的对象化。因而，“人化自然空间”既是实在的又是审美的。“文化—心理空间”便属于审美的“人化自然空间”，是人类观念地把握世界过程中建构的社会空间。物质劳动和精神劳动的分工是人类得以观念把握现实世界的条件，只有在精神劳动从物质劳动中独立出来之后，人类的意识才能摆脱现实世界而去构造纯粹的“文化—心理空间”。

（一）宗教空间：虚假的彼岸世界

“文化—心理空间”的表现形式之一是“宗教空间”。宗教是一种系统化的思想理论体系，它通常以“此岸世界”和“彼岸世界”之间的空间转换来建构认知模式，依据现实的人的不同境遇，用“彼岸世界”来平衡“此岸世界”的心理困境，给予人类以终极关怀。“此岸世界”的现实生活空间往往是残缺的痛苦的，“彼岸世界”的理想生活空间往往是完满的快乐的。但是，“彼岸世界”许诺给人的是一种来世的幸福，因而是一种虚假满足和精神麻醉。对于马克思的宗教观，虽然有“鸦片论”“幻想论”等解读方式，但它们都不是马克思宗教观的理论基石。在马克思看来，宗教是人类掌握世界的一种特殊方式，这种“掌握论”才是把握宗教问题最为重要的判断。物质掌握和精神掌握是人类掌握世界的两种基本方式。宗教掌握世界的方式与理论掌握世界的方式相比更普遍、更综合、更世俗。宗教掌握世界包括理论、价值、情感、组织等方式。②

宗教对于统治阶级的意义在于它引导信徒放弃现实生活的斗争，它遮蔽了现实苦难的真正根源。“宗教里的苦难既是现实的苦难的表现，又是对这种现实的苦难的抗议……宗教是人民的鸦片。”③ 宗教作为颠倒的世界意识是颠倒的现实世界的折射。宗教通过慰藉痛苦的心灵以及许诺来世的幸福，来为这种颠倒的现实世界辩护。马克思青年时期参加青年

① 《马克思恩格斯文集》（第1卷），北京：人民出版社2009年版，第524页。

② 牛苏林：《从“鸦片论”、“幻想论”到“掌握论”》，载《世界宗教文化》，2012年第6期，第23页。

③ 《马克思恩格斯文集》（第1卷），北京：人民出版社2009年版，第4页。

黑格尔运动，所从事的就是反宗教斗争，其目的是反对宗教所为之辩护的那个现实世界。在资本主义社会，由资产阶级所发展的基督教，是最适当的宗教形式。基督教所建构的“彼岸世界”空间图景为备受资本剥削和压迫的劳苦大众提供了一个灵魂休憩和精神抚慰的“文化—心理空间”。

马克思坚持用现实的空间来解释和说明“宗教空间”，把“宗教空间”还原为“社会—经济空间”，从而，深刻揭示了“宗教空间”压迫的秘密，完成了对宗教的批判。批判宗教必须揭示宗教的本质，而把握宗教本质的方法是回到宗教的每个发展阶段的现实物质世界。马克思“从意识形态角度”和“从国家和人的角度”揭示了宗教的本质。① 一方面，宗教是一种社会意识形式，因此它是社会存在的反映，应当到经济基础之中寻找它的根源。另一方面，宗教是颠倒的世界的反映。马克思指出：“这个社会产生了宗教，一种颠倒的世界意识。”② 宗教的秘密被揭穿后，人们便会从宗教的苦难中醒来。“真理的彼岸世界消逝以后，历史的任务就是确立此岸世界的真理。”③ “确立此岸世界的真理”就是把颠倒的世界重新颠倒过来。为此，马克思从宗教批判转向政治批判、再由政治批判转向市民社会批判，就是要“确立此岸世界的真理”，即揭露资本空间的颠倒，揭露资本对劳动的剥削和压迫。马克思认为，在实践唯物主义和历史唯物主义指导下，借助经济学研究才能担当起这种批判此岸世界的迫切任务。

（二）艺术空间：对社会—经济空间的审美性建构

“文化—心理空间”的表现形式之二是“艺术空间”。艺术活动所创造的“文化—心理空间”是一种想象空间，它来源于现实的物质关系，又超越于现实的物质生活。人类艺术实践活动的对象化所创造的“艺术空间”，是人的自由个性得以充分发展的确证。正如马克思所说：“以全部感觉在对象世界中肯定自己。”④ “艺术空间”作为一种想象空间实际上是对“人化自然空间”“社会关系空间”和“历史活动空间”的重构和再造。文学艺术、审美意识、理想信仰是人类认识和改造世界所取得

---

① 徐秦法、刘星亮：《马克思宗教观的精神向度》，载《科学与无神论》，2018 年第 5 期，第 10 页。

② 《马克思恩格斯文集》（第 1 卷），北京：人民出版社 2009 年版，第 3 页。

③ 《马克思恩格斯文集》（第 1 卷），北京：人民出版社 2009 年版，第 4 页。

④ 《马克思恩格斯文集》（第 1 卷），北京：人民出版社 2009 年版，第 191 页。

的精神性成果。“艺术空间”是人类精神生产的表现形式。这种“艺术空间”的建构“是人类生存的样式和自我完善的方式”①。艺术“是生产的一些特殊的方式，并且受生产的普遍规律的支配”②。植物、动物、石头、空气、光等作为艺术的对象“是人必须事先进行加工以便享用和消化的精神食粮”③。

人类的生产活动内在地包含物质生产和精神生产。物质生产从根本上决定着精神生产，但是，对这种决定作用必须进行历史的考察。马克思在对资本主义生产方式的解剖中看到，“资本主义生产就同某些精神生产部门如艺术和诗歌相敌对”④。在资本主义条件下，精神生产具有双重属性：一方面，精神生产是一种艺术创造的过程；另一方面，精神生产是社会生产形式，是资本家赚取利润的方式。如果艺术家进行艺术创造和文化服务的过程是自觉自愿的，那么，他的艺术创造过程和其文化产品便是其本质的体现、再现和确证。如果艺术家是被雇佣进行艺术创造和文化服务的，那么，他的本质便以一种扭曲形式表现出来。“一个歌唱家为我提供的服务，满足了我的审美的需要；但是，我所享受的，只是同歌唱家本身分不开的活动，他的劳动即歌唱一停止，我的享受也就结束；我所享受的是活动本身，是它引起的我的听觉的反应。”⑤ 当然，艺术家的创造性劳动有可能既是一种服务，又是一种商品。

艺术的繁荣与社会发展并不完全同步，因而，“艺术空间”具有相对独立性。艺术的繁荣与社会的一般发展和社会物质基础的发展并不成正比，在社会发展的不同阶段，可以自由支配的时间都是创造“艺术空间”的前提条件。“艺术空间”只有归结到精神生产的高度才能得以说明。马克思说：“哲学家生产观念，诗人生产诗，牧师生产说教，教授生产讲授提纲，等等。”⑥ “艺术空间”是艺术产品所表现的空间，是艺术活动所创造的空间，是人类审美地把握世界的方式。“艺术空间”的创造是“个体突破现实物质实践和客观必然性所限定的‘有限自由’，在

---

① 林坚：《唯物史观与“文化史”相关问题探讨》，载《马克思主义研究》，2008 年第 12 期，第 98—105 页。

② 《马克思恩格斯文集》（第 1 卷），北京：人民出版社 2009 年版，第 186 页。

③ 《马克思恩格斯文集》（第 1 卷），北京：人民出版社 2009 年版，第 161 页。

④ 《马克思恩格斯全集》（第 33 卷），北京：人民出版社 2004 年版，第 346 页。

⑤ 《马克思恩格斯文集》（第 8 卷），北京：人民出版社 2009 年版，第 410 页。

⑥ 《马克思恩格斯全集》（第 32 卷），北京：人民出版社 1998 年版，第 349 页。

精神领域建构‘无限自由’的一种审美活动”①。这种“艺术空间”是人的一种自我观照方式，透过这种“艺术空间”人可以觉察到自身“内在的无限的自由的心灵”②。

表征物质生产的技术发展决定着表征精神生产发展的艺术进步，这种决定作用可分为“强形式”和“弱形式”两种。“强形式”是“指技术对艺术的发生发展具有直接的决定作用”③。物质生产从根本上决定着精神生产，但这种决定作用必须历史的考察。例如，“与资本主义生产方式相适应的精神生产，就和与中世纪生产方式相适应的精神生产不同。”④“弱形式”主要体现在技术对艺术内容层面的影响上。“弱形式”最为典型的表现是艺术进步与技术发展的不平衡性，即“物质生产的发展例如同艺术发展的不平衡关系”⑤。马克思认为，进步的艺术是“在更高得多的程度上用最朴素的形式恰恰把最现代的思想表现出来”⑥。进步的艺术旨在揭示社会生活的本质，对大众给予正确的价值引领。在这方面，技术发展的作用是间接的、微弱的。

（三）道德空间：社会经济条件的折射

“文化—心理空间”的第三种形式是“道德空间”。“道德空间”立足于应然的价值立场对实践空间进行反思、批判、规范和重构，以期建构由道德理念、道德自律、道德实践构成的精神生活世界。马克思坚持把“文化—心理空间”的解释置于“社会—经济空间”基础之上。马克思认为，人类社会是一切关系在其中同时存在而又互相依存“能够变化并且经常处于变化过程中的有机体”⑦。用物质生产的生产方式解释人类的精神生活过程是唯物史观的基本理论立场。马克思的思想高度和深度表现为——他不仅确立了人类高尚的至善的道德理想，而且指明了达成这种至善道德的现实路径。资本主义的现实生活是其诸多丑陋和道德罪

① 李春梅：《马克思的社会空间理论研究》，上海：上海人民出版社2012年版，第65页。

② 〔德〕黑格尔：《美学》（第1卷），朱光潜译，北京：商务印书馆1982年版，第193页。

③ 张冰：《资本主义生产与艺术相敌对》，载《江西社会科学》，2013年第11期，第75页。

④ 《马克思恩格斯全集》（第33卷），北京：人民出版社2004年版，第346页。

⑤ 《马克思恩格斯选集》（第2卷），北京：人民出版社2012年版，第710页。

⑥ 《马克思恩格斯文集》（第10卷），北京：人民出版社2009年版，第171页。

⑦ 《马克思恩格斯文集》（第5卷），北京：人民出版社2009年版，第10—13页。

恶的根源，只有对资本主义社会进行根本改造，建立一个每个人的自由发展是一切人自由发展条件的社会，才能创造出适合人性生长的环境，从而消除诸多丑陋和道德罪恶现象。

道德是一定历史时代社会经济关系的必然产物，是人们社会经济条件的折射。“道德空间”随着“社会—经济空间”的发展变化而发展变化。马克思在对资本空间的解剖中阐明了资本与道德的关系。资本既有野蛮的面向，又有文明的面向。资本的野蛮与文明是资本固有的禀赋，是早已为马克思所揭示的东西。每一种经济关系都有其好的和坏的一面，资本主义生产关系也一样。资本增殖的过程具有贪财、自私和友爱、亲善两面性。在不同的社会经济制度条件下，资本“表现为不同的社会属性”①，资本具有“道德和不道德”两面性。② 为此，在发挥资本市场创富功能的过程中必须力求抑恶扬善。马克思在政治经济学研究的基础上对资本主义生产方式的非道德性进行了深刻批判。马克思看到，资本家对工人生产和生活空间的剥夺导致工人道德沦丧。资产阶级指责工人“酗酒、纵欲、粗暴以及对私有财产的不尊重”③，恩格斯反驳说：“对于一个只能受到社会秩序的敌视的阶级，难道还能要求他们尊重这个社会秩序吗？这未免太过分了！”④ 工人阶级所谓的道德堕落根源于资产阶级的道德损害。马克思认为：“在一极是财富的积累，同时在另一极……是贫困、劳动折磨、受奴役、无知、粗野和道德堕落的积累。”⑤ 资本的本性就是赚钱，除了赚钱资本家不知道还有其他幸福，因此，生活于渗透着贪得无厌和利欲熏心的资本主义“社会—经济空间”，任何人的心灵都不可能清白。

“道德空间”之新型伦理关系的形塑与新的空间实践活动和社会空间秩序相一致。在马克思看来，道德是人的一种高级精神需求，人的“自由而全面的发展”包含着道德诉求的实现，在本质上是一种道德实践，人的全面能力体系的构建也离不开道德自律能力的提升。道德具有鲜明的社会性，个体追求幸福的欲望只有同外部世界打交道，并且从外

---

① 程恩富等：《现代政治经济学新编》，上海：上海财经大学出版社 2008 年版，第 40 页。

② 王淑芹：《资本与道德关系疏证》，载《马克思主义与现实》，2012 年第 1 期，第 44 页。

③ 《马克思恩格斯文集》（第 1 卷），北京：人民出版社 2009 年版，第 440 页。

④ 《马克思恩格斯文集》（第 1 卷），北京：人民出版社 2009 年版，第 442—443 页。

⑤ 《马克思恩格斯文集》（第 5 卷），北京：人民出版社 2009 年版，第 743—744 页。

部世界得到满足才有可能实现。马克思主张道德批判要与现实的物质实践活动相结合，强调道德的具体性、实践性和人民性。恩格斯指出："一切以往的道德论归根到底都是当时的社会经济状况的产物。"① 道德发展直接受制于社会经济状况的变化，因而，必须反对永恒不变的终极道德，反对超越民族性和历史性的道德。"道德空间"根植于现实的物质生产、物质生活和物质关系，只有不断优化实践空间，才能赋予"道德空间"更多的正能量。此外，"文化—心理空间"是社会文化心理诉求和个人文化心理体验的场域。作为社会文化心理诉求的场域，"文化—心理空间"具有社会历史性、民族性和地域性，在资本主义条件下，"商品拜物教"成为普遍的畸形的社会文化诉求，这种"文化—心理空间"是普遍物化的资本空间的折射，它的主旋律是人对物的心理依赖。作为个人文化心理体验的场域，资本空间笼罩着个人日常生活的方方面面，个体不断体验到物化世界之中资本力量的强大，个体生活在这样的"文化—心理空间"，只能生成物化的精神意识。

总之，马克思对于空间生成发展的探讨立足点是实践唯物主义，基于实践的社会历史空间表现为"物理—地理空间""社会—经济空间"和"文化—心理空间"的"三维一体"。"物理—地理空间"是人类物质生产的现实条件和物质载体。马克思主要从四个方面重点阐释了"物理—地理空间"，即"地理环境"是作为自然条件的"物理—地理空间"，"生产场所"是从事生产活动的"物理—地理空间"，"运输设施"是作为流通条件的"物理—地理空间"，"居住场所"是作为生活场所的"物理—地理空间"。"社会—经济空间"是由各种功能系统交织耦合起来的社会有机体，是一定社会形态的生产与交往活动形成的分工组织形式和空间聚集样态。马克思主要从三个方面重点阐释了"社会—经济空间"，即"商品生产与流通空间""劳动分工空间"和"社会交往空间"。"文化—心理空间"是一种构建信念、凝聚意志、归摄情感的精神空间，对于"文化—心理空间"的理解只能归结为人类的精神生产。马克思主要从三个方面重点阐释了"文化—心理空间"，即作为虚假彼岸世界的宗教空间，作为对"社会—经济空间"审美性建构的艺术空间和作为社会经济条件折射的道德空间。

---

① 《马克思恩格斯文集》（第 9 卷），北京：人民出版社 2009 年版，第 99 页。

第二章　马克思空间理论的社会逻辑

空间是万物的存在形式、实践的布展场域和生命的寄寓处所。空间具有自然性、社会性和实践性。人与自然和人与人的关系构成了“人化自然空间”和“社会关系空间”，这二者统一于“实践活动空间”。在实践基础上，“空间的社会化形塑和社会的空间化厝置”① 是同一过程。空间既是生产的必备要素，又是生产的物质前提，但同时，空间本身又是社会物质生产的后果。马克思空间哲学建构的起点是现实的个人和现实的自然，对于现实的个人和现实的自然必须把它们置于“社会关系空间”和“人化自然空间”才能真正抓住它们的社会本质。一方面，马克思把空间的本质理解为实践性，强调现实的空间是人类实践活动对象化的产物，是属人的空间；另一方面，马克思把空间的本质理解为社会性，空间是“有目的的实践活动建构起来的社会空间秩序，是开放的、流动的、丰富的社会关系载体”②。空间的社会化过程是一个由直接生活的物质生产和再生产所推动的物质性改造过程，是一个社会化、属人化的过程。社会的空间化厝置是物质生产、社会生活、政治生活、精神生活等在空间的物化定形，是对物质生产、社会生活、政治生活、精神生活的结构、特征、关系、功能等进行空间分割、局域型制、环境安排的展现。马克思在分析社会空间形态演变规律过程中，紧紧抓住了生产关系范畴，把生产关系的总和理解为社会形态的基础，把生产力与生产关系的矛盾运动视为社会空间形态演变的内在机制，揭示了共产主义“自由王国”社会空间实现的历史必然性。

---

① 胡潇：《空间的社会逻辑——关于马克思恩格斯空间理论的思考》，载《中国社会科学》，2013 年第 1 期，第 114 页。

② 李春敏：《马克思的社会空间理论研究》，上海：上海人民出版社 2012 年版，第 278 页。

第一节　社会的空间叙事

社会性是表示社会关系的范畴。一个事物表现一定的社会关系便具有社会性。空间是基于实践的自然性与社会性的辩证统一。社会生活的本质是实践，社会是由“人化自然空间”和“社会关系空间”构成的，人类的生产实践是形塑和再造“人化自然空间”和“社会关系空间”的过程，但是，只有把“人化自然空间”归结为“社会关系空间”，才能真正把握空间的现实性。曼纽尔·卡斯特尔说：“空间不是社会的拷贝，空间就是社会。”① 马克思在分析社会空间形态演变规律过程中，紧紧抓住了生产关系范畴，把生产力与生产关系的矛盾运动视为社会空间形态演变的内在机制，把生产关系的总和理解为社会形态的基础。生产力与生产关系的矛盾运动是在一定的时空展开的。社会的空间叙事重在从空间维度揭示生产关系的演变规律以及新生产关系对于空间的形塑。在由“物理—地理空间”向“社会—经济空间”转化过程中，生产关系的变革起着关键性的作用。由生产力和生产关系的辩证统一所形成的生产方式是社会形态发展的基础。以生产方式形塑的城乡空间结构为标准，马克思描绘了社会形态历史发展的空间界画。乡村与城市是人类文明发展中创造的两大空间形态。每一个历史时代的城乡空间结构，都是这一历史时代生产方式的空间表达。

一、空间的自然性、社会性和实践性

现代意义上的“空间”概念和空间理论的奠基者理应属于马克思。一方面，马克思的科学实践观奠定了正确把握空间本质的立场、观点和方法，空间被理解为人类生产和交往实践对象化的表征，空间是由人类的感性实践活动所打开，随着实践形态的演化“不断获得并履行自身的形式、功能和社会意义”②。另一方面，马克思的世界历史观是对资产阶级空间实践理论反思的成果，马克思深入探讨了资本空间化的本质内涵、

---

① 〔美〕曼纽尔·卡斯特：《网络社会的崛起》，夏铸九、王志弘等译，北京：社会科学文献出版社 2003 年版，第 504 页。

② 孙江：《“空间生产”——从马克思到当代》，北京：人民出版社 2008 年版，第 10—11 页。

历史过程和基本规律。空间不仅是关系的、相对的，而且是动态的、实践的。马克思并不是从自然主义意义上谈论时空，而是从实践立场把时空理解为社会时空，时间是社会运动的持续性和顺序性，空间是社会运动的广延性和伸张性，时空的自然性和社会性统一于实践性。自然性是现实空间的物质基础，社会性是现实空间的持存方式，实践性是现实空间的本质特征。马克思对空间自然性、社会性和实践性的把握超越了一切旧唯物主义和唯心主义，实现了空间观的革命性变革。

（一）自然性是现实空间的物质基础

人与自然是构成空间的两大基础性、实体性要素。马克思认为："人直接地是自然存在物。"① 由人和自然所形构的空间必然具有自然属性。自然性是现实空间的物质基础。黑格尔对时空问题进行过深入的探讨。他指出："自然界最初的或直接的规定性是其己外存在的抽象普遍性，是这种存在的没有中介的无差别性，这就是空间。"② 时间是对空间的否定，是对无差别性空间的扬弃。空间中沉淀着时间，时间是空间的真理，时间的介入打破了自然的宁静。黑格尔认为："空间是一种秩序……它却不仅是一种外在规定性，而是外在性自身。"③ 他把空间理解为"己外存在"的东西，没有看到空间为我性和实践本质。黑格尔说："运动的本质是成为空间与时间的直接统一；运动是通过空间而现实存在的时间，或者说，是通过时间才被真正区分的空间。"④ 黑格尔在唯心主义形式下初步论证了时间空间与物质运动的紧密关联。

马克思恩格斯继承了黑格尔思想的"合理内核"，系统阐述了空间的自然性。恩格斯的《反杜林论》和《自然辩证法》是阐述时间空间自然性的经典著作。恩格斯的阐述主要有三点：首先，时间空间是一切存在的基本形式，离开物质运动谈论时间空间是荒诞的。恩格斯说，"在虚无缥缈的空间中毫无目的和目标地量度也将一无所得"⑤。这种无限性被黑格尔称之为"恶"。同时，时间空间离不开物质运动。离开物质运动的时间空间当然都是无。其次，时间空间是有限性和无限性的辩证统一。

---

① 《马克思恩格斯文集》（第 1 卷），北京：人民出版社 2009 年版，第 209 页。
② 〔德〕黑格尔：《自然哲学》，梁志学等译，北京：商务印书馆 1980 年版，第 40 页。
③ 〔德〕黑格尔：《自然哲学》，梁志学等译，北京：商务印书馆 1980 年版，第 43 页。
④ 〔德〕黑格尔：《自然哲学》，梁志学等译，北京：商务印书馆 1980 年版，第 59 页。
⑤ 《马克思恩格斯文集》（第 9 卷），北京：人民出版社 2009 年版，第 56 页。

恩格斯在《反杜林论》中批判了杜林所谓“有开端无终点”的世界模式论，系统阐述了有限和无限的辩证关系。有限包含着无限，无限由有限构成，时间空间的无限包含着其结构、层次认识的不可穷尽，科学的每一次进步都是对其结构、层次认识的深化。第三，时间空间是客观的，既具有绝对性，又具有相对性。恩格斯认为，时间概念、空间概念、数形概念等是从现实世界中得来的。他在《自然辩证法》中强调，现实的物质空间都是三维的，批判策尔纳的“第四维空间”是神灵的庇护所。“神灵证明第四维空间的存在，而第四维空间则为神灵的存在担保。”①时空的存在是有限性和无限性的统一、相对性和绝对性的统一。

对于马克思而言，更侧重对空间社会性的考察。马克思在分析空间社会性过程中，揭示了社会空间、实践空间的自然基础。马克思说：“人就是人的世界，就是国家，社会。”② 人与人的生存空间是统一的、不可分割的。哲学研究必须从宗教世界空间转向现实世界空间，关注现实生活，面向自己的时代，把人们的全部注意力集中到自己身上。在资本主义私有制条件下，劳动异化导致“人化自然空间”和“社会关系空间”异化，共产主义的理想空间就是对资本空间异化的积极扬弃。劳动是人的本质，劳动的实现就是劳动的对象化。劳动的对象化是人的自然本质和社会本质得以确立的基础，是人的能动性和受动性的内在机制。在马克思看来，人是一种感性存在物，作为感性存在物有三种空间存在形式，即自然性存在（实体性存在）、社会性存在（关系性存在）和实践性存在（活动性存在）。现实性的空间必然是实践活动空间，自然性则是现实空间的物质基础。

（二）社会性是现实空间的存在方式

空间本来是一个人们熟知的基本范畴。伴随后现代主义理论的兴起，人们开始聚焦空间问题，空间的社会意义被人们重新诠释。“空间的社会性就是以一定的模型架构起来的，各种要素之间的关系状态。”③ 社会空间是由社会活动构成的，是“社会活动和社会关系存在的广延性”④。空间是现实社会关系的载体，社会形态的历史变迁直接表现为社会空间的

① 《马克思恩格斯文集》（第 9 卷），北京：人民出版社 2009 年版，第 450 页。
② 《马克思恩格斯文集》（第 1 卷），北京：人民出版社 2009 年版，第 3 页。
③ 龚海：《空间启示录》，北京：北京联合出版公司 2018 年版，第 127 页。
④ 林聚任：《论空间的社会性》，载《开放时代》，2015 年第 6 期，第 139 页。

重组与转换，特定的社会形态有其特定的空间生产样态。确立空间的社会性具有重要的方法论意义，空间社会性的“大门一旦被打开，将极大地拓展人类空间分析的视野，使人类的空间认知与现实的社会历史实践紧密结合在一起”①。

“自在自然空间”是抽象的，对于现实的个人相当于“无”，经由实践而形塑的“人化自然空间”虽然仍保留着“自在自然空间”的客观实在和物质基质，但是，当它表现人的自然关系和社会关系时，便扬弃了自在性、自然性而提升到为我性、社会性。空间体现着社会关系的广度和范围，社会关系规定着空间的本质内涵。社会关系是空间现实性的展开。社会空间依靠实践活动获得现实性，空间的社会性内涵必须到人类实践活动中去寻找。实践活动是时间空间化和空间时间化的双向建构，也是主体客体化和客体主体化的双向运动。时间作为人的积极存在体现的是实践活动的能动性、自觉性。离开了实践、离开了社会，时间便会成为消极、抽象和无意义的幽灵。劳动是主体性和活动性存在的时间，通过劳动对象化形塑的“人化自然空间”和“社会关系空间”是客体化、物质化的时间，它们“保存、固定、巩固、积聚”了人类生命活动的时间。②

相对于时空的自然性而言，马克思更加关注时空的社会性。社会空间承载特定社会关系、蕴含丰富历史意义。社会性是人类的空间存在之谜，人首先是一种自然存在物，但本质却是社会存在物。马克思的社会存在论是对唯心主义“理性存在论”和费尔巴哈“直观存在论”的超越。社会存在的立足点是现实的个人及其实践活动。马克思认为：“人们的存在就是他们的现实生活过程。”③ 社会存在是活的有机体。现实的个人的实践活动不是凝固的僵化的，而是能动的鲜活的，表现为一系列的活动、关系和过程。社会存在是一个开放体系，始终处于永恒变动之中，它不是上帝赐予的，而是通过人的实践活动历史生成的。社会存在的时空内涵是丰富和具体的，比如，基于手推磨的封建社会，人类实践活动局限于狭窄的范围内和孤立的地点上，人类财富和经验的积累更多表现

① 李春梅：《马克思的社会空间理论研究》，上海：上海人民出版社 2012 年版，第 287 页。

② 赵纯昌：《论时间与空间的社会性》，载《北方论丛》，1995 年第 2 期，第 36 页。

③ 《马克思恩格斯文集》（第 1 卷），北京：人民出版社 2009 年版，第 525 页。

为历史的继承性。基于蒸汽磨的资本社会，人类实践活动从地域空间扩展到全球空间。因此，只有立足于一定的时空形式才能深刻揭示社会存在的本质及其发展规律。从时间形式看，马克思分析了人类生产生活的劳动时间与自由时间，它们此消彼长，而自由时间始终是社会进步的尺度，是人类自由解放的条件。从空间形式看，马克思认为，人类赖以生存的“人化自然空间”和“社会关系空间”都是实践活动对象化的结果，是由于生产与交往的普遍化而不断开辟的活动空间和发展空间。马克思对时空问题的反思始终是以实践活动为基础，并且指向实现人的自由全面发展的目标。

（三）实践性是现实空间的本质特征

人类文明的发展总是在时间和空间的双重维度脉动。在资产阶级开创世界历史进程中，作为传统占主导地位的历史思维一直延续着，人们的历史想象展现了时间的丰富、多产、生命力和辩证性，相反，空间却当作是“僵死的、刻板的、非辩证和静止的东西”①，相比较空间而言，马克思更加偏爱时间。以这样的判断为前提，列斐伏尔、哈维、福柯等西方空间理论家开始宣扬“空间转向”。问题在于，在马克思那里，空间是否被设定为“僵死的、刻板的、非辩证和静止的东西”呢？回应“空间转向”的挑战，必须重申马克思对空间问题的革命性变革。马克思把社会空间理解为人的感性活动，理解为实践活动。实践性是现实空间的本质，脱离实践谈论空间必然是抽象的。西方空间理论家之所以认为空间是僵死的、刻板的、非辩证和静止的东西，恰恰是因为他们把空间与时间相割裂、与实践相分离。空间的流动性、辩证性是由时间赋予的，是由实践决定的。人首先作为占有一定自然空间的生命有机体降临世界，对于现实的个人和现实的世界只能当做实践去理解，实践是空间社会化和社会空间化的纽带，是人与自然、人与人、社会与自然之对立统一的中介。在实践基础上，人的自然关系和社会关系实现了空间的统一性。因为，“人们对自然界的狭隘的关系”和“他们之间的狭隘的关系”是相互制约的。② 人的自然关系和社会关系的狭隘性是紧密关联的。从实践角度看，处于永恒变化发展的社会空间是人类实践对象化的表征，

---

① 〔美〕爱德华·W. 苏贾：《后现代地理学——重申批判社会理论中的空间》，王文斌译，北京：商务印书馆2004年版，第10页。

② 《马克思恩格斯文集》（第1卷），北京：人民出版社2009年版，第534页。

是一个活的有机体。空间的人化自然形态和社会关系形态是实践活动对象化的确证。实践活动是现实空间存在的本质。在人类实践活动基础上，一切固定的僵化的空间形式，都将为实践活动的时间形式所超越。空间之中内含时间，内含着转瞬即逝的要素。时间能够最终突破和超越任何空间形式的制约。时间之所以是一种积极的存在，就是因为通过实践活动，人类不仅再生产和新生产整个自然界，而且再生产和新生产他们之间的相互关系，由此，“更新他们所创造的财富世界”和“更新他们自身”。①

西方空间理论家指责马克思更加偏爱时间，其目的是论证马克思在空间问题上的缺场，进而合乎逻辑地推出用他们的空间理论弥补了马克思之不足的结论。马克思偏爱时间并非忽视空间，因为马克思理论批判的聚焦点就是资本空间，揭露和批判资本空间花费了马克思毕生精力。马克思看到，资本空间的秘密是时间，因此把对资本的空间批判归结为时间批判，资本空间的罪恶归根到底是资本家对工人剩余劳动时间的剥夺。时间要想获得现实性必须借助劳动的对象化、必须借助空间。在资本主义条件，工人的一无所有地位使他们不得不把劳动力出卖给资本家(实际上出卖的是劳动时间)，但是，劳动的对象化表现为异化。劳动异化的实质是时间和空间的社会性分裂，其结果，工人的剩余劳动时间转化成为资本家的发展空间。

二、生产关系的地理空间叙事

物质生产是人与自然的一种实践关系，它的现实展开依赖一定的社会空间条件，包括工作场所以及劳动力、劳动资料、劳动对象等现实性生产要素。马克思说：“空间条件，把产品运到市场，属于生产过程本身。产品只有上了市，才真正完成。”② 资本家生产的前提是“买”，购买生产资料和劳动力，然后组织生产；生产的完成是“卖”，即把商品卖出，收回货币。空间条件制约着生产过程，又受到生产过程的形塑，它作为生产过程的前提和结果而现实呈现。马克思从物质生活资料的生产方式出发，阐明了社会空间的本质特征和历史发展，即从生产力和生产关系双重视角把握“自在自然空间”向“人化自然空间”、“抽象空间形态”向“现实空间形态”的转化，其中，生产关系是这种转化和脉动

① 《马克思恩格斯文集》(第8卷)，北京：人民出版社2009年版，第204页。
② 《马克思恩格斯全集》(第30卷)，北京：人民出版社1995年版，第532页。

的中轴线。生产力与生产关系的矛盾运动是推动社会空间发展的根本动力。马克思历来把生产关系作为社会经济形态的基础，并且立足于物质生产与社会空间的相互建构，重点揭示了生产关系的经济机理与空间形塑的内在联系。

（一）生产关系的地表资源基础

地表资源的分布是人类组织生产的基础，因而，对生产关系地理空间叙事的诠释要着眼于地表资源的开发利用。自古以来，财富生产总是与地理资源优势的开发利用分不开，地理空间资源的差异直接决定着物质生产类型，而且对于生产关系的空间特质，有着先在的生态致因。地表资源分布的区位优势对生产方式建构的过度发挥和单线突进，容易酿成生产的片面性和消极影响。因此，把握地表资源对生产力和生产关系建构的规定性，需要树立整体的辩证的地理空间观，尤其是要处理好地表资源对于生产力布局、生产关系建构的直接性与间接性、连续性与间断性的关系。人类对地表资源的开发和利用，经历了“即地利用、消极适应向异地利用、积极开发”① 的发展过程。资本主义机器大工业带来了劳动生产率的巨大提高，导致地表资源的消耗水平超出了本国的支撑能力，因而，便开始了以寻找生产资料来源为目的的殖民扩张，殖民扩张就是资本主义生产方式的空间表达。资本主义在开创世界市场过程中所向披靡，大量地摧毁了落后国家的农业和手工业的生产方式和产品市场，将落后的农业生产国变成工业国的原料产地和商品市场，使原来落后的农业国和殖民地成为工业国的附庸。西方发达资本主义国家的殖民运动，真实展现了资本主义生产方式与全球地理空间的双向建构。地表资源在建构生产关系过程中，其空间占有和利用方式反过来被新的生产方式实践性重构，尤其是机器大工业所催生的资本主义生产方式，把地表资源空间建构的范围扩展到了整个世界。凡是地表资源被垄断且能获取超额利润的地方，它的所有者就会攫取这种超额利润。马克思说：“凡是自然力能被垄断并保证使用它的产业家得到超额利润的地方（不论是瀑布，是富饶的矿山，是盛产鱼类的水域，还是位置有利的建筑地段），那些因对一部分土地享有权利而成为这种自然物所有者的人，就会以地

---

① 胡潇：《生产关系的地理学叙事——当代唯物史观空间解释的张力》，载《广州社会科学》，2014 年第 6 期，第 55 页。

租形式，从执行职能的资本那里把这种超额利润夺走。”① 土地是构建一定生产方式最重要最基础的地表资源，但是，土地纳入生产过程时，由于它的占有者和使用者出现了分离，因而产生了地租形式。土地作为最重要的生产要素历来是人们争夺的主要对象。在农业文明时代，以自然经济为主，生产力水平低，土地产出少，以土地为目标的生存争夺非常激烈，以至于人们动用政治、军事等手段来决定财富分配，其结果，大多数人丧失土地的支配权而沦为会说话的工具。在工业文明时代，以商品经济为主，生产力得到迅速发展，人们“不再直接依赖于土地和现成的地表资源，而是对大自然进行深度的加工和改造，深入发掘地球深处的能源”②。土地所有者把土地租给租佃农业资本家，从租佃农业资本家那里获取超额利润。“在资本主义制度下，租佃农业资本家经营土地，要求分得的利润，也不能少于工商业资本家获得的平均利润，不然，租佃农业资本家就会把资本转移到有利可图的工商业部门……租佃资本家为取得土地使用权，加强对雇佣工人的剥削，把超过平均利润以上的那部分剩余价值缴纳给土地所有者。这部分剩余价值转化为地租，它体现了农业资本家和土地所有者共同剥削农业雇佣工人的资本主义经济关系。”③ 在现代，以地表资源为导向的生产关系空间布局为以资本市场化运作为主导的生产关系空间布局所取代，由此，地表空间资源对生产关系建构走向间接化，反过来说，生产关系对地表资源开发利用的空间建构却走向直接化。

（二）生产关系的地理位置特征

地理位置对于一定国家和地区的社会经济发展具有重要影响，它能够加速或者延缓社会经济发展的速度，但是，它并不是一定国家和地区社会经济发展的决定性力量。马克思坚持生产方式的决定作用，反对地理环境决定论。恩格斯曾谈到地理环境对德国工业的不利影响。他说：“造成德国工业的这种落后状态的原因很多，但是只要举出两个就足以说明问题：国家的地理位置不利，距离已经成为世界贸易要道的大西洋太远；从16世纪到现在，德国不断卷入战争，而这些战争又都是在它的国

① 《马克思恩格斯文集》（第7卷），北京：人民出版社2009年版，第874页。

② 王江松：《劳动哲学概论》，上海：上海交通大学出版社2015年版，第133页。

③ 曹献荣：《政治经济学新编（资本主义部分）》，海口：三环出版社1990年版，第225页。

土上进行的。”① 从位置论维度看，物质生产必须在特定的地理空间位置展开，因此，生产关系的地理空间叙事必须要充分考察地理空间位置的特点。生产活动的经济要素在地理空间的结节式聚落是非均质、非均衡的。一方面，生产活动的聚落与地理资源空间方位，如交通条件、气候条件、工场与市场的空间距离等密不可分；另一方面，生产要素的空间聚落与人口、住宅、民族、资本、环境等紧密关联。地理位置和自然条件是人类生产发展的基础和条件。地理位置往往直接影响生产力发展并通过生产力决定着经济关系的发展。“地理环境是通过在一定地方、在一定生产力的基础上所产生的生产关系来影响人的，而生产力发展的首要条件就是这种地理环境的特性……”② 地理因素和社会因素共同构成生产关系运行的空间支点，也共同展示了地理环境与生产关系的相互创造和同构，它们共同的落脚点便是物质生产活动的空间场所。物质生产在一定的空间场所现实展开，形塑着特定的“社会—经济空间”，同时，生产关系围绕着物质生产的空间场所建构，又反过来强化和巩固这种既定的空间关系和空间形态。马克思深入分析过这种生产关系运行的地理空间机制。他认为，地理位置对生产关系的建构是多重的，比如，土地的地理位置不同便会有不同的效价，从而形成级差地租；地理位置或吸引或离散生产要素、或增加或减少经济效益，使生产要素与地理环境形成多样化的空间关系；地理位置对生产关系的凝聚、建构和支托的力量源泉是固定资本的注入，如住宅增建、铁路修建，货栈、船坞的加速建设等；地理位置作为一切生产和一切人类活动必备的要素，经过物质生产的建构，通过赋予地理空间位置以特定生产关系属性而得以持存。地理空间位置的建构总是受特定生产关系制约。“在原始社会里……人们是从社会关系的角度来看待土地的……土地本身作为一个整体由群体所拥有而不是由私人分割和拥有。”③ 原始人活动空间狭窄，把土地看作某种神圣的处所，以集体记忆方式记载着部落圣地的历史。奴隶社会和封建社会，人类活动的地理空间大为拓展，私人占有土地成为主导，成为财富和权力的空间表达。越是文明社会，人们越是有意识地努力把社会与

---

① 《马克思恩格斯文集》(第 2 卷)，北京：人民出版社 2009 年版，第 354 页。

② 《列宁全集》(第 55 卷)，北京：人民出版社 2017 年版，第 447 页。

③ 〔美〕戴维·萨克 (David Sack)：《社会思想中的空间观：一种地理学的视角》，黄春芳译，北京：北京师范大学出版社 2010 年版，第 24 页。

场所联系起来。到了土地能自由买卖和租赁经营的资本主义社会，人们不再以占有土地的数量论及社会地位，而是以其经济位置、利用方式等去彰显和辨识社会角色与地位归属。马克思曾论及资本主义条件下，分工协作对空间的形塑，协作是把产品的空间并存转化为“它们依次出现的时间”①，分工则是产品的阶段性、顺序性转变成为空间并存，即“不同的阶段过程由时间上的顺序进行转化为空间上的并存”②。分工协作对生产关系的时空建构是微观的、精细的，它赋予生产时空以更多经济和技术意义，在这种情形下，生产的空间结构成为一种社会关系的地理。

（三）生产关系的交通运输致因

交通运输对于生产关系的影响根源于生产力。生产力从根本上决定着生产关系的性质，而交通运输则属于生产力范畴。马克思指出，交通运输“提供了一种生产力”③，“改善交通运输工具也属于发展一般生产力的范畴”④。在资本主义时代，铁路、轮船等交通工具和电报体系极大地推动了大工业生产方式的发展。马克思认为，运输业是特殊的物质生产部门，是除了采掘工业、农业和加工业之外的“第四个物质生产领域”⑤。从交通论维度看，人们社会交往方式的变化，导致活动空间以及彼此联通方式的变化，人们的“社会关系空间”因交通而发生空间位置结构性重构，成为生产关系变迁的地理学致因。马克思说：“随着交通运输工具的变化……新的生产中心兴起了……空间距离在时间上也缩短了……生产中心又使市场加速集中……大量资本也就集中在少数人手里……因为交通工具发生变化……后一个生产地点兴盛起来，前一个生产地点衰落了。”⑥ 这里，马克思阐明了交通条件的改善引起经济中心的迁转，是生产关系空间重构的重要致因。马克思看到，交通运输通达之处，那里便会迅速地成为新兴的经济中心，交通条件的改善赋予昔日偏远的地方以经济发展的凝聚力和发散力，导致新的产业中心崛起。铁路、公路的修建，缩短了距离、压缩了空间，节约了生产的时空成本，更使

① 《马克思恩格斯文集》（第5卷），北京：人民出版社2009年版，第258页。
② 《马克思恩格斯文集》（第5卷），北京：人民出版社2009年版，第399页。
③ 《马克思恩格斯全集》（第30卷），北京：人民出版社1995年版，第528页。
④ 《马克思恩格斯全集》（第30卷），北京：人民出版社1995年版，第520页。
⑤ 《马克思恩格斯文集》（第8卷），北京：人民出版社2009年版，第419页。
⑥ 《马克思恩格斯文集》（第6卷），北京：人民出版社2009年版，第277—279页。

生产关系的空间格局变迁，激活与强化了生产关系对空间的形塑与利用能力。交通的改善加快了资本循环和人财物流转，优化了生产、运输、交易和市场条件，使生产关系得以更好地适应与推动生产力的发展。同时，拓展和强化了生产关系对社会生活的渗透能力。马克思结合机器大工业解析了现代交通条件与生产关系的双向空间建构历程。他描绘道，机器大工业生产要求众多工人在聚居的空间场所共同劳动，而他们的生存需要，使一些依附的产业得以发展，于是，村镇就变成小城市，小城市又变成大城市。“因为这里有铁路、运河和公路……这里有顾客云集的市场和交易所……这样一来，大工厂城市的数量就以惊人的速度增长起来。”① 这是一幅机器大工业、交通条件与生产关系之间空间形塑的历史画卷。资本主义经济关系及其空间格局的改观，离不开铁路运输对物质、能量、信息的大输送、大挪移。交通运输条件的改善借助机器大工业的魔杖，迅速创造了一批大城市及其附近的城市。马克思指出：“运输工具发展的同时，不仅空间运动的速度加快了，而且空间距离在时间上也缩短了。”② 铁路、轮船、航天和电信等交通通讯的发展，为跨国公司资本和技术的迅速空间迁转创造了条件，由此，他们能够选择不同的资源、劳动力市场、消费市场和盈利机会，他们大部分力量源自于其驾驭空间和利用地理差异的能力。哈维说：“资本主义是一种革命的生产方式，总是不安地寻找新的组织形式、新的技术、新的生活方式、新的生产和剥削模式，因此也寻找新的时空客观定义。空间关系和空间再现的周期化重组总是具有非常有力的影响。收费公路、运河、铁路、汽船和电报、无线电和汽车、集装化运输、喷气飞机运输、电视和远程通讯等，已经改变了时空关系，并促成新的物质实践和新的空间再现模式。”③ 交通通讯条件的改善，不仅形塑了经济空间，而且从总体上建构着社会生活、政治生活和精神生活空间。

三、社会形态的空间界画

马克思的唯物史观主要从三个角度探讨了社会形态的历史分期问题，

---

① 《马克思恩格斯文集》（第1卷），北京：人民出版社2009年版，第406—407页。

② 《马克思恩格斯文集》（第6卷），北京：人民出版社2009年版，第278页。

③ 〔美〕大卫·哈维：《正义、自然和差异地理学》，胡大平译，上海：上海人民出版社2010年版，第273—274页。

“五分法”是在1845—1846年《德意志意识形态》和1859年《〈政治经济学批判〉序言》中阐发的；“二分法”是在1859年《〈政治经济学批判〉序言》中阐发的；“三分法”是在《1857—1858年经济学手稿》中阐发的。“五分法”先是以“部落所有制”为起点，后又以“亚细亚生产方式”为起点，以所有制或生产方式作为历史划界的尺度，区分了五种性质不同社会经济形态，揭示了它们的依次更替。“二分法”即分为“史前史”和“真正的人类史”，“史前史”是存在对抗形式的社会，是“必然王国”状态；“真正的人类史”是“自由王国”状态，它以人类能力发展为根本目的。“三分法”是以人的发展程度为尺度，将人类历史分为：一是前资本主义时代，特征是以人的依赖关系为基础；二是资本主义时代，特征是以物的依赖性为基础的人的独立性；三是后资本主义时代，共产主义取代资本主义，“自由个性”充分发展。除此之外，“以城乡历史格局为坐标的空间尺度……界说人类社会形态的解释机理，却少有论述。”[①] 1857年底，马克思在分析前资本主义时代公社的各种形式时，以历史活动的城乡空间坐标为尺度，系统阐述了社会形态的空间界画。他说：“古典古代的历史是城市的历史……亚细亚的历史是城市和乡村的一种无差别的统一……中世纪（日耳曼时代）是从乡村这个历史的舞台出发的……现代的［历史］是乡村城市化。”[②] 以空间尺度的历史划界的内在依据是生产方式，各个历史时代城乡空间结构是这一时期占主导地位生产方式的空间表达。

（一）古典古代社会的历史：城市乡村化

马克思在《1857—1858年经济学手稿》中在分析“资本主义生产以前的各种形式”的时候，依次分析了亚细亚的、古代的和日耳曼的所有制形式。马克思以城乡“空间尺度”的历史划界的那段话是在“日耳曼的所有制形式”中阐述的，但逻辑顺序却变成了“古典古代的历史”“亚细亚的历史”和“中世纪（日耳曼时代）”。那么，到底亚细亚的社会历史形态和古典古代的社会历史形态哪一个是最早的社会形态呢？从马克思的论述看并不确定。

古典古代城邦的特征是以乡村为中心，城市屈从于乡村的统治。“城

---

① 胡潇：《社会形态的空间界画——试论马克思关于历史考量的空间尺度》，载《哲学研究》，2015年第10期，第19页。

② 《马克思恩格斯文集》（第8卷），北京：人民出版社2009年版，第131页。

市处在诞生和发展阶段时，城乡之间的对立与差别并不十分显著，当时的城市并没有现代化的大工业，而是以土地财产和农业为基础的城市，是乡村化的城市。"① 古典古代社会的生产方式中，土地是最重要的生产资料，金属装备为主要的生产工具，社会形态建立在农业文明基础之上。古典古代的共同体不是以土地为基础，而是以城市为基础形成的，耕地表现为城市的领土。土地是个体发展的重要条件，是"个体的无机自然"和"他的工作场所"。② 个人的财产和公社财产相分离。个人拥有小块土地，但其生产目的是"把自己作为小块土地的所有者并以此资格作为公社成员再生产出来"③。马克思在分析罗马城邦时说："地产的历史构成罗马共和国的秘史。"④ 在古代奴隶制城邦中，以农业为主导，土地的占有和使用方式从根本上决定着社会空间的样态。土地"提供共同体居住的地方，即共同体的基础"⑤。个人只有作为共同体成员时，才把自己看成土地的占有者，人们把土地看作共同体的共有财产。

古典古代社会的城市乡村化，首先表现在城市连同它的土地是一个经济整体。其次，城市工业内部分工不发达。尽管独立的手工业已经形成，但分工还非常原始。再次，城市的工业组织以及与工业相应的所有制形式，都多少带有土地所有制的性质。古典古代社会的特点是城市乡村化，它是"一个自然经济占统治地位的社会"，"城市长期地保存着乡村社会经济结构的特征"，"乡村的经济关系渗透到城市"。⑥ 马克思立足于土地占有和使用方式分析社会形态，把古代希腊、罗马城邦的社会空间形态概括为"城市乡村化"，这一空间表达是由当时的生产力状况决定的，是社会历史形态的真实写照。它构成了古代希腊、罗马城邦"社会—经济空间"的实质内容。马克思对"城市乡村化"的分析，揭示了人类生存空间与社会经济政治制度之间历史性的发生学关系。

（二）亚细亚的历史：城乡无差别统一

亚细亚生产方式是马克思东方社会理论的核心范畴。亚细亚生产方

① 崔新恒：《城市经济词典》，成都：四川科学技术出版社1986年版，第358页。

② 《马克思恩格斯文集》（第8卷），北京：人民出版社2009年版，第126页。

③ 《马克思恩格斯文集》（第8卷），北京：人民出版社2009年版，第128页。

④ 《马克思恩格斯文集》（第5卷），北京：人民出版社2009年版，第100页。

⑤ 《马克思恩格斯文集》（第8卷），北京：人民出版社2009年版，第124页。

⑥ 过杰：《城市经济学》，成都：四川人民出版社1989年版，第24—25页。

式的主要特点有“土地国有（王有）”“农业和手工业的直接结合”“以地缘与血缘相结合的农村公社和村落为组织形式”“城乡无差别的统一”“国家执行公共工程的职能并广泛管理公共事务”“家国同构，宗法制君主专制合一”“高度集权的专制制”。[①] 亚细亚的城乡关系是“城乡无差别的统一”。亚细亚历史中的城市是“王公的营垒”，它没有独立于乡村的经济，它是君主专制的官僚政治中心和军事堡垒。它在经济上依赖乡村，而在政治上统治乡村，商业活动由国家控制。因此，马克思称之为“经济结构上的赘疣”[②]。

在亚细亚的历史中，土地所有制的首要前提是自然形成的共同体，包括家庭、部落和“部落的联合”[③]。亚细亚的共同体属于自然共同体，这种自然共同体是共同占有和利用土地的前提，是人类开始定居生活的前提。当然，这需要特别富饶的自然条件，否则，他们只能像野兽那样到处游荡。马克思认为，土地是共同体生存发展的基础，因而，人类出于自然的生存本性把土地看作共同财产。他说：“在大多数亚细亚的基本形式中，凌驾于所有这一切小的共同体之上的总合的统一体表现为更高的所有者或唯一的所有者，因而实际的公社只不过表现为世袭的占有者。”[④] 也就是，普天之下莫非王土，公社只是占有土地的小共同体，土地实际上是归封建国家所有，国家是一个总合的共同体。亚细亚公社是个人得以存在和依靠的实体，这种实体总体看是以共同占有土地财产而存在。在亚细亚公社，土地占有方式表现为“特殊的公有地”与“数量众多的土地私有者”同构，劳动者把自己劳动的客观条件看作自己的财产。在马克思看来，不论以共同体占有方式也好，还是以个体私人占有方式也好，劳动者天然地充当着土地财产的主人，这一点构成了“城乡无差别统一”的基础。亚细亚是一个最顽强也最长久的超稳定的自然经济社会，因为它的前提是个人依赖公社而生存、生产自给自足、农业和手工业相结合等。这样的生产方式对于传统土地所有制和旧有共同体的保持极为有利。这种超稳定的社会空间形态包含着产业结构、经济交往、

---

① 张凌云：《马克思的亚细亚生产方式理论：研究过程与逻辑叙述》，载《上海社会科学学术季刊》，1992 年第 4 期，第 75—77 页。

② 《马克思恩格斯文集》（第 8 卷），北京：人民出版社 2009 年版，第 131 页。

③ 《马克思恩格斯文集》（第 8 卷），北京：人民出版社 2009 年版，第 123 页。

④ 《马克思恩格斯文集》（第 8 卷），北京：人民出版社 2009 年版，第 124 页。

土地所有、主体身份等紧密相联的方面，它不利于重商重工的城市发展。在亚细亚，公社是土地真正的实际所有者，劳动者是土地的占有者，其特点是公社所有、个人占有。这种特殊的剥削方式把农业生产者、经营者牢牢吸附在土地上，阻断了城乡人口流动，消解了城市对乡村的空间肢解力，因而，不利于城市化的进程。亚细亚是一个中央集权、国家高度掌控经济职能的社会。中央政府统一治水、管水，掌控水利建设、灌溉渠道、治水防灾等，具有强大的经济职能。

（三）日耳曼的历史：从乡村出发、在城乡对立中进行

马克思对于历史分期的研究是与他对于私有财产的理解紧密相联的。青年时期的马克思在黑格尔的影响下曾经拒绝法的历史学派对于法的历史的解释。“但当他转向唯物主义历史观之后，一定程度上接受了法的历史学派的见解。”① 胡果认为，在古代罗马，财产集中于城市，而在日尔曼人入侵之后，财产则应当以散居于辽阔土地上的人们联合的名义来理解。马克思恩格斯在《德意志意识形态》中对于古典所有制和日尔曼所有制的分析受到了胡果的影响，并且在胡果的启发下他们明白了两种所有制的区别。另一历史学家蒲菲斯特的《德国史》对日尔曼财产和共同体进行了分析，指出了日尔曼财产的共同占有形式。由此，马克思获得了日尔曼社会独特财产关系的完整画面。马克思之所以用“日尔曼社会”命名欧洲封建社会，是因为它在欧洲封建社会历史形态形成的地理路径和空间迁转中具有典型意义。日耳曼人的历史发端于原始公社解体的状态，他们经历了入主奴隶社会反被征服的复杂历程。

如果说，古典古代的历史集中于城市乡村化，亚细亚的历史集中于城乡统一，那么，日耳曼的历史则集中于城乡对立。公社以联合形式存在，土地所有者是独立主体，公社成员并不共同占有财产，个人的公有地虽是个人财产的补充，但并不表现为个人财产。“公社的存在和公社财产的存在表现为以他物为中介，也就是说，表现为独立主体互相之间的关系”②。个人的土地财产“只表现为各个个人的部落住地和所占有土地

---

① 鲁克俭：《国外马克思学研究的热点问题》，北京：中央编译出版社 2006 年版，第 14 页。

② 《马克思恩格斯文集》（第 8 卷），北京：人民出版社 2009 年版，第 132 页。

的公共附属物”①。在马克思笔下，乡村是日耳曼人主要的生活舞台，土地是他们从事社会生产的空间场所和全部历史活动的空间基座。在它的土地所有制中，公社不再表现为土地所有者的独立主体，公社成为一种联合方式而不是联合体，自由的土地所有者必须以集会的方式表现公社的现实存在。这种以乡村为活动舞台的生产方式是日耳曼人向封建社会进发的原点。他们所形构的封建社会的最大特点是城乡二元结构，即城市与乡村的分化，这种城乡分化的空间结构在向欧洲大陆延展过程中，加剧了城乡空间的对立，其结果，生产要素在城市集中，而乡村却表现为孤立和分散。城乡的分化是私有制发展的历史必然。“城乡之间的对立是个人屈从于分工、屈从于他被迫从事的某种活动的最鲜明的反映。”②马克思阐述了这样的一种逻辑理路，生产力的发展导致分工的发展，分工引发经济资源的重新配置，导致土地的所有制结构的变化尤其是私有制的发展，进而造成社会生活主体的城乡分化。

（四）现代的历史：乡村城市化

马克思把古代的历史概括为“城市乡村化”，而与之对应的“现代的历史”即资本主义开启的现代社会概括为“乡村城市化”，把未来共产主义社会概括为“城乡差别消失”，这“与《大纲》的‘三大社会形态’理论才是更加吻合的”③。“城市乡村化”和“乡村城市化”之所以是古代社会和现代社会界分的标志，主要依据是占主导地位的生产方式决定城乡空间结构。古代社会是以土地为基础的自然经济主导，是以使用价值为主要目标的小生产，总体看它是以乡村为中心的；现代社会是以社会为基础的商品经济主导，是以交往价值为主要目标的社会化大生产，总体看它是以城市为中心的。城市乡村化指称的是“以自然—土地为基础的生产关系”，乡村城市化指称的是“以社会为基础的生产关系”。④

“现代的历史”主要是指机器大工业以来的资本主义形成发展史，当然也包括社会主义的诞生、发展史。这一时期出现的“乡村城市化”

① 王建刚：《马克思“真正共同体”思想形成的文本考据》，载《中共中央党校学报》，2018年第5期，第70页。

② 《马克思恩格斯文集》（第1卷），北京：人民出版社2009年版，第556页。

③ R. J. Holton, *Cities, Capitalism and Civilization*, London: Allen & Unvin, 1986, p. 45.

④ 屈婷：《马克思城市化思想的演进历程及其方法论特征》，载《南开学报（哲学社会科学版）》，2019年第1期，第24页。

是生产工业化、分工精细化、商品市场化的必然产物。机器大工业的空间形塑有两大特点：一是交换价值取代使用价值主导生产过程；二是资本操控在企业家手中、大规模的生产和世界市场的开辟。机器大工业不仅要求生产空间在城市集中，而且要求流通空间不断突破地域局限。由于生产空间在城市集中，带来大批劳动力离乡进城，同时催生大量次生产业，造成生产要素的城市化聚集。恩格斯考察英国城市化时看到，机器大工业“像闪电般”催生了“现代化大工业城市”，它彻底“破坏了手工业和工业的一切旧阶段”，“使城市最终战胜了乡村”。① 马克思对于“乡村城市化”解释的立足点也是机器大工业的建立、资本主义生产方式形成与发展等，实际上是以生产方式的变革来解释人类城乡生存空间的形塑，因而，可以说是用生产方式标识社会形态演进规律的深化和补充。在马克思看来，城乡的分离与对立不是人类社会一开始就有的，但近代以来的机器化大生产则加剧了城乡的分离和对立。马克思把城乡对立的根源归结为私有制，正是由于分工和私有制的发展，一部分人沦为城市动物，另一部分人沦为乡村动物。在马克思“乡村城市化”的诠释中，有两个重要的驱动机制，一是货币转化为资本的方式，大体步骤是：商人委托先前从事农村副业的人为他加工产品，使他们把副业变成本业。之后，商人使他们离开家乡，变成雇佣工人置于自己的支配之下。最后，限定他们的劳动形式，使他们依赖商人、为了商人、通过商人而生产。二是土地的商品化流转、地租化经营。马克思认为，城乡分离可以看作“以劳动和交换为基础的所有制的开始”②。土地的资本化、商品化使劳动者和土地彻底分离，并且在城市空间按照资本的方式重新结合在一起，从而，带来城市空间的崛起。乡村城市化虽然经历了牺牲农民利益的苦难历史，但从世界历史空间的视域看，它在人类进步史上具有里程碑意义。因为资本在城市空间所创造的工业财富和商业财富要远优于土地财富。乡村城市化实际上是人类农业劳动方式向工商业劳动方式的跃升。

总之，空间是基于实践的自然性与社会性的辩证统一。人类的生产实践是形塑和再造“人化自然空间”和“社会关系空间”的过程。只有把“人化自然空间”和“社会关系空间”当作生产实践的结果，才能把握空间的现实性。马克思在分析社会空间形态演变规律时，紧紧抓住了

① 《马克思恩格斯文集》（第1卷），北京：人民出版社2009年版，第566页。
② 《马克思恩格斯文集》（第1卷），北京：人民出版社2009年版，第557页。

生产关系范畴，把生产力与生产关系的矛盾运动理解为社会空间形态演变的内在机制，把生产关系的总和理解为社会经济形态的基础。马克思坚持从实践立场把握空间的本质，把现实空间理解为基于实践的自然性和社会性的统一。自然性是现实空间的物质基础，社会性是现实空间的持存方式，实践性是现实空间的内在本质。生产力与生产关系的矛盾运动是推动现实空间发展的根本动力。马克思历来把生产关系作为社会经济形态的基础，并且立足于物质生产对现实空间的建构，重点揭示了生产关系的经济机理与空间形塑的内在联系。马克思以历史活动的城乡空间坐标为尺度，系统阐述了社会形态的空间界画，概括了“古典古代的历史”“亚细亚的历史”“中世纪（日耳曼时代）”“现代的［历史］”等社会空间形式的历史演变，揭示了不同历史阶段的城乡空间结构特征。不同历史阶段的城乡空间结构和空间关系归根结底是这一历史时代占主导地位的生产方式的空间表达。

第二节　空间的社会化形塑

空间的社会化就是人类对周围“自在自然空间”和“社会关系空间”的生产性重构。马克思所关注和理解的自然空间是属人的“现实的自然界”，“现实的自然界”是人类社会实践的产物，因而，必须把它置于人类物质生产和物质生活环境的互动关系中去理解和把握。在分析空间的社会化过程中，马克思充分肯定了物质生产力对于“人化自然空间”和“社会关系空间”的决定作用。一方面，空间是人类生产和生活不可或缺的物质条件，具有基础性的作用。因为“空间是一切生产和一切人类活动的要素”①。空间的社会化形塑贯穿于物质生产过程始终，物质生产过程能够改变生产要素的空间位置和空间结构，而且为了完成空间的社会化形塑，还需要借助一定的空间地域、生产场所和交换市场来展开生产活动。从生产力视角看，空间的社会化形塑依赖的不仅是一种物质力量，而且是一种社会力量。空间的社会化形塑不能脱离生产关系，它受生产关系的制约。社会关系的结构尤其是占主导地位生产关系的总和决定着“人化自然空间”和“社会关系空间”的性质。哈维说：“在

---

① 《马克思恩格斯文集》（第7卷），北京：人民出版社2009年版，第875页。

资本主义的社会关系下，空间实践变得充满敌意。”① 马克思对资本主义私有制条件下“人化自然空间”和“社会关系空间”内在的敌对性作过深刻分析，从早期的异化理论到后来的阶级斗争学说，都是对这种敌对空间的批判。空间的社会化过程是一个由直接生活的物质生产和再生产所推动的物质性改造过程，是一个社会化、属人化的过程，是“人化自然空间”和“社会关系空间”的生成发展过程。

一、物质生产空间的城乡分离

随着科学技术的进步，社会生产力的发展，生产劳动的社会分工表现在地域空间，是物质生产要素的空间聚集与分割。在前资本主义时代，城市在政治上统治乡村，在经济上依赖乡村，城市经济的发展主要以集散与交换为主，城市物质生产还没有占据中心地位，总体上依赖乡村。资本主义的崛起过程，突出表现为在机器大工业的推动下，城市成为工业经济的中心。资产阶级在城市空间创造了物质生产力高速发展的奇迹。在资本逻辑推动下，物质生产扩张与生活空间筑造同时推进。资本逻辑贯穿物质生产全过程，带来了社会生活、政治生活和精神生活的丰富多样。个人从宗法制度的束缚中解放出来，成为物的依赖基础上的自由劳动者。资本成为工人赖以生存的物质基础和制度基础，工人的独立自由仅仅表现为出卖劳动力。资本征服和操控了劳动，物性掩蔽了人性的光芒。由资本主导的物质生产具有空间化趋向，它不满足于偏安一隅，总是力图突破生产交换的地域空间界限。资产阶级在开创世界市场过程中首次开创了世界历史，在乡村城市化和经济全球化的发展中形塑了“主导—依赖”型社会空间结构和空间剥夺关系。

（一）城市与乡村的空间分离

社会分工具有极其重要的空间形塑功能。城市与乡村的空间分离是物质劳动和精神劳动的一次最大分工。城市空间与乡村空间的矛盾贯穿整个人类文明发展过程。马克思认为，城市与乡村的空间分离是“随着野蛮向文明的过渡……地域局限性向民族的过渡而开始的”②。随着城市的产生与发展，出现了相应的公共政治机构。在城市空间，以生产工具

① 薛毅：《西方都市文化研究读本》（第3卷），桂林：广西师范大学出版社2008年版，第311页。

② 《马克思恩格斯文集》（第1卷），北京：人民出版社2009年版，第556页。

和社会分工为基础，居民第一次直接划分为两大敌对阶级。城市空间表现为生产要素的集中，乡村空间则表现为“隔绝和分散”①。城市化运动源自于生产方式的变革，是生产力和社会分工不断发展的结果。城市与乡村的空间分离根源于生产力“有所发展但又发展不足”②。生产力是城乡空间结构形成、裂变的根本动力。生产力的“有所发展”为城市与乡村的空间分离提供了可能，它表现为社会上一部分人的农业劳动“必须足以为整个社会，从而也为非农业劳动者生产必要的食物”③。因为从土地上解放出来的人数“完全取决于土地耕种者的劳动生产力”④。生产力的“发展不足”导致城市与乡村之间因发展不均衡而引起利益分化与冲突。乡村人口的分散与城市人口的集中形成了对比鲜明的发展空间，彰显着生产力发展的落差。现代城市“聚集着社会的历史动力”⑤。城市空间蕴藏着社会前进的主要动能。城市汇集着先进的生产力、昭示着社会的发展方向。在资本主义时代，城市经济、政治、文化功能的彰显使其加速了城市与乡村的空间分离，由此乡村城市化运动快速推进。资本主义机器大工业的发展，要求突破人畜自然力的限制和功率强度，打破手工操作连续性、精准性、协同性的局限，因此，呼唤科学技术在生产领域的广泛应用，由此推动了科技发明职业化、产业化。科学技术在生产领域的广泛应用，兼之大工业管理复杂使经营管理专门化、扩大化，这一切推动着劳动生产率的提高，加剧着生产要素和消费市场在城市空间的集中和在乡村空间的离散，由此，乡村城市化成为机器大工业的历史必然。

商人阶层的独立和崛起是社会分工的重要方面，尤其是在新兴城市空间形态的塑造过程中，商人阶层成为直接的推动力量。商人阶层的独立和崛起是分工进一步扩大以及生产和交往分离的必然结果。交通运输条件的发展，使远程贸易成为可能。商人阶层对商品交换的垄断，使生产与交往的作用频率加强。商业经营活动掀起了巨大的造市浪潮，使过去自然形成的城市脱胎换骨，取而代之的是现代工商业城市。“城”的

---

① 《马克思恩格斯文集》（第1卷），北京：人民出版社2009年版，第556页。

② 周志山：《从分离与对立到统筹与融合——马克思的城乡观及其现实意义》，载《哲学研究》，2007年第10期，第9页。

③ 《马克思恩格斯文集》（第7卷），北京：人民出版社2009年版，第716页。

④ 《马克思恩格斯全集》（第33卷），北京：人民出版社2004年版，第21页。

⑤ 《马克思恩格斯文集》（第5卷），北京：人民出版社2009年版，第579页。

功能主要是“镇关守土、治理社会”；“市”的功能主要是“商品交换的场所”。[①] 在自然形成的城市中，“城”的功能占主导地位，伴随机器大工业而发展起来的现代工商业城市，“市”的功能占据了主导地位，尤其是商业的独立，极大地促进了城市发展，带来了城市空间的深刻变化。商人阶层促成同城市近郊以外广大地区的通商，建立了城市之间的经济贸易往来。新的生产工具在城市之间的交换和共享，新的科学技术在城市之间传播和发展，推动了区域分工、全球分工的发展。基于资本逻辑的国际分工打破了地域空间发展的局限，地域空间发展的历史被世界历史空间的发展所取代。

（二）城乡空间形态的资本形塑

乡村和城市是人类物质生产活动所创造的两种基本空间形态。马克思把城乡关系的空间建构作为划分“历史活动空间”的基本标志，区分了空间形态的历史发展阶段。城乡空间形态是物质生产发展的必然结果，不同社会历史时期人类物质生产对生存空间的建构便会形成不同城乡空间秩序，这种城乡空间秩序是马克思社会历史发展分期的重要标准之一。马克思指出：“现代的［历史］是乡村城市化，而不像在古代那样，是城市乡村化。”[②] 这一真知灼见的现实背景是机器大工业对城乡空间结构的社会化形塑。机器大工业要求生产要素包括劳动者、劳动对象、劳动资料等的工厂制集中，要求生产场所和商品市场的集中，要求交通运输的集中，要求信息生产、传播与利用的集中，一句话，资本主义生产方式适应了机器大工业的要求，实现了商品生产和商品交换所需条件在城市空间的集中。城市空间因其生产发展的优势而对乡村空间产生了巨大的“虹吸效应”，乡村空间的人力、物力、财力资源迅速流向城市空间，形成了城市空间与乡村空间之间“集中—分散”“主导—依赖”的两极化社会空间。在这种乡村依赖城市的两极化社会空间中，城市以其生产和交换要素的集中优势，战胜了乡村并且盘剥乡村。资本主义工业革命以来，机器大工业的发展成为世界范围内创城立市运动浪潮的持续动力，推动着城市规模的不断扩大。恩格斯在《英国工人阶级状况》中生动描述了英国绵纺织业的发展“使得兰开夏郡发生了深刻的变革，把它从一

---

① 胡潇：《空间的社会逻辑——关于马克思恩格斯空间理论的思考》，载《中国社会科学》，2013 年第 1 期，第 120 页。

② 《马克思恩格斯文集》（第 8 卷），北京：人民出版社 2009 年版，第 131 页。

个偏僻的很少开垦的沼泽地变成了充满生机和活力的地方"①，一批大城市及其附近的城市如同魔术一般地很快产生了。这里，恩格斯揭示了"工业化必然引起城市化"的铁律。

以乡村城市化为根本特征的现代历史是由工业化推动的，这种"历史活动空间"变迁的一个关键性环节是土地关系的深刻变化。在资本空间化积累的推动下，土地实现了商品化流转与地租化、资本化经营。土地的地租化、资本化使其成为生产和交易的商品，这种土地所有、占有和经营方式的变化是城市工业发展以及与之相适应的社会组织逼迫的结果，它推动了土地所有者与土地的完全脱离。对于土地经营者而言，他们从不被自己所经营的土地束缚，因为他们更加关心经营费用和货币产品。马克思说："租成了将田园生活卷入历史运动的动力。"② 土地的地租化、资本化意味着其占有方式和经营方式的根本性转变，它由此改变了乡村发展的方向，把乡村卷入了城市化浪潮，它打破了以土地为轴心的稳固的乡村空间铆接板块，无情地斩断了土地与其原来所有者、占有者、耕种者的天然联系，彻底瓦解了封建的宗法关系。土地的地租化、资本化使其成为适应机器大工业的形式。在资本主义生产方式撬动下，土地摆脱以往的政治装饰物和社会混杂物而转化成为资本主义商品生产的空间条件，由此，土地所有权和土地使用者完全分离，土地作为劳动条件取得了纯粹的经济形式。土地所有权的解放，为土地从农牧业经营转向任何产业经营开辟了广阔道路。以土地为轴心的责权利关系的居民完全可以自由地在异地居住和谋生，从而，开始了人类生存空间的根本性、大规模转型。土地地租化、资本化的结果是现代工商业城市迅速崛起并最终取代了自然形成的城市。土地地租化、资本化是推动乡村城市化形塑和地域历史空间走向世界历史空间的力量。

（三）全球范围的社会分工

社会分工是马克思经济学研究的主要对象之一。马克思指出："在商品生产者的社会里，作为独立生产者的私事而各自独立进行的各种有用劳动的这种质的区别……发展成为社会分工。"③ 可见，从分工的物质内容看，它包括生产各种使用价值的多个部门和行业；从分工的社会形式

---

① 《马克思恩格斯选集》（第1卷），北京：人民出版社2012年版，第93页。
② 《马克思恩格斯文集》（第1卷），北京：人民出版社2009年版，第644页。
③ 《马克思恩格斯文集》（第5卷），北京：人民出版社2009年版，第56页。

看，它是各个商品生产者的“私事”，基于分工的私人劳动要转化为社会劳动必须借助商品交换。社会分工所包括的“物质内容和社会形式相统一”①，社会分工是“连接生产力和生产关系的中介”②，具有生产力和生产关系的双重属性和效应，既能借助协作优势推动生产力的发展，又能为资本增殖提供手段。资产阶级正是借助分工的力量获得了长足发展的，同时也把分工由国内发展到国际范围。资产阶级首先开创了世界市场，在这个过程中建构了国际分工体系。以西方资本主义国家主导的国际分工体系是一种排他性增长模式，它牺牲了不发达国家和民族的利益换取了自身的经济增长。国际分工基于大工业的推动但却直接受世界市场的制约。“由于机器和蒸汽的应用，分工的规模已使脱离了本国基地的大工业完全依赖于世界市场、国际交换和国际分工。”③ 资本主义机器大工业从根本上决定着国际分工体系的特点，它使基于大工业的西方资本主义国家成为主要从事工业生产的地区，那些落后的民族国家则成为主要从事农业生产地区，并且成为西方资本主义国家的原料产地和商品市场。

全球空间范围的社会分工伴随地域历史向世界历史的转变而进一步发展，由此，人类生存发展的空间开始在更广范围、更大规模上进行社会化形塑。资本按照自己的样子对世界历史空间进行了社会化形塑。资本空间化形塑的内在机制是劳动和资本的矛盾，在民族国家内部，它所形塑的资本空间表现为城市与乡村的空间分割，在民族国家之间，它把所形塑的资本空间表现为两极化的世界历史空间。世界航路的开通和地理大发现，使得欧洲经济的中心开始由内陆城市转向港口城市。之后，西方殖民主义的铁蹄踏遍亚洲、非洲、美洲等地区的民族、国家，在世界范围内形成了宗主国与殖民地或半殖民地的“政治—经济空间”格局。从殖民地或半殖民地那里掠夺来的财富源源不断地流入宗主国，在那里转化为资本，极大地增强了资产阶级的实力。西方的殖民运动造成跨越民族、国家的空间生产、空间交往和社会分工，推动了生产和流通

① 罗文花：《马克思社会分工理论新析》，载《马克思主义研究》，2008年第6期，第65页。

② 朱燕：《马克思主义分工理论视角下两种经济全球化模式比较研究》，载《马克思主义研究》，2017年第10期，第53页。

③ 《马克思恩格斯选集》（第1卷），北京：人民出版社2012年版，第246页。

要素在全球空间的重新配置，形成了世界性资本、资源、工厂、市场的空间对接与建构。当然，推动人类生存空间全球范围社会化形塑的内在力量是资本的空间化积累。资本的本性是不断攫取剩余价值。资本周转的时间是生产和流通时间之和，生产和流通时间共同制约剩余价值的实现。资本主义机器大工业的发展缩短了生产时间，因而，流通时间便成为实现剩余价值的关键。拿两个不同的资本投资比较，假如生产时间一定的话，资本周转的时间则直接与流通时间成正比。流通时间之中，最具决定意义的部分是“出售时间”，它直接制约着资本周转时间，决定着商品资本向货币资本的转化。马克思认为，影响“出售时间”最为经常性的原因是“商品的销售市场和生产地点的距离”①。但是，交通运输工具的发展，架起了商品销售市场和商品生产地点之间的桥梁，推动了“出售时间”的缩短。由于交通运输的革命，“不仅空间运动的速度加快了，而且空间距离在时间上也缩短了”②。机器大工业推动资产阶级完成了资本原始积累，使西方资本主义迅速进入工业化历史过程，由此，拉开了西方资本主义殖民扩张的序幕。殖民扩张为大工业获取了廉价资源和劳动力以及过剩产品的销售市场。资本积累是撬动世界市场的根本动力，交通运输工具的革命是撬动世界市场的杠杆。伴随世界市场的开创，资本主义的殖民时代到来了。

二、生存发展空间的阶级界分

空间是人类生存发展的重要资源。在阶级社会，空间资源的占有和利用是阶级斗争的主要内容。阶级斗争是推动社会发展的直接动力。在资本主义机器大工业的推动下，城市空间形态由于资产阶级的崛起而造成了生存发展空间的不均衡发展，其直接原因就是城市空间资源尤其是土地资源占有与利用方式的阶级分化。哈维指出，空间生产是“阶级斗争动态中的一个基本环节”③。资本主义的扩大再生产直接表现为生产空间和销售空间的扩大。城市空间的土地资本化以及诸多资本的空间角力，带来城市贫民日益增加的生存空间压力，甚至时常陷入“无立锥之地”

① 《马克思恩格斯文集》（第6卷），北京：人民出版社2009年版，第277页。

② 《马克思恩格斯文集》（第6卷），北京：人民出版社2009年版，第278页。

③ 〔美〕大卫·哈维：《希望的空间》，胡大平译，南京：南京大学出版社2006年版，第58页。

的困境。城市空间秩序及象征的确认，常常直接成为阶级斗争的重要内容。资本在城市空间的集中以及对资源配置的决定性作用，形塑了富人与穷人泾渭分明的居住生活空间。资本逻辑对人们生存发展空间的支配造成空间资本属性与社会属性的尖锐对立。土地的资本化运作的结果是空间社会权益向资本家的倾斜。土地的市场流转与资本运作造成社会空间公平正义的丧失。

（一）人化自然空间占有分配的阶级差异

人类的阶级划分表征着其社会、经济、政治和文化地位的差异，以及财产拥有、权利关系、职业角色、生活方式的差异。这些差异，必然在生存发展空间的占有与使用方面体现出来。古代部落之间的战争主要是为了争夺生存空间、食物来源，在进一步发展中，蜕变为“在陆上和海上为攫夺牲畜、奴隶和财宝而不断进行的抢劫，变为一种正常的营生”①，这时的氏族制度实际是暴力掠夺的保护者。社会因财富的不同而出现了阶级分化，迫切需要一个使阶级剥削永久化、稳固化的机关，于是便产生了国家。从产生动力看，国家是私有财产的保护者，是阶级利益和阶级剥削的保护者。从氏族到国家的发展，具备了保护剥削阶级财富及剥削行为的统治能力。国家是阶级压迫的工具。阶级划分导致生存发展空间分配与利用的差异，阶级关系和阶级斗争对生存发展空间的社会化形塑产生了巨大影响。恩格斯在《英国工人阶级状况》中，对于大城市的各个阶级各个阶层的生存境况、居民住宅与商贸建筑之空间状态及差异有过真切和生动的描述：“从交易所向东南伸展的市场街……最初是些第一流的华丽的商店……接着就是一个接着一个的大旅馆和货栈；再往前……是工厂以及为资产阶级下层和工人开设的小酒店和商店；再往前……是那些最富有的厂主和商人的大花园和别墅。”② 不同的阶级、阶层可以从其商业建筑和家庭住宅中明显地展示出来。在繁荣昌盛的商业区、富丽堂皇的贵族区的背后，掩藏着像牛圈一样肮脏的贫民区。在恩格斯看来，这种差异明显的建筑体系是伪善的，贫民区的住宅被资产阶级巧妙地掩盖起来，把一切可能刺激资产阶级眼睛和神经的东西掩盖起来。从表面看，这种城市建筑空间的落差是偶然堆积起来的，但是，

① 《马克思恩格斯文集》（第4卷），北京：人民出版社2009年版，第125页。

② 《马克思恩格斯全集》（第2卷），北京：人民出版社2016年版，第328页。

在巨大的地租差别面前，穷人是无力在城市黄金地段立足的，他们被资本的恶魔排挤到了城市空间的阴暗角落，同时，商业经营的空间美化要求，也不允许贫民窟与之接近和毗邻。因此，这种城市空间体系的落差完全是资本逻辑经营城市的必然结果。

那么，人类生存发展空间的分配和利用为什么会表现出明显的阶级差异呢？这必须从人类生存发展空间的本质说起。那么，什么是人类生存发展空间呢？“是市场，是国内市场，也是世界市场。”① 资本主义机器大工业生产以来，世界市场是资产阶级主导开创的，它由资产阶级决定空间资源、空间产品的分配和利用，它形塑了资产阶级的天堂和无产阶级的地狱。资本的本质是实现自我增殖，这种增殖必须借助商品流通。商品生产和商品流通的社会化形塑表现在阶级关系方面，是无产阶级与资产阶级的对立。资本主义机器大工业对“社会关系空间”的重构，推动了生产要素的集聚和社会财富的集中，造成社会空间的贫富两极分化，于是，社会日益分裂为有产者阶级和无产者阶级。在前资本主义时代，不同民族、国家的经济交往大多局限在地域范围，空间剥夺主要依赖战争等方式。马克思指出：“对进行征服的蛮族来说，战争本身还是一种通常的交往形式。”② 尤其是工场手工业出现之后，欧洲各国之间的商业战争日益频繁，而且这种商业战争更具有了政治意义。在资本主义机器大工业时代，对于商品市场的迫切需要推动着资产阶级不断去打破空间壁垒，不断去开拓世界市场，这时，“战争……同样是扩大需求——建立世界市场的条件”③。在机器大工业对“人化自然空间”和“社会关系空间”的形塑过程中，一切都服从资本积累的需要和资产阶级的统治。社会空间日益分裂为无产阶级和资产阶级两大敌对阵营。

（二）社会关系空间两大阶级的敌对状态

在前资本主义时代，“社会关系空间”的最大特点是等级森严，不同的等级有不同的社会地位和生产水平。资本主义“社会关系空间”是从封建社会脱胎而来，在资本对城乡空间形塑的过程中，整个社会分裂为两大敌对阵营即资产阶级和无产阶级。伴随航海事业的蓬勃发展，美洲大陆的发现，更是奠定了新兴资产阶级空间扩张的基础，尤其是商业、

---

① 王厚双：《贸易战离中国有多远》，北京：经济日报出版社 2002 年版，第 46 页。

② 《马克思恩格斯文集》（第 1 卷），北京：人民出版社 2009 年版，第 577 页。

③ 《马克思恩格斯全集》（第 42 卷），北京：人民出版社 2016 年版，第 382 页。

航海业的空前繁荣，加速了封建“社会关系空间”的崩溃，取而代之的是资产阶级的空间社会化形塑。资产阶级凭借机器大工业的优势，在消灭生产资料、财产和人口分散状态的过程中，按照资本积累的需要将它们在城市空间集中，其结果，“越来越多的人成为无产者。”① 马克思恩格斯认为：“大工业却创造了这样一个阶级……在它那里民族独特性已经消灭，这是一个真正同整个旧世界脱离而同时又与之对立的阶级。”② 这个阶级就是无产阶级，这是一个被彻底剥夺了的阶级。资本积累的空间化形塑，一方面使生产要素日益集中并且被资产阶级所控制，另一方面使无产阶级日益贫困化，其结果，使资产阶级和无产阶级的对立更加明显。资本对工人的剥削就是持续不断地榨取剩余价值，这种以剥削关系为核心的空间结构发展的结果便是：少数人占有全部生产和消费资料，绝大多数雇佣劳动者成为一无所有的劳动者。资本对人类生存发展空间的形塑既表现在物质生产与交换领域，又表现在阶级斗争领域。人类生存发展空间阶级界分的结果是走向两极对立的空间形态。1871 年的巴黎公社事件就可以从空间矛盾而不是从历史时间矛盾的视角去解读。工人阶级被驱赶到了周边的社区和住宅，丧失了曾经属于他们的生存空间。巴黎公社运动时的工人试图夺回曾经属于他们的生存发展空间。他们把象征资本空间统治的凡杜姆柱推倒，向世人宣告他们掌控了城市空间的权力。当反动势力复辟后，他们重建凡杜姆公共场景，也是他们反攻倒算取得成功且重新执掌城市权力的空间表达。

在资本主义机器大工业时代，“社会关系空间”的异化是劳动与资本对立的现实表现，具体就是无产阶级和资产阶级的尖锐对立。在这样的时代，阶级斗争的历史作用日益凸显并且受到马克思的高度重视。马克思认为，无产阶级与资产阶级的斗争是现代社会发展进步的直接杠杆。对社会进行阶级界分也是马克思鲜明的主张。无产阶级和资产阶级区分的主要依据是“占有不同生产资料以及在社会中占有的政治、文化等各种社会资源的不同”③。恩格斯在《反杜林论》第三编中指出：“社会化

① 赫曦滢：《历史的解构与城市的想象》，北京：社会科学文献出版社 2015 年版，第 69 页。

② 《马克思恩格斯文集》（第 1 卷），北京：人民出版社 2009 年版，第 567 页。

③ 刘森林：《追寻主体》，北京：社会科学文献出版社 2015 年版，第 239 页。

生产和资本主义占有之间的矛盾表现为无产阶级和资产阶级的对立。”① 阶级矛盾是社会基本矛盾的直接表征。资产阶级与无产阶级的对立根源于资本与劳动的对立，根源于异化劳动，根源于资本逻辑的现实展开。资本只有不仅达到了它的逻辑界限，而且达到了它的时空界限之后，才能达到它的历史界限，最终退出历史舞台。资产阶级开创世界历史和世界市场的过程，实际上是不断地走向它的时间界限和空间界限的过程。按照马克思的研判，资本和劳动的矛盾一旦到达它的顶点、最高阶段，便会敲响资本主义的丧钟！

（三）历史活动空间阶级斗争的发生发展

阶级观点是贯穿马克思哲学的一个基本观点，“但阶级理论并非马克思首创”②。马克思说：“无论是发现现代社会中有阶级存在或发现各阶级间的斗争，都不是我的功劳。”③ 庸俗社会主义者和资产阶级学者从分配关系角度把收入来源作为阶级区分的标准。马克思恩格斯则从分配关系进一步深入到生产关系，从人们在社会生产中的地位来区分阶级差别。阶级存在有其经济根源，“人们为之奋斗的一切，都同他们的利益有关。”④ 阶级关系表征着公开或隐蔽的剥削和奴役关系。阶级斗争是消除空间非正义、实现空间解放的必要步骤，是推动社会发展的直接动力。马克思恩格斯非常重视阶级斗争的历史作用，公开申明不愿意同那些抹杀阶级斗争的人站在一起。他们认为：“（从原始土地公有制解体以来）全部历史都是阶级斗争的历史。”⑤ 共产党人的原理“不过是现存的阶级斗争”的一般表述。⑥ 对马克思阶级斗争理论的传统认知，主要是“进行政治革命即推翻剥削阶级的统治政权”⑦。西方“空间转向”理论家启示我们，空间争夺是阶级斗争的核心内容。实际上，在马克思的著作中，空间剥夺与空间反抗的阶级斗争转化形式不仅体现在乡村城市化运动中，

---

① 《马克思恩格斯文集》（第9卷），北京：人民出版社2009年版，第288页。

② 蒯正明：《阶级与阶级斗争：不能否定的马克思主义基本命题》，载《马克思主义研究》，2014年第11期，第27—28页。

③ 《马克思恩格斯选集》（第4卷），北京：人民出版社2012年版，第425—426页。

④ 《马克思恩格斯全集》（第1卷），北京：人民出版社1995年版，第187页。

⑤ 《马克思恩格斯文集》（第2卷），北京：人民出版社2009年版，第9页。

⑥ 《马克思恩格斯文集》（第2卷），北京：人民出版社2009年版，第45页。

⑦ 任政：《空间正义论：正义的重构与空间生产的批判》，上海：上海社会科学出版社2018年版，第152页。

而且体现在经济全球化浪潮中。马克思不仅重视阶级斗争的政治形式，而且重视阶级斗争的经济内容。

在阶级社会，阶级关系是“社会关系空间”的重要特点，在“社会关系空间”蕴含着对抗与团结的双重逻辑，它日益消解着“虚假共同体”的有限性，日益生成着“真正共同体”的无限性。无产阶级要想摆脱阶级压迫和阶级剥削就必须消灭一切阶级，进而构建一个无阶级社会。马克思从资本主义的历史活动空间中，发现了现代社会两大敌对阶级的斗争，揭示了阶级斗争的历史趋势，探讨了建构“自由人联合体”的途径。资产阶级对“人化自然空间”的独占独享造成“社会关系空间”的分裂对立。资产阶级的政治国家作为“虚假共同体”是由于资产阶级狭隘的物质活动方式以及由此而来的他们狭隘的社会关系造成的。阶级存在基于经济结构的差异，核心是生产资料关系的差别性。资本主义时代的阶级斗争表现为无产阶级要打破这种差别性，资产阶级要维护这种差别性，因为这种差别性是资产阶级空间剥夺和空间压迫的基础。在马克思恩格斯看来，无产阶级是资本空间的“掘墓人”，这种“掘墓人”的历史使命是一种不断扩大和联合的无产阶级共同体的社会担当。在资产阶级世界历史时代，资产阶级把劳动生产力转化为资本生产力的结果就是劳动者创造的生产力为资本家所独占独享。统治阶级对于生产力独占独享的必然结果是不均衡的历史地理发展。

无产阶级阶级斗争的目的在于共同操控他们的生存发展条件，即对“人化自然空间”和“社会关系空间”创造、支配和共享的权力。为此，就必须用“自由人联合体”取代资本主义的“虚假共同体”。“自由人联合”是真实的共同体，它的真实性体现为它是个人之间自主自觉的联合，正是借助这种联合“把个人的自由发展和运动的条件置于他们的控制之下”①。阶级斗争蕴含着整合优化“历史活动空间”的动力和功能。无产阶级所从事的阶级斗争“是那种消灭现存状况的现实的运动”②，是对资本主义时代“人化自然空间”和“社会关系空间”的超越和扬弃。马克思在“旧世界”中发现“新世界”的理论旨趣必然是带着资产阶级时代的肯定性成果走向“新世界”。

---

① 《马克思恩格斯选集》（第1卷），北京：人民出版社2012年版，第202页。

② 《马克思恩格斯选集》（第1卷），北京：人民出版社2012年版，第166页。

三、全球社会空间的民族差异

在机器大工业和世界市场基础上，资产阶级在世界历史舞台华丽登场并且迅速排挤掉了中世纪以来的一切阶级。马克思恩格斯说："大工业……消灭了各民族的特殊性。"① 大工业和世界市场使资产阶级积累了巨大力量。为了攫取剩余价值，资产阶级不断扩大再生产，将一切民族国家纳入资本主义世界市场体系。资本的增殖欲望使其跨越地域发展局限，把魔掌伸向整个世界。不同民族国家的工业革命存在历时性差异。西方资本主义国家先于东方国家完成工业革命、步入都市文明社会。在全球社会空间，不同民族国家空间形态呈现为发达与落后、富裕与贫穷的分裂。这种"主导—从属"的空间构序是资本逻辑空间化的结果，是发达资本主义国家剥削压迫落后民族国家的确证。人类的生命生产在世界历史空间的展开为人的自由解放和全面发展奠定了基础。人的自由解放和全面发展必须以"人化自然空间"的生成和克服"社会关系空间"对立为前提。由于世界历史的开创，阶级斗争在民族国家之间展开，它孕育着埋葬资本空间的力量。

（一）全球民族国家的"主导—从属"型空间结构

在大工业和世界市场的推动下，现代工商业城市取代了过去自然形成的城市。现代工商业城市比过去自然形成的城市具有更大的优越性，因为这是人类从农业劳动方式主导向工商业劳动方式主导的跨越，它使城市空间取得了对乡村空间的经济政治统治，为资产阶级发挥伟大的革命作用奠定了基础。马克思曾经形象地描述资产阶级的空间形塑力量："一切固定的僵化的关系……都被消除了，一切新形成的关系等不到固定下来就陈旧了。一切等级的和固定的东西都烟消云散了"②。西方发达资本主义国家完成乡村城市化运动之后，随之而来的是以大规模殖民侵略为特征的经济全球化浪潮。西方资产阶级主导的经济全球化，本质是由资本逻辑主导的世界历史空间的社会化形塑，这种社会化形塑的结果是"主导—从属"型全球社会空间结构。马克思恩格斯看到，经济全球化与乡村城市化具有相同的社会化形塑功能，表现为生成了相同的"主

---

① 《马克思恩格斯文集》（第1卷），北京：人民出版社2009年版，第567页。

② 《马克思恩格斯文集》（第2卷），北京：人民出版社2009年版，第34—35页。

导—从属”型空间结构。乡村城市化的结果是乡村从属于城市，经济全球化的结果是“未开化和半开化的国家从属于文明的国家”“农民的民族从属于资产阶级的民族”“东方从属于西方”。① 从肯定性意义上讲，这种“主导—从属”型空间结构，是资本主义工业商业生产方式对前资本主义农业生产方式的胜利，是资产阶级对中世纪以来所有阶级的胜利，它推动了生产力的普遍发展，开启了世界历史的全新时代。从否定性意义上讲，在全球空间范围，不同民族国家之间“主导—从属”的空间结构是西方资本主义暴力殖民的结果。在资本主义时代，阶级关系日益消解民族关系的独立性和差异性。资产阶级在开拓世界市场过程中，一切民族的地方的事件都变成了世界性事件。资本主导的空间化导致“民族与地方性的次要化”② 和世界与全球的主要化。

全球民族国家的“主导—从属”型空间结构是资本积累空间化逻辑的体现。资本逻辑把城市与乡村之间两极对立的空间结构在全球空间复制与延展，因而，它是一种世界历史性的空间社会化形塑。西方资本主义国家以其先行发展的优势，凭借原始资本积累积蓄的巨大力量，将资本主义生产方式强行嵌入其势力所及的全球社会空间。资产阶级把一切国家民族甚至最野蛮的民族都席卷到文明中来了，于是，一切民族国家的生产和消费都成为世界性的了。资产阶级为了最大限度地攫取剩余价值，使用武力或者物美价廉之商品重炮迫使所有的国家民族都依附于资本主义生产方式，从而，加剧了不同民族国家之间的对立与冲突。统一的世界历史空间正是在这种对立和冲突中形成发展的，在世界历史空间，资产阶级充分展现了它的空间表达能力。资本逻辑凭借全球市场经济的刚性力量，打碎了一切旧的落后生产方式，将不同民族国家的生产空间纳入资本运行的轨道，最终取得了世界历史空间霸权。资本主义机器大工业推动了商业、交通和航海业的发展，把落后民族国家的工业连根拔起。资本空间化逻辑的实质是资本主义生产方式的空间扩张。资本空间化的旨趣是实现空间资本化，即全球民族国家“主导—从属”型空间结构。资本的空间扩张旨在摆脱“产品的地方的、自然的和个体的界

---

① 《马克思恩格斯文集》（第 2 卷），北京：人民出版社 2009 年版，第 36 页。

② 邹持鹏：《论马克思恩格斯的民族国家观》，载《复旦学报（社会科学版）》，2017 年第 2 期，第 30 页。

限”①，其结果，使商品交换的范围扩展到整个世界，进而带来了交换关系的空间解放。

（二）个人生命活动由地域民族空间扩大到世界历史空间

人类发展史是一部个人生命活动空间的发展史。从民族历史向世界历史的发展是个人生命活动空间延展的体现。个人由“地域性个人”向“世界历史性个人”的发展，赋予个人生命时间和活动空间世界历史性内涵。世界历史是个人向社会个人发展的前提条件。世界历史建立在生产力和交往普遍发展基础之上。

在世界历史背景下，时间和空间表现出不同的特征。在前资本主义时代，时间运行表现为空间的狭隘性（封闭性）和简单性（重复性），一个民族国家的世代延续表现为在地域空间重复相同的生产生活。生产生活对于历史运行时间处于负超越或等超越状态。在资本主义时代，时间运行表现为空间的广阔性（开放性）和复杂性（创新性），一个民族国家的世代延续表现为行业创新、地点变换，生产生活对于历史运行时间处于正超越或快超越状态。在马克思看来，工人的生存空间是资本主义生产方式形塑的，工人变成了“没有祖国”的世界无产者。他们属于“劳动、自由的奴隶制、自我售卖”，他们的政府是“资本”，他们的领空是“工厂的天空”，他们的领土是“地下若干英尺”。② 工人的生产生活空间是由资本主义生产方式建构的，是由资本主导空间生产的必然结果。世界历史性的个人是资产阶级开创世界市场的肯定性成果，但是，在资本主义条件下，世界历史性个人表现为“自发存在”，“个人所释放的生产力汇成一种巨大的、脱离个人的异化力量统治个人”③。世界历史性个人的生成根本改变了人类社会的发展方式和发展速度。个人的世界历史性意味着个人活动空间的扩大，进而产生个人生产力的放大效应。个人摆脱血缘的地域的国家的共同体，在世界历史空间让渡产品、交换劳动，从而使个人生产力的潜能得以充分释放。个人的解放是和“历史完全转变为世界历史的程度一致的”④。社会关系的总和规定着人的本质

① 《马克思恩格斯文集》（第 8 卷），北京：人民出版社 2009 年版，第 48 页。

② 《马克思恩格斯全集》（第 42 卷），北京：人民出版社 2016 年版，第 256 页。

③ 曲萌：《马克思“世界历史性个人”思想及其现实意义》，载《北京社会科学》，1996 年第 1 期，第 58 页。

④ 《马克思恩格斯文集》（第 1 卷），北京：人民出版社 2009 年版，第 541 页。

及其发展，个人的世界历史性表现着个人发展空间的扩大。

马克思从主体实践立场出发，探讨了人类空间活动对生命时间的不断超越以及个人生命活动由现实性时空向理想性时空的发展。时间是有限的，但是，由于每个民族国家采取不同的发展战略，就会在发展空间上表现出差异性和多样性。个人发展必须基于社会土壤，社会是“他自己的活动，他自己的生活，他自己的享受，他自己的财富”①。从个人发展的时空向度看，世界历史是通过个人的生命活动而诞生发展的历史，个人的发展首先必须从自然中获得生命所需的各种资源，为此必须创造性地推进“人化自然空间”的生成，按照美的规律形塑现实生活世界，同时，“通过社会交往、对话、互助等理念使个人与共同体之间达到程度一致”②，在“社会关系空间”找到自我价值和生命归属。从个人发展的主体向度看，个人必然准确定位自己生活的世界历史时代和世界历史空间，确立全球视野和世界眼光，把个人的发展与整个世界的生产交往结合起来，充分利用世界交往的全面性使个人的一切天赋潜能得到充分发挥。对于个体而言，空间对时间的超越更具有自觉性和能动性；对于民族国家而言，空间对时间的超越更具有外在性和强制性。空间对时间的超越不仅关系着个体生存发展和贫富差别，更关系着民族国家存续发展和文明落差。

（三）民族国家之间的空间冲突加剧

在资本主义的发展中，乡村城市化打破了传统社会的城乡共生关系，城市日益取得主导和支配地位，空间权力表现为由传统社会的城墙转变为现代民族国家的领土边界。资本的本质是在空间扩张中实现增殖。资本逻辑的利益原则催生了“空间交换”和“空间掠夺”，导致发达资本主义国家资本逻辑与未开化、半开化国家领土逻辑的冲突。国家关系的性质是由它们所处社会发展阶段及阶级构成等条件决定的。国家的本质是阶级压迫和阶级剥削的暴力工具。民族压迫、民族剥削根源于阶级压迫、阶级剥削。“民族内部的阶级对立一消失，民族之间的敌对关系就会随之消失。”③ 基于私有制的民族关系表现为“不同民族的剥削阶级与被

① 《马克思恩格斯全集》（第42卷），北京：人民出版社2016年版，第24页。

② 于桂芝：《马克思世界历史视阈下个人生存境况探析》，载《学习与探索》，2010年第3期，第30页。

③ 《马克思恩格斯文集》（第2卷），北京：人民出版社2009年版，第50页。

剥削阶级”的敌对关系。[①] 资本主义私有制由于加剧了阶级压迫、阶级剥削，因而带来了民族国家之间关系的紧张。民族压迫、民族剥削伴随资本殖民运动而展现开来。马克思原来计划在《资本论》的后续卷中对世界贸易和资本主义地理扩张作更为详细的考察，但是，这些后续卷并没有完成。即便如此，我们仍然看到，《资本论》第一、二卷理论分析的前提是如下简单的假设条件：“一种封闭的民族经济和一种本质上是空间湮没的资本主义。”[②] 资产阶级打破了封建的空间壁垒，重塑了民族国家的空间关系，加剧了民族国家之间的空间冲突。

地理扩张、空间重组和不平衡地理发展推动了资本积累的长足发展，对于维持资本主义政治经济系统功能发挥了重要作用，同时，资产阶级在开创世界市场过程中不断地毁灭自己活动的地理基础。资本主义内部矛盾的空间转嫁，“产生了资本积累的全球历史地理学”[③]。资产阶级能够赢得统治地位与它在世界舞台的地理活动和空间策略紧密关联。美洲的发现，工商业、航海业和铁路的发展，对东印度及中国的贸易等，这种全球空间战略使资产阶级极大地增强了经济实力，尤其是从外部破坏、从内部推翻了以地方为限的封建势力，获取了政治统治。资本的本质是社会关系。资本的存续依赖于对劳动者的剥夺。资本家像吸血鬼一样，它不吸食劳动者鲜活的血液就无法维持自身生命。资本对于劳动的剥夺最初是用血与火的文字载入人类编年史的。资本积累的秘密在于使劳动者与生产资料的强制性分离。在殖民地，为了给资本主义剥削保存大量的雇佣劳动力，“私有财产和国家的权力被用来防止劳动者方便地进入自由土地。”[④] 资本主义为了克服自身的内在矛盾，选择了一种外部“空间剥夺”的方式。马克思对资本主义内在矛盾的空间解决方案进行了深入探讨。在《资本论》第一卷中，马克思重点关注的是生产问题，但是，当生产的要素与流通的要求产生冲突时，便会产生资本积累的危机。这种危机表现为社会的两极分化，一极是闲置资金，另一极是失业人口，

① 杨虎得：《马克思主义民族理论研究》，北京：民族出版社2015年版，第97页。

② 黄继刚：《空间的迷误与反思——爱德华·索雅的空间思想研究》，武汉：武汉大学出版社2016年版，第95页。

③ 〔美〕大卫·哈维：《希望的空间》，胡大平译，南京：南京大学出版社2006年版，第23页。

④ 〔美〕大卫·哈维：《希望的空间》，胡大平译，南京：南京大学出版社2006年版，第28页。

其结果是资本与劳动的共同贬值。交通和通讯的创新和投资可以减少空间障碍，对于维持和发展资产阶级的权力是必不可少的。通过把“用时间消灭空间”嵌入资本积累的逻辑，并且伴随空间关系由民族国家内部转向外部，资产阶级实现了世界历史性发展，其间，西方殖民者既大量掠夺了东方落后民族国家的财富，又屠杀了东方落后民族国家的人民。

总之，空间的社会化就是对“自在自然空间”和“社会关系空间”的生产性重构。在分析空间的社会化过程中，马克思充分肯定了生产力的决定作用。空间的社会化形塑贯穿于物质生产过程始终，物质生产过程能够改变生产要素的空间位置和空间结构。从生产方式视角看，空间的社会化形塑依赖的不仅是一种物质力量，而且是一种社会力量，既受生产力制约，又受生产关系制约。占主导地位的生产关系总和决定着“人化自然空间”和“社会关系空间”的性质。资产阶级在开创世界市场过程中形塑了以“主导—依赖”为特征的社会空间结构和空间剥夺关系。空间资源的占有和利用是阶级斗争的主要内容，阶级斗争在世界各个民族国家之间展开。资产阶级的崛起造成了人类生存发展空间的非均衡化。资本攫取剩余价值的欲望必然地使其跨越地域发展的局限，把它的魔掌伸向不同的民族国家。在全球社会空间范围内，不同民族国家的空间形态呈现为发达与落后、富裕与贫穷的对立。这种“主导—从属”型空间结构是资本逻辑空间化的结果，是发达资本主义国家剥削压迫落后民族国家的确证，它孕育着埋葬资本空间的力量。

第三节　社会的空间化厝置

现实的个人是马克思哲学的出发点和立足点。马克思认为，人们为了生活就必须从事物质生产资料的生产和再生产，借此改变人与自然和人与人的关系，这一过程就是空间的社会化形塑。社会的空间化厝置和空间的社会化形塑是一个问题的两个侧面。“厝置”本意为料理、作为、安顿、处置等。社会的空间化厝置是物质生产、社会生活、政治生活、精神生活等在空间的物化定形，是对物质生产、社会生活、政治生活、精神生活的结构、特征、关系、功能等进行空间分割、局域型制、环境安排的展现。俗话说：“物以类聚，人以群分。”类聚的物也好，群分的人也好，只不过是表达了以人和物为实体要素的不同空间样态。资本家和工人的居住环境的分割根源于“无意识的默契”或“有意识的打算”。[①] 城市生活空间的界分以及生存发展空间占有和使用的差别是阶级对立的空间表达。空间的阶级内涵是剥削阶级和被剥削阶级之经济、政治和文化生活的分野。社会的空间规定性表现为社会主体在空间栖居方面的对象化凝固。“人化自然空间”是人类的现实作品，是人类理智地现实地自我复现，即“在他所创造的世界中直观自身”。[②] 整个属人世界、现实环境和社会生活是实践的作品和人性的物化复现。

一、空间占有格局呈现社会权益分割

空间占有方式体现的是社会权益的分割、掌控和享用。空间占有可以包括个人的、家庭的、团体的、阶级的、国家的所有支配和使用方式。空间支配权表现为对空间生产活动和空间组织建构的决定权，表现为对他们本人和他人占用空间的方式行使控制权。空间是人类生产、生活不可或缺的物质资源。在现代化进程中，乡村城市化导致城市空间紧缩，多样化的社会生活主体展开对城市生存发展空间的激烈争夺。这种激烈争夺所形成的空间占有和空间利用形态与社会财富、政治权力的阶级占有相一致。社会利益关系的分析更是马克思解剖资本空间的切入点。因为，空间占有格局是社会利益分割、权力结构和阶级对立的空间展示。比如，在封建时代，“地块随它的领主而个性化，有它的爵位……有它的特权……土地仿佛是它的领主的无机的身体。”[③] 显然，土地占有关系是封建特权在土地空间的书写，土地利用更是表征着土地所有者的政治灵性。这种土地占有的人格化是对封建社会等级制及其身份配置物的空间确认。封建生产关系形塑的这种空间占有格局随着资本主义生产方式的勃兴而走向瓦解。

（一）社会空间结构的利益分析方法

青年马克思在由宗教批判向政治批判的转向中超越了费尔巴哈和其他青年黑格尔分子，同时，他也遇到了对物质利益问题发表意见的难事，进而开始转向经济学研究。马克思在经济学转向中提出了物质利益分析

---

① 《马克思恩格斯全集》（第2卷），北京：人民出版社2016年版，第326页。
② 《马克思恩格斯文集》（第1卷），北京：人民出版社2009年版，第163页。
③ 《马克思恩格斯文集》（第1卷），北京：人民出版社2009年版，第150页。

原则。他说，“人们为之奋斗的一切，都同他们的利益有关”。[①] 在《神圣家族》中，马克思紧紧抓住物质利益问题对社会各阶层的思想意识进行分析研究，强调人们的思想观念与他们的物质利益是一致的。马克思说：“‘思想’一旦离开‘利益’，就一定会使自己出丑。”[②] 马克思不仅看到了利益的阶级性、国家性，而且看到了利益的普遍性、现实性。在马克思看来，利益很小气、很自私、很实际，“只有在空话有用，空话会带来显著效果时，利益才会编造空话。那时，利益便能说会道起来。”[③] 利益是复杂多样的。“人化自然空间”和“社会关系空间”是多种多样利益主体争夺的场域。利益是“人化自然空间”和“社会关系空间”的底色。马克思看到，在充满利益争夺的社会空间，人们戴着两副不同的世界观眼镜，当需要别人充当自己工具时，便戴上“彩色的眼镜”，当涉及自己的好处时，便戴上“黑色眼镜”。[④] 国家和法律是某种利益的守护者，它们何时说话、何时闭嘴完全是根据守护某种利益的需要。物质利益分析为马克思由哲学转向经济学奠定了基础。马克思科学社会主义的根本旨趣就是实现无产阶级的现实利益、整体利益和长远利益。《共产党宣言》指出：“共产党人为工人阶级的最近的目的和利益而斗争，但是他们在当前的运动中同时代表运动的未来。”[⑤]

物质利益原则抓住了分析社会空间结构和社会空间关系的关键。人类改变世界的实践活动是社会空间结构和社会空间关系的本质，实践主体“充满着物质利益和思想观念的差异、矛盾和对立，且他们的存在方式即社会时空结构也是发生着时而平稳、时而急剧的变迁的”[⑥]。马克思在 1859 年回忆到：“1842—1843 年间，我作为《莱茵报》的编辑，第一次遇到要对所谓物质利益发表意见的难事……是促使我去研究经济问题的最初动因。”[⑦] 面对专制政府对于农民空间资源的掠夺，马克思的思辨方法显得缺乏力量，由此，推动马克思去研究经济学。恩格斯在 1895 年

---

① 《马克思恩格斯全集》（第 1 卷），北京：人民出版社 1995 年版，第 187 页。

② 《马克思恩格斯文集》（第 1 卷），北京：人民出版社 2009 年版，第 286 页。

③ 《马克思恩格斯全集》（第 1 卷），北京：人民出版社 1995 年版，第 269 页。

④ 《马克思恩格斯全集》（第 1 卷），北京：人民出版社 1995 年版，第 262—263 页。

⑤ 《马克思恩格斯文集》（第 2 卷），北京：人民出版社 2009 年版，第 65 页。

⑥ 胡承槐：《马克思总体方法论“八维社会时空结构”学说的基本涵义》，载《浙江社会科学》，2019 年第 10 期，第 30 页。

⑦ 《马克思恩格斯文集》（第 2 卷），北京：人民出版社 2009 年版，第 588 页。

4月15日给理查·费舍的信中说："我曾不止一次地听到马克思说过，正是他对林木盗窃法和摩泽尔河沿岸地区农民状况的研究，推动他由纯政治转向经济关系，并从而走向社会主义。"① 物质利益原则的确立奠定了马克思第一个伟大发现，即唯物史观发现的理论基石。唯物史观的发现在《德意志意识形态》中做了第一次经典的表达。马克思恩格斯把唯物史观运用于资本主义"社会—经济空间"的解剖，揭露了资本对劳动进行空间压迫和空间剥削的秘密。马克思在对资本主义"社会—经济空间"建构的历史分析中，紧紧抓住了土地问题。他看到，资本主义崛起的条件是农民与土地的分离，这种分离的过程伴随着土地的私有化、商品化而完成。资本主义生产方式的空间表达过程是剥削土地肥力、破坏污染土地的过程，其结果，搞得人类"无机的身体"遍体鳞伤。马克思把人与土地的关系比作是"家长"和"孩子"的关系，强调人类应当做一个"好家长"，悉心照顾好自己的"孩子"。

（二）土地所有权表征社会权益分割

马克思非常重视土地所有权所表征的社会权益分割以及在此基础上形成的不同社会空间形态的建构。土地具有有用性、综合性、有限性、差异性、社会性、可塑性和可流动性等特征。② 撇开土地的社会关系属性，土地还内在地包括土地之上之下的一切自然资源。土地在人类经济活动中首先充当着劳动资料和劳动对象的作用。土地是劳动和资本不可缺少的活动场所。土地占有关系的不同是区分社会空间形态的根本标志。在前资本主义时代，土地是最为重要的劳动资料和劳动对象。在资本主义时代，土地的商品化经营奠定了资本重构社会空间形态的基础。马克思认为，分工发展的不同阶段便产生了所有制的不同形态，这种所有制主要是土地所有权。第一种是"部落所有制"，它"以有大量未开垦的土地为前提"；第二种是"古典古代的公社所有制和国家所有制"，此时，"动产私有制以及后来的不动产私有制已经发展起来"；第三种是"封建的或等级的所有制"，"一方面是土地所有制……另一方面是拥有少量资本并支配着帮工劳动的自身劳动。"③ 土地占有方式从根本上决定

① 《马克思恩格斯文集》（第10卷），北京：人民出版社2009年版，第701页。

② 屈炳祥：《〈资本论〉与马克思的土地经济学》，载《中南财经大学学报》，2000年第2期，第22—23页。

③ 《马克思恩格斯文集》（第1卷），北京：人民出版社2009年版，第521—523页。

着社会空间结构的性质和面貌。马克思认为，前资本主义时代所有制虽然有三种形式，但却可以分为两种不同性质的占有：一是原始公社时代的“共同占有”方式，它的特点在于，共同体是占有土地的主体，它有权占有土地，它的成员以公社成员身份占有一份属于自己的土地。此时，土地所有权与人格权相统一，土地人格权首先体现为土地所有权。公社成员身份是其拥有土地占有权的前提，拥有土地占有权必然是公社成员。公社成员把土地看作是自己的私产和他作为公社成员的身份。二是罗马时代的“个人所有”方式，原始公社的土地“共同占有”演变成了罗马时代的“个人私有”。此时，土地所有者的主体是个人或家庭，“凡是自由人都拥有土地所有权”①。这种“个人所有”方式表现为基于小生产的土地所有制，其中，劳动与土地是统一的，土地所有者就是劳动者。欧洲资本主义的兴起，恰恰是对这种土地“个人所有”方式的扬弃。“资本主义的私有制，是对个人的、以自己劳动为基础的私有制的第一个否定。”② 通过这种否定，资本主义空间生产方式诞生了。

土地所有权决定着社会权益的分割。不同历史时代，土地所有权的经济实现方式不同，但地租占有是相同的。一切形式的地租都是“土地所有权在经济上的实现”③。地租资本化是土地资本化的标志。在前资本主义时代，地租经历了三种形式：一是劳役地租。劳役地租就是地主凭借土地所有权迫使租地农民为自己无偿耕作和服各种杂役。其特点是农民为己劳动和无偿劳动时空界限明显，剩余劳动直接表现为剩余价值，“地租和剩余价值在这里是一致的”④。二是实物地租。实物地租就是农民按照一定比例或数额把劳动产品缴纳给地主。其特点是农民的有偿劳动和无偿劳动时空界限模糊了，农民在劳动时间和作业品种上有了一定的自主性，因而推动了劳动生产力的发展。三是货币地租。货币地租就是农民按照约定向地主缴纳一定数量的货币。货币地租的出现是伴随生产力和分工的发展，手工业从农业中分离出来，以及商品经济发展的产物，此时实物产品余额已经不足以交纳地租，“它必须由这个实物形式转

① 胡贤鑫、胡舒扬：《略论马克思的土地所有权理论》，载《江汉论坛》，2014年第8期，第49页。

② 《马克思恩格斯全集》（第44卷），北京：人民出版社2001年版，第874页。

③ 《马克思恩格斯文集》（第7卷），北京：人民出版社2009年版，第717页。

④ 《马克思恩格斯文集》（第7卷），北京：人民出版社2009年版，第892页。

化为货币形式。"① 货币地租的出现为地租资本化提供了可能。土地资本化是借助土地买卖、土地商品化实现的。土地买卖就是土地作为商品进入流通领域。土地商品化是资本主义发展的必然结果。

(三) 土地资本化赋予资产阶级空间扩张能力

土地产权是生产关系的表征，土地所有权的正当性"要由生产方式本身的历史的暂时的必然性来说明"②。马克思虽然"没有明确指出农村土地产权是商品"③，但是，却看到了资本主义时代土地产权商品化的趋势。马克思说："社会上一部分人向另一部分人要求一种贡赋，作为后者在地球上居住的权利的代价。"④ 土地产权是收入的重要来源。土地所有者因为出让土地使用权而会与产业资本家分割剩余价值。这样，土地产权就变成了支取无酬劳动的资本。

在资本主义时代，土地产权关系的改变成为资本空间扩张得以实现的重要支点。资本主义时代土地产权关系的变化突出表现为土地资本化，即"地租资本化""土地所有权资本化"。⑤ 马克思在对资本主义社会空间进行"人体解剖"时，紧紧抓住了土地所有权资本化这一线索，揭示了土地所有权资本化对于资产阶级空间扩张和空间剥夺的意义。马克思认为，李嘉图有一种"伟大的历史眼光"⑥，因为，他把资本、雇佣劳动和地租的关系置于土地所有权的范围来考察。资本作为价值，有一个量的限制，但在一定条件下，它的功能却具有伸缩性。劳动力和土地（人与自然）是创造财富的两大原始要素，是社会空间形塑的两大基础性、实体性和能动性要素。"劳动是财富之父，土地是财富之母。"⑦ 劳动与土地的结合孕育着万事万物。劳动和土地的不同结合方式表现为不同的社会空间形态。当资本把劳动和土地这两大要素按照自己的样子重新组合在一起的时候，资本便获得了一种空间扩张的能力，其结果，在西方

---

① 《马克思恩格斯文集》（第7卷），北京：人民出版社2009年版，第900页。

② 《马克思恩格斯文集》（第7卷），北京：人民出版社2009年版，第702页。

③ 邵彦敏：《马克思土地产权理论的逻辑内涵及其当代价值》，载《马克思主义与现实》，2006年第3期，第150页。

④ 《马克思恩格斯文集》（第7卷），北京：人民出版社2009年版，第875页。

⑤ 葛扬：《马克思土地资本化理论的现代分析》，载《经济学研究》，2007年第3期，第1页。

⑥ 《马克思恩格斯全集》（第30卷），北京：人民出版社1995年版，第208页。

⑦ 《马克思恩格斯文集》（第5卷），北京：人民出版社2009年版，第56—57页。

民族、国家内部，资产阶级战胜了中世纪以来的所有阶级，城市空间取代了乡村空间的统治地位；在世界民族、国家之间，资产阶级的民族战胜了农民的民族，文明国家战胜了未开化半开化的国家，西方战胜了东方。

马克思在对资本主义条件下空间占有格局的分析时，紧紧抓住了土地所有权关系的变化，这一变化的最大特点在于土地资本化。资产阶级的空间扩张和空间剥夺能力正是土地资本化赋予的。土地资本化是资本剥削劳动的重要手段。资本家占有土地，劳动者一无所有；土地集中于少数资本家手中。劳动者和土地是最为基础的两大生产条件，劳动者与土地从封建社会的空间关系中分离之后，开始按照资本主义生产方式重组。在资本主义条件下，围绕土地所有权关系形成了各类主体不同的占有状况和价值关系。以土地为核心的多样化空间权益关系形成了复杂多样的空间占有和利用方式，但是，土地资本化始终是资本主义土地所有权关系的灵魂。各种不同的社会群体和社会组织凭借自身对于土地所有权的关系而占有和利用空间，于是，便有了城市与乡村、农场与牧场、工厂与商场等多样化的空间生产和空间形塑。基于土地资本化的“人化自然空间”和“社会关系空间”的重构，使资本主义私有财产的社会权益关系和社会生活格局得到了充分的空间表达。

二、空间筑造轨迹确证社会变迁历程

空间是人类物质生产形塑的结果。空间筑造是人类社会空间生产的集中表现。每一个社会历史时代的人都必须以既有的空间筑造形态为前提开始他们的历史创造活动，同时，他们又会以自己的方式，把生活形态、社会结构、政治体制、主体个性等以对象化方式凝结在空间产品之中。空间筑造全程录制着历史变迁、文明发展和社会进步的轨迹。空间筑造虽然直接表现为共时性的展开，但也内含着历时性的发展机制。随着物质生产方式的发展变化，人类生存发展空间的再生产方式及其生成的客观形态，也必然会同步发展。空间筑造本质上是人类物质生产的对象化过程，人类不仅重新生产和再生产整个自然界，而且按照自己的样子重塑现实世界。当然，空间筑造不仅展现的是个体形象，而且展现的更是群体形象、社会形象，即空间总是按照社会的状貌不断地进行生产和再生产。随着人类物质生产方式的发展变化，作为人类物质生产对象化的结果，即社会的空间状貌也必然地具体地历史地与社会发展同步。由此，空间筑造成为社会发展轨迹的确证和社会生活状貌的表征。

（一）空间筑造的生产发展史

人类生存发展的空间生产方式及其现实形态随着人类物质生产的发展而发展。空间作为自然界的社会现实是人类按照社会的状貌再生产出来的，是人类空间筑造的物性表征。空间筑造是“空间生产的集中表现”，是“将社会生产的形态、体制、结构及其发展轨迹物理地凝结在空间产品中”。[①] 空间筑造是对社会生产发展轨迹的历史录制。空间筑造的历史就是人类的生产发展史。生产活动是人类最基本的实践活动，人类的历史首先是一部生产发展史。当然，空间筑造从来不是抽象的，它首先是物质生活资料的生产和再生产。空间是社会生活中存在的普遍现象，空间问题受到广泛关注与城市化、区域化和全球化进程密切关联。社会生产方式、政治经济制度、个人家庭生活等无不具有空间性。马克思对社会发展规律的揭示也是对空间筑造演进规律的揭示。空间筑造的发展史本质是人类物质生产和再生产的发展史。对城乡空间筑造史的研究有四个维度：一是资本生产与消费。空间的生产与再生产是资本主义持续发展的手段，空间资源是资本获取剩余价值的条件。在资本主义条件下，空间由自然消费品变成资本家谋取剩余价值的对象。资本主导的物质生产具有明显的空间化特征。二是“国家—社会”关系投射到空间筑造过程，社会经济领域的冲突与争夺主要是围绕着空间资源展开。空间手段成为现代国家支配社会的重要方式，空间筑造与重构烙印着浓厚的意识形态色彩。三是空间成为表达社会意义的象征载体，空间筑造的丰富多彩遮蔽了隐匿其后的意识形态。四是人们在空间筑造和重构过程中，被业已形成的生活、生产和生态空间以各种方式约束与控制，空间成为主体获得身份认同和社会安全的场所。

人类的空间筑造历史地推动着社会的发展和进步，但是，它并没有改变马克思所发现的人类社会发展的基本规律。空间筑造是生产方式的空间表达和空间确证。一方面，人类空间筑造能力的提升是生产力发展水平的集中表现，另一方面，空间筑造的样态，表征着生产力和生产关

① 胡潇：《空间的社会逻辑——关于马克思恩格斯空间理论的思考》，载《中国社会科学》，2013 年第 1 期，第 130 页。

系的社会性质。马克思坚持从生产方式出发审视人类的栖居环境。他看到，工人大都生活在容脏乱差于一体的穷街区，这种居住筑造的贫富落差是资本丑恶嘴脸的空间展示。列斐伏尔更是明确指出："空间里弥漫着社会关系；它不仅被社会关系支持，也生产社会关系和被社会关系所生产。"① 他认为，空间是资本主义社会关系的重要载体，当代资本主义生产的实质是"空间本身的生产"。人类的空间筑造与空间生活既表现为历时性的相互作用，又表现为共时态的相互规定。哈维说："空间的再现……允许这样的物质实践被谈论、被理解……再现的空间是社会发明……它们试图创造空间实践可能性的新含义。"② "空间的再现"是物质生产的对象化，是空间筑造对社会发展轨迹的历史表征。每一个时代的人都会现实地解读和重构历史上的空间筑造，从而在一定程度上改变社会历史空间的样态，赋予其现实生活的新内涵。"再现的空间"是社会发展、社会进步的符号化表达，如人类建构的人化自然环境、博物馆等。"再现的空间"试图在空间筑造中把社会生活的全部意义渗入实践活动以及空间产品中，让社会生活的主体在对空间产品感知、阅读、体验中获得更多的文化内涵。

（二）资本筑造的两极化社会空间

回望资本主义空间筑造的历史，我们更能够清楚地看到，空间形塑的改天换地真实地记录着社会生活的历史变迁。在资本主义崛起时代，人类生活空间的根本性改变就是由乡村生活转入城市生活，而土地占有方式的变化是这一过程的重要社会机制。当然，土地（空间）占有者的人格化本质上就是土地的商品化、资本化，土地变成了任由资本揉捏的泥胎。土地被人格化为土地所有者之后，它便拥有了"在它帮助下生产出来的产品中占有自己的一份"③ 的特殊权力。资本筑造了现代工商业城市，反过来，现代工商业城市又规制资本筑造。城市空间是资本主义自然关系和社会关系的展示。考察城市空间的社会性，离不开对资本主义生产关系总和的把握。对城市空间本质的把握必须归因为资本主义剥

---

① 薛毅：《西方都市文化研究读本》（第 3 卷），西宁：广西师范大学出版社 2008 年版，第 25 页。

② 薛毅：《西方都市文化研究读本》（第 3 卷），西宁：广西师范大学出版社 2008 年版，第 308—309 页。

③ 《马克思恩格斯文集》（第 7 卷），北京：人民出版社 2009 年版，第 934 页。

削制度，这种剥削制度的集中表现是少数人对绝大多数人生存发展空间的剥夺，由此，导致了资本主义条件下城市空间的异化和人类发展的畸形。资本主义时代的空间筑造表现为资本的任性，是资本空间化造成了统一性。资本空间化的统一性导致社会空间正义的丧失。因为，空间正义要求社会空间保持适度的差异和梯度，预防空间生产过程中机械的简单的复制。在资本主义城市化过程中，机械的简单的空间筑造带来生产生存空间的病态。马克思指出："在迅速发展的城市内……建筑投机的真正主要对象是地租，而不是房屋。"① 资本主导的空间筑造挤压了人类栖居空间的多样性。

现代工商业城市的崛起与资本主义社会的发展是同步的。城市空间的状貌背后隐藏的是资本逻辑。城市空间并非纯粹的自然存在的空间形态，它首先是社会存在的空间形态，是主体对象化或主体客体化的产物。城市空间具有可以感知的物化特性，但是，它"美丽的灵魂"② 背后却隐藏着资本主义的生产方式。资本的空间筑造"日甚一日地消灭生产资料、财产和人口的分散状态，它使人口密集起来，使生产资料集中起来，使财产聚集在少数人手里"③。城市空间成为资本筑造的重要落脚点，资产者和无产者作为两大敌对的阶级都集中在最有利于发展工业的大城市里，在这里，按照资产阶级的生产方式进行着空间筑造，它把一些人变成了城市"牢笼"的动物，而把另一些人变成乡村"牢笼"的动物。

穷人的劳动是富人的财源。越多的工人会造就出越多的富人。在资本主义条件下，资本积累的前提是可供剥削的劳动者的无限增加，因为劳动力是资本增殖的条件，劳动对于资本的从属关系以工人劳动力转化为资本增殖力为基础。资本剥削程度取决于它的规模和臣民数量。城市空间大量劳动力的集中，为资本增殖提供了廉价劳动力，这些廉价劳动力来自于乡村，来自于破产的农民。工业资本把乡村作为廉价劳动力的"蓄水池"。工业资本主义的根基是资本集中。资本集中的强大力量使农民彻底从土地等生产资料中剥离出来，大量农民的涌入，为资本家提供了剥削的对象，进而，奠定了资本空间筑造的基础。以空间剥夺为特征的资本主义生产方式，其空间筑造的结果便是城市空间的异化，它构筑

① 《马克思恩格斯选集》（第2卷），北京：人民出版社2012年版，第640页。

② 孙江：《"空间生产"——从马克思到当代》，北京：人民出版社2008年版，第45页。

③ 《马克思恩格斯文集》（第2卷），北京：人民出版社2009年版，第36页。

的是城乡之间中心与边缘、主导与依附的两极化空间，它的具体表现就是人与自然和人与人的对立与冲突。这种对立与冲突的现实表现就是城市与乡村的对立，以及有产者阶级与无产者阶级的对立。

（三）按照“美的规律”筑造社会空间

在马克思看来，空间筑造所追求的理想境界是完成了的自然主义等于完成了的人道主义。马克思在《1844年经济学哲学手稿》中，批判了资本筑造导致空间异化的现实，提出了人类应当按照“美的规律”筑造社会空间，把共产主义空间筑造的理想追求理解为“人和自然界之间、人和人之间的矛盾的真正解决”①。马克思首先分析了人类生产和动物生产的根本差别。前者是有目的、有意识的社会活动，后者是盲目的、受动的本能活动。人类的生产有两个尺度，即“内在尺度”和“外在尺度”，两个尺度的结合便是按照“美的规律”进行空间筑造。按照“美的规律”进行空间筑造是人类对于动物的超越。“美的规律”表现为“两个懂得”：“懂得按照任何一个种的尺度来进行生产”和“懂得处处都把固有的尺度运用于对象”。② 对于按照“美的规律”进行空间筑造的深刻内涵可以联系马克思的自由劳动思想来理解。因为作为人的本质的劳动不是异化劳动而是自由劳动。按照“美的规律”进行空间筑造是自由劳动的重要标志。“美的规律”的内涵是“生命自由性与形式表现性的统一”③。

马克思的唯物史观揭示了社会生活本质和历史发展规律，但其背后却蕴涵着由人类永恒实践所决定的价值判断、价值选择和价值追求。唯物史观所揭示的以人的个性全面发展为特征、由自由人联合体所组成的社会，既体现了社会发展必然趋势的历史之“真”，又体现了人类实践活动的价值之“善”，同时，还体现了“真”与“善”辩证统一基础上，人类追求美好未来，按照“美的规律”进行空间筑造的社会之“美”。按照“美的规律”的空间筑造活动是人类生命生产与动物本能活动的根本区别。动物的本能活动是受动的、本能的、自然的，人类的空间筑造不仅是受动的、本能的、自然的，而且更是能动的、自觉的、社会的。

---

① 《马克思恩格斯文集》（第1卷），北京：人民出版社2009年版，第185页。

② 《马克思恩格斯文集》（第1卷），北京：人民出版社2009年版，第162—163页。

③ 徐正非：《马克思美的规律论新解》，载《华中师范大学学报（人文社会科学版）》，2003年第1期，第57页。

马克思恩格斯从空间生产、空间筑造视角出发，揭示了人们生产什么和怎么生产，就是怎样的人。人类凭借自然形成和文明创造的生产工具从事生产活动，以及由生产所决定的所有制形式、生产关系和社会形式，直接决定着人类生存发展空间的境遇和状况。从人类空间筑造的历史进程看，“先后经历了依顺自然逻辑以农业为主导的前工业社会的自在工程、遵循资本逻辑以工业为主导的工业社会的自为工程，并正在走向寻求自由逻辑的以信息业为主导的自在自为的后工业工程。”①

人类的物质生产既要遵循“外在尺度”（自然和社会的特性与规律），又要遵循“内在尺度”（人的需要、目的）。如此，按照“美的规律”建构“人化自然空间”和“社会关系空间”，便会历史性地生成和谐社会之美、生态环境之美。马克思对社会有机体生成发展过程的考察，立足点是生产实践，考察维度却是立体的、全面的。和谐社会之美、生态环境之美，既是人类在生产实践基础上摆脱和超越自然束缚的成果，又是人类主体性和征服自然程度的标志。马克思认为，共产主义“自由王国”的理想空间是彻底的自然主义等于彻底的人道主义。共产主义“自由王国”的理想空间筑造必须坚持自然性和社会性的统一。按照“美的规律”进行空间筑造需要一定的社会条件。在资本主义社会条件下，由于劳动异化，造成空间筑造的异化。因此，实现按照“美的规律”进行空间筑造必须以消灭资本主义制度为前提。

三、空间栖居方式表征社会制度性质

空间是人类生产实践对象化的确证，作为人的无机身体表征主体的社会本质，展现着人的生存空间和发展空间样态。住宅是人类的主要栖居场所。从原始的洞穴到现代的别墅，人类的空间栖居方式发生了翻天覆地的变化。住宅是乡村城市化水平的基本衡量尺度，是城市居民生活的基础保障之一。住宅与市民的日常生活、劳动力的再生产以及资本积累等都有着紧密的关联。马克思恩格斯对资本主义乡村城市化进程中的城市居民栖居方式进行了深入细致的观察，揭示了英、德两国在工业化进程中城市无产者的“住宅短缺”问题，深入探讨了“住宅短缺”的社会根源。资本主义工业化历程的直接表现就是城市化快速发展。城市经

① 张秀华：《马克思“人也按照美的规律来建造”——“生态文明”的生存论根基》，载《理论探讨》，2009 年第 4 期，第 64 页。

济的蓬勃发展和城市空间的日新月异，造成了反差巨大的城市住宅景象，与高楼大厦和华丽别墅同时存在的是贫民窟和棚户区。资本主义国家在强化城市政治、经济、文化中心功能过程中，按照资产阶级的统治意志对城市空间栖居方式进行规划与分割。城市空间栖居方式的贫富分化表征着资本剥削劳动的制度性质。

（一）住宅的社会制度属性和商品经济属性

乡村城市化的提速导致大量劳动人口从乡村流向城市，其结果便是城市的住宅短缺。对此，马克思在《资本论》里进行过精细的描述，揭示了流动人口、城市工人和农业工人的住宅短缺问题。流动人口是由农民转化而来，马克思把这部分人称之为由资本调来调去、时而行军打仗时而露营休息的“轻步兵”。① 但是，“露营休息”的地方不过是资本家提供的临时性的、没有卫生设备的、简陋的木棚，资本家把他们既当士兵一样驱使，又当房客一样盘剥，因而，他们受着双重的压迫和剥削。当破落的农民像蝗虫一样成群拥入城市时，他们被塞进仓库、地下室，甚至是露宿街头。住宅的肮脏和拥挤导致疾病的滋生和蔓延。城市工人的居住条件也在城市化进程中日益恶化，由于工厂增加、人口涌入，房租、地租迅速涨价，因而，居住成为越来越重的生活负担。即便是一些小店主和中等阶级的下层分子也面临着住宅条件恶化问题。马克思把泰恩河畔的煤铁中心纽卡斯尔描述为“住宅地狱”。② 农业工人的住宅同样糟糕，他们耕种的土地上没有他们的住处，他们只能到村镇或城市寻找质量很差的栖身之地，他们像废物一样被抛入洞窟、地下室，甚至是街区的角落。

1870 年爆发了“普法战争”，法国称之为法德战争，德国称之为德法战争。战争由法国发动，主要是为争夺欧洲大陆霸权。最后以德国胜利告终。德国获得了大量赔款，从而为经济注入了活力。伴随德国经济的快速发展，大量人口涌入城市，“住宅短缺”凸显。对此，资产阶级和小资产阶级学者提出了改良主义的住宅问题解决方案。恩格斯对这些方案深感吃惊，于是他应莱比锡《人民国家报》邀请，先后写了《蒲鲁东怎样解决住宅问题》《资产阶级怎样解决住宅问题》《再论蒲鲁东和住

① 《马克思恩格斯文集》（第 5 卷），北京：人民出版社 2009 年版，第 765 页。
② 《马克思恩格斯文集》（第 5 卷），北京：人民出版社 2009 年版，第 762 页。

宅问题》等文章，后将这些论文集汇编出版了《论住宅问题》。恩格斯不仅深刻揭露了工人阶级的住宅惨状，而且透彻分析了住宅与资本主义社会制度和商品经济的内在联系。从住宅的社会制度属性看，住宅问题是资本主义现代大工业的必然产物。在由工场手工业向机械大工业过渡时期，大批农村工人涌入城市，此时，城市处于拆迁改造阶段，因此，住宅短缺是必然的。住宅短缺既显示了工业化的一般特点，又显示了资本主义生产方式的特殊影响。资本本性决定了它对工人剩余价值的无情压榨和残酷剥削，因为改善工人生活条件包括住宅条件不是资本主义生产的目的，也不在资本家考虑之内。恩格斯认为，离开资本主义制度谈解决住宅短缺问题是愚蠢的，住宅短缺的根本解决之道是“消火资本主义生产方式”①。从住宅的商品经济属性看，住宅租赁不是像蒲鲁东之流所理解的那样是资本家剥削工人的关系，而是商品交易关系。住宅承租人与房主所建立的是住宅暂时使用权的买卖，是单纯的商品买卖关系。房租是建房成本及利息和土地租金增值的合理回报。住宅成本价值包括三个方面的内容：“首先要计算的是整个房屋或房屋一部分的建造和维修费用；其次是依房屋位置好坏程度而定的地价；最后，起决定作用的是当时的供求状况。”②

恩格斯虽然没有直接提出住宅属性概念，但却深刻揭示了住宅的社会属性和经济属性。一方面，住宅问题与社会制度之间具有内在联系，另一方面，“住宅租赁与买卖交易必须遵循一定的商品经济规律”。③

（二）“住宅短缺”根源于资本主义的空间生产逻辑

住宅短缺现象是由工场手工业向机械大工业过渡时期出现的比较普遍的现象。恩格斯在《论住宅问题》中说，“工人的恶劣住房条件因人口突然涌进大城市而特别恶化”④。在他看来，德国“住宅短缺”问题是伴随工业化、城市化进程而日趋严重的。在工业化、城市化迅速推进背景下，生产过度膨胀，人口和资源过度集中，带来工业污染、资源紧张、交通拥堵、住宅短缺、失业、贫富差距加大等人间惨剧。恩格斯描述到：

---

① 《马克思恩格斯选集》（第3卷），北京：人民出版社2012年版，第246页。

② 《马克思恩格斯选集》（第3卷），北京：人民出版社2012年版，第195页。

③ 段莉群：《恩格斯的住宅属性思想及其当代价值》，载《马克思主义理论学科研究》，2018年第2期，第80页。

④ 《马克思恩格斯文集》（第3卷），北京：人民出版社2009年版，第250页。

"正当工人成群涌入城市的时候，工人住房却在大批拆除。于是就突然出现了工人以及以工人为主顾的小商人和小手工业者的住房短缺。"① 从当时的政治状况看，专制落后的普鲁士在"铁血宰相"俾斯麦的领导下，经过普丹、普奥、普法三次王朝战争，建立了统一的德意志帝国。战争的胜利不仅获得了矿产丰富和工业基础雄厚的领地，而且获得了大量的赔款，由此成为撬动德国工业化的重要力量。恩格斯说，"恰好在那时，几十亿的法国法郎涌入了德国……可供支配的资本和流通中的货币量都突然大大增加……有力地推动了年轻的大工业"②。从当时的经济状况看，德国社会经济呈现出爆炸式的增长态势，科学技术得到广泛应用，生产力显著提高。恩格斯赞叹这样的德国"前所未有"。到1870年，德国已经加入到先进资本主义国家的行列。高歌猛进的工业化迅速铺开了城市化进程。"19世纪后半期，德国的城市数量明显增加，城市规模也不断扩大，一些城市如柏林、慕尼黑、汉堡、法兰克福、莱比锡发展成为地区性乃至全国性经济中心。"③ 在这一过程中，"住宅短缺"问题相伴而生。

在资本主义条件下，"住宅短缺"的主要是工人阶级，它是工人阶级空间栖居社会品质的集中体现，是资本主义工业化对城市空间形塑的必然结果。"住宅短缺"出现在向大工业过渡且情况极其顺利而加速的时期，这首先是资本主义工业化、城市化造成的。机器大工业在城市的迅速发展，必然引起劳动人口在城市集中，于是，城市空间栖居的需求和城市空间有限的矛盾便会凸显出来，直接表现就是地价和房价的快速攀升，致使无产者难以支付居住的费用。马克思说："不仅人口的增加，以及随之而来的住宅需要的增大……都必然会提高建筑地段的地租。"④ 在城市扩张中，越是中心地带的地价和房价越高，工人从市中心被排挤到市郊，只能居住在很小的房间，甚至找不到、租不起房住。在城市化过程中，旧城改造有着巨大的利益空间，拆除低劣房屋，建造商用的高楼大厦，加宽街道、修建铁轨等，资产阶级在这种改造过程中明目张胆地把贫民赶到城市的角落。因为，这种改造的目的是为了资本积累，而

---

① 《马克思恩格斯文集》（第3卷），北京：人民出版社2009年版，第239页。

② 《马克思恩格斯文集》（第3卷），北京：人民出版社2009年版，第239页。

③ 臧峰宇：《恩格斯〈论住宅问题〉研究读本》，北京：中央编译出版社2014年版，第19页。

④ 《马克思恩格斯文集》（第7卷），北京：人民出版社2009年版，第875页。

不是为了改善工人的生活条件。马克思恩格斯认为："资本主义的积累越迅速，工人的居住状况就越悲惨。"① 资本主义制度的确立为其工业化和城市化提供了制度基础和法律保障，同时，为资产阶级掠夺城乡土地，按照资本的样子形塑住宅空间提供了便利。资产阶级对于土地资源的掠夺除了暴力手段就是欺诈，甚至法律都变成了掠夺人民土地的工具。由于土地的商品化、资本化，导致资产阶级对土地资源的垄断性占有，土地所有权、住宅所有权逐步集中在大资本家手里。由此，他们也就决定着住宅资源的分配权。其结果，住宅公平只能是泡影，住宅短缺的主体只能落在贫苦的工人阶级身上。

（三）解决"住宅短缺"问题必须推翻资本主义制度

由于资产阶级土地所有权的垄断，他们在城市改造中得到了充分赔偿，而一无所有的工人却被抛弃街头。住宅短缺是资本主义社会的存在方式，"是资产阶级社会形式的必然产物"②。当然，住宅短缺的主要是被剥削被压迫的工人阶级。住宅短缺是贫富分化的空间表征，是资本逻辑的空间呈现。恩格斯连续使用了六个"在这种社会中"，强调在资本主义制度框架内解决"住宅短缺"问题是不可能的，因为这种城市空间形态是资本旋风席卷的结果。"在这种社会中"，靠工资生活的劳动者，他们只能挣得维系生命和延续后代必备的生活资料，失业大军的存在使他们的工资收入时常受到威胁，乡村人口向城市的涌入要比修造住宅的速度快得多。对此，蒲鲁东主义者哀叹，"人们的家园，正在被社会旋涡卷走……原始人有自己的洞穴……现代无产者实际上却悬在空中"③。然而，这种悲天悯人是无济于事的。资本主义生产方式是住宅短缺的根本原因。从生产力的致因看，是由于"城市化、工业化的发展和发展不足而导致的城乡对立"；从生产关系的致因看，是由于"资本家追逐利润、维护其生产方式"。④

"住宅短缺"现象是城乡差别、贫富差别的表现，这一问题得不到很好的解决，必然带来严重后果。恩格斯在《论住宅问题》中对此进行

① 《马克思恩格斯文集》（第5卷），北京：人民出版社2009年版，第757页。

② 《马克思恩格斯文集》（第3卷），北京：人民出版社2009年版，第275页。

③ 《马克思恩格斯文集》（第3卷），北京：人民出版社2009年版，第256页。

④ 胡治艳：《重读〈论住宅问题〉——恩格斯的住房观及其启示》，载《马克思主义研究》，2011年第9期，第80页。

了深刻分析。机器大工业消灭了农村家庭工业和工场手工业，其结果造成千百万农民丧失生计。机器大工业是一场牺牲农民而惠泽大资本大地产的革命。如果这样的革命在旧的社会条件下完成，一旦德国工人首先发动革命，那么，破产的农民子弟就会为“光荣战斗军”给予援助。恩格斯认为，要实现“给每个工人一幢归他所有的小屋子”的空想，“就是把一切农村房主变成工业的家庭工人，结束那些被卷入‘社会旋涡’的小农的旧日的闭塞状态以及由此产生的政治上的无所作为状况，就是使工业革命推广到农业地区，从而把居民中最不安定的、最保守的阶级变成革命的温床，而这一切的结果，就是从事家庭工业的农民被机器剥夺，被机器强制地推上起义的道路。”① 在现代国家社会转型过程中，“住宅短缺”是在所难免的。那些失去土地和谋生手段的农民涌入城市后，应当避免他们被推上起义道路，从而变成“光荣战斗军”。恩格斯提出的解决方案是消灭城乡对立、消灭资本主义制度。资产阶级则通过城乡对立的空间转移，在缓和国内阶级矛盾的同时，却加剧了国家民族之间的冲突。

现代大工业把被束缚在土地上的劳动者变成了一无所有、真正摆脱一切枷锁的无产者，因此，只有无产阶级才能担当起推翻资本主义制度的使命。在资本主义条件下，城市住宅空间结构恰恰是社会制度的本质呈现，是人类栖居空间的社会性表征。要解决“住宅短缺”问题，必须推翻资本主义制度。恩格斯认为，在大城市中，只要合理分配和使用住宅，马上就能够解决短缺问题。为此，必须通过无产阶级革命，凭借无产阶级的国家政权，剥夺剥夺者的住房，并进行合理的分配与使用。恩格斯说：“现代的国家不能够也不愿意消除住房灾难。”② 因为“现代的国家”代表的是大地主和大资本家的利益，是他们用来镇压工人和农民有组织反抗的总权力。

总之，社会的空间化厝置是物质生产、社会生活、政治生活、精神生活等在空间的物化定形。社会的空间规定性表现为社会主体在空间栖居方面的对象化凝固。“人化自然空间”是人类理智地、现实地自我复现。空间的占有方式体现的是社会权益的分割、掌控和享用。空间的支配权表现为对空间生产活动和空间组织建构的决定权，表现为对他们本

---

① 《马克思恩格斯文集》（第3卷），北京：人民出版社2009年版，第249页。

② 《马克思恩格斯文集》（第3卷），北京：人民出版社2009年版，第299页。

人和他人占用空间的方式行使控制权。社会利益关系的分析更是马克思解剖资本空间的切入点。空间占有格局是社会的利益分割、权力结构和阶级对立的空间展示。空间是人类物质生产形塑的结果。空间筑造是人类社会空间生产的集中表现。每一个社会历史时代的人都必须以既有的空间筑造形态为前提开始他们的历史创造活动，同时，他们又会以自己的方式，把生活形态、社会结构、政治体制、主体个性等对象化于空间产品中。作为社会生活的物化表征，空间筑造全程录制着社会发展、社会变迁的轨迹。空间是人类生产实践对象化的确证，作为人的无机身体表征主体的社会本质，展现人的生存发展空间样态。住宅是人类的主要栖居场所。城市经济的蓬勃发展和城市空间的日新月异，造成了反差巨大的城市住宅景象。城市空间栖居方式的贫富分化表征着资本剥削劳动的制度性质。破解住宅问题的根本方法就是废除资本主义制度。

第三章　马克思的空间生产理论

马克思恩格斯以科学实践观为指导，揭示了空间的社会本质，并把它应用于经济学研究，对资本主义空间生产进行了全面系统的“人体解剖”。马克思深入剖析了资本主义生产方式形成、转型与扩张过程中空间诉求的实现，“揭示了时间—空间辩证法到空间—时间辩证法的转变。”①资本主义生产方式的崛起经历了“空间规划”扬弃“时间规划”的过程，开辟了空间生产的新纪元。倘若把前资本主义时代的生产方式理解为主要依靠劳动时间累加集聚财富的“时间生产方式”，那么，资本主义生产方式就可以理解为依靠劳动空间并置集聚财富的“空间生产方式”。因为，在资本主义生产中，空间之于时间成为更加重要、优先考虑的因素。马克思的《资本论》揭示了资本主义商品生产、商品流通的时空辩证法。目前，学界的诸多研究更加突出商品流通对于资本主义“空间生产方式”的重要性，对马克思商品生产的空间特性缺乏足够重视，以至于一谈到“空间生产”，便把功劳记在列斐伏尔身上。马克思对资本主义商品生产环节的分析是资本批判的起点，商品生产的前提“一是存在社会分工，二是产品或劳动成果归不同的所有者所有，他们要互相得到对方的产品，就只能通过等价交换形式来进行”②。这种以交换为根本目的的商品生产规定了空间生产的本质。

第一节　空间生产、空间生产力和空间生产关系

空间的社会性是对空间进行政治经济分析的逻辑起点，空间的社会

① 孙乐强：《〈资本论〉与马克思的空间理论》，载《现代哲学》，2013 年第 5 期，第 6 页。

② 孙尚清：《社会主义市场经济十万个为什么》（市场流通分册），北京：光明日报出版社 1993 年版，第 52 页。

性只有立足实践活动才能得到正确的理解。马克思深刻揭示了空间的社会本质以及空间的生产性内涵。在马克思的启发下，列斐伏尔提出并区别了“空间中的生产”和“空间本身的生产”，他立足生产来把握空间的社会性质，对空间生产进行了系统的阐述。列斐伏尔从空间的社会性出发，分析研究了空间的多种类型，如历史空间、生活空间、自然空间、国家空间等，每一空间类型都具有特定的社会内涵。空间在社会事务中不是中立的，自始至终表现一定的社会内容，空间资源争夺常常成为社会矛盾的焦点。在马克思看来，机器生产是新生产力的标志，资本主义生产方式在机器大工业的呼唤下应运而生，机器替代手工工具、工厂制取代手工作坊，这种生产力的革命性变革，要求生产要素在城市空间集中。马克思把乡村城市化看作为资本主义现代性的历史起点。生产要素在城市空间的重组，本质上是资本主义生产方式对“人化自然空间”和“社会关系空间”的社会化重构。在资本主义生产方式条件下，资本和劳动的空间关系表现为剥削与被剥削、压迫与被压迫的关系，劳动者从封建社会的空间剥削和压迫中解放出来，又被抛入资本空间剥削、空间压迫的无底深渊。

一、广义和狭义的空间生产

空间生产是空间和生产的复合范畴，时间生产是时间和生产的复合范畴。空间生产和时间生产是对物质生活资料生产和再生产过程的描述。脱离物质生活资料生产和再生产的空间生产或时间生产必将背离马克思主义的立场、观点和方法。空间生产是指“生产出具有使用价值的空间产品”，以及生产出它所“掩盖下的人与人之间的具体的社会关系”。①从实质上看，空间生产就是通过人类的物质生产活动实现社会空间的重构，就是把“自在自然空间”转化为“人化自然空间”和“社会关系空间”的过程，就是在人类创造的现实世界中复现自身、直观自身和发展自身的过程。空间生产概念不仅突出物质产品的空间属性和意义，而且突出物质生产对“人化自然空间”和“社会关系空间”的重构。从“人化自然空间”看，人类通过空间生产实现人与自然之间的物质变换，创造出新的空间形式和空间产品来维持自身的生存与发展，由此，空间生

① 孙江：《“空间生产”——从马克思到当代》，北京：人民出版社2008年版，第12页。

产成为人类生存发展的基础。从“社会关系空间”看，空间争夺成为人类生存竞争的主要目标。

（一）广义的空间生产

从广义上说，空间生产就是自然的人化和人的自然化相统一的过程。人类物质生活资料的生产过程就是“自在自然空间”转化为“人化自然空间”的过程，就是空间生产过程或自在空间向属人空间的转化过程。地理—物理特性是属人空间与自在空间共同的物质基础，社会—经济特征是属人空间与自在空间不同的实践基础。自在空间是自然生成的，属人空间是在人类社会产生过程中形成的。从纵向看，属人空间是人类历史的产物；从横向看，属人空间是物质生产活动对象化的产物。空间生产越发展，生产活动的空间领域、范围越广阔，属人空间也就日益摆脱自在状态、日益切合人类生存发展需要。一部人类发展史就是一部空间生产的发展史。

马克思从实践唯物主义出发，一方面，从哲学角度阐明了“自在自然空间”向“人化自然空间”历史生成的实践辩证法，另一方面，从经济学角度阐明了“人化自然空间”与“社会关系空间”的逻辑同构、现实内容和社会性质，完成了广义空间生产的哲学—经济学建构。在《德意志意识形态》中，马克思恩格斯把生产和交往理解为“人化自然空间”和“社会关系空间”的基础。把“人化自然空间”和“社会关系空间”的发展史理解为生产和交往的交互作用过程，同时，把生产置于比交往更加基础的地位，强调生产“是整个现存的感性世界的基础”①，强调把“人化自然空间”和“社会关系空间”当做人的感性实践活动去理解，强调“外部自然界的优先地位仍然会保持着”②。那么，如何理解“自在自然空间”的优先地位与“人化自然空间”实践生成的基础地位呢？马克思恩格斯认为，两者统一的基础只能是人类的物质生产，“自在自然空间”的优先地位是必要条件，没有“自在自然空间”，人类的空间生产便无法进行。其一，“自在自然空间”的优先地位，只有在空间生产基础上产生人与自然区别的时候才有意义。因为与人类空间生产毫无关涉的“自在自然空间”是没有意义的。当马克思强调，人首先是自

---

① 《马克思恩格斯文集》（第1卷），北京：人民出版社2009年版，第529页。
② 《马克思恩格斯文集》（第1卷），北京：人民出版社2009年版，第529页。

然存在物，是自然界一部分的时候，就已经包含了自然之于人类的先在性和客观性。但是，这种先在的、客观的自然只有经过空间生产的中介才会成为人类生活于其中的“人化自然空间”，对于人类而言才是一个意义世界。其二，“自在自然空间”的优先地位是相对于空间生产的主体而言的，外部自然界是人类从事空间生产的物质前提。任何时候，作为空间生产主体的人都“不能摆脱自然界对其生命活动的预先规定性”①。因为，人一方面“是能动的自然存在物”，另一方面“是受动的、受制约的和受限制的存在物”。② 其三，“自在自然空间”的优先地位表现为“前人留下的对自然实践改造的成果，将成为后继人类历史活动前提而发生预设作用”③。“自在自然空间”的优先地位主要是指物质世界的自在性、物质系统的结构性、人与自然关系的物质基元性、人类生命活动的物质条件性。“人化自然空间”实践生成的基础地位是指“人化自然空间”的为我性、功能性，生成和维系人与自然之对象性关系的配置和形塑作用，以及凭借主体生命本质力量的能动性和打开客体物质世界的多种潜能。马克思恩格斯从空间生产视角对人与自然和人与人关系的解读，使其超越了旧唯物主义，创立了实践唯物主义。“人化自然空间”和“社会关系空间”不仅是客观的，而且是空间生产对象化的结果和确证。

（二）狭义的空间生产

空间生产属于物质生产，但是又和一般的物质生产不同。一般的物质生产，肯定会生产出一定的空间结构、空间形式和空间产品，但是它的使用价值主要不是体现在物质产品的空间属性或空间形式方面，而是体现在其他属性和功能方面。空间生产则是人们“创造符合自身生存和发展需要的空间产品的活动过程”④。在空间生产过程中，物质产品的空间属性、空间形式和空间关系变成了生产的主要目标和使用的主要指向。由此可见，狭义的空间生产是物质生产的一种特殊方式，它突出了物质生产的结果，即空间产品的属性和价值，以及空间产品的属性和价值对

---

① 胡潇：《空间的“生产性”解读——马克思恩格斯空间理论多维释义之一》，载《哲学动态》，2012 年第 9 期，第 17 页。

② 《马克思恩格斯文集》（第 1 卷），北京：人民出版社 2009 年版，第 209 页。

③ 胡潇：《空间的“生产性”解读——马克思恩格斯空间理论多维释义之一》，载《哲学动态》，2012 年第 9 期，第 17 页。

④ 庄友刚：《何谓空间生产？——关于空间生产问题的历史唯物主义分析》，载《南京社会科学》，2012 年第 5 期，第 38 页。

于人类生产生活的重大影响。空间是物质的存在方式，物质生产的过程首先表现为对人与自然关系的改造，同时，生产出物质产品。物质产品作为一种空间形式，表征着人与自然和人与人的空间结构关系。这一由人的生产活动创造出来的空间产品并不直接具有社会性，当它承载一定的社会关系时，它便具有了社会性，即以物为中介的人与人的空间结构关系。空间生产与一般物质生产的不同在于其产品空间形式和空间关系的占有和利用成为生产过程主要的或首要的旨趣。空间生产是在一定社会历史条件下进行的，因而具有典型的社会历史特征。基于空间生产的社会空间包括“人化自然空间”和“社会关系空间”。“社会关系空间”以“人化自然空间”为物质基础或物质载体，二者大体一致，但又不能把二者等同。空间生产包括“人化自然空间”和“社会关系空间”的生产。从空间的自然性与社会性的统一立场出发，空间生产直接表现为空间产品的创造过程，也直接表现为“社会关系空间”的形塑过程。

生产是一个总体性范畴，它通过生产活动和生产产品，或者用术语说是通过商品生产、流通、交换、消费等环节与城市的日常生活空间复杂地纠缠在一起。对于空间生产所创造的现实空间必须给予总体性的综合研究。马克思虽然承认并探讨了空间生产问题，但并不是在物质生产的叙事逻辑之外另起炉灶。空间生产的叙事逻辑绝不能独立于或游离于物质生产的叙事逻辑，而应当把它理解为内在于或从属于物质生产的叙事逻辑。空间生产本身就是物质生产，并且直接体现为物质生活资料的生产性重构或重置。空间生产所形塑的空间产品直接表现为物质产品，而不是纯粹抽象的空间形式。撇开物质生产抽象地谈论空间生产必然滑向唯心主义，进而背离唯物史观的理论立场。那么，既然空间生产首先是物质生产，为什么还要提出空间生产概念呢？在西方哲学社会科学的“空间转向”中，列斐伏尔等提出并阐发的“空间生产”概念，是对过去物质生产的叙事逻辑中重时间向度、轻空间向度的一种矫正，但也存在着一种矫枉过正的倾向。列斐伏尔重谈空间生产、轻谈物质生产，或者说把空间生产看作是与物质生产截然不同的生产，因此，存在着用空间生产叙事取代物质生产叙事的趋向。大卫·哈维看到：“马克思……在考虑时间、历史与空间、地理的问题时，总是优先考虑前者。”① 随着空

① David Harvey, *The Geopolitics of Capitalism*, *In Gregory and Urry* (*eds.*), *Social Relations and Spatial Structures*, London: Macmillan, 1985, p. 143.

间问题的凸显，昔日把空间“当作是僵死的、刻板的、非辩证的和静止的东西”① 的思维方式已经不能适应时代需要了。深入挖掘马克思经典文献中的空间理论，在破解当代社会空间问题中丰富和发展唯物史观，是回应西方哲学社会科学“空间转向”的需要。

二、空间生产力

按照2002年上海立信会计出版社出版的《生产力经济学辞典（新编)》中的解释，“空间生产力指人类开发利用空间的能力和力量。”② 这一概念是中国生产力经济学研究会理事、河北省财经学院经济研究所卢嘉瑞教授首先提出的。1992—1995年，卢嘉瑞教授先后发表了6篇论文，比较全面系统地阐述了“空间生产力”的本质、分类、特性、系统及发展规律，具体包括“试论空间生产力”（《生产力研究》，1992年第4期)、“论空间生产力”（《吉林大学社会科学学报》，1993年第2期)、“空间生产力的特殊性”（《学术论坛》，1993年第6期)、“论论空间生产的分类”（《生产力研究》，1993年Z1期)、“论空间生产力系统”（《学术论坛》，1994年第5期)、“空间生产发展的客观规律”（《生产力研究》，1995年第2期)。卢嘉瑞教授认为，“空间生产力”是“人类征服空间、利用空间的能力”③。发展空间生产力旨在拓展人类生存发展的空间。空间资源的开发利用是空间生产力的表现方式，最大限度和最合理的开发利用空间资源是空间生产力发展的追求。

（一）空间生产力的内涵

“空间生产力”是由“空间”和“生产力”构成的复合概念。把握“空间生产力”不仅要把握“生产力”概念，而且更要把握“空间”概念。“空间”是指社会空间，是指社会运动的广延性、伸张性。卢嘉瑞教授概括了“空间”的五个特征，即无限性、与运动着的物质的不可分割性、物质性、永恒性、系统性。空间资源包括空间物质资源、广度资源和布局资源。空间物质资源是指大气层中光能、风能等物质资源、太

---

① M. Foucault, *Questions on Geography*, *In C. Gordon (ed.)*, *Power/Knowledge: Selected Interviews and Other Writings 1972－1977*, New York: Pantheon, 1980, p. 70.

② 张志诚等:《生产力经济学辞典（新编)》，上海：立信会计出版社2002年版，第55页。

③ 卢嘉瑞:《试论空间生产力》，载《生产力研究》，1992年第4期，第43页。

阳系乃至银河系等星球上的物质资源。合理开发和有效利用空间物质资源对于缓解资源危机、消除环境污染等具有重大意义。空间广度资源是指有效的空间广度——陆地表面或海洋表面可以有效开发利用的空间领域和范围。空间广度资源是由它的广延性决定的，即有效的长、宽、高能够带来巨大的经济社会效益。空间布局资源是指生产要素的空间组合方式形成的资源。从微观看，它是指生产单位内部生产要素的空间分布、组合及其移动、调整；从宏观看，它是指生产单位在一定的地域范围或者全社会范围的分布、组合及其移动、调整。从开发利用陆地资源到开发利用海洋资源，再到开发利用空间资源，这代表了人类科技的进步、社会生产力的发展和人类对梦想的追求。随着对空间资源认识的深化，人类征服和利用空间的积极性日益提高。于是，作为表征人类征服和利用空间能力和力量的“空间生产力”概念便被提了出来。卢嘉瑞教授认为，空间是物质运动的广延性。具体包括平面空间、立体空间和宇宙空间三个层次。平面空间是指以地球为依托面向与地球表面横向上的延伸，立体空间是指以地球为依托面向与地球表面纵向上的延伸。空间生产力就是“人类征服空间、利用空间的能力”①。它以最合理最有效的开发利用空间为旨归。其实，这种“空间生产力”概念不过是对原有“生产力”概念的一种套用。过去，“生产力”被解释为人类征服和改造自然的能力。这样的“生产力”概念带有明显的“人类中心主义”倾向，导致了对保护自然的忽视。马克思在对空间的本质及其特征的阐释中，重心在于空间的实践性和社会性，因此，空间生产力主要是指在实践基础上创新发展“人化自然空间”和“社会关系空间”的能力。空间生产力就是生产和再生产空间关系、空间产品的能力，或是说，空间生产力就是人类处理与协调空间关系的能力。这种对“空间生产力”的解释充分考虑了对“人类中心主义”的扬弃。

空间生产力、物质生产力和精神生产力既相联系，又相区别。物质生产力是空间生产力的客体基础，空间生产力是物质生产力的向度特征，是物质生产力在平面空间、立体空间和宇宙空间的拓展；精神生产力是空间生产力的动力机制，精神生产力的发展结果如空间科技的应用需要借助空间生产力得以现实化。空间生产力是精神生产力发展的依托，为

---

① 卢嘉瑞：《试论空间生产力》，载《生产力研究》，1992 年第 4 期，第 43 页。

精神生产力的发展提供新方向、新目标。物质生产力表现为生产物质产品的能力，精神生产力表现为生产精神产品的能力，空间生产力表现为生产空间产品的能力。但是，空间本身不能直接成为生产对象，它不能脱离物质生产而独立存在，因为没有脱离劳动产品、物质产品的空间产品。空间产品是具有鲜明空间特征的劳动产品、物质产品。空间生产不能生产出独立的空间产品，或者说，空间产品是直接性和间接性的统一。物质空间征服利用的深度和广度、有效性和合理性标志着空间生产力的发展水平。

（二）空间生产力的特性

空间是人类物质生产劳动的存在方式和必备条件。人类的生产劳动是自然物质变换和社会物质变换的统一，是形塑人与自然、人与人关系的物质力量。资本主义私有制的发展，实现了劳动对于资本的完全臣服，导致劳动异化，这表现为人与自然和人与人关系的对立。这种对立体现在空间筑造、阶级分化等许多方面。空间生产力是物质生产力在人类征服和利用空间中的体现，是物质生产力的特殊表现形式。当人类社会物质生产力发展到一定阶段，生产力诸要素在空间上的组合形式及布局状况不同，便会产生不同的经济效果，由此产生了生产力空间布局理论。空间生产力与一般意义上的物质生产力相比较，有着自身的特殊性：一是三维性。现实的空间是三维的，现实的空间生产力也是三维的。空间生产力在对象性要素、工具性要素和主体性要素方面都具有三维性。劳动力、劳动工具和劳动对象的空间组合突破了平面空间，日益向立体空间和宇宙空间发展。从空间生产力的对象性要素看，它可以存在于地球的表面空间、表面之上和地下空间。从空间生产力的工具性要素看，它可以延伸到空间生产的任何区位和消费对象。从空间生产力的主体性要素看，劳动者作为空间生产力的主体，其活动范围包括地下空间、地表空间和地上空间。正所谓“可上九天揽月，可下五洋捉鳖”。二是二重性。空间生产力作用的对象具有二重性，即物质性和向度性。空间资源不仅包含着物质性，而且包含着向度性，它们构成空间生产力对象的二重性。物质性主要是指空间物质资源，向度性主要是指空间广度资源和空间布局资源。恩格斯指出，空间的向度是指它的三维性，即“向前或向后，向上或向下，向左或向右”①。马克思也曾说：“如果再把这个空

① 《马克思恩格斯文集》（第9卷），北京：人民出版社2009年版，第53页。

间的向度抽去，最后我们就只有纯粹的量这个逻辑范畴了，这用得着奇怪吗?”① 三是系统性。空间生产力是一个多要素、多层次的有机系统。一方面，空间生产力的多个要素相互联系、相互结合、共同运作，形成系统整体合力，其中一个因素变化会引起另一个因素的变化；另一方面，空间生产力诸要素生成时间不同，但要形成空间生产力必须相互结合、同时运作。空间生产力各因素的结合和共同作用是共时性的。空间生产力各因素的分布是有层次的。多层次紧密结合，形成多层次的空间生产力。按照空间形式划分，空间生产力可以分为平面的、立体的和宇宙的；按照构成要素划分，空间生产力是一个大系统，其中包含多个子系统。四是物质性与精神性。从空间生产力的构成看，既包含着物质性要素，又包含着精神性要素，如空间科学技术便是其中的精神性要素。从空间生产的产品看，既有物质产品，又有精神产品。五是社会性。空间生产力既具有自然属性，又具有社会属性，它的自然属性归于自然科学的研究范围，它的社会属性表现为生产的社会化结合在更大的空间范围拓展。空间生产力是空间要素的社会性结合所产生的巨大力量。空间生产力具有社会性。空间生产力与社会化大生产紧密相联，社会化大生产带来了人与自然和人与人关系的多样化。无论何时何地人类的物质生产活动都是社会性的生产活动。空间生产力是人类创新发展“人化自然空间”和“社会关系空间”的结果和确证。

(三) 空间生产力的系统构成

宇宙是一个由无数物种构成的相互联系、永恒运动的系统。恩格斯说：“宇宙是一个体系，是各种物体相联系的总体”②。宇宙由于人类生产生活的干预才真正成为现实的空间。空间是人类生产生活不可分离的现实。“空间生产力是人类和空间的关系的反映。”③ 空间生产力具有整体性、系统性，它直接决定着现实自然和现实社会的整体性和系统性。空间生产力的整体性、系统性表明，它的各种构成要素必须在同一时间相互结合和运作。空间生产力不是抽象的，但是，只有它的构成要素实际地结合在一起时才能够表现出现实性。构成空间生产力的要素包括劳动者、劳动工具、劳动对象、能源、交通、管理、附属设施等。空间生

---

① 《马克思恩格斯选集》(第1卷)，北京：人民出版社2012年版，第219页。
② 《马克思恩格斯文集》(第9卷)，北京：人民出版社2009年版，第514页。
③ 卢嘉瑞：《论空间生产力系统》，载《学术论坛》，1994年第5期，第8页。

产力的整体性、系统性表明，它是运用空间物质资源（劳动者、劳动资料和劳动对象等）、空间广度资源（动力能源、交通运输和附属设施等）和空间布局资源（教育科技、分工协作、信息管理等）进行的生产活动。空间物质资源是空间生产力的基本要素，是空间生产得以现实化的必备要素。空间广度资源是空间生产的“循环系统”，其中的动力能源如同空间生产力系统的“血液”，交通运输如同空间生产力系统的“脉络”和“血管”。交通运输重在使劳动者和劳动对象实现空间位置的移动。交通运输是空间生产的支柱，没有交通运输的支撑便不会有空间生产。附属设施主要是服务于空间生产的运载工具的发射场地及设施和仓库。空间布局资源是空间生产的“软件系统”，作为非实体性要素，它直接或间接地作用于劳动者、劳动工具和劳动对象，它能够使生产单位、岗位间保持协同状态，提高整体效益。

空间生产力是具有自身特点的复杂系统。空间生产力系统有五个特点：一是多层次性。从空间形式角度看，可以分为“平面空间生产力、立体空间生产力和宇宙空间生产力”；从构成要素角度看，空间生产力是一个大系统，包含若干子系统。二是梯级性。空间生产力是空间科学技术发展的结果，对于空间科学技术有着根本的依赖性。三是均衡性和比例性。均衡性是指为确保空间生产力高效、安全运作要求其构成要素质量的协调一致。比例性是指空间生产力构成要素之间要保持一定比例。四是整体性。空间生产力是自然的、科技的、教育的、管理的多种复杂要素有机结合而形成的统一整体。整体性要求多种要素缺一不可、有机结合，这样才能转化为现实的生产力。五是流动性。流动性是指朝着一定方向动态发展。从总体流动趋势看，是平面空间生产力朝着立体空间生产力以及宇宙空间生产力的流动。①

空间生产力的发展日益表明，空间科学技术已经成为第一空间生产力。空间科学领域和空间活动领域的竞争将成为国际竞争的重要内容。要推动空间生产力的发展必须大力普及科学技术教育，让劳动者掌握现代空间科学技术。马克思指出：“为改变一般的人的本性，使它获得一定劳动部门的技能和技巧，成为发达的和专门的劳动力，就要有一定的教育或训练”②。发展空间生产力是现代社会长足发展的必然选择，为此，

① 卢嘉瑞：《论空间生产力系统》，载《学术论坛》，1994年第5期，第9—10页。

② 《马克思恩格斯全集》（第42卷），北京：人民出版社2016年版，第161页。

必须坚持自主创新与国际合作相结合。空间生产的社会化和国际化表明，发展空间生产力是世界各国共同的事业。空间事业难度最大、风险最多，因此必须集多国的人力、物力、财力，才能形成强大的攻坚克难力量。

三、空间生产关系

生产的社会联系不仅构造空间，而且随着空间生产的发展而变化莫测。它所形塑的“社会关系空间”彰显着空间的本质内涵。空间生产既是物质生产活动，又是空间形塑活动，空间生产的结果必然呈现出社会空间的外观，包括“人化自然空间”和“社会关系空间”。社会的空间形态是由空间生产关系所决定的，烙印着空间生产关系的痕迹。空间生产关系是空间生产过程中所形成的人与人的关系，是空间生产过程中的社会性、生产性和空间性的体现。空间生产关系包含三重内涵：一是空间生产关系具有“关系”本质，这是空间生产的社会性体现。空间生产不仅以一定的社会“关系”为前提条件，而且也是一定的社会“关系”的生产和再生产。二是空间生产关系具有“生产”本质，这是空间生产的生产性体现。空间生产关系由空间生产力所决定，体现在空间生产过程和空间生产结果之中。三是空间生产关系具有“空间”本质，这是空间生产的空间性体现。空间生产关系是指空间成为生产过程中人与人之间关系的中介。

（一）空间生产关系的“关系”本质

空间生产关系是人们在空间物质生活资料生产过程中结成的社会经济关系。空间生产关系贯穿于空间生产和再生产的整个过程之中，渗透于空间生产、分配、流通、消费诸环节。把握空间生产力和空间生产关系的辩证统一，必须立足空间生产过程。空间生产力是生产各种各样空间产品的能力。空间生产力可以分为物质性、聚合性和配置性三种层次。物质性层次“是人类把物质空间资源以劳动产品的形式变成社会财富的能力。”聚合性层次“是工业社会中各种生产要素的空间集聚而形成的空间生产力。”配置性层次“是各种生产要素有目的、有计划地进行空间配置所塑造的空间生产力。”① 空间生产关系一定要适应空间生产力的

① 孙江：《马克思的空间生产思想及其当代意义研究》，苏州：苏州大学出版社 2019 年版，第 14 页。

发展要求。空间生产关系以土地占有关系为基础，以财产关系为轴心。空间生产关系的性质由空间物质生产资料所有制所决定。空间物质生产资料所有制决定着人们在空间生产中的地位和作用，决定着空间产品的分配方式和消费方式。空间生产关系是空间生产过程中形成的人的社会关系。空间生产关系总是在它的可能性空间范围依从于空间生产力的发展。所谓的“可能性空间”，是“具有现实可能性的生产关系的集合”①。任何空间生产关系只要它能够促进空间生产力的发展，它便有可能被空间生产力接纳，并且成为空间生产力发展的社会形式。新的空间生产关系的建构能够为空间生产力的发展开辟广阔的道路。

空间生产过程总是基于一定的空间生产力和空间生产关系。资本主义商品生产经历了时间生产向空间生产的跨越，时间生产和空间生产都是物质生产的特殊形式。资本主义空间生产的实质是资本和劳动之空间“关系”的生产。马克思指出：“社会生产过程既是人类生活的物质生存条件的生产过程，又是一个在特殊的、历史的和经济的生产关系中进行的过程，是生产和再生产着这些生产关系本身，因而生产和再生产着这个过程的承担者、他们的物质生存条件和他们的互相关系即他们的一定的经济的社会形式的过程。”② 一定历史时代人类的自然关系和社会关系是物质生产借以展开的社会前提和业已展开的社会结果。物质生产是参与生产过程的客体要素和主体要素的生产，是人的自然关系和社会关系的生产。资本主义的商品生产是物质产品的生产，更是交换价值的生产；是空间产品的生产，更是空间关系的生产。资本主义空间生产的本质是资本剥削劳动关系的生产，是资本家压迫工人关系的生产。与前资本主义时代的时间生产方式相比，资本主义的空间生产方式更“有利于生产力的发展，有利于社会关系的发展，有利于更高级的新形态的各种要素的创造”③。在空间生产的不同发展阶段，会生产不同的空间生产“关系”。在一定的历史条件下，适应最先进生产力的生产关系终将取得支配地位、发挥主导作用，它将变成“普照的光”，它的关系“决定其他一

① 高惠珠：《生产力决定生产关系可能性空间》，载《哲学动态》，1988 年第 8 期，第 6 页。

② 《马克思恩格斯文集》（第 7 卷），北京：人民出版社 2009 年版，第 927 页。

③ 《马克思恩格斯文集》（第 7 卷），北京：人民出版社 2009 年版，第 927—928 页。

切关系的地位和影响”①。马克思认为，在史前社会，物质生产力水平低下，基于人类自身生产的血缘亲属关系成为“普照的光”；在物质生产不断发展的基础上，从对偶婚开始，基于人类物质生产的财产关系取代血缘亲属关系成为“普照的光”；在未来的共产主义社会，一种新型的社会关系将成为“普照的光”，这就是“每个人的自由发展是一切人的自由发展的条件”②。

（二）空间生产关系的“生产”本质

空间生产关系不仅具有“关系”本质，而且具有“生产”本质。把握基于生产关系的社会关系的丰富发展是正确理解人类全面生产的重要方面。社会关系是人类一切活动的基本前提和有力保证。生产关系是社会关系的基础。空间生产的发展必然表现为空间生产关系的重构。在资本统治下，当人们把目光聚集于物质财富生产和物质财富追求的时候，马克思却看到在物质世界背后还有一个真正人的世界，把眼光投向了人与人之间社会关系的生产和再生产，并把它作为《资本论》的研究主题。马克思在对资本主义商品生产进行解剖过程中，阐述了资本主义商品生产表现为资本关系的空间表达和空间扩张。资本主义商品生产过程和价值增殖过程的结果，首先表现为“资本家和工人的关系本身的再生产和新生产”③。资本剥削劳动关系的生产比生产过程的物质结果更为重要，因为它反映了资本主义商品生产的本质规定。工人不仅生产自身劳动能力，而且生产与自身对立的资本，资本家不仅生产资本，而且生产与自身对立的活劳动能力。“资本家生产的劳动是他人的劳动；劳动生产的产品是他人的产品。”④ 在生产中，劳动与资本不可分割地纠缠在一起。工人和资本家之间本质上是一种相互生产和再生产的关系。对于剩余价值生产来说，资本和劳动之间这种剥削和压迫关系的生产和再生产比商品生产本身更重要。资本主义空间生产既生产空间产品，又生产空间关系，在这里，空间关系的生产之所以比空间产品生产更重要，是因为它更能反映“生产”的社会性质，空间关系的生产决定着资本主义的社会形式。马克思看到，劳动力是具有社会本质的人，只有在资本主义

---

① 《马克思恩格斯文集》（第8卷），北京：人民出版社2009年版，第31页。
② 《马克思恩格斯文集》（第2卷），北京：人民出版社2009年版，第53页。
③ 《马克思恩格斯文集》（第8卷），北京：人民出版社2009年版，第107页。
④ 《马克思恩格斯文集》（第8卷），北京：人民出版社2009年版，第107页。

生产关系条件下他才成为雇佣工人。纺纱机作为纺棉花的机器本身是一种自然力的表现，但在资本主义生产关系下“它才成为资本”①。在现实社会，社会成员的“奴隶”或“市民”身份，取决于社会关系。在《资本论》中，马克思进一步指出，资本主义“不仅生产剩余价值，而且还生产和再生产资本关系本身”②。资本主义的生产本质上是资本家凭借生产资料的独占剥削雇佣工人剩余劳动。人与动物的本质区别在于“生产”，人的社会本质源自于“生产”。通过劳动而实现的生命生产表现为人的自然关系和社会关系的生产。空间生产既是人的自然空间关系的生产，又是人与社会空间关系的生产。空间生产是“人化自然空间”和“社会关系空间”生成发展的基础。

沿着马克思空间生产力形塑空间生产关系、空间生产建构“人化自然空间”和“社会关系空间”的致思理路，罗莎·卢森堡提出了“世界体系论”，他在“世界体系论”的奠基之作《资本积累论》中，提出了“世界体系”概念。他认为，世界体系是指“一种不能为自己提供存在条件的经济形态”，“资本主义自己是不能单独存在的经济形态，是一种世界体系。”③ 列斐伏尔则由此提出了他的日常生活理论，强调在发达资本主义国家，日常生活已经成为社会关系生产和再生产的重要空间。日常生活空间的发展源自于生产关系的生产和再生产。这种空间生产，能够整合工业与农业、整合城市与乡村，把日常生活空间与资本主义的国家、政治结为一体，变成资本扩张的新领域、新疆界、新空间。资本凭借着它对日常生活空间的殖民，为自己赢得了新的生命周期。

（三）空间生产关系的“空间”本质

马克思在《资本论》第一卷第五章中，概括了“劳动过程的简单要素”，包括“有目的的活动或劳动本身，劳动对象和劳动资料”④。劳动对象和劳动资料又可以合称生产资料。马克思认为，孤立的一个人在社会之外进行生产是不可思议的。现实的生产必然是多个人分工合作的社会生产，必然是劳动者与生产资料的有机结合。

---

① 《马克思恩格斯文集》（第1卷），北京：人民出版社2009年版，第723页。

② 《马克思恩格斯文集》（第5卷），北京：人民出版社2009年版，第666—667页。

③ 陈其人：《卢森堡资本积累理论研究》，上海：东方出版中心2009年版，第163页。

④ 《马克思恩格斯文集》（第5卷），北京：人民出版社2009年版，第208页。

马克思对生产力的分析，包括“要素生产力和协作生产力”① 两个维度。与此关联，马克思对生产关系的分析也包括两个维度：一是所有制关系的维度，也就是在生产过程中生产资料归谁所有，生产资料的所有制性质决定着人们在生产中的地位和相互关系，决定着产品的分配关系。所有制关系直接关涉生产过程的两大基本要素，即劳动力和生产资料及其结合方式，它重在考察“人化自然空间”的生成，直接表现为商品生产和商品流通。马克思从资本（生产资料的所有者）和劳动（劳动者）的利益冲突出发，从“人化自然空间”的生成过程揭示了资本对劳动的剥削和压迫，揭露了资本主义商品生产和商品流通过程中空间生产关系的社会性质。这里，空间生产关系直接表现为资本对劳动的剥削压迫关系。马克思从劳动力和生产资料的空间结合形式角度揭示了五大社会经济形态及其基本制度更替的规律。二是依赖性关系的维度，也就是在生产过程中从交往与合作关系的角度探讨了空间生产关系，这种探讨直接关联“社会关系空间”的建构。马克思指出：“只有在社会中，自然界对人来说才是人与人联系的纽带，才是他为别人的存在和别人为他的存在。”② “人化自然空间”只有置于“社会关系空间”才能理解它的社会性质和意义。马克思恩格斯在《德意志意识形态》中，从分工与合作的视角探讨了空间生产关系。他们认为，“社会关系的含义在这里是指许多个人的共同活动”③。人们的共同活动方式是在一定物质基础上进行的，这里物质基础是人们之间“联系的纽带”。在《1857—1858 年经济学手稿》中，马克思看到，产品和活动转化为交换价值有两个前提：一是“一切固定的依赖关系的解体”；二是“生产者互相间的全面的依赖”。④ 因为，“个人的生产”依赖“一切人的生产”，个人的生活资料依赖“一切人的消费”，其中，既包括物的依赖关系，又包括人的依赖关系。

那么，空间生产关系的“空间”本质究竟是什么呢？空间生产关系中的“空间”关系既包括人的自然关系，又包括人的社会关系。因为，

---

① 程启智、罗飞：《生产力和生产关系的二维理论及其马克思经济学的发展》，载《福建论坛（人文社会科学版）》，2016 年第 3 期，第 12 页。

② 《马克思恩格斯文集》（第 1 卷），北京：人民出版社 2009 年版，第 187 页。

③ 《马克思恩格斯文集》（第 1 卷），北京：人民出版社 2009 年版，第 532—533 页。

④ 《马克思恩格斯文集》（第 8 卷），北京：人民出版社 2009 年版，第 50 页。

“生命的生产”包括自然和社会的双重关系。如果仅仅把空间生产关系理解为“生命的生产”过程中人的社会关系，而把人的自然关系排除在外，就意味着去除了空间生产关系的“生产”本质；如果仅仅把空间生产关系理解为“生命的生产”过程中人的自然关系，而把人的社会关系排除在外，就意味着去除了空间生产关系的“关系”本质。空间生产关系的空间性是指在空间生产过程中，“人化自然空间”表征着生产中人与人的关系，表征着“社会关系空间”，“社会关系空间”必须以“人化自然空间”为基础，“社会关系空间”规定着“人化自然空间”的性质。空间生产关系的空间性是由空间生产力决定的空间资源、空间产品的占有、支配关系，以及在社会空间的地位及其相互关系。“人化自然空间”和“社会关系空间”共同表征空间生产关系的“空间”本质。

总之，列斐伏尔虽然最先提出了“空间生产”概念，但是，空间生产思想的源头却在马克思那里。马克思看到，资本主义城市化和全球化过程是资本主义生产方式对“人化自然空间”和“社会关系空间”的社会化重构，这一过程带有明显的空间生产性质。广义的空间生产是指人类的物质生产对社会空间的重构，是把“自在自然空间”转化为“人化自然空间”和“社会关系空间”的过程，是在人类创造的现实世界中复现自身、直观自身和发展自身的过程。狭义的空间生产突出物质生产的结果，即空间产品的属性和价值，以及空间产品的属性和价值对于人类生产生活的重大影响。空间生产力是指在实践基础上创新发展“人化自然空间”和“社会关系空间”的能力，是生产和再生产空间关系、空间产品的能力，是人类处理与空间关系的能力。空间生产力具有三维性、二重性、系统性、物质性与精神性、社会性。空间生产力作为一个复杂的系统，具有多层次性、梯级性、均衡性和比例性、整体性、流动性。空间生产关系是空间生产过程中所形成的人与人的关系，是空间生产过程中的社会性、生产性和空间性的体现。空间生产关系包含三重内涵：空间生产关系具有“关系”本质、“生产”本质和“空间”本质。

第二节　空间的生产性解读

唯物史观奠立在人与自然的实践关系——生产劳动基础之上，强调人首先是自然存在物，遵循自然而人、而社会、而历史的逻辑进路。马克思恩格斯看到，在前资本主义时代，人与自然的实践和认识关系并没有得以充分展开，“人们对自然界的狭隘的关系”与“他们之间的狭隘的关系”相互制约。① 人的自然关系和社会关系都是“狭隘的”，人类的生产劳动在相对分散和孤立的地理空间进行，不论是“人化自然空间”还是“社会关系空间”都没有充分展开。基于物质生产和交往活动的空间结构、空间关系和空间产品缺乏丰富性和多样性。“自然的历史”和“历史的自然”尽管相一致，但是，“自然的历史”更多地表现为时间问题，“历史的自然”则更多地表现为空间问题。马克思坚决反对把时间和空间、历史和自然对立起来，并且把物质生产理解为历史和自然相统一的基础，理解为时间和空间相统一的载体。历史与自然、时间与空间的辩证统一，在每一时代都随工业或快或慢发展。在生产和交往基础上实现“人化自然空间”和“社会关系空间”具体的历史的统一，是唯物史观的基本立场。马克思在对空间的生产性解读中，揭示了社会历史发展规律。唯物史观包含时间生产和空间生产、生产空间和交往空间的逻辑同构。空间的“生产性”解读是唯物史观当代出场的必然选择。

一、空间的生产性建构

实践主体立场是唯物史观的基本理论立场。实践是人与自然和人与人之间关系的纽带，是我们理解“人化自然空间”和“社会关系空间”的基础。把实践的空间观应用于社会历史领域便形成了马克思的社会空间观。物质生活资料的生产是实现自在自然之优先性、客观性与人化自然之实践性、基础性相统一的基础。人类社会空间形态的发展是基于物质生产的自然史与人类史的统一。自在自然之优先性、客观性只是相对于实践活动与自然物质的差别，只是相对于实践主体的双重本质，即自然力与生命力的统一、自然本质与社会本质的统一，只是相对于后继人类而言把前人改造自然的成果当作历史活动的预设前提。在人类物质生活资料的生产和再生产基础上，人化自然的自为性能够中介天然自然的自在性。实践具有把自在自然转变为人化自然的生产性建构功能。马克思把科学实践观引入社会历史研究，从生产和交往的互动视角把握“人化自然空间”和“社会关系空间”的历史生成，揭示了自然史和人类史

① 《马克思恩格斯文集》（第1卷），北京：人民出版社2009年版，第534页。

的统一性，揭开了“历史之谜”。

（一）物质生产的空间叙事

马克思从主体实践立场出发，强调人与自然和人与人的现实关系是由人类物质生活资料的生产和再生产建构的。按照物质生产的叙事逻辑，马克思分析了“人化自然空间”和“社会关系空间”的形塑，坚持从物质生产出发解释周围感性世界空间形式的现实性。马克思指出：“物质生活的生产方式制约着整个社会生活、政治生活和精神生活的过程。”① 伴随机器大工业而产生的资本主义生产方式带来了人类社会生活、政治生活和精神生活空间的根本变化。从“协作生产”到“工场手工业”，再由“工场手工业”到“现代工厂”，资本主义空间生产方式的形成与发展，为世界市场空间的开拓和形塑提供了持续的强劲动力。在马克思看来，同时雇佣较多的工人，扩大生产规模，生产更多的产品，这是资本主义生产的历史起点。简言之，资本主义生产方式始于生产要素在城市空间的集聚，“机器大工业＋现代工厂制”如同为资本主义空间生产插上了腾飞的翅膀，不仅创造了日益丰富多样的空间产品，而且使人类社会生活的空间样态发生了天翻地覆的变化，它的具体呈现便是城市化运动和全球化浪潮。基于机器大生产的资本主义生产方式，借助人口和生产资料的集聚和重组，极大地提高了劳动生产率，物美价廉的商品成为摧毁小规模协作生产和手工分散劳动的“重炮”。自由竞争的大鱼吃小鱼进一步推动了资本集中，生产过程的集中和流通渠道的整合，使资本主义生产方式日益巩固和强大。资本主义生产方式始于协作生产，协作生产的前提是“人数较多的工人在同一时间、同一空间”的集聚。② 随着协作生产的发展，“共同使用的生产资料的规模会增大”③，它推动了现代工商业城市的迅速发展。恩格斯在《英国工人阶级状况》中描述：“村镇变成小城市，小城市变成大城市……大工厂城市的数量就以惊人的速度增长起来”④。协作生产成为资本主义工商业城市迅速崛起的推动力量。

马克思基于机器大工业、现代工厂制和城市化运动而展开的对社会

---

① 《马克思恩格斯文集》（第 2 卷），北京：人民出版社 2009 年版，第 591 页。

② 《马克思恩格斯全集》（第 44 卷），北京：人民出版社 2001 年版，第 374 页。

③ 《马克思恩格斯文集》（第 5 卷），北京：人民出版社 2009 年版，第 377 页。

④ 《马克思恩格斯文集》（第 1 卷），北京：人民出版社 2009 年版，第 406—407 页。

历史空间重构运动的分析，始终贯穿着物质生产的空间叙事逻辑，但是，在物质生产的空间叙事逻辑之中，内在地包含着“空间生产”的叙事逻辑。机器大工业的发展，对于能源动力、劳动工具、生产材料、交通运输条件等空间要素有着根本性的依赖和重组要求，借助空间扩张、开辟世界市场更是成为制约资本主义扩大再生产的关键。从马克思“用时间消灭空间”“用时间换取空间”的诉求中，我们可以看到，空间条件、空间关系和空间产品日益成为资本主义生产的轴心和目标。产业点的聚集和延展、交通设施和交通工具的改进等空间生产特征，在资本主义生产方式的发展中日益凸显。马克思着重阐述了交通运输条件的改善对人类生产生活空间的巨大影响。他描述道：“随着交通运输工具的变化……新的生产中心兴起了……空间距离在时间上也缩短了……生产地点和销售地点的相对位置随着交通工具的变化而发生变化”①。这里，马克思生动描述了交通运输工具的发展对于人类活动空间的生产和再生产运动的深刻影响。交通运输工具的变革，不仅引发了生产力空间格局的变化，而且带来了人类社会空间结构、空间关系的重构。

（二）“生产”与“人化自然空间”的建构

“实践活动空间”是理解“人化自然空间”和“社会关系空间”的基础。在《德意志意识形态》中，马克思恩格斯把科学实践观引入社会历史领域，抓住了人类最基本的实践活动，即物质生产实践，把人类与外部世界关系的理解置于物质生产基础之上，系统阐述了生产方式的空间叙事逻辑。马克思不仅分析了物质生产的运转机理、时间要素，而且分析了物质生产的地理拓展、空间条件。在实现哲学到经济学的理论转向中，马克思推动了哲学和经济学的互补互促，他提出和阐释的“世界交往”“世界历史”和“世界市场”等范畴，奠定了对空间问题生产性解读的基础。空间生产成为把握资本主义生产方式的重要致思维度。

马克思恩格斯从物质生产的空间叙事出发，论证了人与自然和人与人关系的统一性，揭示了“人化自然空间”和“社会关系空间”是物质生产的结果和确证。马克思恩格斯说：“如果把工业看成人的本质力量的公开的展示，那么自然界的人的本质，或者人的自然的本质，也就可以

---

① 《马克思恩格斯文集》（第6卷），北京：人民出版社2009年版，第277—278页。

理解了"[①]。人与自然在本质上是相互建构的，自然人化和人化自然必须立足工业、立足物质生产才能得到正确的解释。什么是"自然界的人的本质"呢？它是"人化自然空间"呈现出来的对象化的属人性，是成为人的"无机身体"的现实样态，是自然通过物质生产的捶打并且借助自然而展开的人的本质。什么是"人的自然本质"呢？它是人"把自身本质力量外化、物化的那种物性的能动力量和情状"[②]，是人作为自然存在物对于外部自然和自身自然的依赖性。人类的物质生产把人化自然和自然人化统一于"人化自然空间"和"社会关系空间"的创造。这种统一所形构的社会形态"在每一个时代都随着工业或慢或快的发展而不断改变"[③]。马克思恩格斯强调，我们周围的现实感性世界"是工业和社会状况的产物，是历史的产物，是世世代代活动的结果"[④]。马克思恩格斯把人类生存发展空间纳入"生产性"的解读逻辑，揭示了空间关系、空间结构变化的"生产性"致因。因此，只有从物质生产出发才能把握"人化自然空间"和"社会关系空间"的本质。通过对物质生产本质及其规律的揭示，马克思确立了对空间生产性解读的哲学和经济学。

从物质生产出发解释"人化自然空间"是对劳动史观的发挥。马克思一直把劳动作为现实历史的基础，把人类历史理解为生产发展史。马克思说："摆在面前的对象，首先是物质生产。"[⑤] 不认识某一历史时期的工业和生活本身的直接生产方式便无法认识这个历史时期。人与自然对立统一的基础是物质生产。随着物质生产的发展，"人化自然空间"日益丰富和复杂，并且在深度和广度上逐步纳入社会生活。"人化自然空间"作为"社会关系空间"的纽带彰显着物质生产的烙印。在物质生产基础上，人类创造着"自然的历史"和"历史的自然"，创造着自然史和人类史的关系。一方面，物质生产推动着"自在自然空间"向"人化自然空间"的持续转化；另一方面，物质生产形塑着"社会关系空间"。马克思比资产阶级经济学家的高明之处在于不仅看到了资本主义交换价值生产的本质，而且看到了资本主义剥削关系生产的本质。资本主义借

---

① 《马克思恩格斯文集》（第1卷），北京：人民出版社2009年版，第193页。

② 胡潇：《空间的"生产性"解读——马克思恩格斯空间理论多维释义之一》，载《哲学动态》，2012年第9期，第17页。

③ 《马克思恩格斯文集》（第1卷），北京：人民出版社2009年版，第529页。

④ 《马克思恩格斯文集》（第1卷），北京：人民出版社2009年版，第528页。

⑤ 《马克思恩格斯文集》（第8卷），北京：人民出版社2009年版，第5页。

助“人化自然空间”的生产，重构了“社会关系空间”。

（三）“交往”与“社会关系空间”的形塑

“生产”和“交往”是不可分割的，但是，把握“人化自然空间”必须要抓住“生产”概念，把握“社会关系空间”不仅要抓住“生产”概念，更要抓住“交往”概念。“生产”和“交往”在唯物史观中是逻辑同构的。在资本主义机器大工业的推动下，资产阶级世界市场的开辟推动了人类交往方式由地域空间向世界空间的发展。在世界交往基础上形成的世界历史和世界市场赋予“社会关系空间”全新样态，“社会关系空间”具有了鲜明的世界历史性。

“交往”是人类最基本的实践活动之一。马克思恩格斯从“交往”出发，论证了人的本质由社会性生成向世界历史性生成的过程，阐释了资本积累的空间化是“社会关系空间”的本质特征。马克思不仅看到了机器大工业对于生产生活空间的形塑，而且看到了生产力的空间布局、产业的地理分布、日常的生活交往等对于交通运输条件的依赖。交通运输条件的改善为“用时间换取空间”奠定了基础，尤其是世界市场的开辟为商品交换提供了更为广阔的空间。由于交通运输条件的改善，人们之间的空间距离在时间上缩短了，资本空间运动的速度加快了，交通运输的便利导致新的生产中心或商业中心兴盛起来，而旧的生产中心或商业中心却衰落了。恩格斯分析了机器大工业对于交通运输业和商品流通的推动作用。他认为，交通改善是大工业发展“最直接的结果”①。大工业推动了世界交往的发展，世界交往反过来为大工业准备好了世界市场。大工业和世界交往的相互作用重构了资本主义时代的“人化自然空间”和“社会关系空间”。“大工业建立了由美洲的发现所准备好的世界市场。世界市场使商业、航海业和陆路交通得到了巨大的发展。这种发展又反过来促进了工业的扩展。”② 世界市场是由大工业建立起来的，是大工业的空间表达。同时，大工业与世界市场又是相互促进的，由大工业建立的世界市场反过来为大工业的发展开辟了广阔道路。大工业和世界市场携手并进奠定了资本主义生产方式空间表达的根基，推动了资本主义时间生产向空间生产的跨越。大工业使新产品的生产能力成倍提高，

---

① 《马克思恩格斯文集》（第1卷），北京：人民出版社2009年版，第104页。

② 《马克思恩格斯文集》（第2卷），北京：人民出版社2009年版，第32页。

因此对世界市场的需要日益迫切。“不断扩大产品销路的需要，驱使资产阶级奔走于全球各地。”① 大工业与世界市场的相互促进，彰显了资本主义时代生产和交往相互作用的历史辩证法。生产和交往的相互作用使资本主义商品生产实现了快速的空间流动和空间重组。资本借助大工业和世界市场的双轮驱动，对全球社会空间重新建构。在中国，资本的战舰打破了天朝皇帝的大一统梦想；在印度，资本的重炮粉碎了田园诗歌一般的农耕生活。在生产和交往的推动下，“人化自然空间”和“社会关系空间”日益走向复杂、丰富和多姿多彩。然而，在资本逻辑主导下，生产与交往所建构的“人化自然空间”和“社会关系空间”是异质的、对立的，它是发达资本主义国家剥削压迫世界人民的历史见证。

二、空间的生产力效应

生产力是唯物史观范畴体系的核心和基础。发挥重构空间的生产力效应，“解放和发展空间生产力”②，就必须充分认识空间与生产力、空间生产力与空间生产关系的内在关联。物质生产是人与动物的本质区别，是人类历史的起点。历史的前提是“有生命的个人”存在“以及由此产生的个人对其他自然的关系”。③ 物质生产直接表现为人和自然之间的物质变换，间接表现为人与社会之间的物质变换。生产力表征着人与自然的相互改造关系。人与自然的关系及其变化本身就是“人化自然空间”和“社会关系空间”的重构。生产资料和劳动力是构成空间生产力的两个基本要素，一个是物的要素，一个是人的要素，二者的空间结构关系直接表征着空间生产力的状况和水平。随着资本主义物质生产的发展，空间生产力效应日趋明显。资本的本性要求快速增殖自身，因而，资本自产生之日起便开启了快速空间占有和空间剥夺过程。资本空间化是资本作为特殊的生产方式形塑空间的过程，生产力的空间布展是这一过程的基础层面。

（一）空间直接构成社会生产力的要素

空间是直接的生产力要素。空间要素的变化能够带来生产力效应。

---

① 《马克思恩格斯文集》（第2卷），北京：人民出版社2009年版，第35页。

② 张天勇、王蜜：《城市化与空间正义——我国城市化的问题批判与未来走向》，北京：人民出版社2015年版，第157页。

③ 《马克思恩格斯文集》（第1卷），北京：人民出版社2009年版，第519页。

生产力效应是指劳动力和生产资料之间互相作用而造成的生产空间结构关系变化。在资本主义时代，机器大工业带来了空间结构关系的巨大变化，充分彰显了生产力的空间效应。那么，空间是否具有直接的生产力意义呢？回答是肯定的。马克思在《资本论》第3卷第46章分析了“建筑地段的地租”“矿山地租”和“土地价格”。他看到，土地是物质生产的重要空间要素，土地的位置对于级差地租具有决定性影响。产业资本和土地所有权的结合能够使资本家获得巨大的权益，其结果，造成大量工人的流离失所。土地所有权包含了要求一部分人提供贡赋的权力，以及剥削地球躯体、空气和他人生命的权利。马克思指出：“一方面，土地为了再生产或采掘的目的而被利用，另一方面，空间是一切生产和一切人类活动的要素。从这两个方面，土地所有权都要求得到它的贡赋。”① 土地是形成现实生产力不可或缺的空间要素。土地的空间位置不同会形成不同的生产要素聚集效应，如城市空间与乡村空间分别标志着不同的生产力性质和水平。资产阶级的崛起是在城市空间实现的，是乡村城市化的过程。城市空间建筑是在大工业和工厂制生产推动下发展起来的。地租是城市建筑投机的真正旨趣，但是，土地租约期满之后，土地以及土地之上的一切建筑物会从建筑投机家回到“土地所有者的最后继承人手里”②。

生产力的三要素包括劳动力、劳动工具和劳动对象。生产力的每一要素都内在地包含着空间要素，空间要素直接制约着生产力发展水平。生产力的提高直接表现为空间要素、空间关系和空间结构的变化。生产力的发展是劳动力、劳动工具和劳动对象的空间结构关系优化的结果。劳动力、劳动工具、劳动对象在物质生产中直接表现为空间关系和空间结构。物质生产直接把它所关涉的“自在自然空间”变成生产力的要素，并以“人化自然空间”和“社会关系空间”的方式生成与复活。正是由于空间直接构成生产力的要素，是直接的生产力，资本家才会疯狂掠夺和占有土地、矿山等空间资源。资本家对于自然力的侵占便是对生产力的无偿占有。马克思说：“凡是自然力能被垄断并保证使用它的产业家得到超额利润的地方……那些因对一部分土地享有权利而成为这种自

① 《马克思恩格斯文集》（第7卷），北京：人民出版社2009年版，第875页。

② 《马克思恩格斯文集》（第7卷），北京：人民出版社2009年版，第876页。

然物所有者的人，就会以地租形式……把这种超额利润夺走。”① 马克思充分肯定了空间位置、形态、质量等的直接生产力价值，具体分析了土地的两种不同利用方式。第一种追加投资的方式表现为“在时间上相继地投在同一土地上”；第二种追加投资的方式表现为“在空间上并行地投在新的、质量相当的追加土地上”。② 资本主义生产方式在其发展中，更多地选择了第一种，尤其是对城市土地的投资。比较而言，第一种方式，按每英亩计算的地租会越来越高；第二种方式，地租总量会增加，但每英亩地租不会增加。如果拿两个国家比较，选择第一种方式的国家要比选择第二种方式的国家的地租和地价高。在马克思看来，对土地的连续投资、深度加工，能够提高它的使用价值和经济效能。相反，则会降低单位空间的使用价值和经济收益。可见，空间的不同使用方式，直接且多方面地影响着人类生产和生活的状况。

（二）空间要素改变直接影响生产力效能的变化

生产力是形式与内容的统一。生产力要素及其时空形式对于生产力的持存与发展是极其重要的。生产力要素的时空形式的改变会直接影响生产力的性质及其发展水平。马克思认为：“劳动者和生产资料始终是生产的因素。”③ 生产力要素的结合方式是极其重要的，因为，生产力要素的有机结合是由抽象生产力转化为现实生产力的条件。只有生产力的基本要素，即劳动力、劳动资料和劳动对象按照一定方式结合起来才能构成现实的生产力。现实的生产力直接表现为现实的物质力量和社会力量。把抽象生产力转化为现实生产力才能实现人类认识和改造客观世界的目的。劳动者与生产资料在怎样的时空、以怎样的方式有机结合，彰显着生产力的发展水平。“劳动力如果不与相应的劳动工具和劳动对象有机结合起来……必然无法成为直接的、现实的生产力……劳动工具如果不与劳动力和相应的劳动对象相结合……就如一堆废物一样……没有可以加工的劳动对象，生产劳动也仍然是无法正常进行的。”④ 对于现实生产力而言，劳动力、劳动资料和劳动对象是缺一不可的。社会形态的界分不

---

① 《马克思恩格斯文集》（第7卷），北京：人民出版社2009年版，第874页。

② 《马克思恩格斯文集》（第7卷），北京：人民出版社2009年版，第781页。

③ 《马克思恩格斯文集》（第6卷），北京：人民出版社2009年版，第44页。

④ 徐水华：《〈资本论〉生产力理论及其在当代中国的实践研究》，济南：山东人民出版社2015年版，第99页。

在于生产什么，而在于怎样生产、用什么工具进行生产，劳动者使用什么劳动工具生产是社会生产力发展水平的标志。马克思说："手推磨产生的是封建主的社会，蒸汽磨产生的是工业资本家的社会。"① 这种以生产力尤其是生产工具对社会发展形式的划分，属于社会技术形态的范畴。

生产要素的空间分割、配置直接影响着生产力的效能，形成不同的空间生产力。马克思立足分工与协作的视角，探讨了空间开发、重组与利用而形成空间生产力的机制。在机器大工业时代，协作采取了极为严缜细密的人机匹配与工位设计。生产要素的空间集聚，要求整齐划一的科学分工，要求压缩无效的机械动作，减少运输半径。在机器体系中，协作性质取决于劳动资料本身的性质所决定的技术必要性。这种基于技术进步的分工协作，大大提高了空间生产力。马克思对于协作生产的空间生产力效应做过比较系统的分析。其一，协作意味着生产空间的集中与统一，意味着把个体生产力汇集成集体生产力。协作能够创造出一种新的生产力，它在本质上是一种集体力。分工协作形成的集体生产力与个体生产力的机械总和有着本质的差别。集体生产力是个人劳动不能达到的。其二，协作带来的空间生产效能源自于它把历时性作业转变成了共时性作业。一方面，协作"可以在空间上从多方面对劳动对象进行加工"，这样，"产品的不同的空间部分同时成长"，② 这种物质生产在多个空间维度的共时性推进，可以压缩工期，节约时间；另一方面，协作可以使复杂劳动过程分解为若干阶段，并且使劳动对象"在比较短的时间内通过同样的空间"，"缩短制造总产品所必要的劳动时间"③，进而，节约非生产费用，提高生产效率。其三，协作本身可以产生一种劳动的社会生产力或社会劳动的生产力。这是一种"结合工作日的特殊生产力"④。"结合工作日"是指许多工人在生产过程中"有计划地一起协同劳动而形成的工作日"⑤。它所造成的特殊生产力源自于协作。协作的表现形式是多种多样的，包括机械力在空间作用范围的扩大、生产规模在空间场所的浓缩、共同使用生产资料而达到的节约等。

---

① 《马克思恩格斯文集》（第 1 卷），北京：人民出版社 2009 年版，第 602 页。

② 《马克思恩格斯文集》（第 5 卷），北京：人民出版社 2009 年版，第 380 页。

③ 《马克思恩格斯文集》（第 5 卷），北京：人民出版社 2009 年版，第 380 页。

④ 《马克思恩格斯文集》（第 5 卷），北京：人民出版社 2009 年版，第 382 页。

⑤ 成保良等：《〈资本论〉的范畴和原理问题解答》，北京：经济科学出版社 2000 年，第 78 页。

（三）空间生产关系的生产力效应

空间生产关系是在空间生产中形成的，以空间产品为中介的人与人的关系。空间生产不仅直接形成空间生产力，而且直接建构和发展空间生产关系，进而造就日益丰富和全面的社会关系。空间生产的发展史是人类开辟和利用空间、创造和生产空间的历史。空间生产是物质生产的一种特殊类型，是物质生产发展到一定历史阶段的方式，或者说，基于机器大工业的资本主义时代，物质生产才逐步显现出空间生产特征。空间生产关系一定要适应空间生产力的发展要求。在资本主义时代，资本逐步取得了物质生产的主导权，资本追求价值增殖的本性把物质生产发展和提升为空间生产，由此，不仅带来了空间生产力的巨大发展，而且创造和巩固了空间生产关系。凭借生产资料资本主义私人占有的权力和力量，资产阶级极大地发展了“人化自然空间”和“社会关系空间”，在开创世界市场过程中开创了世界历史，把资本关系由民族国家扩张到了整个世界，彰显了资本主义的空间生产关系效应。空间生产关系表现为生产关系的空间化，它能够为空间生产力不断扩充可能性空间。资本主义之所以能够冲破民族的、地域的藩篱，走向整个世界，是因为空间生产关系为空间生产力的发展开拓了广阔的世界市场。资本空间化为空间生产力的发展开疆破土，空间资本化奠定了空间生产关系的统治地位。

资本空间化是空间生产力效应，空间资本化是空间生产关系效应。资本生产力具有空间化的本性，资本越是发展，它就越是要求扩大商品流通空间，要求在空间上不断扩大市场。“资本一方面要力求摧毁交往即交换的一切地方限制，征服整个地球作为它的市场，另一方面，它又力求用时间去消灭空间。”① 在“用时间去消灭空间”的命题中，扩大和占领世界市场空间是目的，通过交通运输条件的改善实现时间压缩是手段。资本空间化和空间资本化的内在机制是空间生产力和空间生产关系的相互作用。当资本主义空间生产关系适应空间生产力发展的时候，推动了资本主义的迅猛发展，形成了资本主义世界市场体系；当空间生产关系由空间生产力的发展形式变成发展桎梏的时候，便敲响了资本主义的丧钟。资本对剩余价值的贪婪追求，决定了它必然选择不断扩大再生产的

① 《马克思恩格斯文集》（第8卷），北京：人民出版社2009年版，第169页。

方式。实现资本的扩大再生产，一方面是生产的空间规模扩大，生产出更多物美价廉的商品，另一方面是销售渠道的畅通，开辟更为广阔的商品市场空间。同时，压缩资本运行周期，用时间换取空间。资本运动经历多个环节，生产是起始性环节。压缩生产周期是缩短资本运动周期的基础。要压缩生产周期，就必须采用先进的技术设备，优化生产要素的空间结构关系，提高劳动生产率。劳动力人口和生产资料空间集中和重置的直接后果是城市崛起。资本的空间生产方式推动了大规模的城市化、全球化。商品生产的发展推动了商品流通的革命。由于现代交通运输工具的应用，实现了商品流通的革命化。资本运动始于生产，终于消费。空间生产方式要求在流通领域实现产品的空间流转即从一个地方运输到另一个地方，完成商品的交换和消费。在资本主义时代，机器大工业极大地压缩了生产周期，商品销路成为制约资本增殖的关键。为了寻找销售市场，资本家到处落户，到处开发，到处建立联系。

三、空间的生产关系效应

基于资本主义大工业的空间生产，不仅带来了生产力效应而且也带来了生产关系效应。凭借大工业和世界市场的携手并进，资产阶级迅速超越了中世纪以来的所有阶级，创造了前所未有、丰富多样的世界历史空间。空间生产力和空间生产关系的相互促进，形塑了资本主义的“人化自然空间”和“社会关系空间”，彰显了空间的生产关系效应。空间生产力决定空间生产关系，空间生产关系效应首先是空间生产力的力量传递。一方面，资本主义空间生产，不仅表现为劳动力和生产资料的空间重置，而且表现为空间占有和利用的扩张。在空间生产基础上，通过“人化自然空间”和“社会关系空间”的再造，带来现实生活世界面貌的日新月异。另一方面，城市化运动是资本主义空间生产最主要的方式，除此之外，资本还利用各种手段、方式和途径直接或间接地干预社会生活的空间重组和建构。例如，资本在政治、文化、教育等领域的渗透。资本要实现增值，既要最大限度地生产出物质和精神产品，又要通过交换被最大限度地消费。

（一）空间生产力的生产关系效应

以机器大工业为标志的生产力创造了全新的空间结构、空间关系和空间产品，因而，我们称之为空间生产力。休斯说：“我所归之于生产力发展的革命性效应是与马克思对生产关系和生产力之间的非对称关系的描述相一致的。”① 空间生产力所产生的“革命性效应”是十分明显的，它生成、巩固和发展了资本主义的空间生产关系。空间生产力切合了资本增殖的需要，因而，空间生产方式成为资本家的必然选择，这种空间生产方式要求资本家建构起适应空间生产力发展的空间生产关系。

资本主义空间生产关系之所以能够发挥“普照的光”的作用，其根本的动力源泉在于空间生产力的推动，资产阶级之所以能够“按照自己的面貌为自己创造出了一个世界”②，主要是基于以机械大工业为依托的空间生产力的物质力量和社会力量。空间生产关系效应是从其一定要适应空间生产力发展要求的原理中得出的结论。空间生产力和空间生产关系不是两个实体的相互作用。空间生产力决定空间生产关系表现为“内容变化所引起的形式变化问题”③。空间生产力和空间生产关系的相互作用必须置于社会生产过程来理解。从唯物史观的立场出发，空间生产力的空间生产关系效应是说，生产关系的性质及其变革必须依赖空间生产力提供物质基础，在历史地形成发展起来的空间生产力基础上才能形成发展与之适应的空间生产关系。从资本主义制度的形成发展看，资本主义空间生产关系是伴随资本主义机械大工业的发展而形成发展起来的。

在资本主义条件下，资本是生产条件和生产过程的决定性因素，空间生产力的发展服务和服从于资本增殖的需要。基于资本主义机械大工业的空间生产力表现为劳动力和自然力转化为资本生产力。资本的空间生产关系伴随资本的空间生产力共同发展起来。但是，“劳动生产力的任何提高……都是资本的生产力的提高。”④ 资本家因对生产资料的独占而享有生产过程的操控权，劳动屈从于资本，劳动生产力屈从于资本生产力，劳动生产力只有转化为资本生产力才能获得现实性。工人的独立自由被限定在资本筑造的空间牢笼之中。因为，劳动与资本的结合是空间生产得以现实展开的条件，由此决定了劳动者对资本的依赖。马克思把资本分为不变资本和可变资本。可变资本用来购买工人的劳动力。当资

---

① 〔英〕乔纳森·休斯（Jonathan Hughes）：《生态与历史唯物主义》，张晓琼、侯晓滨译，南京：江苏人民出版社 2011 年版，第 196 页。

② 《马克思恩格斯文集》（第 2 卷），北京：人民出版社 2009 年版，第 36 页。

③ 潘中伟：《历史唯物主义基本概念研究中的旧形而上学思维——以生产力决定论与生产关系决定论为例》，载《学术界》，2019 年第 11 期，第 55 页。

④ 《马克思恩格斯全集》（第 30 卷），北京：人民出版社 1995 年版，第 305 页。

本家用货币与工人的劳动力交换时，工人的劳动力就转化成了资本的生产力。通过空间生产和再生产过程，劳动生产力对象化为资本家的固定资本，转变成为资本家的财富。资本家支付工人工资之后，便拥有了劳动过程的控制权和劳动产品的所有权。凭借生产资料的独占，资本家成为空间生产的指挥操控者，于是，劳动本身被资本吸食，变成现实的生产要素。资本的生产力效应表现为资本的创富功能。马克思认为，在资本主义条件下，"社会生产力的一切增长……只会使资本致富……只会使资本的生产力增长。"① 其结果，造成资产阶级与无产阶级的尖锐对立，造成贫富分化。资本与作为交换价值的劳动力交易之后，在生产过程中实现了劳动与资本的暂时统一。资本家之所以购买劳动生产力，是因为劳动生产力能够使"资本得以保存和倍增，从而变成了资本的生产力"②。资本通过对自然力和劳动力的剥削获得了一种压迫和对抗劳动的物质力量和物质武器。资本凭借这种物质力量和物质武器把工人抛向街头、抛向深渊。

（二）空间生产关系的"普照的光"效应

"普照的光"效应是马克思在《1857—1858 年经济学手稿》导言部分第一次明确提出的。马克思说："在一切社会形式中都有一种一定的生产决定其他一切生产的地位和影响，因而它的关系也决定其他一切关系的地位和影响。这是一种普照的光，它掩盖了一切其他色彩，改变着它们的特点。"③ 马克思先是分析了游牧民族、古代社会和封建社会的生产及其各种关系，接着重点分析了资本主义社会的情况。在资本主义社会，农业成为工业的一个部门，完全受资本支配。资本是资本主义社会支配一切的经济权力。基于资本生产的空间生产关系成为"普照的光"。其实，马克思恩格斯在《共产党宣言》中，就已经阐述了资本主义空间生产关系取得支配统治地位的过程，资产阶级"按照自己的面貌为自己创造出了一个世界"④ 的过程就是"普照的光"效应。资产阶级之所以能够重构世界历史空间，所依托的就是资本主义空间生产关系的"普照的光"效应。从空间维度看，现存感性世界的深刻基

① 《马克思恩格斯全集》（第 30 卷），北京：人民出版社 1995 年版，第 267 页。
② 《马克思恩格斯全集》（第 30 卷），北京：人民出版社 1995 年版，第 232 页。
③ 《马克思恩格斯文集》（第 8 卷），北京：人民出版社 2009 年版，第 31 页。
④ 《马克思恩格斯文集》（第 2 卷），北京：人民出版社 2009 年版，第 36 页。

础是物质生活资料的生产；从时间维度看，世界历史是人通过人的生产劳动而诞生的过程。社会生产有着不同的时空形式。从哲学视角看，它包括“物质生产、精神生产、人类自身的生产”①。它们是同一社会活动三个不同的方面，它们不能看做三个阶段，而应看做是三个方面、三个因素。

那么，作为“普照的光”，究竟是空间生产关系还是空间生产方式？张定鑫教授认为，马克思所讲的“普照的光”是指一定社会形态同时存在多种生产方式，那种居于支配地位，决定该社会其他生产方式性质的生产方式就是“普照的光”。② 马克思指出：资本主义生产方式“以资本和雇佣劳动的关系为基础”③，这种关系就是占支配地位、起决定作用的“普照的光”。杨耕教授认为，“普照的光”的命题不宜简化为生产关系论或阶级关系论。应当把“占统治地位的生产方式”理解为该社会的“普照的光”。④ “资本剥削雇佣劳动的关系”是资本主义社会“普照的光”，“资本剥削雇佣劳动的关系”是资本主义空间生产关系。因此，把空间生产关系理解为“普照的光”更能抓住问题的关键。马克思恩格斯在《德意志意识形态》中，用“所有制形式”作为社会形态区分的标志，实际上是把“生产关系”尤其是生产资料所有制作为“普照的光”。在《1857—1858经济学手稿》中，在阐述“普照的光”时，使用的是占支配地位的“一定的生产”及其所决定的“它的关系”。在1859年《〈政治经济学批判〉序言》中，马克思则直接且明确地用“生产方式”作为社会形态区分的标志，实际上是把生产方式作为“普照的光”。从“所有制形式”到“生产方式”并没有否定生产关系作为“普照的光”的地位。马克思用“生产方式”取代“所有制形式”，是考虑到在“普照的光”中，除了“生产关系”，还包括占主导的地位的“一定的生产”。这个“一定的生产”包含着更为丰富的内容。从马克思对作为“普照的光”的生产方式的阐释看：一是在一切社会形式中占统治地位的生产方式；二是在特定历史阶段占统治地位的生产方式，包括“生产

---

① 景中强：《马克思“普照的光”的思想及其意义》，载《河南社会科学》，2003年第3期，第5页。

② 张定鑫：《“普照的光”法——重思马克思研究资本的方法问题》，载《上海财经大学学报》，2014年第5期，第16页。

③ 《马克思恩格斯全集》（第32卷），北京：人民出版社1998年版，第153—154页。

④ 杨耕：《马克思主义历史观研究》，北京：北京师范大学出版社2012年版，第181页。

的技术条件或生产方式”“生产的社会形式或社会性质”,[①] 以及二者“融合态”的社会经济形态。

（三）空间生产关系的双刃剑效应

资本不断增殖的本性使它不断创造新的生产领域、不断开拓新的流通渠道、不断开辟新的消费市场，从而生产出普遍的社会联系、全面的能力体系和多样的社会需求。资本主义空间生产关系为空间生产力的发展开辟了一切可能性的领域和条件。

资本主义空间生产关系是一把双刃剑，既有文明的一面，又有野蛮的一面。从文明的一面看，“它榨取剩余劳动的方式……更有利于生产力的发展，有利于社会关系的发展。”[②] 它的创富功能创造了空间生产力发展的奇迹，它能够为人的自由解放和全面发展创造物质条件、积累物质财富。从野蛮的一面看，资本主义空间生产关系具有不可克服的自私性和狭隘性。资本对于空间生产方式的偏爱完全是由于自身增殖本性的驱使，资本不可能把人的能力发展和人的自由个性作为目的本身，工人在资本家的眼中不过是生产性的消费品。由于背离了人的自由解放和全面发展的价值目标，资本主义空间生产关系必然造成人性的扭曲。

资本主义的空间生产过程表现为劳动力和生产资料的空间重构，劳动力被单纯地当作资本生产剩余价值的手段被铆在商品经济体系之中，资本家剩余价值的实现以工人劳动成果被无偿占有为前提。资本家在这种空间生产中表现了自己人性的外观，他们感到自己的充实和力量的强大；工人在这种空间生产中表现为自己人性的丧失，他们感到被剥夺、被压迫，他们因此处于畸形发展状态。资本以增殖自身为根本旨归，因而，必然会最大限度地占有和消耗自然力，从而造成人与自然关系的紧张；同时，必然最大限度地占有和剥夺劳动力，从而造成人与人关系的紧张。资本主义空间生产在创造普遍社会联系、全面能力体系和多样社会需求的同时，也导致了“人化自然空间”和“社会关系空间”商品化。物质关系的丰富性、多样性压抑了人的社会关系发展，其结果就是在资本主义社会，商品拜物教、货币拜物教盛行。

---

① 张定鑫：《“普照的光”法——重思马克思研究资本的方法问题》，载《上海财经大学学报》，2014 年第 5 期，第 17 页。

② 韩庆祥、邹诗鹏：《人学——人的问题的当代阐释》，昆明：云南人民出版社 2001 年版，第 925—926 页。

在资本的支配下，空间生产方式表现出不同于以往任何历史阶段的新特点、新趋势。资本的自私性和狭隘性是由其追求剩余价值的本性所规定的。资本既有不可比拟的创造性，也有不可克服的局限性。资本主义空间生产关系具有无限度提高空间生产力的趋势，它推动了生产的普遍发展，为无产阶级解放创造了物质条件，同时，资本主义空间生产关系也具有限制空间生产力发展的趋势，它强化了资本的权力，却弱化了劳动的权力，它推动了“生产力的自由的、无限的、不断进步的和全面的发展”①，但是，资本主义生产形式的自私狭隘性终将使其成为生产力发展的障碍，因而必然走向解体。

资本主义空间生产关系是一把双刃剑，既有革命的一面，又有保守的一面。资本具有巨大的创富能力，但同时创造了贫富差距。资本创造了财富，也创造了贫穷。资本所创造的贫穷会成为颠覆资本的力量。一无所有的雇佣工人是资本生产出来的掘墓人。资本的革命性在于它推动了空间生产力的发展，而这种自由的无限的全面发展的生产力是共产主义社会的前提。但是资本的狭隘性又使它成为空间生产力的发展障碍。资产阶级炸毁了封建的所有制，奇迹般地创造了巨大的生产力，但是“现在像一个魔法师一样不能再支配自己用法术呼唤出来的魔鬼了”②。资本对劳动的剥削和压迫，以及劳动产品的分配不公必然引起劳动者的反抗，从而，颠覆资本空间，实现劳动解放。到那时，共产主义的“自由人联合体”将取代资本主义的空间生产关系。

总之，马克思把科学实践观引入社会历史研究，从“生产”和“交往”的互动视角把握“人化自然空间”和“社会关系空间”，揭示了自然史和人类史的统一性，揭开了“历史之谜”。马克思对于社会空间发展叙事的基础是生产与交往的相互作用，“生产”逻辑侧重解说“人化自然空间”的建构，“交往”逻辑侧重解说“社会关系空间”的建构。马克思从空间生产出发，揭示了空间的生产力效应和生产关系效应。生产力效应是指劳动力和生产资料之间相互作用而造成商品生产空间的变化。空间是直接的生产力要素。空间要素直接制约着生产力发展水平，生产力的提高以空间要素、空间关系和空间结构的变化为前提。空间生产关系一定要适应空间生产力发展的要求。空间的生产关系效应源于空

① 《马克思恩格斯文集》（第8卷），北京：人民出版社2009年版，第169页。
② 《马克思恩格斯文集》（第2卷），北京：人民出版社2009年版，第37页。

间生产力的推动。空间生产力所产生的“革命性效应”是十分明显的，它生成、巩固和发展了资本主义的空间生产关系。空间生产关系具有“普照的光”效应，也就是占支配地位的“一定的生产”决定其他的生产，“它的关系”决定其他的关系。资本主义空间生产关系之所以能够发挥“普照的光”效应，其根本的动力源泉在于空间生产力的推动。资本主义的空间生产关系是一把双刃剑，既有文明的一面，又有野蛮的一面，既创造了财富，又创造了贫穷。

第三节　空间生产方式的叙事逻辑

唯物史观遵循的是物质生产方式叙事。这一叙事包含着两个方面：一是“时间—历史”的历时性叙事；二是“空间—地理”的共时性叙事。按照西方某些空间理论家的理解，在唯物史观的传统叙事中，“时间—历史”历时性叙事是显性线索，“空间—地理”的共时性叙事是隐性线索，因此认为马克思存在“时间偏好”。当然，显性和隐性是相对的。倘若马克思有“时间偏好”，那是因为，马克思把空间问题归结为时间问题，把资本剥削劳动的秘密理解为对工人劳动时间的无偿占有；劳动时间是工人的唯一财富，对工人劳动时间的维护体现了马克思的无产阶级立场。西方空间理论家对马克思“时间偏好”的批评是为他们的“空间转向”提供理论铺垫。回应“空间转向”的挑战，必须充分挖掘马克思的“空间—地理”的共时性叙事并给予系统阐发。由列斐伏尔首次提出的空间生产理论，虽然看到了物质生产方式叙事逻辑的不足，但却一定程度上偏离了生产方式叙事的轨道。实现空间生产理论的当代出场，必须要旗帜鲜明地坚持唯物史观的立场、观点和方法，通过对空间生产的理论诠释，在时间—空间辩证统一的基础上把握唯物史观的叙事逻辑。空间生产理论的建构，既是回应西方“空间转向”的必然选择，又是创新和发展唯物史观的必然选择。

一、空间生产方式

空间生产方式是当代马克思主义关注的重点问题之一。资本主义生产方式是空间生产方式的典型，它以资本与权力的高度集中为基础，以城市化、区域化和全球化为重要标志。空间生产方式的叙事逻辑是对物质生产方式叙事逻辑的重要补充。提出空间生产方式并不能借此取消和否定物质的生产方式。空间生产方式的特殊性在于空间要素是生产的重要前提和主要结果。资本主义生产方式是空间化的，它不仅生产空间产品，而且生产空间关系，即资本家剥削压迫工人的关系。提出空间生产方式，不能忽视它的社会属性分析，否则，就会弱化马克思物质生产方式的批判力度。在资本主义时代，空间成为物质生产的能动要素和政治争夺的主要猎物。空间的经济意义政治化，空间成为资产阶级用来实现政治统治的有效手段。资本主义空间生产造成空间物化，商品货币关系渗透到了社会生活的诸领域。资本把空间成功地转化为增殖手段，转化成为商品，“资本以空间中的‘物’的生产与生产关系作为主要的增殖载体。”① 在资本的作用下，空间生产关系变成了空间生产力发展的社会形式。

（一）空间生产方式的内在本质

空间生产方式不仅是当年马克思，而且是当代马克思主义者重点关注的问题之一。什么是空间生产方式？抑或是否存在空间生产方式和资本主义空间生产方式？回答是肯定的。虽然目前还没有公认的对空间生产方式的界定，但是，作为一个复合范畴，空间生产方式必然关涉生产方式与空间形式的内在关联。马克思在对资本主义生产方式的革命性及其普遍趋势的分析中，将其“指证为一种内在矛盾不断生成的、总体性的空间生产方式”②。马克思的《资本论》对资本主义空间生产方式进行了深入的“人体解剖”，因此，我们可以从马克思的“人体解剖”中分析和把握空间生产方式的基本内涵。

首先，从历史起源看，“空间”对“时间”的吞噬是资本主义空间生产方式产生的基础，是实现“用时间消灭空间”的前提。在大工业的基础上，生产资料和劳动力在城市空间的集聚与协作是资本主义空间生产方式产生的前提条件，但是这种前资本主义时代的空间分散到资本主义时代的空间集聚是如何转化的呢？这根源于资本主义对前资本主义生产方式的革命性破坏与建设性重构。资产阶级打碎了昔日以土地为中心

① 张雄、鲁品越：《中国经济哲学评论 2011 财富哲学专辑》，北京：社会科学文献出版社 2012 年版，第 141 页。

② 林密：《马克思“以时间消灭空间”的空间生产思想及其深层逻辑探微》，载《哲学研究》，2019 年第 12 期，第 23 页。

的自然统一性，强力实现了农民与土地的分离。马克思对此的分析是，第一步“自由劳动同实现自由劳动的客观条件相分离”，这为资本主义生产方式提供了摆脱土地和人身依附的“自由”劳动者，这为资本增殖提供了“活劳动”源泉。第二步“自由劳动同货币相交换，以便再生产货币并增殖其价值”。① 也就是以货币为中介指导“活劳动”和生产的客观资料和劳动工具进行生产性空间重组。

其次，空间生产方式的重点在于对社会空间结构和空间关系给予生产性的重构。把握空间生产方式必须从空间生产出发。在资本主义时代，大工业生产成为空间生产的表现形式。从生产领域看，大工业生产表现为生产要素的空间集中；从流通领域看，大工业生产表现为“用时间消灭空间”。资本主义的空间生产策略旨在节约生产时间、压缩周转时间，为此不断突破自然力和劳动力的空间界限。马克思认为，资本主义空间生产方式动力机制的奥秘不在流通领域，而在生产领域，因为剩余价值在生产领域产生，在流通领域实现，流通被视为生产的一个环节。

第三，空间生产方式表现为在集聚性的生产空间实现分工与协作。由于多个生产单元的空间并置，从而可以实现生产同一产品的同步并行。这种节约时间和扩大空间效能的方式带来劳动生产率的迅速提高。分工与协作实现了“在空间和时间上协同动作的工人的集中”②，以及形成同步并行的协作生产体系。从宏观的国际分工体系看，不过是“在空间和时间上协同动作的工人的集中”这种生产方式的扩大。生产资料和劳动力的空间集聚是以资本为基础的大工业驱动的空间生产方式的革命性后果，是资本主义生产方式的生产能动性和空间敏感性的体现。生产资料和劳动力在城市空间的集中为资本主义的空间生产提供了前提，因为这种生产要素的集中带来的空间生产效应表现为劳动效率的提高、生产成本的降低，动力、基础设施以及非生产条件的节约。

第四，空间生产方式是在世界历史的发展过程中形成的。前资本主义时代的生产方式表现为地方性、狭隘性和分散性发展，表现为对于自然力的臣服和崇拜；资本主义生产方式表现为全球性、开放性和集中性发展，表现为自然力的开发和利用。资本在全球尺度上的地理扩张与空间重组，表现为新航路开辟、地理大发现等“物理—地理空间”的开

① 《马克思恩格斯文集》（第8卷），北京：人民出版社2009年版，第122页。
② 《马克思恩格斯文集》（第8卷），北京：人民出版社2009年版，第316页。

拓，表现为对落后民族国家空间资料、生产原料与劳动力的掠夺，尤其是在全球社会空间打造一个资本的同一性空间生产构序。资本“以时间消灭空间”的总体过程是资本逻辑的同质化和异质化的统一。

（二）空间生产方式的基本特性

人类生产与动物生产有着本质区别。“人的生产是全面的”，“人再生产整个自然界”，“人却懂得按照任何一个种的尺度来进行生产”。① 人类在追求按照美的规律生产过程中，生产方式经历了由时间生产方式向空间生产方式的飞跃。时间和空间是生产方式的必备要素。物质生产方式始终包含着时间向度和空间向度，是时间生产方式和空间生产方式的辩证统一。物质生产方式所生产的物质产品不仅具有一定的时间形式、时间关系，而且包含一定的空间形式、空间关系。人类的历史既是时间生产发展史，又是空间生产发展史。马克思指出：“一切生产都是个人在一定社会形式中并借这种社会形式而进行的对自然的占有。”② 物质生产直接表现为把“自在自然空间”转化为“人化自然空间”和“社会关系空间”，它通过人与自然和人与人关系的重构来占有自然力和劳动力。“一定社会形式”则表现为生产关系的总和，表现为以物为中介的社会关系。在资本主义条件下表现为“建立在资本对劳动的剥削关系基础上的社会关系的总和”③。空间生产方式是物质生产方式的特殊形式。物质生产方式的理论图式包含着空间生产方式的理论图式，但是，空间生产方式的理论图式却不能全部包容物质生产方式的理论图式。空间生产方式的基本特征主要表现在以下方面：

首先，作为生产活动前提的空间条件与作为生产活动结果的空间产品在空间生产方式中具有特殊意义。空间条件是物质生产的必备要件，是物质生产现实展开的物质前提。空间生产方式以新的空间产品、空间形式和空间关系的创造为旨归，立足于对物质生产过程的空间产品、空间形式和空间关系的改造。空间生产所生产出来的空间产品，承载着特定的社会关系。这种空间生产关系又是空间产品再生产的社会条件。此时，空间生产方式决定着社会历史的基本状况和发展趋势。

---

① 《马克思恩格斯文集》（第1卷），北京：人民出版社2009年版，第162—163页。

② 《马克思恩格斯全集》（第30卷），北京：人民出版社1995年版，第28页。

③ 林密：《马克思资本主义生产方式批判的空间视域》，载《天津社会科学》，2011年第1期，第24页。

其次，空间生产方式的发展途径和表现形态具有特殊性。空间生产是一种特殊形式的物质生产，空间生产力是一种特殊形式的物质生产力。空间生产之于物质生产的作用主要表现在扩大再生产、空间置换效率和生产要素的集中与优化等方面。“扩大再生产”直接表现为生产规模的空间扩张。“空间置换效率”直接表现为用时间换取空间，一方面，通过压缩生产时间扩展生产空间来提高劳动生产率；另一方面，通过压缩流通时间提高商品周转率使扩大再生产得以实现。“生产要素的集中与优化”是生产要素的空间集聚和结构优化，是通过物质生产资料的空间重构来提高劳动生产力的方式。空间生产的过程就是生产要素集中、要素结构优化的过程。

第三，空间生产方式决定着空间生产关系的性质。空间生产关系以及在此基础上所形塑的社会关系具有特殊性。空间生产是社会关系空间建构和发展的基本方式。物质生产的过程既是物质产品的生产，又是社会关系的生产。空间生产方式的特殊性就在于，它以一定的“社会关系空间”为前提条件，并且建构和发展一定的“社会关系空间”。空间生产受既定社会关系状况的影响和制约，在不同的“社会关系空间”，人们拥有不同的空间产品的生产权和消费权。空间生产的产品表征着社会关系的特点。空间生产作为“人化自然空间”和“社会关系空间”重构的方式，决定着它的历史性建构。

（三）空间生产方式的叙事逻辑

从人类的思想发展史来看，土地、住宅、城市等社会空间问题并非马克思恩格斯最先探讨的，但是，从生产方式视角揭示“历史之谜”却归功于马克思恩格斯。他们“是首次把社会空间与生产方式放置到一起进行讨论的人”①。因此，他们虽然没有提出和论证“空间生产方式”概念，但却提供了“空间与生产”问题的分析框架，开启了现代空间批判的哥白尼革命。这场革命的核心贡献在于：他们把社会空间问题置于生产方式的叙事逻辑。

在唯物史观的生产方式叙事中，生产和交往是两个最为基础性的概念，生产力与生产关系的辩证法是生产和交往关系的历史展开。因此，分析基于空间生产力和空间生产关系辩证统一的空间生产方式，离不开

① 付高生：《社会空间问题研究》，北京：新华出版社2018年版，第140页。

对生产和交往关系的历史考察。把握空间生产力应当从物质生产出发，把握空间生产关系应当从物质交往出发。时间生产方式和空间生产方式都是物质生产方式的特殊形式。时间生产方式是由物质生产所主导的生产方式，是以使用价值为中心的生产方式；空间生产方式是由物质交往所主导的生产方式，是以交换价值为中心的生产方式。基于空间生产力和空间生产关系辩证统一的空间生产方式是贯穿生产、流通、分配、消费诸环节，渗透社会生活诸领域的“普照的光”。借助空间生产，人类把“自在自然空间”提升为“人化自然空间”和“社会关系空间”。

物质生产方式包括时间生产方式和空间生产方式。因此，物质生产方式叙事内在地包含空间生产方式叙事，把这种空间叙事挖掘出来，并结合现实的空间问题创新发展，便能够在空间生产问题上赢得马克思主义话语权。为此，必须深入挖掘空间生产方式的特殊内涵，充分彰显它在社会生产体系的特殊地位和历史作用。人类的物质生产直接表现为使用价值生产，当人们为了交换而进行生产时，交换价值生产取代了使用价值生产的主导地位。使用价值生产为主导的生产方式，属于时间生产方式；交换价值生产为主导的生产方式，属于空间生产方式。在一定历史条件下，当产品的空间特性、空间形式成为最主要的消费指向并决定生产过程时，时间生产方式便发展成为空间生产方式。

空间生产方式叙事与物质生产方式叙事是怎样的关系呢？物质生产方式叙事是唯物史观的理论精髓。任何用空间生产方式叙事取代或抹杀物质生产方式叙事的企图和做法都是错误的。哈维等人对马克思“时间考虑优先于空间考虑”的指责，如果只是为了弥补“空间维度”之不足，我们是可以接受的。但是，任何程度的矫枉过正都会偏离马克思物质生产的时空辩证法。因为，唯物史观的物质生产方式叙事并未撇开“空间维度”，而是内在地包含着时间叙事和空间叙事。只不过时间叙事表现的显性，阐述得比较充分和系统，空间叙事表现的隐性，阐述得不充分、不系统。但是，毫无疑问，从空间维度对物质生产方式的共时性分析与从时间维度对物质生产方式的历时性分析非但不冲突，而且相得益彰、相互补充。因此，对空间生产方式叙事的简单拒斥是错误的，我们必须采取一种以我为主、为我所用的态度，用空间生产方式叙事丰富、发展和完善物质生产方式叙事，而绝不能走向另一个极端，试图用空间生产方式叙事取代和抹杀物质生产方式叙事。

二、资本主义生产方式的空间向度

每一种特定的社会都历史性地生产属于自己的特定空间模式。社会形态是生产方式的空间表达。正是基于对生产方式历史形式的研究，马克思揭示了人类社会发展的一般规律。人类社会发展的一般规律就是生产方式的运动规律，它包含着空间向度。资本主义生产方式的生成是对传统社会空间重构的结果。马克思把资本对劳动的空间剥削和空间压迫归结为对剩余劳动时间的无偿占有，彰显了时间的空间意义。由资产阶级主导的全球化生动表现了资本主义生产方式的空间特征。“全球化是在世界资本主义体系扩张中表现出来的一种空间生产方式。”① 马克思恩格斯从世界历史出发，对资本空间化与空间资本化的相互建构做了迄今最准确、最深刻的描述。资本主义生产方式用空间扩张摆脱积累危机，剥夺了落后国家民族的空间生存发展权。资本积累的空间化“超过也超出了对现存领土体系内商品生产和交易的可赢利再投资”②。资本主义生产方式是空间化的，全球化规定了资本主义生产方式的生命界限。

（一）生产要素的空间集聚：资本主义空间生产方式的确立

资本主义生产方式的发展经历了协作生产、工场手工业和机器大工业三个阶段。资本主义生产方式的发展在空间形式上表现为生产要素由分散到集聚、由乡村到城市的过程。乡村城市化和经济全球化是资本主义空间生产方式的现实表现。马克思指出：“美洲的发现、绕过非洲的航行，给新兴的资产阶级开辟了新天地。”③ 资本主义商品经济的发展首先表现为“工业—商业”的互动发展模式，也就是乡村城市化运动，其结果是“现代的大工业城市”代替了“自然形成的城市”。④ 其次是“商业—工业”互动发展模式，也就是由乡村城市化向经济全球化的发展。资产阶级通过开辟殖民贸易、海外市场，带来了工商业、航海业的空间高涨。经过一轮“工业—商业—工业”的推动，资产阶级完成了原始资

---

① 吴苑华：《世界体系的马克思主义研究：以乔万尼·阿瑞吉的理论为例》，天津：天津人民出版社2014年版，第111页。

② 〔意〕阿瑞吉：《亚当·斯密在北京》，路爱国等译，北京：社会科学文献出版社2009年版，第217页。

③ 《马克思恩格斯文集》（第2卷），北京：人民出版社2009年版，第32页。

④ 《马克思恩格斯文集》（第1卷），北京：人民出版社2009年版，第566页。

本积累，极大地增强了经济政治实力。再次是“工业—商业”互动发展模式，大工业逐步占据主导地位，工业资本超越商业资本攫取了生产过程的支配权。由此，撬动了“工业—商业”互动发展模式，表现为机器大工业对世界市场的有力推动。马克思说：“大工业创造了交通工具和现代的世界市场，控制了商业，把所有的资本都变为工业资本，从而使流通加速（货币制度得到发展）、资本集中。”① 工业资本主导生产过程，生产过程担负的核心职能是资本增殖，也就是剩余价值的创造。工业支配商业，生产支配流通和消费。工业资本家首先考虑的事情是资本主义生产方式的多个空间并存，即“工业资本与雇佣劳动在一定的地域范围内、以一定的空间组织形式、以尽可能大的规模相互结合”②。这种生产要素的空间集中和空间重组，从本质看是把自然力和劳动力作为工业资本宰制的对象，把空间资源作为交换价值高效地生产出来。大工业成为工业资本的增殖方式，生产要素适应大工业要求而逐渐在城市集聚，资本主义生产方式在更多的地域空间复制。工业资本增殖运动把空间资源悄然打开。以大工业为动力，在资本逻辑主导下，生产要素在城市空间集聚。城市的崛起与资本主义生产方式的发展是同步的。资产阶级创立了巨大的城市，使农村臣服于城市统治，使农民摆脱乡村生活的封闭愚昧状态。资产阶级“使人口密集起来，使生产资料集中起来，使财产聚集在少数人的手里。”③ 生产资料、财产和人口等生产性要素由分散到集中、由乡村到城市，最终形成了资本主义的空间生产方式。

工业资本对生产、生活空间的重构，逐步消灭或改造了旧有的空间形态，生产出了全新的“人化自然空间”和“社会关系空间”。大工业城市的崛起奠定了工业资本空间宰制的条件，全面开启了全球范围乡村城市化历程。工业资本社会空间的生产性重构从两个层面展开：其一，在民族国家内部，工业资本重构城乡空间结构。这一点主要表现为重构城市工厂空间体系、城市工人住宅体系和生产生活要素体系。工厂、矿山、商场、公路、港口、学校、银行、住宅等空间要素在资本主义空间生产方式“普照的光”照射下改变了色彩，成为资本增殖的场域。其

① 《马克思恩格斯文集》（第1卷），北京：人民出版社2009年版，第566页。

② 孙江：《工业资本主义生产方式的空间向度研究》，载《哲学动态》，2010年第10期，第34页。

③ 《马克思恩格斯文集》（第2卷），北京：人民出版社2009年版，第36页。

二，在民族国家之间，工业资本重构全球空间结构。资产阶级不仅重构了城乡空间结构，而且要按照这样的空间结构重构整个世界，构建了以欧美国家主导的全球殖民经济体系，其本质是资本主义的空间剥夺体系。

（二）生产条件的空间统分：剩余价值实现的关键环节

资产阶级把其所能够到达的一切可能性“物理—地理空间”都变成资本增殖的新天地，他们为自己建构了一个服务和服从于资本增殖需要的世界历史空间。借助资产阶级所开启的现代性，人类对于“世界”概念有了全新的理解，“世界”已经超越了民族、国家的地域范围，人类第一次认识到自己所生活的地球是圆的。资本增殖的本性是资本主义生产方式空间扩张的内在动力，资本驾驭着大工业的战车横扫世界，把整个世界甚至最野蛮的民族统一纳入到资本主义世界经济体系。资本在追逐剩余价值的过程中建构了空间生产关系，即基于资本统治的劳动者与生产资料的关系。资本把世界历史空间的自然力和劳动力作为吸食的对象。资本主义生产方式孕育了全球社会空间整体发展的世界历史趋势。一方面，大工业提供了打破地域空间壁垒的交通通讯工具，建构了世界各个民族国家之间的相互联系、相互依存关系。不同民族、国家的地理空间边界被打破，前资本主义时代那种孤立、封闭的文明状态和偶然的地域交往被资本文明和普遍交往所替代。在世界交往基础上，一切国家的生产和消费都是世界性的了。经济全球化趋势逐步形成，资本主义生产方式推动了全球社会空间第一次大规模的垂直分工，建构了服务于资本增殖目的的国际分工体系。在资本逻辑的推动下，全球社会经济空间形成了统一性和整体性。另一方面，大工业推动了工商业资本空间形态的形成发展。大工业代表了先进生产力发展的趋势，它在全球地理空间的扩散、移植过程是一种不可抗拒的历史潮流。英国是最先完成工业革命的国家，在大工业的推动下，从西方到东方、从欧洲到北美，越来越多的民族国家被席卷到工业革命的浪潮之中。

资本主义生产方式的空间建构既有空间统一趋势，又有空间分裂趋势。资本的空间布展是非均衡的。两极对立的空间形态是由资本主义生产方式的性质决定的。资本空间化经历了工业城市内部空间分裂阶段到一定区域城乡空间分裂阶段，再到全球范围不同民族、国家之间的空间分裂阶段。空间分裂是资本主义生产方式的社会形式，是资本积累一般规律的空间表达。市民社会孕育、发展的过程就是财富和等级分化的过程，它是资产阶级为自己建造的与封建势力相对抗的空间载体，在其发展过程中，资产阶级借助城乡空间分裂巩固了自身的经济政治地位，最终，城市战胜了乡村，资本势力战胜了封建势力。乡村开始屈从于城市的统治，不仅成为廉价劳动力的蓄水池，而且成为城市工业产品的销售市场。在城市空间积蓄起力量的资产阶级开始了以商品输出和原料输入为主要形式的全球远征。它掩盖了暴力与野蛮，掩盖了西方发达资本主义国家对东方落后民族、国家的空间剥夺。这种空间剥夺无情地斩断了东方落后民族、国家农业文明的发展道路。空间统一与空间分裂是资本文明与野蛮的体现。空间统一是资产阶级的历史贡献，是资本剥削劳动的社会条件。空间分裂是资本与劳动对立的体现，是资产阶级与无产阶级冲突的体现。空间分裂表明，资本空间是一种异质性的剥夺空间。这种空间结构孕育着埋葬资本空间的力量，它不仅造就了终结资本空间的物质条件，即生产和交往的普遍发展，而且造就了终结资本空间的历史主体，即世界历史性的无产阶级。

（三）资本主义生产方式空间扩张的悖论及其历史终结

马克思《资本论》的主题是揭示资本积累空间扩张的动力机制和深层危机。资本积累空间扩张的动力机制是资本对剩余劳动的剥削。资本积累空间扩张的深层危机是资本与劳动的矛盾运动推动了劳动力量的增长，它为埋葬资本空间准备了物质条件和主体力量。资本空间扩张是其扩大再生产的表现形式，由于剩余价值转化为资本，扩大了资本主义空间生产规模，导致“整个经济系统不断扩张”①。资本具有一种创富的神奇力量，它创造了巨大的生产力。资本之所以能创造巨大的生产力，主要是因为它激活和唤醒了自然力和劳动力的沉睡潜能。按照马克思的劳动价值论，资本生产力根源于劳动生产力。资本推动现代社会发展的动力机制在于剩余价值资本化。资本主义生产方式具有空间扩张的强大力量。资本是“力图超越自己界限的一种无止境的和无限制的欲望”②，一切阻碍资本生产力发展的力量都将被资本的力量摧毁，资本空间扩张的结果是社会空间的分裂和对立，这种分裂和对立是资本主义特有的增殖

---

① 王永章：《马克思资本逻辑悖论新探》，载《社会科学家》，2009年第10期，第8页。

② 《马克思恩格斯全集》（第30卷），北京：人民出版社1995年版，第297页。

方式，它蕴含着一种自我否定的力量，最终造成资本空间扩张难以为继，这就是资本空间扩张的悖论。资产阶级采用一种饮鸩止渴的方法来摆脱悖论，或者“消灭大量生产力”，或者“夺取新的市场，更加彻底地利用旧的市场”，然而，这是一种制造“更全面更猛烈的危机的办法”，这是一种“防止危机的手段越来越少的办法”。①

资本空间扩张有四个悖论：一是“经济悖论”，表现为资本对剩余价值最大化追求使工人变得逐步贫困，资本主义生产相对过剩的危机不可避免，其基本趋势是贫富两极分化。资本空间化积累的结果是财富和贫困的同时积累。二是“社会悖论”，资本和劳动的对立就是资本家和工人的对立。根源于经济生活的资本与劳动的对立必将演变成无产阶级和资产阶级的政治对立，其结果造成无产阶级和资产阶级斗争的尖锐化。在世界历史时代，民族国家之间的对立本质是阶级对立。三是“生态悖论”。空间环境和空间资源是资本扩张的必备要素。资本主义空间扩张直接表现为把生态自然系统纳入社会经济系统，把自然资源变成社会财富。空间环境和空间资源借助活劳动而变成剩余价值的载体。空间扩张的结果加剧了人与自然关系的紧张。其结果，造成生态危机，人类受到自然生态环境恶化的惩罚。四是“人的发展悖论”。资本空间扩张把人塑造成了片面的单向的人，人变成了本质与存在相分离的行尸走肉。资本借助“类”的二重化推动了类的发展，但是，资产阶级成为“类”发展的承载者，无产阶级成为“类”发展的牺牲品；资产阶级在这种异化中感到被满足，无产阶级在这种异化中感到被剥夺。

资本空间扩张的悖论表明，资本的限制就是它本身，不改变资本主义生产方式，不改变资本主义私有制，资本空间扩张的悖论便无法消除。资产阶级通过开辟世界市场使资本主义生产方式获得了长足发展，极大地解放和发展了资本生产力，但是，资本生产力的成果却为少数资本家独享，其结果，造成无产阶级和资产阶级的尖锐对立。资本主义生产方式内含着炸毁自身的力量。无产阶级是资本主义制度的掘墓人，废除资本主义私有制是无产阶级空间解放的首要任务。无产阶级将以“自由人联合体”的方式共同占有和有效调控空间生产过程，进而把人类从“必然王国”提升到“自由王国”。

---

① 《马克思恩格斯文集》（第2卷），北京：人民出版社2009年版，第37页。

三、空间生产方式的理论定位

当代世界，城市化运动和全球化浪潮迅猛发展，从而使空间问题日益显现且成为人们普遍关注的重大问题。空间生产理论以其对现实生活的解释力赢得了哲学社会科学工作者的致思。空间是物质运动的存在方式，是人类生存发展的客观基础。空间问题是人类始终无法回避的问题。在农业文明时代，那种“鸡犬之声相闻，老死不相往来”的分散、孤立的地域生产方式，制约着人们的空间思维。以大工业为基础的资本文明拉开了世界历史发展的序幕。资产阶级把城市作为财产聚集的空间，导致了城乡空间的断裂。但是，工商业城市的崛起是资产阶级经济政权权力的空间表达，是资本主义空间生产方式的典型形式。伴随资产阶级在城市空间的崛起以及世界市场的开创，空间剥削、空间剥夺、空间异化等成为亟待破解的时代课题。西方哲学社会科学的“空间转向”是对新全球化运动的理论反应。空间生产方式理论既是一个历史性问题，又是一个当代性问题。空间作为人类生存发展的基本条件，把诸多社会问题汇聚起来。空间生产方式成为反思诸多空间问题的基本理论视角。耕地减少、土地荒漠化、环境污染、能源危机等都是人类生存空间危机的表现。破解人类生存空间危机迫切需要空间理论创新，为此，必须大力推进马克思主义空间理论的中国化。

（一）“空间中的生产”与“空间本身的生产”辨析

随着空间问题当代性的显现，经典的社会理论明显地表现出解释力的不足和话语权的缺失。西方理论界率先兴起的“空间转向”，形成了比较系统化的空间生产理论范式。回应西方理论界的“空间转向”，牢牢掌握在空间问题上的马克思主义话语权，是当代马克思主义理论家不可推卸的责任。立足唯物史观的立场、观点和方法，构建空间生产的叙事逻辑，既是当代空间实践发展的必然要求，又是唯物史观物质生产方式叙事逻辑发展的必然选择。但是，空间生产方式叙事逻辑是物质生产方式叙事逻辑的有益补充，绝不能借此取消或替代物质生产方式叙事逻辑。

马克思基于资本主义生产方式的理论图式宣告了资本主义的灭亡。马克思主张，要真正地认识某一历史时期，就必须把握某一时期的工业和生活本身的直接生产方式。然而，对于资本“幽灵”而言，理论上的终结和实践上的失控，要求后继的马克思主义者必须对资本主义的幸存作出理论上的阐释。毫无疑问，著名的法国马克思主义理论家列斐伏尔的空间生产理论范式便是其中一道独具特色的理论风景。列斐伏尔认为，马克思的《资本论》是“（未完成的）关于生产的理论”①。如果说，现代哲学始于笛卡尔的“我思故我在”，那么，马克思的科学历史观始于“我们生产故历史在”②。马克思之后，占有和生产空间逐渐成为经济增长的主要方式，空间生产成为资本主义幸存的秘密。列斐伏尔肯定了马克思关于生产的理论，但是，对于现存资本主义的分析，既要坚持马克思关于生产方式的分析图式，又要对其发展、完善。他认为，对当代资本主义生产过程的分析，必须要“由空间中事物的生产转向空间本身的生产”③。马克思重点分析了物质的生产，而他重点分析研究了“空间本身的生产”。在当代，“空间的生产”已经成为一种现实，作为全球化的核心推动者，空间被历史地生产出来了。空间已经成为一种新的生产方式和统治方式，因而彰显了空间生产方式理论的重要性。

列斐伏尔在空间的生产性解释方面作出了重要贡献，他明确提出和系统阐发了“空间的生产”概念，他指出：“生产转变为空间的生产，乃是源于生产力自身的成长”，“现代经济的规划倾向于成为空间的规划”。④ 由于城市的急速扩张、社会普遍的都市化，以及空间性组织等问题，人们开始重视对空间生产的分析。他说：“空间的生产，在概念上与实际上是最近才出现的。”⑤ 原本发端于马克思的空间生产理论，列斐伏尔却把它看成是最近出现的，并且“盲目地将这一见解的发明权置于自己名下”⑥。列斐伏尔区分了“空间中事物的生产”和“空间本身的生产”，他看到，科学技术的发展及其在生产领域的应用、生产力自身的成长等，从根本上改变了“生产”与“空间”的关系，推动了人类物质生产从“空间中的生产”向“空间的生产”转变，在这种转变中，“空间

① 包亚明：《现代性与空间的生产》，上海：上海教育出版社2003年，第47页。

② 张一兵：《资本主义理解史》（第1卷），南京：江苏人民出版社2009年版，第1页。

③ 包亚明：《现代性与空间的生产》，上海：上海教育出版社2003年版，第47页。

④ 薛毅：《西方都市文化研究读本》（第3卷），南宁：广西大学出版社2008年版，第24页。

⑤ 薛毅：《西方都市文化研究读本》（第3卷），南宁：广西大学出版社2008年版，第24页。

⑥ 胡潇：《空间的“生产性”解读——马克思恩格斯空间理论多维释义之一》，载《哲学动态》，2012年第9期，第18页。

中的生产”并没有消失，而是被引向了不同的方向。列斐伏尔敏锐而深刻地看到了物质生产过程中“空间”问题的凸显。但是，在对空间生产问题的阐述中有着对马克思空间生产理论肯定不足、关注不够的问题。而我们持守的观点则是“空间生产的研究是始于马克思”①。马克思恩格斯对资本主义生产方式的空间扩张做了全面系统的研究，他们对于土地、住宅、城市、交通运输、通讯等问题的阐述，对于世界交往、世界历史和世界市场问题的阐述，奠定了空间生产理论的基础。因此，发展空间生产方式理论必须坚持从马克思恩格斯的空间生产理论出发，并且沿着马克思主义理论方向发展。

（二）必须保持空间生产方式叙事与物质生产方式叙事的一致性

马克思有没有空间生产理论？回答是肯定的。在马克思的经典文献中存在着对空间生产的致思，保持着通向空间生产问题的出场路径。马克思虽未使用过“空间生产”范畴，但却始终把空间作为生产的必备要素，因此，他内在地肯定了空间与生产的关联。物质生产依赖一定的空间条件和空间形式、创造一定的空间产品和空间关系，这就意味着空间能够被生产出来。列斐伏尔虽然区分了“空间的生产”和“空间中的生产”，但他却试图建构一种空间本体论，走上了一条唯物史观的空间化改造之路，在一定程度上偏离了物质生产方式的理论逻辑。

空间生产理论必须沿着唯物史观的物质生产方式叙事实现当代出场。空间生产属于物质生产，因此，唯物史观物质生产理论的立场、观点和方法同样适用于空间生产。空间生产既强调生产过程中生产力和生产关系诸多要素空间关系的重构，又强调生产结果即产品的空间特征。把空间生产纳入物质生产的理论范式，实现空间生产理论的当代出场，需要妥善解决好以下几个问题。

第一，把握空间生产与物质生产的关系。空间生产虽然直接切中了时代问题的中心，但是，绝不能因此就用空间生产的理论范式取代物质生产的理论范式，而是要丰富和发展物质生产的理论范式，在此基础上建构起与其他各种社会理论对话交流的平台与机制。我们呼唤空间生产理论出场，但绝不能借此让物质生产理论退场，而是要发挥好空间生产

---

① 胡潇：《空间的“生产性”解读——马克思恩格斯空间理论多维释义之一》，载《哲学动态》，2012年第9期，第18页。

理论为物质生产理论的补台作用，这是坚持和发展马克思主义的根本问题，不能有丝毫的动摇。

第二，准确把握空间生产理论在唯物史观的历史地位。空间生产理论的当代出场是以其缺场为前提的，否则，谈空间生产理论的当代出场就是画蛇添足。西方空间理论家把唯物史观归之为“时间优于空间”是有一定道理的。在马克思那里，空间叙事是没有得到充分阐明的隐性逻辑。① 对物质生产空间向度的系统诠释应当成为空间生产理论当代出场的基本路径。它是彰显唯物史观当代性的必然选择，也是应对西方哲学社会科学“空间转向”的必然选择。

第三，正确把握空间生产方式与物质生产方式的关系。唯物史观从直接的物质生活资料的生产出发，揭示了历史发展的内在机制，把人类社会历史的演变发展理解为物质生产方式的依次更替。立足空间生产的叙事逻辑，从社会空间形态的演变发展揭示社会历史发展的内在机制，这与物质生产方式的理论范式并不是对立的非此即彼，而是能够填补、丰富和凸显物质生产方式理论范式的空间向度。物质生产方式的理论范式不能将空间生产的理论范式拒之门外，空间生产的理论范式也不能越俎代庖，走向取代物质生产方式理论范式的极端。

第四，系统建构和全面阐释唯物史观的空间生产理论。立足唯物史观的立场、观点和方法系统建构和全面阐释空间生产理论，是当代马克思主义哲学理论创新的必然选择，是妥善解决当代社会空间问题的必然选择。当然，对马克思空间生产理论的深入挖掘和系统诠释是一项巨大的理论工程，一方面，需要“回到马克思”，挖掘马克思文本中有关空间生产的理论资源，把其中隐性的空间叙事逻辑彰显出来，另一方面，要面向现实，面向实践，立足当代空间问题的分析研究，在理论与实践相结合的基础上实现空间生产理论的创新与发展，从而实现马克思主义空间生产理论的中国化。

（三）必须保持空间生产方式理论的经济批判锋芒

空间生产既是马克思空间哲学关注的问题，又是马克思空间经济学关注的问题。那么，空间生产方式理论的当代出场是否需要在西方哲学

---

① 庄友刚：《空间生产与当代马克思主义哲学范式转型》，载《学习论坛》，2012 年第 8 期，第 65 页。

社会科学“空间转向”的意义上出场？回答是否定的。马克思的《资本论》及其手稿对于空间生产问题有着深层的阐释，因忽视而不去挖掘马克思空间生产的理论内涵，将会是十分重大的理论损失。马克思的《资本论》及其手稿不仅具有鲜明的“时间主义”，而且具有鲜明的“空间主义”，马克思对时间正义和空间正义的追求有着明确的表达。空间生产方式理论的经济学致思绝不能沿着西方哲学社会科学“空间转向”的路径出场，因为西方哲学社会科学“空间转向”论者把马克思看成是“反空间主义”，且存在着空间维度的缺场。然而，这显然是他们对马克思《资本论》及其手稿的误读和误判。“空间转向”论者往往以马克思存在某种理论缺失为前提，进而以他们的某种论点来补充马克思主义学说。他们这是在打着弥补马克思理论不足的旗号贬低马克思而抬高自己。我们对待马克思主义的基本态度应当是在坚持中发展马克思主义。

“空间转向”论在实践层面回应了新全球化时代空间问题的凸显，对现代社会的“时空压缩”“时空转换”“时空剥夺”等给予了积极应对，这是应当给予肯定的。但是，对当代社会空间问题的研究不能偏离马克思主义的理论轨道，必须坚持马克思主义的立场、观点和方法。具体而言，空间生产方式理论不能偏离物质生产方式理论另起炉灶，不能弱化马克思对资本主义经济批判的力度。马克思可运用于实证科学研究的辩证法是对“时空压缩”等空间问题深层解释的利器，因而，没有必要重构一个“空间转向”的解释方法论。从马克思的经济学视角看，对资本主义世界市场体系的解剖就是对资本主义空间生产方式的分析。世界市场是折射资本主义空间生产方式的整体性历史事件。世界市场规定着资本主义生产方式的本质。从世界市场视角看资本主义的商品生产和商品流通，它的空间生产特性便一目了然了。因为，资本主义世界市场的开辟，充分暴露了不同民族国家社会发展的历史地理差别，资本主义正是凭借这种差别优势才实现了对全球社会空间自然力和劳动力的剥夺。王南湜教授把这种差别性优势概括为五个层次：一是全体资本家对工人的优势，他们垄断了生产资料而工人一无所有；二是西方资本主义生产方式对东方前资本主义生产方式的优势；三是一国内率先采用先进生产技术的资本家或企业取得的相对的差别性优势；四是资本主义生产方式对非资本主义生产方式的差别性优势；五是发达的对于不发达的资本主义国家的差别性优势。其中，第二到五个直接表现为空间性差异。①马克思经济学的伟大发现归结为一点就是剩余价值学说。资本制造的空间性差异是为了资本剥削剩余价值服务的。马克思的剩余价值学说对于"时空压缩""时空转换""时空剥夺"等新的历史现象仍然具有足够的解释潜力。因此，在回应西方哲学社会科学"空间转向"的挑战中，切勿被错误诱导而偏离马克思经济学的理论方向，否则，就会钝化马克思空间生产方式理论的经济批判锋芒。

总之，唯物史观遵循的是一种物质生产方式叙事，它包括"时间—历史"的历时性叙事和"空间—地理"的共时性叙事。马克思把空间问题归结为时间问题，把资本剥削劳动的秘密理解为对工人劳动时间的无偿占有。资本主义生产方式是空间生产方式的典型，它以资本与权力的高度集中为基础，表现为城市化、区域化和全球化的历史演进。空间生产方式叙事是对物质生产方式叙事的重要补充，它不能代替和否定物质生产方式。空间生产方式把空间要素理解为生产的重要前提和主要结果。提出空间生产方式，要注重它的社会属性分析，借此强化对资本主义空间扩张的批判力量。马克思恩格斯从世界历史出发，对资本空间化和空间资本化的相互作用做了迄今最准确、最深刻的描述。资本主义生产方式用空间扩张摆脱积累危机，剥夺了落后国家民族的空间生存发展权。资本主义生产方式是空间化的，全球化规定了它的生命界限。当今时代，空间问题已经成为社会生活的普遍性问题和社会矛盾的集聚性场域。空间问题的凸显呼唤马克思主义的当代出场。唯物史观和剩余价值学说是马克思一生的两大理论发现。马克思空间生产理论的当代出场必须遵循唯物史观和剩余价值学说的理论立场、观点、方法和方向。

① 王南湜：《解释"时空压缩"现象需要"空间转向"吗？——一种基于扩展马克思剩余价值论的透视》，载《学习与探索》，2015 年第 1 期，第 10 页。

第四章　马克思对资本空间化的剖析与批判

资本空间化是资本创造出从属于自身的空间结构、空间关系和空间产品的过程。空间结构、空间关系和空间产品的资本形塑依靠的是综合性的社会力量，包括资本、权力和利益等，它们构成了资本空间的“钢筋铁骨”。资本主义的空间生产是一个“去空间化”和“再空间化”的过程，它打破了一个“旧世界”并为自己建构了一个“新世界”。资本空间化的必然结果是空间资本化。资本空间化是按照资本的意志、权力和利益重构世界历史空间的过程。空间资本化是世界历史空间被资本的力量所臣服的过程。资本空间是一个具有从属性、差异化和非均衡特征的社会空间。资本空间化和空间资本化围绕资本增殖的铁律展开。现代社会的“空间拜物教”从根本上说是资本崇拜，资本如同现实世界的“魔法石”，它按照自己的意愿重构了劳动力和生产资料的空间关系。开创世界市场是资产阶级世界交往的方式，资产阶级世界交往拓展了“物理—地理空间”，重组了“社会—经济空间”，形塑了“文化—心理空间”。世界交往过程也是资本空间化过程，资本空间化形塑了以“中心与边缘”“主导与依赖”为特点的异化的全球社会空间。这种异化的资本空间终将被共产主义“自由王国”的社会空间所代替，“自由人联合体”作为一种空间解放的社会历史形态，是对资本形塑的异化的全球社会空间的扬弃。马克思通过对资本空间的深刻批判，宣告了资本空间的历史终结。

第一节　资本空间的历史生成

资本的本性是追求价值增殖。资本生产的绝对规律是“生产剩余价值或赚钱"①。物的空间、生产关系空间和国际空间是"资本空间的三重向度"②："物的空间"就是"人化自然空间"。在资本主义条件下，"物的空间"是以资本主义空间生产关系为依托的"自在自然空间"向"人化自然空间"的历史生成。"生产关系空间"是资本"物的空间"的社会载体，是"社会关系空间"的基础。资本是一定社会关系的载体，是"人化自然空间"独特社会属性的体现。现代社会的"空间拜物教"借助商品、货币等形式表现出来，当它们以资本面貌出场时，变成了现实生活世界的"魔法石"。资本形塑了一个"着了魔的、颠倒的、倒立着的世界"③。"国际空间"是资本运动超越民族国家的空间边界，在国际范围不断运动的过程。资本国际化的形态包括商品资本、借贷资本和生产资本等。国际化是人类从民族历史走向了世界历史的表征。资本空间的历史生成具有特定的历史前提、经济前提和政治前提。资本空间的形成经历了资本征服劳动的过程，劳动对于资本的从属经历了从"形式从属"到"实际从属"的过程。资本主义空间生产造成世界市场危机。世界市场是资本空间化的最高形式，是资本主义空间生产的最高阶段。世界市场危机标志着资本主义生产方式的空间界限。破解世界市场危机问题，必须扬弃资本逻辑，实现由"必然王国"向"自由王国"的飞跃。

一、资本生产空间的形成条件

资本生产的空间创生是资本、权力和利益等综合性要素和力量对社会空间的重新塑造，这些综合性要素和力量如同介质或"钢筋铁骨"，它们建造着社会结构与社会空间的新型关系。在资本、权力和利益等综合性要素和力量的推动、参与下，社会空间快速变迁与重组。在一定的时空条件下，经过资本、权力和利益等要素的综合作用，资本主义生产方式得以生成。马克思学说的一条逻辑主线就是社会物质生活资料的生产和再生产的时间逻辑和空间逻辑，它体现在马克思的哲学、政治经济学和科学社会主义之中。资本生产的空间创生就是由资本所主导的空间结构、空间关系和空间产品的生产过程。这一过程，具有一定的历史前提、经济前提和政治前提。从历史前提看，人类历史是一部生产发展史，

① 《马克思恩格斯文集》（第5卷），北京：人民出版社2009年版，第714页。

② 张荣军：《资本空间的三重向度》，载《社会科学家》，2014年第7期，第30页。

③ 《马克思恩格斯文集》（第7卷），北京：人民出版社2009年版，第940页。

是生产力和生产关系矛盾运动的历史。资本生产空间的生成是生产力发展的必然结果。从经济前提看，资本主义生产方式的产生是自然经济向商品经济的飞跃。从政治前提看，资产阶级借助国家权力的力量巩固和发展了资本主义生产方式。

（一）资本生产空间形成的历史前提

资本主义生产方式是资本和劳动的一种特殊结合方式，它的历史生成有两个基本条件：第一个条件是劳动者和劳动的客观条件相分离。马克思认为，劳动者同他天然的试验场即土地相脱离是资本主义生产方式的起点。第二个条件是货币转化为资本。这二者的历史过程是完全一致的、同步的。第一个条件是第二个条件的前提，更为根本，因为“劳动者和劳动的客观条件相分离”使劳动力转化成为用来出售的商品，而劳动力转化为商品是货币转化为资本的前提。这一历史过程表现为大批农民丧失土地，失去他们赖以生存的条件。他们“摆脱旧的保护关系或农奴依附关系以及徭役关系……自由得一无所有”①。由于他们丧失了赖以生存的物质条件，要想存活无其他选择，或者出卖自己的劳动力，或者行乞、流浪和抢劫。马克思在这里虽然没有更多地使用“空间”概念，但是他揭示了资本主义生产方式的历史生成首先是对前资本主义时代劳动力与土地空间关系的解构，同时，按照资本增殖的需要在城市空间重组劳动力和生产资料的关系。按照苏贾的理解，这是“构建面向资本主义的空间性的过程”②。伴随着农村土地资本化、商品化，农民与土地相分离，工业生产和劳动力资源在城市空间集中，工作场所和生活住所逐渐分离等。大批农民从旧的以土地为核心的空间结构和空间关系束缚中解放出来，被抛入一个由资本编织的空间结构和空间关系之中，这是一个由资本操控的社会“牢笼”，包括现代的工厂、家庭、学校、城市等。

资本生产空间是由资产阶级创立的。这一空间的基础是资本主义生产方式，它是资产阶级所固有的，是在摧毁了封建制度的地方特权、等级特权以及人身依附基础上创建的。资本空间是一个由资本生产主导的“人化自然空间”和“社会关系空间”，是一个自由竞争、自由迁徙和商

---

① 〔英〕德雷克·格利高里（Derek Gregory）、约翰·厄里（John Urry）：《社会关系与空间结构》，谢礼圣等译，北京：北京师范大学出版社2012年版，第98页。

② 袁久红：《马克思〈1857—1858年经济学手稿〉中的空间思想及其政治意蕴》，载《天津社会科学》，2014年第4期，第19页。

品所有者平等的王国。由于工场手工业向机器大工业的转变，资本主义生产方式得以自由发展。在资产阶级领导下，资本生产力“以前所未闻的速度和前所未闻的规模发展起来”①。恩格斯从唯物史观的基本原理出发，具体分析了资本主义生产方式的产生过程，强调生产以及随生产而来的产品交换是一切社会制度的基础，也就是说，物质生产力的发展是资本主义生产方式取得胜利的根本。资本生产空间的创生恰恰体现了人类物质生活资料生产的一般规律。资本主义生产方式产生的历史必然性在于它适应了生产力发展的要求。资本主义生产方式的胜利是大生产对于封建时代小生产的胜利。因为，小生产以土地及其他生产资料的分散为前提，它排斥生产要素的集中，排斥分工与协作，它“只同生产和社会的狭隘的自然产生的界限相容”②。资本主义生产方式以社会化大生产为基础，突出生产要素的空间集聚，强调分工协作的作用。马克思认为："各种经济时代的区别，不在于生产什么，而在于怎样生产，用什么劳动资料生产。”③ 因此，手推磨产生的是封建时代，机器磨产生的是资本主义时代。资本主义生产方式的创生过程所经历的协作、工场手工业和机器大工业，代表了生产力发展的不同阶段和水平。机器大工业像秋风扫落叶一般把资本主义以前的各种生产方式统统摧毁了。资产阶级将中世纪以来的所有阶级远远甩在后面。机器大工业为资产阶级主导“人化自然空间”和“社会关系空间”的构建奠定了历史基础。

（二）资本生产空间形成的经济前提

资本主义生产方式是生产力发展的历史必然，是生产力与生产关系矛盾运动的结果。资本主义生产方式是在自然经济向商品经济飞跃过程中形成的。一方面，马克思详细阐述了资本主义生产方式产生的经济前提，即生产力的迅猛发展刺激了商品经济的增长。马克思指出：“商品流通是资本的起点……世界贸易和世界市场在16世纪揭开了资本的现代生活史。”④ 商品生产和商品流通的日益发达是资本生产空间形成的经济前提。世界贸易和世界市场是商品生产和商品流通持续发展的必然结果。可见，资本主义生产方式确立的过程是资本空间化扩张的过程，资本主

① 《马克思恩格斯文集》（第9卷），北京：人民出版社2009年版，第284页。
② 《马克思恩格斯文集》（第5卷），北京：人民出版社2009年版，第872页。
③ 《马克思恩格斯文集》（第5卷），北京：人民出版社2009年版，第210页。
④ 《马克思恩格斯文集》（第5卷），北京：人民出版社2009年版，第171页。

义生产方式建立在一定的经济基础之上，是商品经济发展的产物，是与自然经济完全不同的经济形态。另一方面，仅仅有了商品流通和货币流通还不行，资本产生还需要另一历史条件，即资本家“在市场上找到出卖自己劳动力的自由工人”，这一历史条件“包含着一部世界史”。① 因为，“自由工人”这一条件是用铁和血的手段达到的，资产阶级开创世界历史的过程就是资本主义生产方式形成发展的过程。马克思指出，资本主义生产的前提是“劳动直接生产交换价值，从而生产货币；而货币也直接购买劳动”②。资本主义生产空间有两个基本要素构成：资本和雇佣劳动。资本主义生产方式把货币变成了资本，变成了一种普遍的经济权力，变成了“现实的共同体”，它是“发达的交换价值”和“交换价值化身”。③ 但是，基于货币的“现实的共同体”是虚假的，在货币基础上，个人的对象化是在一定社会关系基础上的现实化。在资本主义生产方式条件下，雇佣工人劳动的对象化表现为异化、外化。个人对象化的性质由它所处的社会关系尤其是生产关系所规定。同时，资本对劳动的剥削必须以“活劳动”的自由售卖为前提。资本必须依靠剥削“活劳动”才能实现增殖。没有“活劳动”的存在，资本主义生产方式便无法维系。

资本的社会空间是一个普遍异化的空间，它以货币为纽带把人与自然和人与人之间紧密地联系在一起。正如马克思所描述的：资本主义生产方式把人与人的关系变成了“赤裸裸的利害关系”，变成了“冷酷无情的现金交易”。④ 这种赤裸裸的金钱关系是资本主义商品经济空间的特殊属性，但并不是一般商品经济空间的一般属性。货币转化为资本，转化为普遍的社会权力，它便成为社会经济空间的主宰者，成为整个社会空间的统治力量。资本的最初形式并不是产业资本而是商业资本，只有当商业资本支配和控制整个生产、流通、分配、消费过程的时候，真正从属于资本的“人化自然空间”和“社会关系空间”才能创生。在商业资本的支配和控制下，整个社会生产服从于大规模的商业活动。货币作为交换媒介，把一切生产者和消费者都紧密联系在一起，这种普遍联系

---

① 《马克思恩格斯文集》（第5卷），北京：人民出版社2009年版，第198页。
② 《马克思恩格斯全集》（第30卷），北京：人民出版社1995年版，第178页。
③ 《马克思恩格斯全集》（第30卷），北京：人民出版社1995年版，第178页。
④ 《马克思恩格斯文集》（第2卷），北京：人民出版社2009年版，第34页。

不断冲破地域、民族、国家的空间边界。马克思指出："货币也是一种双重手段，它使财富扩大到具有普遍性，并把交换的范围扩展到整个地球；它在物质上和在空间上创造了交换价值的真正一般性。"① 人们对于黄金的追逐使进入流通的商品范围不断扩大，这些商品引起新的需要，把遥远的大陆卷进交换和物质变换过程，从而赋予资本主义生产和交换以世界历史特征，在此基础上形成的世界市场表征着世界历史的样态。由此，世界市场成为资本主义生产方式的本质规定，世界市场的危机就是资本主义的危机。

(三) 资本生产空间形成的政治前提

资本主义的产生是历史的必然，是现代资产阶级对生产方式和交换方式进行革命性变革的产物。现代资产阶级在破坏封建社会空间的过程中发挥了革命性作用。英国是最早建立资本主义制度的国家。1688 年，英国爆发了有名的"光荣革命"。继承王位的威廉宣布接受《权利法案》。这一法案的关键是国王必须服从议会的法律，它标志着王权专制的消灭，自由民主制的确立。自由民主制是资本主义经济体制得以确立的政治前提。关于西欧资本主义的历史起源，不能简单地理解为新生的资产阶级战胜和取代封建统治阶级的结果，而是他们"联合推动的结果"②。从资本主义萌芽到工场手工业时代，封建统治阶级的刻意支持、扶植和合作贯穿整个发展过程。新航路开辟和地理大发现对于资产阶级开辟世界市场以及推动大工业的发展发挥了极为重要的作用。但是，新航路开辟和地理大发现的政治前提是资本主义势力与封建势力的互动与合作，其实质是以军事为前提的海外扩张，只有封建政府和以战争为职业的贵族才能胜任这一切工作。因此，新航路开辟和地理大发现是封建统治阶级和形成中的资产阶级联合扩张的结果。在此基础上，"欧洲各国以地球为战场而进行的商业战争"③ 开始了，这是一幅封建政府和资产阶级联合扩张的景象。

资产阶级的长足发展使其战胜了中世纪以来的所有阶级，资本一统天下，形塑了从属于资本的世界历史空间，这种经济的必然性构成整个社会形态的基础，因而，它必然在这个经济基础之上建构从属于自己的

① 《马克思恩格斯全集》(第 30 卷)，北京：人民出版社 1995 年版，第 178 页。

② 王加丰：《史学理论与中学历史教学》，合肥：安徽大学出版社 2011 年版，第 134 页。

③ 《马克思恩格斯文集》(第 5 卷)，北京：人民出版社 2009 年版，第 861 页。

上层建筑，尤其是要借助国家权力的力量巩固和发展自身。在封建统治阶级内部，既有革命势力，又有保守势力。新生资产阶级联合的是革命势力，打倒的是保守势力。资本主义生产的空间结构和空间关系产生于封建社会内部，随着资本原始积累的发展，封建的生产关系成为资本主义生产力发展的障碍，封建的上层建筑成为资本主义生产关系发展的障碍，表现在社会阶级关系方面，就是新兴资产阶级和新贵族与封建地主阶级之间的矛盾与斗争。不推翻封建地主阶级的政权并且建立资产阶级专政，资本主义生产的空间结构和空间关系便无法取得完全的胜利。于是，新兴资产阶级利用广大农民和其他城乡劳动者的力量，借助暴力手段，夺取了国家政权。“资产阶级革命是资本主义生产方式确立的政治前提”，“资产阶级革命冲破了封建割据和闭关自守状态，开拓了统一的国内市场，为自由竞争和资本主义自由发展扫除了障碍。资产阶级取得国家政权后，资本主义生产方式便在世界上建立起来”。① 劳动、资本和权力是资本空间的三支主要力量。资本和权力的联袂必然加剧资本对于劳动的压迫和剥削，使资本主导下的空间生产充满激烈对抗和血腥冲突。“资本来到人间……每个毛孔都滴着血和肮脏的东西。”② 在资本生产的空间创生过程中，激烈对抗和血腥冲突成为基本的表现形式。如在英国，资本借助国家权力，用暴力将大部分人口变成雇佣工人，把自耕农变成纯粹的工人。英国的发迹史就是血腥的暴力掠夺史，最初，他们利用暴力手段，掠夺本国的劳动者，强行把耕种土地的居民赶走，他们没收教会地产，废除行会并没收其财产，圈围公有地，资本为了增殖自身可谓不择手段，无所不用其极。随着资本力量的增强和资本空间的扩大，在机器大工业时代，类似现象又重演了，此时，他们的魔掌不仅伸向本国居民，而且在开拓殖民地的过程中，运用他们的坚船利炮，把资本的空间剥夺扩展到了全球空间的每一个角落。

二、资本征服劳动：从“形式从属”到“实际从属”

资本制度取代封建制度是历史的必然趋势。资本凭借自己的经济政治统治，征服了劳动，按照自己的样子塑造了世界历史。“大机器生产标志着资本主义生产方式的胜利，标志着产业资本在世界市场上统治时代

---

① 肖华等：《马克思主义原理》，厦门：厦门大学出版社 1990 年版，第 180 页。

② 《马克思恩格斯文集》（第 5 卷），北京：人民出版社 2009 年版，第 871 页。

的开始。”① 在资本主义生产方式中，劳动者是资本家眼中的特殊商品，是“活的机器”和“会说话的工具”。资本家管理生产的格言是：“最有效的经济就是在最短的时间内从当牛马的人身上榨出最多的劳动。”② 资本家把劳动力看成是自己用资本捕获的“猎物”。马克思在《资本论》中提出了劳动从属于资本的两种形式，即资本对劳动的征服经历了劳动之于资本的“形式从属”到“实际从属”的跨越，资本实现了由绝对剩余价值生产到相对剩余价值生产的转型。在《1857—1858 年经济学手稿》中，马克思初步探讨了“形式从属”和“实际从属”问题。在《1861—1863 年经济学手稿》中，马克思详细分析了“形式从属”和“实际从属”问题。资本剥削雇佣劳动的关系是整体性的，资本统治劳动体现在资本主义生产生活的方方面面。对于资本剥削压迫劳动的关系，马克思给予了深刻揭示和批判。

（一）雇佣劳动对资本的“形式从属”

什么是“形式从属”？“形式从属”处于绝对剩余价值生产阶段，资本对劳动的征服迈出了关键一步。马克思指出：“劳动对资本的形式上的从属的特殊性质，同下述情况比较一下就变得极其明显了，这就是：资本已经在一定的从属的职能中存在，但还没有在它的占统治地位的、决定一般社会形式的职能中存在，还不是劳动的直接购买者和生产过程的直接占有者。”③ 剩余价值生产存在于社会局部空间，占主导地位的生产方式“不是由资本所决定，而是由资本所遇到的”④。社会生产服从使用价值的逻辑，资本还没有在生产的社会形式上取得统治地位。资本家供给分散在各处的手工织工、纺工等活干，在劳动的空间形式上，工人保持着独立和分散的外观，工人生产空间和生活空间自然地结合在一起，生产要素还没有按照资本的意愿集聚起来。因此，资本家和雇佣劳动的关系是松散的、外在的，资本家只能站在工人生产空间之外监督和控制生产过程，雇佣劳动对于资本的依赖是“形式从属”。资本成为工人联

① 袁志彦、高林波：《新编国际贸易地理》，北京：对外经济贸易大学出版社 2016 年版，第 23—24 页。

② 《马克思恩格斯文集》（第 5 卷），北京：人民出版社 2009 年版，第 308 页。

③ 《马克思恩格斯文集》（第 8 卷），北京：人民出版社 2009 年版，第 503 页。

④ 《马克思恩格斯全集》（第 30 卷），北京：人民出版社 1995 年版，第 588 页。

合的纽带，但这种联合“涉及的只是劳动的产品，不是劳动本身”①。劳动虽然从属于资本，但却具有一定的自主性、独立性。劳动和资本以买卖关系为主，没有政治的、社会的从属和统治关系。这一时期，资本对剩余劳动表现出“狼一般的贪欲”②。随着大工业的出现，劳动和资本开始在城市空间集聚，资本按照自己的意愿迅速地重组生产空间。

马克思通过对雇佣劳动与资本从属关系的考察，概括了绝对剩余价值和相对剩余价值的生产方式。“绝对剩余价值总是先于相对剩余价值——相适应的，是劳动从属于资本的两种单独的形式，或者说资本主义生产的两种单独的形式，其中第一种形式总是第二种形式的先驱。”③绝对剩余价值生产主要表现为一种“时间规划”，或者说表现为对工人剩余劳动时间的无偿占有。相对剩余价值生产主要表现为一种“空间规划”，或者说表现为对工人剩余劳动成果的占有。在“形式从属”阶段，资本家担当劳动过程的监督者和组织者。这种从属存在于前资本主义到资本主义的整个时期，它确保了资本剥削雇佣劳动的关系。即便到了“实际从属”阶段，“形式从属”仍然保持着，“形式从属”虽然先于“实际从属”出现，但却内在地镶嵌在“实际从属”之中。“形式从属”贯穿资本主义萌芽、发生与发展的整个过程，它的本质特征与资本主义生产的前提等同：劳动者自由支配自己的劳动能力，不存在政治和社会的统治和服从关系，最后，劳动条件完全地或部分地同劳动力相分离。“形式从属”改变了以往劳动联合和发挥作用的条件和方式。因为资本采取了比以往更加有利、更加隐蔽的剥削方式。工人表面上是自由的，觉得自己是自由独立的人，觉得自己比过去的奴隶要好。他们为自己的生存而劳动，因而关心雇佣关系的存续，他们认为工资高低取决于自己的劳动。马克思认为，工人工资的差别具有重要的意义。因为工资收入的高低能够刺激工人的劳动，从而“给劳动能力本身的发展提供了刺激”④。个别工人甚至可以借助特殊能力和天才而进入复杂劳动领域，从而获取较高收入。工人与奴隶的不同在于，工人虽然一定要卖给资本，但不一定卖给某一资本家，他具有在一定范围选择主人的权力，这样自

① 《马克思恩格斯全集》（第30卷），北京：人民出版社1995年版，第589页。
② 《马克思恩格斯文集》（第5卷），北京：人民出版社2009年版，第869页。
③ 《马克思恩格斯文集》（第8卷），北京：人民出版社2009年版，第371页。
④ 《马克思恩格斯文集》（第8卷），北京：人民出版社2009年版，第513页。

由工人要比奴隶的活动强度更高、更有连续性。当然，资本并不满足于劳动对它的“形式从属”，它不断追求增殖的本性，推动着“形式从属”向“实际从属”的转变，这意味着资本统治力和控制力的加强。

（二）雇佣劳动对资本的“实际从属”

资产阶级通过对生产空间全面深刻的改造，生产过程的空间要素取代时间要素占据日益重要的位置。“随着劳动对资本的实际上的从属……在资本家与工人的关系上，都发生了完全的［不断继续和重复的］革命。”① 从“形式从属”到“实际从属”是资本家和工人关系的革命性变化。不论劳动过程的工艺方式如何，劳动过程总是直接从属于资本，在资本主义生产方式形成发展中，“形式从属”始终存在。但是，资本主义生产方式的建立使劳动过程的现实性质和现实条件发生了根本性变化。由此，劳动对资本的“形式从属”为“实际从属”所取代。马克思指出：“资本主义生产方式一经产生，劳动对资本的实际上的从属就发生了。”② 可见，“实际从属”是资本主义生产方式确立的一个重要标志。资本找到了让劳动适应自身、从属自身的特殊方式，它使劳动过程的条件和性质都发生根本性的变化。此时，资本主义的“特殊生产方式”宣告诞生了，资本凭借自身的本质力量创造出了真正从属于自己的社会空间。一方面，资本成为剩余价值生产过程的决定性、主导性力量，社会生活的画卷表现为资本逻辑的展开，工人在资本主义的生产空间完全丧失了主体性、独立性，变成了生产过程的物化要素，资本通过对劳动生产力的窃取而成为财富的所有者；另一方面，由于资本的“插足”，工人与他们自身劳动和生活空间的天然统一被无情地斩断，或者说，工人曾经拥有的劳动和生活空间被剥夺，他们被抛向深渊，成为只能靠出卖劳动力才能维持生存的一无所有的劳动者。工人作为资本主义空间逻辑的受害者，承受着生产和生活空间的双重奴役，资本与劳动之间的关系变成了剥削、奴役和压迫关系，资本最终跃升为整个社会空间的统治者、操控者。

马克思认为，协作、分工和机器大工业代表了劳动对资本“实际从属”的三种形式或三个阶段。一是协作。它是资本主义空间生产的起点，

① 《马克思恩格斯文集》（第8卷），北京：人民出版社2009年版，第516页。
② 《马克思恩格斯文集》（第8卷），北京：人民出版社2009年版，第516页。

协作生产表现为在资本家的操控下，在同一时间、同一场所生产同种产品。这种生产空间的集聚和生产时间的协同，远远超过了个体劳动的时空局限，它所形成的协作生产力远远超过个体生产力，所不同的是，个体生产力属于工人，而协作生产力属于资本家，因而，它表现为一种资本生产力。由此，劳动对资本开始由“形式从属”向“实际从属”转化，资本的社会空间初步形成。二是分工。劳动对资本的臣服使资本生产力获得了长足发展，协作生产力由资本主导，但是，这种协作生产必须以分工的发展为基础。分工与协作的发展，催生了资本生产的“工场手工业”时代。建立在分工基础上的“工场手工业”进一步改变了资本和劳动的空间结构和空间关系。从整体生产空间来看，分工打破了协作生产的特定性和狭窄性，创造出一个完整的生产空间，即“工场”形式。分工的发展使共时性协作生产向历时性协作发展，由此，生产的“时间顺序”转化为“空间顺序”，单位时间的生产效率得以极大地提高。从个体生产空间看，个体工人被固定在整个生产过程的特定程序和环节，失去了多样化发展的可能，其结果，不可避免地片面和畸形发展。分工切断了工人与工人、工人与产品的直接关系，导致产品认同感的弱化，个体工人只能独立地面对资本，他们变成了在资本面前无能为力的“原子化”存在，他们的反抗意识被肢解。这种生产空间造成了劳动对资本的“实际从属”。从工人个体看，分工消除了他的独立人格，他烙上“资本财产”的印记，变成了从属于资本的附属品。从工人总体看，劳动生产力表现为资本生产力，成为同工人相对立的外在的统治力量和控制力量。三是机器大工业。在资本主宰下，生产空间沦为资本剥削工人的经济工具，社会空间沦为资本压迫工人的政治工具。空间成为资本主义特殊生产方式的关键性要素，它由资本创造，具有特定经济和政治属性。资本空间服务于资本增殖的需要，屈从于交换价值的生产。机器大工业是分工进一步发展的必然，是劳动资料的高级生产形式。自动机器体系的广泛运用，又进一步发展了资本对于劳动的空间奴役形式，以机器体系为主体的现代工厂取代了旧的工场手工业，而在现代工厂里，工人的主体性、自主性、独立性完全沦丧，沦为机器生产的附属物。

三、资本主义世界市场危机及其终结

资本运动的危机及其求解之路是马克思孜孜以求的历史之谜。马克思以“研究资本运动各种危机为已任”①，然而，由于资本制度的不公道，马克思不仅没有得到应有的社会报偿，反而时常的忍饥挨饿。马克思《〈政治经济学批判〉导言》中的“五篇计划”之末篇“世界市场和危机”中，宣告了资本逻辑的完成。马克思通过对资本主义经济制度的“人体解剖”，系统阐述了资本主义生产方式发生、发展和走向灭亡的历史趋势。世界市场是资本主义空间生产的最高阶段，是马克思诠释资本的逻辑终点。世界市场被马克思看作资本空间化的最高形式。世界市场危机就是资本空间化的危机，就是资本主义生产方式的危机。世界市场危机宣告了资本主义的历史终结。资产阶级在开创世界市场中开创的世界历史是共产主义取代资本主义的条件。破解世界市场危机问题，必须扬弃资本逻辑，实现由“必然王国”向“自由王国”的飞跃。

（一）资本运动的世界市场危机

对外贸易是马克思分析资本运动的重要环节，是马克思世界市场分析的重要逻辑前提。在资本主义扩大再生产过程中，对外贸易之于资本危机具有双重作用。这种双重作用表现为，对外贸易在延缓资本危机的过程中积累了资本危机。资本主义生产规模是持续扩大的，然而，有限的国内市场必然导致资本主义扩大再生产的危机，这时，对外贸易便能起到一定的补救作用。在分析简单再生产过程中，马克思谈到了固定资本的补偿问题。他认为，每年以实物形式更新的固定资本总额应当等于该年以货币形式积累的折旧基金总额。“这样一种平衡，好像就是规模不变的再生产的规律”②。这种平衡一旦破坏便会造成资本生产的紊乱和危机。在马克思看来，对外贸易的补偿作用表现为两种情形：“在第一个场合，是使第Ⅰ部类保留货币形式的商品转化为消费资料；在第二个场合，是把过剩的商品销售掉。但是，对外贸易……只会把矛盾推入更广的范围，为这些矛盾开辟更广阔的活动场所。”③ 也就是说，在第一个场合，通过对外贸易进口商品，把货币资本转化为消费资料；在第二个场合，通过对外贸易出口商品，倾销过剩的商品。如此，资本主义生产的矛盾便能得到缓解。因为，对外贸易可以是某一国家剩余产品能够转化的形式和能够用来消费掉的形式。对外贸易凭借世界市场使资本主义生产的

① 马临堂：《马克思恩格斯伟大的品格》，西安：陕西人民出版社1985年版，第181页。

② 《马克思恩格斯文集》（第6卷），北京：人民出版社2009年版，第520页。

③ 《马克思恩格斯文集》（第6卷），北京：人民出版社2009年版，第525页。

矛盾得到缓解。然而，世界市场并不是无限的，它从根本上规定了资本主义剩余价值生产的空间界限。有限的世界市场空间终究不能满足资本主义剩余价值生产无限增长的趋势。资本主义商品生产总是趋于按照生产资料的规模行事，资本家从来不关心大众需要的满足。对外贸易是缓解资本主义扩大再生产危机的必然选择。马克思概括了资本主义世界市场的界限，即资本主义扩大再生产“取决于这些等价物在别国市场上的生产，取决于世界市场的吸纳力量和扩大程度”①。世界市场规定着资本生产和再生产的规模和界限，资本生产和再生产一旦超越了世界市场的吸纳能力，世界市场危机便会产生并且会反作用于资本主义再生产过程，从而造成世界市场危机。世界市场危机是资本主义生产的系统危机。

资产阶级在殖民地的空间剥夺，成为资本迅速积累的途径，殖民掠夺极大地增强了资本主义的实力。资产阶级所开创的世界市场变成了它的“聚宝盆”。但是，世界市场的全球地理空间界限是“资本积累无法克服的空间困境”②。本来，世界市场为资本主义的扩大再生产提供了空间际遇，但是，世界市场空间的有限性必然以其反作用导致资本主义生产的停滞，并且直接造成全球范围的经济危机。作为资本主义生产方式的内生性经济危机，不打碎资本主义生产方式的枷锁，便无法使劳动生产力获得解放，从而破解世界市场危机问题。经济危机根源于资本的自利性和社会化空间生产的矛盾，这是由资本主义生产空间体系造成的矛盾，随着这一矛盾的积累，不可避免地造成全球空间范围的阶级斗争，甚至是世界大战。对于资本主义生产方式而言，成也空间化、毁也空间化。世界市场的危机是资本空间化积累起来的危机，它宣告了资本主义的历史终结。世界市场造成不平衡的地理历史发展，其结果，敌对的无产阶级和资产阶级之间的阶级斗争在各个民族国家之间展开。联合起来的世界无产阶级担当着资本主义世界市场空间掘墓人的历史使命。一个能够保障每个个体自由全面发展的共产主义社会空间终将取代资本的空间统治。“自由王国”取代“必然王国”是人类社会历史发展的总趋势。

（二）世界市场危机的根本原因

世界市场出现的周期性危机是资本主义经济矛盾的集中表现，危机

---

① 《马克思恩格斯全集》（第37卷），北京：人民出版社2019年版，第434—435页。

② 吴耀国：《世界历史和世界市场的时空维度》，载《武汉大学学报（人文科学版）》，2016年第1期，第87页。

根源于资本主义生产方式。马克思在《资本论》中深刻分析了世界市场危机的根源。资本主义私有制阻碍社会化大生产的发展，是世界市场危机的内因。资本主义生产方式只是和“物质生产条件的某个有限的发展时期相适应”①，它必然会随着历史的发展而退出社会生活舞台。资本主义剩余价值生产的每 阶段，都不可避免地受到时间有限性的制约。也就是说，资本积累从时间维度看，只能在世界历史进程中循序渐进，因为它自始至终要受生产力状况、科技水平、自然资源、劳动者生理极限等的限制。资本的空间化积累彰显了资本主义生产方式的迅捷和高效，但是，它对于雇佣劳动的剥削深度和广度远远超过了资本的时间化积累，其结果，必然把资本与劳动的矛盾推向顶点和最高阶段。

世界市场危机是由资本积累的空间界限所规定的。政治经济学家李嘉图认为，资本主义生产的时间限制和空间限制是偶然的，是可以克服的。西斯蒙第则认为，资本主义生产的时间限制和空间限制是由资本本身造成的。资本有着无限扩大生产的趋势，但是这个趋势却受到时间空间的限制，其结果就是导致资本的毁灭。为了不使资本毁灭，他提出从法律、习惯等方面对资本生产给予规制。马克思则认为，资本生产的时间限制和空间限制是资本本性使然。破解资本的时间限制和空间限制必须消灭资本主义生产方式。资产阶级政治经济学家抹杀了资本的剥削本质，他们简单地把资本主义生产看作是提供直接使用价值的工具，把劳动抽象地看作创造交换价值的手段。马克思指出，他们“把社会劳动在资本主义生产中表现出来的这种一定的、特殊的、历史的形式说成是一般的、永恒的形式……把这种生产关系说成是社会劳动的绝对（而不是历史地）必然的、自然的、合理的关系”②。借助“人体解剖”，马克思论证了资本主义生产方式的历史暂时性。资本主义生产方式的形成意味着资本统治权和控制权的确立，资本代表着一种抽象的死劳动，工人代表着一种具体的活劳动。资本对劳动的征服与胜利表现为死劳动对活劳动的支配与控制。具体的活劳动是抽象的死劳动的生命源泉，没有了具体的活劳动，抽象的死劳动便是丧失活力的僵尸。资本主义生产正是在资本和劳动的冲突中展开的。“一方面不得不这样发展生产力，就好像它不是在一个有限的社会基础上的生产，另一方面它又毕竟只能在这种局

① 《马克思恩格斯文集》（第7卷），北京：人民出版社2009年版，第289页。

② 《马克思恩格斯全集》（第35卷），北京：人民出版社2013年版，第233页。

限性的范围内发展生产力，——这种情况是危机的最深刻、最隐秘的原因。"① 在《资本论》中，马克思进一步把这一原因概括为资本主义私人占有与社会化大生产之间的矛盾。资产阶级开辟世界市场是调节和缓和这一矛盾极其重要的方式。在这一过程中，资本生产的规模和体量由民族国家扩展到整个世界。世界市场的饱和会形成一种巨大的反作用力，它必将导致资本主义生产的系统危机。

（三）世界市场危机的积极扬弃

制约世界市场危机的因素是多方面的，马克思对此作过比较深入的分析。马克思认为："世界市场是资本主义生产方式的基础和生活环境。"② 世界市场的形成与发展极大地刺激了资本主义的普遍发展，形成了世界各国和地区之间广泛的经济联系和相互依赖。世界市场危机是资本主义内在矛盾的集中呈现。在马克思看来，世界市场是国内市场的延伸和补充，它把不同国家的国内市场联接在一起。它在一定程度上缓解了国内市场的矛盾，但这种缓解是暂时的、局部的。世界市场并没有根本解决资本主义生产的危机，而是为一个更大规模、更大影响的危机提供了广阔空间。世界市场"有一个外部的地理界限"，"世界市场在每一定的时刻也是有限的，但是潜在地有扩大的能力"。③ 随着资本主义生产的持续扩大，剩下可供榨取的世界市场会越来越少。从而，世界市场危机会来得愈加频繁和愈加剧烈。本来，开辟世界市场、夺取和占领新的市场是资产阶级用来克服危机的办法，然而，却是防止"危机的手段愈来愈少"的办法。④ 世界市场从根本上规定了资本主义生产的数量、规模，规定了资本主义扩大再生产的界限。这一界限会强力反作用于资本主义生产和再生产过程。作为"世界市场危机的那种日趋严重和日益普遍的商业危机"⑤ 是埋葬资本空间的力量。恩格斯认为，世界市场危机的原因在于"现代生产方式和交换方式下的生产力和交换手段日益超出了个人交换和私有财产的范围……所以，私有财产一定要被废除"⑥。资

① 《马克思恩格斯全集》（第 35 卷），北京：人民出版社 2013 年版，第 88 页。
② 《马克思恩格斯文集》（第 7 卷），北京：人民出版社 2009 年版，第 126 页。
③ 《马克思恩格斯全集》（第 34 卷），北京：人民出版社 2008 年版，第 595 页。
④ 《马克思恩格斯文集》（第 2 卷），北京：人民出版社 2009 年版，第 37 页。
⑤ 《马克思恩格斯文集》（第 1 卷），北京：人民出版社 2009 年版，第 672 页。
⑥ 《马克思恩格斯文集》（第 1 卷），北京：人民出版社 2009 年版，第 672 页。

本主义私有财产制度是世界市场危机的总根源，因此，扬弃世界市场危机必须要消灭资本主义私有制。

从当前的世界历史进程看，资本主义生产方式虽然遭遇了全球地理空间的阈限，但是，这种世界市场危机也在事实上强化了资本主义的自我修补机制，为资本积累找到了新的增长点。世界市场对资本主义生产方式有着巨大的修补能力，对此，马克思估价得并不充分。世界市场的修补机制虽然不能根本消除资本主义生产方式的内在矛盾，但是却能不断增强它的适应性，使它多次摆脱危机、延长寿命。在当今时代，经济全球化迅猛发展，中国特色社会主义如何在全面深化改革中实现与总体资本主义的空间互动，是我们必须深入思考和着力解决的重大问题。毫无疑问，社会主义“也必须生产自己的空间”①。对于中国特色社会主义而言，在大胆地借鉴和利用资本主义过程中，应当深度参与世界市场竞争。但是，在与资本主义的空间互动中，必须要把资本剥削限制在社会主义根本制度能够允许的范围和程度，对资本采取既利用又限制的双重态度。中国特色社会主义的理论、道路和制度的真正旨趣就在于塑造一个这样的社会空间，在那里，每个人都能够获得自由全面发展，这种空间诉求是世界市场空间的否定性力量，资产阶级所开创的世界市场空间终将被共产主义的“自由王国”所超越。

总之，资本的本性是实现增殖，它决定了资本主义生产必然是扩大再生产，必然是空间规模的不断扩张。资本逻辑形塑了一个颠倒的倒立的世界历史空间。资本空间的历史生成具有特定的历史前提、经济前提和政治前提。劳动者和劳动的客观条件相分离、货币转化为资本是资本主义生产方式形成的历史前提。生产力的发展推动了自然经济向商品经济的转化，它构成资本主义生产方式的经济前提。资产阶级战胜封建地主阶级并取得国家政权是资本主义生产方式形成的政治前提。资本空间的形成发展是一个资本征服劳动的过程，其间经历了“形式从属”到“实际从属”的发展过程。“形式从属”意味着资本主义剩余价值生产存在于社会局部空间，还不是占主导地位。“实际从属”意味着资本主义剩余价值生产占据了主导地位，操控着整个社会空间的重构。世界市场是资本主义空间生产的最高阶段，它规定了资本主义生产方式的空间界

① 包亚明：《现代性与空间的生产》，上海：上海教育出版社2003年版，第54页。

限。资本主义私人占有与社会化大生产的矛盾是世界市场危机的总根源。破解世界市场危机必须根除资本主义剥削制度，因此，世界市场危机预告了资本主义生产方式的历史终结。劳动将取代资本而成为社会空间的主宰力量，人类终将从“必然王国”走向“自由王国”。

第二节　资本空间化的世界交往逻辑

资本能够榨取剩余价值既源于它的本性，更源于它代表着一种社会力量。资本“是一种社会力量”①，是集经济、政治、文化等于一体的综合性、整体性社会力量。从经济角度说，它集中表现为资本生产力的力量；从政治角度说，它集中表现为资产阶级国家政权的力量。资产阶级的空间扩张依托的是资本的综合性、整体性社会力量。资本积累的空间化主要是资本主义生产方式对全球范围自然力和劳动力的空间剥夺。马克思的世界交往、世界历史和世界市场思想，深刻分析了人类由民族交往向世界交往的空间转变，揭示了人类社会存在发展的空间向度及其演变规律。资本逻辑是资产阶级时代推动世界交往发展的根本动力。世界交往推动民族历史向世界历史发展。世界历史以机器大工业和各民族的普遍交往为基础，以世界市场体系为社会空间布展平台。世界历史既是时间维度的资本全球化，又是空间维度的历史新阶段。世界历史根源于资本生产方式的空间表达。马克思从“物理—地理空间”的拓展、“社会—经济空间”的重组和“文化—心理空间”的变迁等维度揭示了世界交往的空间途程。世界交往的空间途程是由资本增殖逻辑推动的，在这个过程中，资本按照自己的样子重塑了整个世界。

一、物理—地理空间的拓展

马克思以其世界交往的理论立场、观点和方法而成为全球化思想的奠基者。资产阶级首先开创了世界历史，成为全球化实践的开创者。在世界交往时代，人们传统的历史性思维面临着挑战，那种从传统到现代、从血缘到地缘，以民族、国家为分析单位的历史思维失去了解释能力。在世界交往基础上，人们的活动半径超越了“狭隘的物理和地理空间，

① 《马克思恩格斯文集》（第2卷），北京：人民出版社2009年版，第46页。

时间、空间都既压缩了，又扩展了”①。资本主义商品生产和商品流通的发展冲破了民族、国家的空间限制，旧的地域空间壁垒被打破了、新的全球空间疆域形成了。商品经济联系的加强使人类从狭隘的血缘和地域联系中解放出来。世界市场的开创，改变了人类社会的空间结构和空间关系，过去那种孤立分散的发展模式为人类的整体发展趋势所代替。马克思把人类生存发展的“物理—地理空间”拓展与资本主义社会史分析结合起来，揭示了“新航路”开辟和“新大陆”发现、交通运输工具和通讯手段革命对于资本主义世界经济政治体系建构的意义。

（一）“新航路”开辟奠定了“物理—地理空间”拓展的基础

“新航路”开辟的直接结果就是“新大陆”的发现，它拓展了人类生存发展的“物理—地理空间”。在前资本主义时代，人类的物质生产主要是满足生产者及其家属的需要。只有当人们满足自己的需要并向封建主缴纳实物地租之后还能生产更多东西的时候，才有了以交换价值为目的的商品生产。在孕育时期，商品生产的能力有限、交换市场狭小，人类整体处于地域发展阶段。在资本主义时代，伴随机器大工业的发展，推动了大规模的商品生产和商品流通。商品生产者日益走向独立和分散，他们之间的联系日益建立在商品交换基础之上。“新航路”的开辟是寻找海外财富、开辟世界市场的最初尝试。恩格斯说：“伟大的地理发现以及随之而来的殖民地的开拓使销售市场扩大了许多倍……地方性的斗争已经发展为全国性的，发展为 17 和 18 世纪的商业战争。”② 资产阶级取得统治地位、成为世界主宰的两大关键性要素是大工业和世界市场。大工业带来了生产的普遍化，世界市场带来了交往的普遍化。这一切是以“新航路”的开辟和“新大陆”的发现为前提的。

世界市场的开辟是把“物理—地理空间”转化为“社会—经济空间”的过程。“新航路”的开辟为资产阶级开辟世界市场奠定了“物理—地理空间”基础，世界市场的开辟反过来极大地刺激了大工业的发展。世界市场的形成，架起了使用价值向交换价值转化的桥梁，推动了资本生产循环，增强了资产阶级的经济实力，并最终终结了封建制度体系。“新航路”开辟是 15 世纪最为重大的历史事件，它开启了资产阶级

---

① 黄平：《梦里家国 社会发展 全球化与中国道路西方文化通览》，北京：社会科学文献出版社 2015 年版，第 337 页。

② 《马克思恩格斯全集》（第 26 卷），北京：人民出版社 2014 年版，第 290 页。

从欧洲走向世界的交往历史。可以说，15 世纪是世界交往的历史起点，是资产阶级走向世界历史舞台的起点。15 世纪的西欧，封建制度达到鼎盛阶段，但是，由于资本主义萌芽的出现，封建主义的地基开始出现裂痕。西欧主要国家如葡萄牙、西班牙、英国、法国的贵族、商人和资本家，出于资本原始积累的目的开始了世界交往的历程。他们的直接目的就是去海外寻找黄金、珠宝等。由于“新航路”的开辟，“整个生产运动有了巨大的发展……所有这一切产生了历史发展的一个新阶段。”① 资产阶级日益把国内市场扩大为世界市场，这一切呼唤着机器大工业时代的到来。“新航路”开辟和航运业发展是资本主义长足发展、世界市场建立和世界历史形成的必备条件。

“新航路”的开辟根本改变了欧洲的历史面貌，“直接影响了整个世界的历史发展进程”②，具有划时代的重大意义：第一，“新航路”开辟实现了东西两半球的汇合。在新航路的基础上，以西欧为中心的世界贸易网把原先封闭半封闭的地域经济联系起来，终结了东半球与西半球隔绝发展的局面，在人类历史上第一次开启了全球一体化的发展历程。第二，“新航路”开辟直接引发了商业革命，推动了资本主义商品经济的长足发展，带来了市场扩大、商业中心转移和商业经营方式的转变。“新航路”开辟和地理大发现沟通了东西方贸易，在扩展世界市场的进程中加速了东方和西方的分工发展，西方成为以工业为主的地区，而东方成为以农业为主的地区。第三，“新航路”开辟增强了资产阶级的经济政治实力。“新航路”开辟是资产阶级在全球社会空间实现资本积累的前奏，在全球社会空间的资本积累实现了资产阶级经济政治实力的迅速增长。借助全球范围的商业活动，新兴的资产阶级确立了在欧洲和整个世界的统治地位，开辟了世界交往的新纪元。

（二）交通运输工具革命提供了“物理—地理空间”拓展的条件

资本主义的社会化大生产呼唤交通运输业的发展，因而，不可避免地引起马克思的重视。马克思从三个层面剖析过交通运输的性质：首先，交通运输属于社会生产力的范畴。马克思指出，道路“提供了一种生产

---

① 《马克思恩格斯文集》（第 1 卷），北京：人民出版社 2009 年版，第 562 页。

② 杨凤霞、宁波：《对新航路开辟的历史影响探析》，载《牡丹江师范学院学报（哲学社会科学版）》，1999 年第 1 期，第 67 页。

力，生产者是能够为此付出如此昂贵代价的"①，"改善交通运输工具也属于发展一般生产力的范畴"②。交通运输业是为了适应机器大工业的生产方式而发展起来的。现代社会生产力内在地包含着交通运输工具，交通运输工具是生产工具的延伸。其次，交通运输业属于独立的、特殊的物质生产部门，属于产业部门。"运输是人和物的载运和输送，是生产力体系内部各企业、各部门实现联系的纽带……是产业系统的独立生产部门。"③ 马克思明确指出，交通运输业，不论是客运还是货运，都是物质生产领域，是"一个独立的生产部门"，是"生产资本的一个特殊的投资领域"。④ 第三，交通运输业作为物质生产部门有自身的特殊性。这种特殊性表现为：一是运输生产过程的特殊性，它不改变劳动对象的形态，只改变劳动对象的空间位置；二是运输生产力物质要素的特殊性，运输工具在生产过程中发生大规模的空间移动；三是运输经济功能的特殊性，交通运输是联结各经济部门的纵横联系的纽带，尤其是生产与消费的中介，是资本主义剩余价值实现的关键环节。

交通运输工具的革命性变革是"物理—地理空间"拓展的重要条件。突破"物理—地理空间"的限制，瞬间到达遥远的地方，是人类久远的梦想。没有交通运输工具突飞猛进的革命性变革，这种远程梦想是不可能实现的。交通运输工具的革新是社会历史发展的产物，作为资本空间化运动的基本条件，先进的交通运输工具能够极大地提高资本积累的速度和规模。恩格斯在《英国工人阶级状况》中看到，从1830年英国大铁路的修建开始，大城市之间逐渐用铁路联系起来，经过几十年的发展，英国的城市化远远超过了其他国家。铁路极大地加速了英国工业化、城市化进程，推动工商业城市迅速崛起。由此，商品生产可以加工来自远方的原料，产品也可以销往遥远的地方。先进的交通运输工具成为资本空间化的战车。交通运输工具革命实现了时间压缩，从而，真正实现了天涯若比邻的空间压缩。海德格尔说："人类在最短的时间内走过了最

---

① 《马克思恩格斯全集》（第30卷），北京：人民出版社1995年版，第528页。

② 《马克思恩格斯全集》（第30卷），北京：人民出版社1995年版，第520页。

③ 程恩富：《马克思的运输理论与我国交通运输经济的发展》，载《赣江经济》，1987年第1期，第4页。

④ 《马克思恩格斯文集》（第6卷），北京：人民出版社2009年版，第170页。

漫长的路程。”① 交通运输工具变革使资本运动的速度加快了，人类抛开最大距离而以最小距离把一切带到自己面前，最小距离就是意味着最快速度。交通运输工具的改善缩短了人们之间的空间距离。

交通运输工具的革命是机器大工业的直接后果。马克思在《资本论》中分析了交通运输工具革命与机器大工业的关系。机器大工业极大地提高了商品生产能力，国内市场日趋饱和，迫切需要开辟国外市场，因此呼唤交通运输工具的革命。从根本上说，交通运输工具革命是为了适应资本主义机器大工业的需要。按照马克思的逻辑，机器大工业推动了世界市场的开辟，世界市场推动了交通运输业的发展，交通运输业的发展反过来又促进了机器大工业进步。交通运输工具革命的明显后果是极大地促进了全球商品经济的形成。“铁路和轮船已经把交通和交换扩大了百倍。”② “由于交通运输工具的惊人发展……第一次真正地形成了世界市场。”③ 由此，世界范围的经济联系加强了。

（三）以电报为标志的通讯革命创造了“物理—地理空间”拓展的手段

电报的使用推动了资本主义世界市场的开创。开创世界市场是资产阶级世界交往的主要方式和基本内容。17 世纪初，西方出现了世界上最早的一批印刷报纸，由此，人类的信息传播方式开始走向成熟。马克思恩格斯所处时代，电报等信息传播媒介技术方兴未艾。19 世纪 30 年代，英国人库克和惠斯通第一次发明了有线电报，但并没有得以广泛应用。1844 年，美国人莫尔斯对英国人库克和惠斯通设计的有线电报进行了改进，从此，电报开始风靡全球。马克思恩格斯亲身经历了电报给社会生活带来的巨大变化，在一定程度上，电报成为社会发展速度的代名词。他们认为，正像铁路通行、轮船行驶是资本生产力的标志一样，电报的使用也将成为资本生产力的标志。不仅如此，马克思在第一时间意识到电报的使用是资本主义世界市场生成与发展的关键性要素。电报是资产阶级开创世界市场的重要手段，由于电报的出现，资产阶级世界市场才得以真正形成。借助交通运输工具和通讯手段的革命，资产阶级第一次

---

① 〔德〕马丁·海德格尔（Martin Heidegger）：《海德格尔选集》（下），孙周兴译，上海：上海三联书店 1996 年版，第 1165—1166 页。

② 《马克思恩格斯全集》（第 14 卷），北京：人民出版社 2013 年版，第 43 页。

③ 《马克思恩格斯文集》（第 7 卷），北京：人民出版社 2009 年版，第 554 页。

真正地形成了世界市场。马克思看到，从1848年起，德国的工商业、运输业日益兴旺，虽然与英国、法国相比还有一定的差距，但是，它们在20年的时间里取得的成果是空前的，甚至比以前的一个世纪还要多。马克思说："只有到这时，德国才真正地、不可逆转地被卷入了世界贸易。"① 马克思看到，"电报的使用"极大地影响了人类的生产和生活，它不仅使欧洲大陆内部各国之间，而且也使世界各国之间的联系更加便利和紧密。"电报的使用"推动了国际金融和国际贸易的发展，推动了资本主义国际经济秩序的建构，它"把整个欧洲变成了一个证券交易所"②，它极大地推动了传媒业，如报刊、通讯社、电报局等的发展，它不仅缩减了人们彼此交往所需要的时间，而且缩短了人们彼此交往的空间距离。从1839年世界上第一条商用电报线开通算起，以电波信号为载体的电子传播替代了以人和物为载体的实体传播。电报可以在顷刻之间把最新的消息传遍整个世界。马克思说，电报"在一天所制造的神话（而资产阶级蠢驴还相信和传播它），比以前一个世纪之内所能制造的还要多"③。电报等通讯手段连同现代的交通运输工具成为19世纪交往革命的显著标志。

"电报的使用"提高了人们远程信息沟通的效率，对人类社会发展产生了持续久远的影响。"电报的使用"使欧洲大陆各国之间的消息得以迅速传播到整个世界。马克思在他的通信和著作中说，"电报的使用"令他欢欣鼓舞，"各种电报像雪片一般飞来。"④ 虽然电报无法与今天的互联网相比，但是，电报的瞬间传递方式可以把消息快速地传递到千万里之外。以电报为代表的现代媒介革命推动传统劳动方式向现代劳动方式转变。现代劳动方式表现为，"工人不再是生产过程的主要作用者，而是站在生产过程的旁边。"⑤ 电报是人类创造出来的头脑器官的延伸，"它表明，社会生产力已经在多么大的程度上……作为实际生活过程的直接器官被生产出来。"⑥ 电报等作为"物化的知识力量"呈现在固定资本之中，它使人们看到人类智力的发展对社会生活过程的深刻影响。"电报

① 《马克思恩格斯文集》（第2卷），北京：人民出版社2009年版，第207页。
② 《马克思恩格斯全集》（第14卷），北京：人民出版社2013年版，第43页。
③ 《马克思恩格斯全集》（第33卷），北京：人民出版社2016年版，第258页。
④ 《马克思恩格斯全集》（第31卷），北京：人民出版社2016年版，第154页。
⑤ 《马克思恩格斯文集》（第8卷），北京：人民出版社2009年版，第196页。
⑥ 《马克思恩格斯文集》（第8卷），北京：人民出版社2009年版，第198页。

的使用”将在更多领域、更广范围、更大程度上影响社会生活的根本性质和发展方向。

二、社会—经济空间的重构

资本主义大工业推动了世界市场的开创，大工业与世界市场携手并进，重构了“社会—经济空间”。发展商品经济、扩大国际贸易是资产阶级世界交往的根本目的和基本形式。资本主义商品经济的典型特征是集中生产和市场集聚。因此，生产资料和劳动力在哪里集聚与结合，哪里就成为经济活动中心。在资本主义重构世界经济体系过程中，经济活动中心多次发生迁转，交通枢纽、港口城市、资源产地往往容易形成经济活动中心。马克思曾从区域空间发展视角，论证经济发展中心由“地中海时代”到“大西洋时代”再到“太平洋时代”的演进。经济活动中心的空间选择和空间转移是理解区域空间不均衡发展规律的关键。在民族、国家内部，乡村城市化的发展为资产阶级获取政治统治奠定了基础，资产阶级统治地位的确立又反过来巩固了城市中心地位。资本主义开辟世界市场的过程如同城乡空间关系在全球范围的“复制”。世界市场是“资本主义生产方式的基础和生活环境”①，是资产阶级形塑的“社会—经济空间”，是马克思解剖资本制度的逻辑终点。这一终点预示着资本主义生产方式的历史终结。

（一）商人阶级迅速崛起与“社会—经济空间”的重构

商业活动对于开启现代文明至关重要。在文明时代，“每个人都是商人，社会则是商业社会。”② 马克思认为，揭示社会发展规律须“同工业和交换的历史联系起来研究和探讨”③。商业从工业生产中的分离是资本主义生产力发展的结果。随着商业的崛起，商人阶级出现了，这是资产阶级的早期形态。商人阶级的形成发展为资本主义商品生产和商品流通摆脱地方性、自然性和个体性创造了条件，为开创世界市场准备了主体力量。借助世界市场，资本主义商品生产和商品流通突破地域空间限制，商品交换在世界历史空间中展开，于是，一切生产和消费都是世界性的了。商品交换空间的解放从根本上改变了资本生产力的存续和累进方式，

① 《马克思恩格斯文集》（第7卷），北京：人民出版社2009年版，第126页。
② 《马克思恩格斯文集》（第1卷），北京：人民出版社2009年版，第240页。
③ 《马克思恩格斯文集》（第1卷），北京：人民出版社2009年版，第533页。

横向的共时性资本积累取代了昔日纵向的历时性积累。商人阶级的迅速崛起推动了资本全球社会空间布展的进程。商人阶级“只是为卖而买，只是为再买而卖”，商业活动的目的是“取得交换价值本身，取得货币”。① 商人阶级是分工发展的产物，他们不从事生产而专门从事商品交换。“商人阶级的出现，缩短了商品买卖的时间，扩大了商品的销路，推动了商品生产和交换的发展。”② 商人阶级的崛起导致商业资本的繁荣，商业活动的频繁撬动了资本主义商品经济的发展。与农业生产不同，商业活动“具有较大的风险性和不确定性、对海外信息有极高的要求”③，由此王权无法直接控制，其结果是商人阶级与王权之间达成交易。

世界市场的形成推动了资本的历时性积累向共时性积累的转变。由于产业和商业作用强度和频度的增加，带来了行业分工和远程贸易的发展，由此资本主义商品生产的地域局限日益消解。商人阶级的崛起是商品交换从商品生产中深度分离的必然结果，随着这一社会分工的迅速发展，引发了不同城市空间商品生产的重新分工以及国际分工的发展。“分工的进一步扩大是生产和交往的分离，是商人这一特殊阶级的形成。”④ 商人阶级的崛起使商品交换专门化，为商品生产提供了更加广阔的市场。商人阶级的成长不仅延伸了不同地区之间的贸易链条，而且促进了不同城镇的劳动分工。商业资本的繁荣促进了工场手工业的发展。到 17 世纪中叶，工场手工业逐步取代了行会手工业，各国之间的商业竞争由此加剧。为了争夺产品市场，西欧各国的商业竞争日趋激烈。战争、保护关税和各种禁令成为商业斗争的主要形式。商人阶级开始取代贵族阶级，他们对于国家政治的影响越来越大。用马克思的话说就是“从此以后商业便具有了政治意义”⑤。

商品生产与商品交换的分离是生产力发展的积极成果，这种成果在城市空间得到了承继和发展。商人阶级是远程贸易的主体力量，当然，远程贸易的实现仅有商人阶级这一主体力量是不够的，还必须具备一定的客观条件。马克思恩格斯认为，远程贸易的实现“取决于现有的交通

---

① 《马克思恩格斯文集》（第 8 卷），北京：人民出版社 2009 年版，第 46 页。

② 高惠珠：《历史唯物主义当代形态 科学发展观的深度研究》，上海：上海人民出版社 2010 年版，第 284 页。

③ 何顺果：《全球化的历史考察》，南昌：江西人民出版社 2010 年版，第 44 页。

④ 《马克思恩格斯文集》（第 1 卷），北京：人民出版社 2009 年版，第 559 页。

⑤ 《马克思恩格斯文集》（第 1 卷），北京：人民出版社 2009 年版，第 562 页。

工具的情况，取决于政治关系所决定的沿途社会治安状况……取决于交往所及地区内相应的文化水平所决定的比较粗陋或比较发达的需求”①。机器大工业发展、商人阶级崛起、世界市场形成等，这一切极大地推动了国际贸易的发展，导致商品生产和商品交换的相互作用强度更大、频率更高，商品交换的周转周期缩短。商品生产和商品交换的相互作用加强了城市间的联系，推动了城市之间分工的发展。在工业和世界交往基础上，“一切民族都卷入竞争斗争”。② 由此，资本生产力得以在世界各个民族国家之间传播，从而推动了生产力的持存和发展。

（二）工场手工业的纵深发展与“社会—经济空间”的重构

商人阶级的崛起推动了世界交往发展，世界交往是工场手工业最初繁荣的前提。由于新航路开辟和新大陆发现，欧洲国家与世界各国之间的经济往来日益频繁、交往范围不断扩大，工场手工业助推世界市场的开辟，欧洲的早期资本主义国家在世界各地大量开辟殖民地，世界范围的商业战争由此展开。工场手工业的发展有两个历史前提：其一，同国外民族的商品交换带来了工场手工业的初期繁荣；其二，资本积累推动了乡村城市化的完成。织布业是出现最早的、最主要的工场手工业，它是过去农民耕种之余附带从事的劳动。商品市场的扩大首先使织布业获得了发展动力。城市人口的增长以及对衣料需求的增加是织布业发展的直接动力。城市织工阶级迅速崛起，他们生产的大量布匹不仅满足了国内市场需要，还开始远销国外市场。织布业受封建行会束缚较为薄弱，在一些行会控制薄弱的地方，织布业迅速发展。这得益于两个因素：“一是欧洲人口增长造成衣料需求的扩大。二是商业繁荣导致资本积累和奢侈品需求的扩大。”③

商人阶级的崛起是社会所有制结构裂变的第一步。商人资本的活跃，超越了自然形成的等级资本，商业资本成为现代资本的最初形式。工场手工业的发展是社会所有制结构裂变的第二步。工场手工业的发展运用了大量自然形成的资本，随着科学技术在生产领域的应用，对活劳动的剥削程度日益加强。封建侍从的取消，效忠帝王的旧军队的解散，大量

① 《马克思恩格斯文集》（第1卷），北京：人民出版社2009年版，第559页。
② 《马克思恩格斯文集》（第1卷），北京：人民出版社2009年版，第560页。
③ 何顺果：《全球化的历史考察》，南昌：江西人民出版社2010年版，第44页。

耕地变成了牧场等，与工场手工业相伴而生的“流浪时期”① 开始了。这种流浪现象预示着封建制度的瓦解。大量流浪人口为工场手工业发展提供了廉价劳动力的来源。在工场手工业的迅速崛起中，人与人的关系、民族、国家之间的关系迅速发展变化。工人和雇主的关系逐渐失去了过去的宗法关系色彩，资本家和雇佣工人之间变成赤裸裸的金钱关系。商业活动的发展推动了交往的扩大，极大地推动了整个生产运动和工场手工业的发展。通过美洲和东印度的航线把大量金银流入欧洲，这从根本上改变了各个阶级的经济政治地位。冒险者的远征，殖民地的开拓，“所有这一切产生了历史发展的一个新阶段。”② 世界市场极大地刺激了工场手工业的发展，一批大资产阶级相继产生。大商人和工场手工业主成为城市的主宰。工场手工业推动了商业和航运业的发展，商业和航运业的发展又反作用于工场手工业。马克思指出，17 世纪，商业和工场手工业在英国日益集中，这种集中“创造了相对的世界市场”，“创造了对这个国家的工场手工业产品的需求”，“它产生了大工业”。③ 工场手工业日益显示出它对于商业扩大或收缩的依赖性。在商业城市，特别是沿海城市，大资产阶级占据了统治地位，而小资产阶级被挤压在工厂城市。工场手工业时代，由于“世界市场分割成各个部分，其中每一部分都由单独一个国家来经营……这一切都严重地妨碍了流通。”④ 流通的受阻成为商品生产发展的巨大障碍。这个障碍首先在最先发展起来的资本主义国家英国被打破。日益广阔的世界市场远远超过了英国工场手工业的生产能力。当工场手工业不能适应商业和航运业发展要求的时候，工场手工业便被机器大工业所取代。工场手工业完成了它的历史使命，机器大工业时代到来了。

(三) 资本主义大工业的发展与“社会—经济空间”的重构

机器大工业与世界市场是相互促进的。机器大工业是商品生产能力提高的体现，世界市场是商品交换能力提高的体现。世界市场在由工场手工业向机器大工业转变过程中发挥了杠杆作用。世界市场的开创极大地壮大了资产阶级的实力，遍布世界的殖民地不仅成为西方资本主义国

---

① 《马克思恩格斯文集》(第 1 卷)，北京：人民出版社 2009 年版，第 561 页。
② 《马克思恩格斯文集》(第 1 卷)，北京：人民出版社 2009 年版，第 563 页。
③ 《马克思恩格斯文集》(第 1 卷)，北京：人民出版社 2009 年版，第 565 页。
④ 《马克思恩格斯文集》(第 1 卷)，北京：人民出版社 2009 年版，第 565 页。

家倾销过剩产品的市场，而且成为其廉价原料的来源。殖民战争成为获取竞争优势的主要手段，殖民战争直接表现为空间争夺和空间扩张，其背后更多地被经济目的所驱使，其结果是宗主国对殖民地的空间剥削，这种空间剥削造成了时至今日全球空间发展格局的不平衡。机器大工业和世界市场的发展大大加快了资本运动的速度，也加快了社会阶级结构的分化。大工业成就了资产阶级，也“创造了工人阶级”①，其结果造成资产阶级与工人阶级的尖锐对立。

世界市场的经济力量归根结底是由机器大工业赋予的。世界市场的发展又奠定了世界历史发展的经济基础。在建立世界市场的过程中，资本越出国界横行全球、征服世界，资本主义生产方式得到了充分的空间表达。大工业的本质在于“把自然力用于工业目的，采用机器生产以及实行最广泛的分工”②。资本主义机器大工业推动了物质财富的丰富，为未来社会创造了物质基础。资本主义机器大工业推动了四个“普遍性”的发展：一是社会分工的普遍性。机器大工业“消灭了各国以往自然形成的闭关自守的状态”③，推动了世界交往的纵深发展，它的“直接后果是资本主义工商业的繁荣”④，与此同时，创造了新的国际分工。二是经济交往的普遍性。开辟世界市场是资产阶级国际经济交往的主要目的，是机器大工业战胜工场手工业的直接动力。以机器大工业为基础的世界交往把一切民族都卷入普遍竞争，这是保存已经创造出来的生产力的重要条件。三是交换关系的普遍性。世界市场对于机器大工业的影响取决于流通周转速度加快和商品市场范围扩大。资本主义商品交换的发展把所有自然形成的关系都变成了金钱关系，以货币为中介的交换关系占据了主导地位，旧日那种温情脉脉的面纱被彻底揭开。四是市场竞争的普遍性。机器大工业和世界市场把世界上所有的国家都卷入了普遍竞争。资本主义世界市场体系毫无例外地席卷了一切民族，甚至是最野蛮的民族。机器大工业使竞争普遍化了。机器大工业创造了“现代的世界市场，控制了商业”⑤，加快了商品流通的速度，使资本日益集中。

---

① 《马克思恩格斯文集》（第1卷），北京：人民出版社2009年版，第406页。

② 《马克思恩格斯文集》（第1卷），北京：人民出版社2009年版，第565页。

③ 《马克思恩格斯文集》（第1卷），北京：人民出版社2009年版，第566页。

④ 杨芳：《马克思的社会分工理论及其当代意义》，西安：陕西人民出版社2008年版，第304页。

⑤ 《马克思恩格斯文集》（第1卷），北京：人民出版社2009年版，第566页。

社会分工、经济交往、交换关系和市场竞争的普遍性根源于资本空间化本性。以资本为基础的商品生产处于不断扩大的运动之中，最终将突破民族、国家和地域空间的限制而走向世界。机器大工业和世界市场携手并进推动了世界历史发展。马克思对资本主义机器大工业的历史作用给予了充分肯定，大工业的发展使生产工具和资本主义私有制的矛盾日益加深，资本主义私有制由大工业的发展形式逐步变成了大工业的发展桎梏。马克思认为："只有随着大工业的发展才有可能消灭私有制。"[①]大工业产生了大量的生产力，但是，资本主义私有制的局限性使其成为大工业继续发展的障碍。机器大工业重构的"社会—经济空间"是资产阶级的天堂和无产阶级的地狱。由机器大工业创造的无产阶级"是一个真正同整个旧世界脱离而同时又与之对立的阶级"[②]，这个阶级就是担当着埋葬资本主义使命的无产阶级。

三、文化—心理空间的变迁

文化既是一个国家社会发展的精神动力，又是一个民族内聚力和创造力的源泉。"文化—心理空间"是由物质生活资料生产方式决定的。资本主义生产方式"抹去了一切向来受人尊崇和令人敬畏的职业的神圣光环"[③]，它把人类变成了创造财富的机器，它把社会关系变成了金钱的交易，它所形塑的"文化—心理空间"是异化的、扭曲的。对于"文化—心理空间"的理解必须坚持唯物史观的理论原则。然而，在国内文化热中，却存在着"去唯物史观"的错误倾向：一是泛文化主义的文化观，把人类所创造的一切社会现象、社会过程和社会事物都看成文化，把所有东西都冠之以文化，对所有现象都解之以文化。二是"人本主义的文化观"，把文化看成人区别动物的根本特征，文化表征着人的主体性、创造性与自由性。其实质是抬高了人的文化特征，忽视了人的社会性。[④] 这两种倾向都偏离了唯物史观的叙事逻辑。对于"文化—心理空间"的理解必须归结为精神生产的高度，而精神生产又是由物质生产所

---

① 《马克思恩格斯文集》（第 1 卷），北京：人民出版社 2009 年版，第 556 页。

② 《马克思恩格斯文集》（第 1 卷），北京：人民出版社 2009 年版，第 567 页。

③ 《马克思恩格斯文集》（第 2 卷），北京：人民出版社 2009 年版，第 34 页。

④ 段迎晖：《"话语置换"或"话语回归"？——对当今文化理论研究之"去唯物史观"倾向的反思》，载《探索》，2010 年第 3 期，第 162 页。

决定的。随着人类物质生产的世界性发展，人类的精神生产也具有了世界性，因此多种民族的和地方的文学共同组成了世界文学。在西方资本主义国家大力推行文化殖民的过程中，“文化—心理空间”成为资本宰制的奴仆。

（一）基于精神生产的“文化—心理空间”形塑

“文化—心理空间”是精神生产形塑的结果。在世界交往时代，精神生产是世界性的。按照马克思的唯物史观，物质生产方式决定精神生产方式，物质生活资料的生产决定精神生活资料的生产。物质生活资料的生产方式对“社会—经济空间”的重构直接决定着精神生活的生产方式对“文化—心理空间”的形塑。世界交往取代地方的、民族的自给自足和闭关自守状态是历史的必然，物质的生产是如此，精神的生产也是如此。

“文化—心理空间”属于思想上层建筑，或者说属丁人们的精神生活领域。马克思立足生产力的视角对思想上层建筑的本质进行了深刻揭示，坚持从物质生活资料的生产方式出发解释人们的精神生活过程。马克思曾经把“货币”理解为发展“物质生产力和精神生产力的主动轮”①。生产力中包含物质和精神双重内涵。精神生产具有职业特征，“哲学家生产观念，诗人生产诗，牧师生产说教，教授生产讲授提纲，等等。”② 精神生产既是艺术创造过程，又是社会生产形式。因此，精神生产受物质生活资料的生产方式制约。在资本主义社会，精神生产是资本家赚取利润的方式。如果艺术家进行艺术创造和文化服务的过程是自觉自愿的，那么，他的艺术创造过程及其文化产品便是其本质的体现、再现和确证。如果艺术家是被雇佣进行艺术创造和文化服务，那么，他的本质便以一种异化形式表现出来。马克思区分了精神生产的两种形式：一是文化产品的创造，表现为通过艺术家的创造性劳动生产出具有使用价值的商品；二是文化服务，这些服务的结果不是可以出卖的商品，而是一种特殊的使用价值。马克思还举了歌唱家的例子加以说明，歌唱家为他人提供的服务是活动本身，是一种特殊的使用价值。马克思说：“这种劳动都是作为服务被购买的。”③ “服务”是歌唱家劳动的特殊使用价

---

① 《马克思恩格斯全集》（第30卷），北京：人民出版社1995年版，第176页。
② 《马克思恩格斯全集》（第32卷），北京：人民出版社1998年版，第349页。
③ 《马克思恩格斯全集》（第37卷），北京：人民出版社2019年版，第334页。

值的名称，是以活动方式被资本购买的特殊商品。实际上，歌唱家的服务本身也是一种商品。

“精神生产”概念是马克思恩格斯在《神圣家族》中首次提出的。精神生产也同物质生产一样，需要考虑它的生产时间、交换价值。精神生产既受生产的普遍规律支配，又有自身的特殊性。人的本质是“有意识的生命活动”①。“思想、观念、意识的生产最初是直接与人们的物质活动、与人们的物质交往、与现实生活的语言交织在一起的。”② 精神生产与物质生产是不可分割的，支配物质生产资料的阶级的同时支配着精神生产资料。意识形态的生产是精神生产的核心内容。在《剩余价值理论》一书中，马克思深入分析了精神生产的结构，区分了精神生产的两种基本类型：一是意识形态的生产，这种精神生产的产品构成了思想上层建筑，这种意识形态功能是精神生产的首要功能。二是“最高的精神生产”③，它集中反映着精神自由特征，是精神生产的非意识形态功能。

只有立足马克思精神生产的立场、观点和方法才能正确地把握一定历史时代的“文化—心理空间”。社会生产一般包括“物质生产、人质生产（即人类自身生产）、精神生产和社会关系的生产等”④。与社会生产相对应，形成了人类社会生活的四大领域，即物质生活、政治生活、精神生活和两性生活（包括婚姻与家庭）。“文化—心理空间”在本质上是现实的物质关系在人们思想领域的体现，是人们观念地把握现实世界过程中建构的社会空间。“文化—心理空间”属于精神生活领域。在资本主义条件下，“文化—心理空间”有着资产阶级意识形态的深刻烙印。

（二）从民族的、地方的文学到世界文学

世界历史是工业革命以来，由于世界分工、世界交往、世界市场等综合作用而形成的历史发展趋势。世界文化是民族交往转化为世界交往的必然结果，是世界历史的“文化—心理空间”呈现。马克思恩格斯把世界文化置于世界历史的高度来考察，揭示了世界文化的本质和发展趋势。世界文化是资本积累空间化的必然结果，因此，资产阶级时代的世界文化具有资本文明的底色。由于资产阶级世界市场的开拓，赋予了生

---

① 《马克思恩格斯文集》（第 1 卷），北京：人民出版社 2009 年版，第 162 页。
② 《马克思恩格斯文集》（第 1 卷），北京：人民出版社 2009 年版，第 524 页。
③ 《马克思恩格斯全集》（第 33 卷），北京：人民出版社 2004 年版，第 348 页。
④ 谢名家：《社会学视野中的文化经济》，上海：上海大学出版社 2010 年版，第 26 页。

产的世界性。“物质的生产是如此，精神的生产也是如此……于是由许多种民族的和地方的文学形成了一种世界的文学。”① 德语“literatur”一词，广义是指文化，“泛指科学、艺术、哲学、政治等等方面的著作。”②

精神生产虽然具有一定的相对独立性，但却根本上受制于物质生产。由于资本主义商品生产和商品交换是世界性的，从而决定了它的“文化—心理空间”也是世界性的。世界交往为各个民族国家的文化交流、碰撞、融合等创造了条件。在马克思恩格斯看来，世界交往不仅是经济交往，而且也是文化交往。世界交往为人类保存和传承物质文化和精神文化成果提供了保障。世界交往使人们突破了过去那种孤立、局部和狭小的范围，个人成为世界历史性个人，个人的文化指令中日益融入世界性内涵，民族的文化融合到世界文化的潮流之中。世界文化以其广泛的包容性为人们所吸纳、共享和传承。资本主义世界市场体系具有巨大的同化作用，资本文明以其巨大的冲击力，迫使未开化和半开化的国家卷入到资本文明发展序列。在世界历史的时代，一个民族不仅能够而且必须向其他民族学习才能谋求自身的生存与发展。

野蛮的征服者总是被他们所征服臣民的较高文明所征服，这是一条永恒的历史规律。然而，“不列颠人是第一批文明程度高于印度因而不受印度文明影响的征服者。”③ 英国对印度的侵略是一种先进的世界文化对落后的农耕文化的征服。马克思认为，尽管不列颠人在印度犯下了累累罪行，但却代表了世界历史发展的必然趋势。在农耕文化下，人们形成了极端落后的文化心态。东方社会这种落后的农耕文化是由土地公有、专制主义和农村公社三位一体的亚细亚生产方式决定的。马克思指出：“亚洲各国不断瓦解、不断重建和经常改朝换代，与此截然相反，亚洲的社会却没有变化。这种社会的基本经济要素的结构，不为政治领域中的风暴所触动。”④ 英国对印度的侵略，客观上带来了印度有史以来仅有的一次社会革命。没有这样的一次社会革命，印度社会就难以进入世界历史的发展轨道，就难以融入世界文化的发展洪流。因此，英国侵略者不管犯下了怎样的罪行，但是，他们在这样做时，却充当了历史发展不自

① 《马克思恩格斯选集》（第1卷），北京：人民出版社2012年版，第404页。

② 《马克思恩格斯选集》（第1卷），北京：人民出版社2012年版，第404页。

③ 《马克思恩格斯选集》（第1卷），北京：人民出版社2012年版，第857页。

④ 《马克思恩格斯文集》（第5卷），北京：人民出版社2009年版，第415页。

觉的工具。

世界文化寓于民族文化之中，只有在世界历史和世界交往的背景下，民族文化才可能成为世界文化，从而为世界人民所共享。共性的世界文化和个性的民族文化是不可分割的。民族文化只有融入世界文化才能发扬光大，但是，世界文化需以民族文化为基础。资本主义创造了世界文化，但是，世界文化绝不等同于资本主义文化。文化是人类的创造物，是人类的共同财富。只有那种反映人类共同本质的文化，才是真正的世界文化。世界文化是人类本质属性的生成和展现。马克思认为，蒙昧、野蛮和文明是人类文化发展的三大历史阶段。“人类经验的成果在相同文化阶段上的一切时代和地区中都是基本相同的。”① 这是对世界文化发展普遍规律的概括。马克思不仅重视对世界文化的研究，而且重视对不同民族文化发展规律的研究，如对亚洲、非洲、美洲等民族文化的研究。

（三）资本主义大力推行文化殖民主义

资本主义国家“文化—心理空间”建构过程中，大力推行文化殖民主义。与资本空间化进程相伴随的是资本主义精神文化在全球社会空间的传播和渗透，在这一过程中，文化殖民主义成为资本空间化建构的辅助手段。物质生产从根本上决定着精神生产，机器大工业的空间形塑赋予精神生产以全新的面貌。机器大工业造成竞争普遍化，雇佣劳动者工作强度增加，高强度劳作使他们身心交瘁。在资产阶级开创世界市场过程中，他们所到之处迫使那里的民族采用资本主义生产方式，建构从属资本的“社会—经济空间”以及与之适应的资本主义生活方式和价值观念，也就是说，资本主义“文化—心理空间”是其“社会—经济空间”的反映。资产阶级借助机器大工业的力量努力消灭意识形态、宗教、道德的地方性，在他们无法做到这一点的地方，“就把它们变成赤裸裸的谎言”②。资产阶级通过资本殖民和文化殖民的携手并进，试图对落后的民族国家实行文化宰制和意识形态操控。在资本主义殖民扩张中，文化殖民往往与军事侵略并行，后起的帝国主义国家为了瓜分或重新瓜分世界市场而发动了两次世界大战，给落后国家和人民带来了文明的灾难。文化殖民是内外因双重作用的结果。从内因看，文化殖民是资本主义文化

---

①《马克思恩格斯全集》（第 45 卷），北京：人民出版社 2016 年版，第 398 页。

②《马克思恩格斯文集》（第 1 卷），北京：人民出版社 2009 年版，第 566 页。

对落后民族国家文化的同化过程；从外因看，表现为资本追求利润逻辑驱使下的军事和商业战争。马克思在谈到英国对中国的入侵时指出，英国的枪炮让满族王朝的声威尽扫，天朝帝国万世长存的迷信破产了，他们被迫同外界发生联系。英国殖民者的暴行，打破了旧中国与世隔绝的状态，中国传统社会迅速走向解体。由此，英国的侵略也成为中国未来社会革命的导火索。战争打破了原有的空间壁垒，把每一个民族、每一个国家都带到了世界历史空间的建构之中。

资本主义文化殖民并不是文化的独奏，而是文化与资本的共谋。资本空间化要求资本所到之处实现对“文化—心理空间”的宰制。随着资本统治的发展，精神生产会像物质生产一样日益依附资本，文化走下神坛后，变成了受资本宰制的“下里巴人”。文化变成了资本的奴仆，文化生产与资本生产沆瀣一气，变成了资本关系及其阶级关系的捍卫者。由于资产阶级对物质生产资料和精神生产资料的全面支配，不仅在“社会—经济空间”生产方面制造了不平衡，而且在“文化—心理空间”生产方面也制造了不平衡。马克思认为，城乡分离是“物质劳动和精神劳动的最大的一次分工”①。资本对城市的统治，不仅体现在物质生产方面，而且体现在精神生产方面。与资本主义生产相适应，“文化—心理空间”呈现为“商品拜物教”“货币拜物教”的流行。民族交往向世界交往的转变不是“形而上学幽灵”的抽象过程，而是资本主义开创世界市场的历史行动。马克思认为：“个人在精神上的现实丰富性完全取决于他的现实关系的丰富性，根据上面的叙述，这已经很清楚了。只有这样，单个人才能摆脱种种民族局限和地域局限而同整个世界的生产（也同精神的生产）发生实际联系，才能获得利用全球的这种全面的生产（人们的创造）的能力。”② 世界交往时代“全面的生产”为个人摆脱片面发展提供了历史条件，但是，只有在“自由人联合体”共同占有生产资料条件下，才能把“全面的生产”条件变成个人全面发展的条件，从而实现个人的自由个性的发展。由于物质生产的高度发展，社会将为人们的物质生产和精神生产提供必要条件，到那时，“人终于成为自己的社会结合的主人，从而也就成为自然界的主人，成为自身的主人——自由的

---

① 《马克思恩格斯文集》（第1卷），北京：人民出版社2009年版，第556页。

② 《马克思恩格斯文集》（第1卷），北京：人民出版社2009年版，第541—542页。

人。"① 可见，"文化—心理空间"的解放归根结底取决于"社会—经济空间"的解放。

总之，世界交往是资本空间化实践的基本方式。资本增殖的本性是世界交往空间形成发展的内在动力。马克思的世界历史、世界市场概念揭示了世界交往的时空内涵。世界交往空间归根结底是资本主义生产方式的空间表达。大工业和世界交往的携手并进助推资产阶级重塑了整个世界。新航路开辟奠定了"物理—地理空间"拓展的基础，交通运输工具革命提供了"物理—地理空间"拓展的条件，以电报为标志的通讯革命创造了"物理—地理空间"拓展的手段。商人阶级迅速崛起在"社会—经济空间"重构中发挥了重要作用，工场手工业的纵深发展改变了"社会—经济空间"的内涵，资本主义大工业在"社会—经济空间"重构中发挥了决定性的作用。"社会—经济空间"的重构决定了"文化—心理空间"必须与之适应。对于"文化—心理空间"的形塑必须归结为人类精神生活的生产和再生产。在资本主义时代，人类精神生产的发展实现了从民族的地方的文学向世界文学的提升。然而，资本对于精神生产的操控使"文化—心理空间"表现为"商品拜物教""货币拜物教"的盛行。推行文化殖民主义是资产阶级精神空间生产的基本方式。文化霸权是西方发达资本主义国家推行霸权主义的重要方面。

第三节　资本运动的时空辩证法

马克思的经济学研究，以其"人体解剖"的精微与细致揭示了资本主义生产方式的形成过程和发展规律，揭示了资本运动的时间轨迹和空间边界。资本的本质就是通过在时间与空间中的运动实现自我增殖，这个过程的直接表现就是资本积累。资本积累的本质是将剩余价值转化为资本。资本积累的实现必须有两个条件：一是生产出更多的剩余价值，二是创造出剩余价值转化为资本的途径。马克思对资本运动时空辩证法的系统阐述，具体体现在他的世界历史和世界市场概念之中。毫无疑问，世界历史是时间逻辑与空间逻辑的统一，世界历史的空间逻辑便是资本的空间化扩张，其结果是世界市场危机。同样，世界市场也是空间逻辑与

① 《马克思恩格斯文集》（第3卷），北京：人民出版社2009年版，第566页。

时间逻辑的统一，世界市场“内在地构成了‘世界历史’之一部分”①。资本积累在世界历史进程中的空间布展直接表现为世界市场的形成及其危机。马克思强调，资产阶级在开创世界市场的过程中首先开创了世界历史。这一过程，资产阶级把“社会关系空间”的异化由民族国家扩展到整个世界，形成了以“中心与边缘”“主导与依赖”为特点的全球社会空间的异化。这种异化空间终将被共产主义“自由王国”的社会空间所代替，“自由人联合体”作为一种空间解放的社会历史形态，是人类积极存在状态的表征，是对资本主义所主导的全球社会空间异化的扬弃。

一、资本主义生产方式的时空界限

资本主义生产方式的优越性就在于能够使社会一般财富和整体关系得到快速发展。资本主义生产方式的创富功能是以往任何生产方式无法比拟的。为了实现增值，资本要求打破一切外在限制，不断超越自身发展的边界。资本主义生产方式的建立、巩固和发展是不断打破资本增殖的时空界限过程。资本具有优化、修复商品生产和商品流通空间的功能，表现出积极性质，但是，时空界限却规定了炸毁资本空间的燃点。资本主义生产方式的根本限制在于它的内在矛盾，资本主义社会的基本矛盾是炸毁资本空间的地雷。马克思认为，在生产过程内部，价值增殖没有其他界限，部分作为生产过程的前提和部分被产生出来的界限，总是表现为应当克服的限制。马克思分别使用了“界限”与“限制”两个术语来分析资本运动过程所遇到的障碍。“限制”含有被超越的意思，“界限”表征有限性事物存在的边界，“任何一种界限都是而且必然是对资本的限制”②。资本的活力和能量表现为创造伟大文明、重塑社会空间，但它无法超越自身时空界限。

（一）资本界限的总体把握和具体分析

从资本自身的界限看，资本积累的实现要求资本生产与价值增殖实现有机统一，但是，在由资本生产向价值增殖的转化过程中，货币是中间环节，货币是生产者与消费者的中介，消费市场的存在是剩余价值生产及其实现的前提。资本增殖与剩余价值的生产是同一过程、同一回事。

---

① 吴耀国：《“世界历史”与“世界市场”的辩证关系——基于马克思社会批判理论中的时空维度分析》，载《河南大学学报（社会科学版）》，2016 年第 1 期，第 71 页。

② 《马克思恩格斯全集》（第 30 卷），北京：人民出版社 1995 年版，第 297 页。

资本生产过程的界限存在于资本与雇佣劳动的关系之中。然而，生产过程直接创造的是使用价值，要想转化为交换价值，生产必须以流通为前提，因而，流通成为生产的界限。

马克思对资本界限的解剖从两个层面展开：一是对资本界限的总体把握；二是对资本界限具体形式的分析。

在“总体把握”层面，马克思提出了两个判断。第一个判断是：价值增殖过程的诸要素“在内部是互相制约的，在外部是互相寻求的”，但“可能寻求得到也可能寻求不到，可能互相一致也可能不一致，可能互相适应也可能不适应”。① 马克思揭示了资本价值增殖过程存在着内部和外部诸多矛盾，这些矛盾根源于资本的总体矛盾。这个总体矛盾就是资本与劳动的矛盾。资本与劳动相互冲突但又必然地联系在一起，劳动和资本在对立统一中表现出复杂的关系，衍生出多种多样的矛盾。第二个判断是：更进一步考察可以发现“以资本为基础的生产固有的限制”，这就是资本作为一种特殊生产方式却具有“超越生产的任何界限的一般趋势”。由此必然发生生产过剩的危机，证明资本“不是生产力发展的绝对形式”②。资本的限制是资本主义作为特殊生产方式的历史局限性。资本主义生产方式并不是财富发展的绝对形式。资本的限制是由“资本无止境地追逐剩余价值的本性”③ 决定的。抓住了资本本性就找到了资本的界限，就找到了资本主义财富生产的总矛盾、总根源。

在“具体形式”方面，马克思概括了四种资本限制形式。④ 第一种，“必要劳动是活劳动能力的交换价值的界限”。缩短必要劳动时间和延长剩余劳动时间，是资本增殖的两种基本方式，但是，必要劳动无论如何缩短，也不能为零，它作为剩余价值生产的条件是不可或缺的，是资本增殖的限制。第二种，“剩余价值是剩余劳动时间的界限”。在生产力发展的基础上更多地榨取剩余劳动是资本攫取剩余价值的手段，但增加剩余劳动必须缩减必要劳动，由此，推动资本家改进技术，不断提高劳动生产力。当劳动生产力提高到一定程度时，必要劳动时间便不能再明显

---

① 《马克思恩格斯全集》（第 30 卷），北京：人民出版社 1995 年版，第 395 页。

② 《马克思恩格斯全集》（第 30 卷），北京：人民出版社 1995 年版，第 396 页。

③ 吴瑞敏：《财富与时间〈1857—1858 年经济学手稿〉研究》，上海：上海人民出版社 2015 年版，第 118 页。

④ 《马克思恩格斯全集》（第 30 卷），北京：人民出版社 1995 年版，第 396 页。

地减少了。由此，必要劳动时间变成了劳动生产力发展的界限。第三种，货币是生产的界限，即生产以交换为基础，货币是交换价值的一般形式，是商品流通的手段。货币直接制约生产过程。第四种，“使用价值的生产受交换价值的限制”。因为市场销售制约着商品生产，生产什么、生产多少从根本上取决于使用价值向交换价值的转化，如果不能实现这种转化，生产过程就会停止。资本家生产无限扩大趋势与市场有限性的矛盾，必将导致生产相对过剩的危机。概言之，“生产力发展的水平，影响着生产资本的必要劳动时间；必要劳动时间，决定着劳动力的价值，影响着劳动者的购买力和商品交换价值的实现，从而最终影响着剩余价值的实现。”① 因此说，流通过程的受阻必然直接制约生产过程，劳动者购买力和商品交换价值的实现从根本上制约着资本主义生产和再生产过程。

（二）资本生产的时间界限

马克思在《1857—1858年经济学手稿》中，阐述了资本对劳动时间的操控问题，详细探讨了“财富的时间结构”。劳动时间是贯穿资本主义发展史的一个中心问题。为了无偿占有工人的剩余劳动时间必须增加劳动时间或增加劳动强度，这事关资本的生命力和存废。劳动时间始终是摆在资本面前的基本界限。

首先，工作日是资本积累的“质的界限”。马克思对于工作日的理解，坚持从时间维度把握资本主义财富生产，从而揭示了资本主义财富生产的本质。马克思指出：“生产力的发展本身既以资本的增加又以同时并存的工作日的增加为前提，但是在……资本的既定界限内，生产力的发展本身就是资本的生产力发展的界限。”② 生产力的发展取决于两个方面因素：资本的增加和同时并存的工作日增加。前者是不变资本的增加，后者是可变资本的增加，二者之间需要协同和匹配。工人工作日的一定数量规定了与之匹配的资本数量，因此，它构成资本“量的界限”。如果资本数量超过了工作日的数量，便会造成资本的浪费。同时，生产力发展水平是资本增殖的界限，资本数量和工作日数量的比例受生产力发展水平的影响。马克思认为：“绝对的和相对的剩余劳动时间——是同一的，这就为资本的积累设定了一个质的界限，那就是：工作日，即工人

① 陈志刚：《现代性批判及其对话——马克思与韦伯福柯哈贝马斯等思想的比较》，北京：社会科学文献出版社2012年版，第93页。

② 《马克思恩格斯全集》（第30卷），北京：人民出版社1995年版，第319—320页。

的劳动能力在24小时内所能活动的时间；生产力的发展程度；以及表示同时并存的工作日数的人口，等等。”① 资本积累“质的界限”受多个因素制约，首先是工作日，即单个工人一天所能够劳动的时间。其次是生产力的发展程度。再次是“同时并存的工作日数的人口”。工作日是剩余劳动时间的源泉，资本积累的程度最终由工作日决定的，工作日是劳动生产力水平的标志。工作日作为资本积累“质的界限”与资本积累“量的界限”不同。“量的界限”是由利息或利息率决定的。利息是剩余劳动时间的分割，利息虽然是资本积累的要素，但它本身却是工作日的产物。“质的界限”是由生产力发展程度决定的，它内在地包括并存的工作日，也包括资本的数量。

其次，剩余劳动时间是资本的“直接界限”。所谓“直接界限”是因为资本增殖的本质便是对剩余劳动时间的无偿占有。马克思指出：“资本……总是力图取消必要劳动时间……但是剩余劳动时间只是作为对立物，只是同必要劳动时间对立地存在着”②。必要劳动时间和剩余劳动时间作为一对矛盾是不可分割的，剩余劳动时间必须以必要劳动时间的存在为前提。资本增殖的本性总是力图压缩必要劳动时间，同时增加剩余劳动时间。资本越是压缩必要劳动时间，必要劳动时间作为剩余劳动时间的条件就越加生死攸关。必要劳动时间的压缩在一定程度上标志着物质生产力的发展水平，也意味着工人阶级力量的发展，当物质生产力发展到一定程度，就会变成扬弃资本的物质力量，届时，工人阶级将会变成扬弃资本的社会力量。

第三，流通时间是资本的“现实界限”。所谓“现实界限”，是指资本对于剩余价值的实际占有必须通过流通时间才能现实化。剩余价值在生产环节产生却在流通环节实现。不同的资本有不同的流通时间，因而带来价值增殖的差异。马克思指出：“流通时间本身是对价值增殖的限制……流通时间只是对这种价值实现的限制，因而就这一点来说，也是对价值创造的限制”③。流通时间意味着对剩余劳动时间的扣除，因而会直接影响剩余价值的多少，同时，生产过程是剩余价值的创造，流通时间是剩余价值的实现，流通时间对于商品生产是一种限制，资本具有一

---

① 《马克思恩格斯全集》(第30卷)，北京：人民出版社1995年版，第344页。

② 《马克思恩格斯全集》(第30卷)，北京：人民出版社1995年版，第542—543页。

③ 《马克思恩格斯全集》(第30卷)，北京：人民出版社1995年版，第542页。

种打破流通时间限制的趋势，这种生产与流通的斗争是资本主义生产方式发展的内在动力。

（三）资本生产的空间界限

资本生产的空间界限是指空间条件对资本主义生产方式的限制，包括地理空间、社会空间和思想空间等。地理空间的限制是资本生产的天然限制。从绝对限制看，资本生产不能逾越人类宜居的空间范围；从相对限制看，资本生产必须以雇佣劳动的存在为前提。社会空间的限制是指资本生产的制度局限，资本主义生产方式取代了前资本主义生产方式，又必将被社会主义生产方式所取代。社会主义制度的发展是资本空间的否定性力量。思想空间的限制是指“各种思想启蒙和觉醒对资本主义生产形成了观念制约”①。资本生产的空间界限与必要劳动时间紧密关联。要获取更多的剩余价值，就要减少必要劳动时间和增加剩余劳动时间。资本追求剩余价值的动机推动它不断开拓市场空间和消费领域，推动它不断扩大流通空间和缩短流动时间。资本不满足于偏安一隅，它总是力求开辟世界市场的新疆界。世界市场的有限性与资本生产、资本流通空间诉求的无限性相矛盾，由此规定了资本生产、资本流通的空间界限。“资本是资产阶级社会的支配一切的经济权力。”② 扩大流通领域和消费空间是资本经济权力的运用。资本过度积累的趋势建立在世界市场基础之上，世界市场的有限性终将造成资本循环受阻，造成资本生产相对过剩的经济危机。世界市场空间没有根除资本主义的内在矛盾，但却缓解了资本主义国家内部的劳资矛盾。资本主义的过剩资本“通过空间转移获得新的投资场所”③，但是这种过剩资本的空间转移有时是极其野蛮的。按照马克思的观点，资本积累按其实际内容来说是规模扩大的再生产，它有两种途径：一是外延式扩大再生产，表现为生产模式的地理扩张，由此引起市场的扩大；二是内涵式扩大再生产，表现为以技术进步和新生产模式为基础，由此引起社会经济结构的改变，表现为资本家重组和升级社会经济空间的努力。这是产业资本追逐剩余价值的两种扩张

---

① 高玉林：《资本的空间限度——马克思主义对资本主义的空间批判》，载《浙江社会科学》，2015 年第 8 期，第 79 页。

② 《马克思恩格斯文集》（第 8 卷），北京：人民出版社 2009 年版，第 31—32 页。

③ 单许昌：《空间经济生成动力机制及结构研究》，上海：上海人民出版社 2016 年版，第 99 页。

方式，如果遇阻，资本便会转向虚拟经济空间。

资本积累具有一种突破空间界限的冲动，具有一种开拓世界市场的冲动。马克思说："资本按其本性来说，力求超越一切空间界限。"① 打破地域界限走向整个世界是资本本性使然。资本力求"征服整个地球作为它的市场"②。在《1857—1858 年经济学手稿》中，马克思制定了"六册写作计划"，其中"世界市场"始终是这一庞大写作计划的主题和压轴部分。他对"世界市场"的分析揭示了资本生产的空间界限。"资本主义生产方式有两个基本特征：一个是用时间消灭空间；一个是用空间集约时间。资本全球化及其带来的世界市场是一个资本空间概念，而资本空间（世界市场）的意义是在更大范围集约剩余劳动时间，以此来打破资本的空间界限，也就是通过在更大空间内吸附更多的剩余劳动时间，为资本提供持续的生命活力。因此，世界市场能否不断扩大，对于资本来说就成为一个生死攸关的事情。"③ 要把使用价值转化为交换价值，就必须不断地扩大消费市场。资本增殖对于消费环节提出的要求是现有消费在数量上的扩大、在范围上的拓宽，以及"生产出新的需要，发现和缔造出新的使用价值"④。资产阶级开拓商品市场和消费空间的需要，推动着他们奔走于世界各地，把世界上的每一个国家、每一个地区、每一个民族都变成他们过剩商品的倾销市场，最终推动了世界市场的形成。罗莎·卢森堡指出，非资本主义社会是资本之"劳动力的蓄积场所""生产资料的来源地""剩余价值销售市场"。⑤ 这样的世界市场规定着资本的空间界限，帝国主义对非资本主义文明的残暴摧毁，等于挖掉了资本积累的立足之地。

二、资本积累的时间规划与空间规划

资本由时间化积累向空间化积累的转化，是资本积累发展的必然趋势。马克思虽然对资本积累的历史性贡献给予了充分肯定，但是，却始

---

① 《马克思恩格斯全集》（第 30 卷），北京：人民出版社 1995 年版，第 521 页。

② 《马克思恩格斯文集》（第 8 卷），北京：人民出版社 2009 年版，第 169 页。

③ 吴瑞敏：《财富与时间〈1857—1858 年经济学手稿〉研究》，上海：上海人民出版社 2015 年版，第 118 页。

④ 《马克思恩格斯全集》（第 30 卷），北京：人民出版社 1995 年版，第 388 页。

⑤ 〔德〕罗莎·卢森堡（Rosa Luxemburg）：《资本积累论》，彭尘舜、吴纪译，北京：生活·读书·新知三联书店 1959 年版，第 291 页。

终保持着对资本积累的批判维度。马克思的世界历史和世界市场概念，分别从时间维度与空间维度揭示了资本空间化积累的社会意义。资本主义生产方式的确立，实现了资本积累方式由时间性积累到空间性积累的转变。资产阶级凭借资本积累的力量迅速强大起来，他们毫不留情地排挤掉了中世纪遗留下来的一切阶级，资产阶级的历史性贡献在于“比过去一切世代创造的全部生产力还要多，还要大”①。资本的空间扩张能力摧毁一切前资本主义生产方式。资本主义剩余价值生产直接表现为对工人剩余劳动时间的无偿占有。剩余价值生产的时间规划和空间规划都服务于剩余价值生产这一目的。资本主义生产虽然经历了时间性积累向空间性积累的飞跃，但二者之间的区别是相对的。从剩余价值生产过程、商品流通过程以及资本形态演变过程看，资本积累必然在时空统一条件下才能最终实现。

（一）剩余价值生产的时间与空间

任何一种生产方式都有与之相适应的时间规划，同样，在资本的自我增殖过程中也蕴含着一个时间规划的秘密，这就是马克思所揭示的资本家剥削工人剩余劳动的秘密。世界历史的形成与发展是资本空间化的时间画卷，世界市场是这一时间画卷的深刻内涵。世界市场是资本积累空间化的生动体现。资产阶级借助世界市场的开拓确立了资本生产空间规划的主导地位。资本积累要求摧毁市场扩张的一切障碍，要求征服整个地球作为它的市场，同时，要求“把商品从一个地方转移到另一个地方所花费的时间缩减到最低限度”②。资本家总是把商品流通时间理解为必要劳动时间，因此马克思强调的“时间缩减”意味着必要劳动时间的缩减，它的意义在于可以增加剩余劳动时间。劳动生产率的提高要求流通时间的缩短，要求节约时间以便获得空间扩张能力，要求把广阔的世界市场和廉价的生产原料作为资产阶级财富的新源泉。

机器生产是新生产力的标志，机器大工业确立了资本主义生产方式的统治地位。机器替代手工工具、工厂制取代手工作坊，生产力的革命性变革，要求生产要素在城市空间集中，这一切构成了资本主义生产方式的历史起点。马克思认为，工人阶级处于被剥削、被压迫的地位，承

① 《马克思恩格斯文集》（第2卷），北京：人民出版社2009年版，第36页。

② 《马克思恩格斯文集》（第8卷），北京：人民出版社2009年版，第169页。

受着空间苦难，这种空间苦难是资本主义生产方式对工人生产生活空间形塑的结果。资本主义生产方式使工人变成了“没有祖国”的世界无产者。工人的政府是“资本”，工人的领空“是工厂的天空”，工人的领土“是地下若干英尺”。① 生产生活空间的资本化成为资本家压迫剥削工人的重要方式。

剩余价值是资本积累的先决条件，是资本主义生产的根本目的。剩余价值率“取决于必要劳动时间和剩余价值劳动时间的比例”②。绝对剩余价值生产是在必要劳动时间固定的前提下，通过延长剩余劳动时间来增加剩余价值率，它属于资本生产的“时间规划”；相对剩余价值生产是在工作日固定的前提下，通过缩减必要劳动时间来增加剩余劳动时间，它属于资本生产的“空间规划”。在“时间规划”中，劳动者每天的劳动时间是有限的，延长劳动时间必然会引起劳动者的强烈反抗，导致劳资之间的激烈冲突。在“空间规划”中，由于工作日固定，工作强度增加，但相对于“时间规划”更加有利于缓解劳资矛盾。马克思深入分析了工场手工业向机器大工业的发展过程，在这一过程中，以分工协作为主要内容的生产组织方式显示出了自身的优越性。“时间规划”向“空间规划”的转变对于工场手工业向机器大工业的发展发挥了至关重要的作用。“空间规划”建立在分工协作生产发展基础之上，分工协作实现了剩余价值生产的时间连续和空间协同。协作既可以“扩大劳动的空间范围”，又可以“在空间上缩小生产领域”。③ 可见，协作生产能够产生明显的空间效应。

剩余价值生产的目的是为了转化为资本进而扩大再生产，而资本循环周期的缩短是资本扩大再生产和实现最大增殖的基本途径。为了缩短资本周期循环的时间，资本力图不断创新劳动力和生产资料在空间中的配置和布局，从而，实现生产要素的空间压缩和空间聚集。马克思说：“资产阶级日甚一日地消灭生产资料、财产和人口的分散状态。”④ 生产资料、财产和人口由分散到集中的发展，造成资本主义生产力跳跃式发

---

① 《马克思恩格斯全集》（第 42 卷），北京：人民出版社 2016 年版，第 256 页。

② 张佳：《大卫・哈维的历史—地理唯物主义理论研究》，北京：人民出版社 2014 年版，第 29 页。

③ 《马克思恩格斯文集》（第 5 卷），北京：人民出版社 2009 年版，第 381 页。

④ 《马克思恩格斯文集》（第 2 卷），北京：人民出版社 2009 年版，第 36 页。

展，生产要素的空间集聚节省了交换和消费所耗费的时间，加速了资本周转，提高了劳动生产率。

（二）资本的时间性积累向空间性积累的跨越

世界历史与世界市场直接表现为资本运动的时空形态。马克思立足资本运动的时空辩证法对资本积累进行了深刻的批判。作为资本运动的存在方式，世界历史和世界市场构成了资本主义时代资本积累的时间维度和空间维度。那么，是什么力量推动了世界市场开辟和世界历史发展呢？是资本积累。资产阶级取得经济和政治上的统治地位，完全有赖于资本积累的实现。资本如同“贪吃蛇”一般永不停歇地吸食着劳动的本质力量，进而变成自身的控制力和统治力。资本积累的历史就是世界市场的发展史，就是资本主义的世界历史。资本积累是世界市场和世界历史发展的根本动力。世界市场造成了全球范围内不平衡的地理历史空间发展。资本主义生产方式的空间化扩张是以资本增殖为核心的。一方面，资本空间化激活了空间生产力，把更为广阔的全球空间生产要素调动起来，在资本的撬动下，按照资本攫取剩余价值的需要进行重新配置、重新组合。与此同时，交通运输工具、通讯手段等也相继变为资本积累的条件。另一方面，资本积累直接表现为资本生产方式在全球社会空间的繁殖，在短短几十年的时间里，亚洲、非洲、美洲等相继成为欧洲资产阶级的殖民地。资本积累蕴含着一种颠覆性力量，它摧毁了一切旧的经济关系和政治关系。在资本概念中直接地包含着空间化扩张的现实性诉求，并具体地表现为创造世界市场的必然趋势。世界市场的形成表明，资本有着开创更多剩余劳动的趋势和交换地点的补充趋势。资本积累空间化的结果是资本主义生产方式在全球地理历史空间的完全胜利，并且获得了主导地位。资本空间化的结果就是空间资本化。

马克思对资本由时间性积累向空间性积累的转变始终保持着清醒的批判维度。时间性积累是指资本家把对工人剩余劳动时间的无偿占有直接作为财富集聚的方式；空间性积累是指资本家把工人生产生活挤压在狭小的空间结构之中，它借助空间压缩而无偿占有同时并存的剩余劳动时间。时间性积累是资本剥削劳动极为露骨的形式，空间性积累是资本剥削劳动较为隐蔽的形式。空间性积累更加深刻地揭露了资本的剥削本性，资本不仅把对剩余劳动时间的剥夺逼近人类的生理极限，而且把剩余价值的空间剥夺贯通整个世界，逼近人类实践通达的每一个地方、每一个领域。资本主义制度的本质直接表现为对劳动者的时间性占有，即无偿占有劳动者的剩余劳动时间，这样也就无偿占有了劳动者的生命。资本的空间化则直接表现为对劳动者的空间性占有，它指涉着对全球资源、世界市场的占有，但从本质看，仍然是对其他国家、民族劳动人民的时间性占有。世界市场成为资本空间剥削的手段，尤其是在大工业时代，世界市场的形成意味着全球剥削体系的建立。资产阶级开拓世界市场的直接动力表现为对全球范围自然空间的过度剥夺，全球自然资源作为资本积累的生产性要素纳入资本主义生产过程，同时，世界市场造成民族、国家的空间分化，少数发达国家凭借自身资本积累的优势占据着世界市场的中心，成为世界市场规则和秩序的制定者，多数落后国家居于世界市场的边缘，成为世界市场规则和秩序的遵守者和附庸者。

（三）资本积累的时空统一性

时间与空间是人类经济活动的两个维度。在马克思的资本积累理论中，既有历史考量，又有地理考量，因为马克思对资本运动的把握坚持了时空统一的辩证法。大卫·哈维指出："马克思资本积累理论的地理维度长期以来一直被人们所忽视。之所以会这样，在某种程度上归结于马克思自己的错误。"因为他对"这个主题的论述是零散、随意地勾勒并且缺乏系统性……他甚至从未认真考虑过打算写作有关国家、世界市场及危机形成的书。"① 大卫·哈维一方面承认"马克思资本积累理论的地理维度"，另一方面又指责马克思的"零散"与"随意"，指责马克思未打算做的事情。这一切无非是借此抬高自己的理论贡献而已。马克思的资本积累理论坚持了时间与空间的辩证统一。

首先，剩余价值生产的时空统一性。资本积累的本质是剩余价值转化为资本。资本积累的实现必须基于一定的时空策略。对于绝对剩余价值生产而言，主要是采取延长剩余劳动时间的方法；对于相对剩余价值生产而言，时间与空间被资本统一规划。在资本主义生产的结合方式和技术模式发展中，既包含"时间规划"，又包含"空间规划"。资本主义生产方式起源于协作生产，协作本身就是一种"空间规划"，协作与分工的有机结合充分彰显了"空间规划"的优势，这种优势根源于减少空

---

① 〔英〕大卫·哈维：《资本的城市化》，董慧译，苏州：苏州大学出版社 2017 年版，第 30 页。

间距离造成的时间消耗，以及降低不变资本的价值构成。在资本主义扩大再生产中，“空间规划”能够带来报酬递增。劳动力和生产资料的空间组合关系的优化可以实现二者的相互累积。劳动者在协作生产中的相互配合、优势互补和精神激励能够产生集体生产力。生产的空间范围扩大和生产技术的应用，以及生产资料的共享，造成生产资料使用的高效和节约。马克思在《资本论》中揭示了借助“空间规划”挖掘资本潜能的路径。马克思看到，劳动力和土地的最佳配置能够优化不变资本价值构成和减少必要劳动时间，从而实现资本的空间扩张。马克思指出：“资本所合并的劳动力、科学和土地……也会成为资本的有弹性的能力。”①资本的“空间规划”能够释放更多潜能，从而实现报酬递增。

其次，商品流通中的时空统一性。资本主义的商品生产和商品流通是同一过程，或者说，商品流通可以看作是商品生产的环节。流通时间决定资本周转的速度、制约资本增殖的效率。流通时间作为资本生产力的限制“是从作为交换价值的资本本性中产生的”②。流通时间的减少可以直接提高再生产的效率。马克思“用时间消灭空间”的旨趣就是减少流通时间、加速资本周转。其中，运输工具和运输时间直接影响着流通时间，流通时间减少可以直接扩大资本增殖空间。资产阶级世界历史的开创“是运输成本不断降低导致资本主义市场不断扩张的正反馈过程”③。交通运输工具和通讯手段的革命降低了流通时间和成本，推动了资本主义世界市场的开拓，产生了正向反馈作用。新航路开辟和地理大发现，推动了世界市场的发展，总供给和总需求相互刺激使资本生产力获得了跳跃发展的能力。

第三，资本形态演变中的时空统一性。马克思《资本论》研究的逻辑起点是商品，然后，依次考察了从商品到货币再到资本的演变过程。资本家获得操控和支配商品生产过程的权力有两个前提条件：货币转化为资本和购买到特殊的劳动力商品。这样，“货币资本”转化为“生产资本”，流通过程中断，生产过程开始。在资本家指挥下的雇佣劳动把“生产资本”转化为“商品资本”进入流通过程，商品在市场上销售，

---

① 《马克思恩格斯文集》（第5卷），北京：人民出版社2009年版，第703页。

② 《马克思恩格斯全集》（第30卷），北京：人民出版社1995年版，第544页。

③ 闫军印：《马克思空间经济思想及其当代价值》，载《甘肃理论学刊》，2010年第1期，第66页。

“商品资本”又转化为“货币资本”。资本家投入货币资本最后收回货币资本，完成了一个生产周期。在资本形态的演变中包含着时间和空间条件的对立与统一。货币资本、生产资本和商品资本，从时间上看相互承继，从空间上看同时并存。时间的持续性和空间的广延性没有极限，但特定时间需要特定空间表现自身，反之，特定空间需要特定时间表现自身。资本积累就是在不断克服时空矛盾中发展的。世界市场的开辟旨在克服“资本积累对时间的无限诉求与空间局限之间的矛盾”①。但世界历史却规定了资本积累空间化的阈值，即“整个关系的顶点、最高阶段和灭亡”②。

三、时间叙事与空间叙事的辩证统一

马克思的唯物史观把人类历史理解为生产发展史，强调直接物质生活资料的生产方式决定社会生活、政治生活和精神生活过程。马克思的唯物史观坚持物质生产的叙事逻辑。物质生产过程包含时间要素和空间要素。物质生产的叙事逻辑是时间叙事和空间叙事的辩证统一。任何割裂时间叙事和空间叙事的企图和做法都是错误的。在西方哲学社会科学“空间转向”中，物质生产的叙事逻辑受到了指责和贬抑。如列斐伏尔、苏贾等认为，马克思“时间优于空间”的叙事，流放了空间要素，偏爱时间要素。他们的目的是为“空间转向”的登场铺路，但是，他们对空间叙事的过分强调走向了时间—空间辩证法的反面，出现了背离唯物史观的倾向。对马克思物质生产叙事逻辑的理解必须置于特定的历史语境和历史阶段，马克思在其经济学研究中，经历了强调时间优先辩证法向以空间为旨归辩证法的转变。这种强调“时间优先叙事”向“空间优先叙事”的转变是有原因的，它与资本征服劳动并最终取得统治地位的历程是同步的，它是时间叙事与空间叙事的辩证统一在不同历史阶段的具体表现。

（一）从生产的“时间规划”到生产的“空间规划”

马克思对于时间的偏爱根源于西方哲学的传统。古希腊学者用循环或轮回表达宇宙生命的节律。中世纪的宗教神学把一种线性的时间概念

---

① 吴耀国：《世界历史和世界市场的时空维度》，载《武汉大学学报（人文科学版）》，2016年第1期，第83页。

② 《马克思恩格斯文集》（第1卷），北京：人民出版社2009年版，第172页。

引介到人们的生活观念之中。启蒙运动以来，正向的线性时间概念成为人们解释社会历史现象的重要原则。“人创造历史，并存在于历史之中；人既是时间的创造者，也是时间的创造物。”① 然而，在马克思之前，无论笛卡尔还是康德、黑格尔等都挖空心思想重释时间，但是，由于在他们那里，时间脱离了现实生活世界和人的实践活动，剥离了人们的生命和生存经验，因而，时间实际地被消灭了。马克思之前的诸多历史学说表面的时间叙事变成了唯心主义的“怪影”和形而上学的“独角戏”。历史不被理解为生成之中且包含多种可能的时间之流，而被理解成为无过去无未来的凝固为现在的一潭死水。黑格尔的历史观给马克思巨大的影响，但是，黑格尔在解释历史方面有些许成功，但在改变历史方面却一败涂地。

马克思从登上历史舞台开始，便对时间（历史）抱有浓厚的兴趣。其原因在于：“第一，时代所赋予的理论任务。”“第二，理论的兴趣。马克思的兴奋点在于如何改变世界，改变就意味着必然与历史时间打交道。”“第三，时间在人类学意义上的重要。”② 当然，马克思对于时间的理解超越一切旧唯物主义和唯心主义。在马克思看来，时间概念与人的实践活动和生命经验紧密关联，是人的本质力量对象化的展开形式，是人的生命的生产和再生产的表现形式。马克思揭示了时间的人本性、实践性和社会性，赋予时间一种宏大的历史叙事。在世界历史的时间长河中，流动着人类生产之过去、现在和未来的样态。马克思强调：“世界历史不外是人通过人的劳动而诞生的过程”③。马克思立足生产劳动的时间叙事揭示了历史发展规律。

在经济学研究基础上，马克思揭示了资本家对工人劳动时间的无偿占有，揭示了资本主义剥削的秘密，从而，把时间相对于空间的重要性直接贯穿于对剩余价值生产过程的分析。资本家对工人剩余价值的剥削直接表现为对剩余劳动时间的无偿占有，因而，剩余劳动时间的多寡直接决定剩余价值的多寡。在这里，时间的作用比空间的作用更为直接、

① 张笑夷：《列斐伏尔空间批判理论研究》，北京：社会科学文献出版社 2014 年版，第 201 页。

② 张笑夷：《列斐伏尔空间批判理论研究》，北京：社会科学文献出版社 2014 年版，第 201—202 页。

③ 《马克思恩格斯文集》（第 1 卷），北京：人民出版社 2009 年版，第 196 页。

更为关键、更为明显。在资本主义生产方式形成发展的最初阶段，以延长工作日，从而增加剩余劳动时间的绝对剩余价值生产居于主导地位。然而，工作日的时间界限是明确的，它不可能超过人类的生理极限，它规定了绝对剩余价值生产的界限。当资本家剥削工人工作日达到极限之后，便开始打空间的主意。随着机器生产的运用，资本家成功地把生产的“时间规划”发展为“空间规划”。资本家选择更多地使用机器生产，用蒸汽动力代替肌肉动力，工人与机器、场房的空间关系发生了变化，从而，降低了必要劳动的支出，提高了剩余劳动的效率。资本家不断扩充共同使用的生产资料，通过生产资料更大程度的集中促使工人劳动更大程度的集结，他们试图“从空间上夺回在时间上失去的东西”①。在生产力发展的一定历史阶段，社会必要劳动时间是确定的，为榨取更多的剩余价值，资本家必然选择规模生产策略，把单一生产时间扩展为在空间上同时并存的多个生产时间，这种时间生产向空间生产的扩展，带来了剩余价值的倍增。

（二）从时间—空间辩证法到空间—时间辩证法

在马克思所处的自由资本主义阶段，空间对于资本扩张固然重要，但是缩短流通时间更为刺激和迫切。在马克思看来，此时的资本家更热衷于用时间换取空间，因为，“重要的不是市场在空间上的远近，而是商品到达市场的速度”②，空间上的远近归结为时间上的快慢，空间的远近要看花费时间的多少，时间节约取决于交通运输工具的改善。流通时间直接决定再生产的速度和剩余价值总量。资本家贪婪追逐剩余价值的本性必然使其最大限度地缩减流通时间、扩大生产总量。此时资本家的“时间规划”优先于“空间规划”，空间问题归结为时间问题，即“用时间去消灭空间”，把商品流通“所花费的时间缩减到最低限度”。③ 缩减流通时间是为了消灭空间壁垒、扩大资本市场，在这个过程中，交通运输成为时空转化辩证法的集中体现。从生产到消费的诸环节中，流通时间的缩减就会为生产环节赢得更多的时间，流通时间的最小化必然带来剩余价值之生产时间的最大化。随着资本力量的增强，它不断摧毁旧的城乡关系，使生产生活的中心由乡村转移到城市。在资本的时间生产向

① 《马克思恩格斯文集》（第5卷），北京：人民出版社2009年版，第546页。

② 《马克思恩格斯全集》（第30卷），北京：人民出版社1995年版，第536页。

③ 《马克思恩格斯文集》（第8卷），北京：人民出版社2009年版，第169页。

空间生产飞跃过程中，资本主义世界市场形成，世界历史空间迅速地资本化。

资产阶级从其特定的阶级立场出发，把资本主义制度理解为永恒的社会形式，把处于一定历史阶段的社会形式固化为永恒的空间样态，其实质是把时间彻底空间化的意识形态幻想。马克思选择从时间分析入手，旨在揭露资本主义社会空间的历史暂时性。马克思分析研究了资本起源、发展和灭亡的历史，科学论证了把资本主义社会形式绝对化的意识形态幻想在时间维度是荒谬的。列斐伏尔、苏贾等对马克思“时间优于空间”的解读虽然有一定的合理之处，但是，当他们把“时间优于空间”歪曲为马克思空间理论“缺场”的时候，便走向了谬误。因为，他们抹杀了马克思关于空间问题的话语权。马克思的唯物史观不仅蕴涵着丰富的空间思想，而且蕴涵着“空间优于时间”的理论维度。马克思物质生产的叙事逻辑经历了时间—空间辩证法向空间—时间辩证法的转换。这种基于物质生产的辩证法充分体现在马克思对“必然王国”与“自由王国”的分析之中。时间—空间辩证法属于“必然王国”阶段，此时，“时间优于空间”，时间是剩余价值生产的决定性因素，空间作为附属手段屈从于时间。空间—时间辩证法属于“自由王国”阶段，此时，“空间优先于时间”，空间取代了时间的地位，空间（自由王国）转变为目的本身，时间转变为实现日的的条件，即“工作日的缩短是根本条件”①。马克思认为，自由时间是人积极的生存状态，“它不仅是人的生命的尺度，而且是人的发展的空间。”② 在马克思看来，一个整天为资本家劳作，没有任何自由时间的人，还不如一头载重的牲畜。资本家对于工人的压迫和奴役，从根本上说是对工人自由时间的无偿占有，所以，只有打破这种物化时间的统治，工人才能成为自由时间的主人。马克思说：“整个人类的发展……无非是对这种自由时间的运用”③。马克思物质生产理论坚持了时间—空间辩证法和空间—时间辩证法的统一。列斐伏尔、苏贾等人把马克思物质生产的叙事逻辑歪曲为用时间阉割空间的历史决定论是十分无知和荒谬的。

总之，马克思通过对资本主义经济制度的“人体解剖”揭示了资本

---

① 《马克思恩格斯文集》（第 7 卷），北京：人民出版社 2009 年版，第 929 页。

② 《马克思恩格斯全集》（第 37 卷），北京：人民出版社 2019 年版，第 161 页。

③ 《马克思恩格斯全集》（第 37 卷），北京：人民出版社 2019 年版，第 215 页。

运动的时间轨迹和空间边界。马克思对资本运动时空辩证法的系统阐述，体现在他的世界历史和世界市场概念之中。资本积累在世界历史进程中的空间布展直接表现为世界市场的形成及其危机。马克思对资本界限的解剖从两个层面展开：一是对资本界限的总体把握；二是对资本界限具体形式的分析。马克思揭示了资本的时间界限和空间界限。从时间界限看，工作日是资本积累的“质的界限”，剩余劳动时间是资本的“直接界限”，流通时间是资本的“现实界限”。从空间界限看，它是指资本在地理空间、社会空间和思想空间领域扩张遭遇的限制。资本追求剩余价值的动机推动它不断开拓市场空间和消费领域，推动它不断扩大流通空间和缩短流动时间。资本积累经历了一个从“时间规划”到“空间规划”的提升过程。在生产力发展基础上，资本实现了时间性积累向空间性积累的跨越。在剩余价值生产、商品流通和资本形态演变中，马克思揭示了资本运动的时空辩证法。从生产的“时间规划”到生产的“空间规划”，从时间—空间辩证法到空间—时间辩证法，马克思在对资本运动的剖析中坚持了“时间叙事”与“空间叙事”的历史的、具体的统一。

第五章 马克思劳动空间的现代性批判思想

马克思劳动空间的现代性批判思想紧紧围绕资本与劳动关系的现代性整体重构展开。“资本和劳动的关系，是我们全部现代社会体系所围绕旋转的轴心。”① 资产阶级所开启的现代历史是一个臣服和重构劳动空间的过程，这一过程的全方位、全过程的时空布展体现在资本主义生产、分配、交换、消费的诸环节。资本对于劳动的剥削和压迫，在时间维度体现为自始至终，在空间维度体现为方方面面。马克思从劳动价值论、剩余价值论、资本积累论、资本再生产论等多个角度展开了劳动空间的现代性批判，揭示了资本的伟大文明作用及其历史终结。劳动是人与自然之间的物质变换过程。物质变换“裂缝”的秘密是资本对于劳动力和自然力的剥削，它的本质是资本对劳动空间的压迫和剥削。马克思把物质变换作为解剖劳动空间的重要范畴，揭示了劳动空间现代性展开中的异化图景。马克思对物质变换“裂缝”的空间致思，彰显了在批判“旧世界”中发现“新世界”的宽广视野和理论深度。资本逻辑造成物质变换“裂缝”在世界历史空间扩大，把资本与劳动的矛盾扩展为世界资产阶级与世界无产阶级的对立。马克思空间解放学说的旨趣就在于用无产阶级空间解放取代资产阶级空间解放，用劳动空间解放取代资本空间统治，把人类社会从“必然王国”推进到“自由王国”。

第一节 资本与劳动关系的现代性整体重构

马克思的历史辩证法坚持对经济事实进行整体性分析。在对资本主

① 《马克思恩格斯选集》（第2卷），北京：人民出版社2012版，第70页。

义商品经济的“人体解剖”中，马克思提出“社会生产整体”概念，把生产、分配、交换、消费理解为“总体的各个环节”①。生产、分配、交换、消费是资本操控“社会生产整体”的环节，它们的差别是“社会生产整体”的内部差别。资本剥削压迫雇佣劳动关系贯穿生产、分配、交换、消费诸环节。马克思《资本论》对于资本主义私有制和空间生产的批判围绕资本和雇佣劳动的空间关系展开。马克思从劳动价值论、剩余价值论、资本积累论、资本再生产论等角度揭示和批判了劳动空间的现代性境遇。劳动价值论揭示了商品生产中的价值创造和商品流通中的价值转化，揭示了资本对雇佣劳动的剥削在商品生产中产生、在商品流通中实现的秘密。剩余价值论揭露了资本家无偿占有工人剩余劳动时间的秘密，阐明了无产阶级和资产阶级对立的经济根源。资本积累论揭露了生产决定分配的秘密，资本积累越扩大，雇佣劳动所得越减少，资本与雇佣劳动的矛盾越尖锐。资本再生产论从劳动力商品的消费视角揭示了资本主义剩余价值生产和资本关系生产的本质，以及资本主义生产性消费与生活性消费的关系。通过资本与劳动关系的整体性分析，马克思从哲学、经济学视角完成了劳动空间的现代性批判。

一、资本与雇佣劳动的交换关系

劳动价值论是马克思剩余价值学说的理论前提。把握劳动价值论必须抓住两个关键环节，即价值创造与价值转化。商品生产环节属于价值创造，商品流通环节属于价值转化，资本对雇佣劳动的剥削与压迫贯穿价值创造和价值转化全过程。资本雇佣劳动制度的前提是资本家能够在市场上购买到劳动力商品。资本家的货币与劳动力商品的交换形式上是平等的，但实质是不平等的。资本家的货币交换的是劳动力的价值，实际占有的是劳动的价值。资本主义商品生产的神秘性就在于等价交换背后隐藏着不等价交换的秘密，隐藏着资本家无偿占有工人剩余劳动时间的秘密。劳动价值论为无产阶级消灭雇佣劳动制度提供了理论依据。无产阶级是雇佣劳动制度的掘墓人，是人类历史的创造者。从劳动价值论到剩余价值论，马克思把对资本剥削劳动秘密的揭示从交换领域深入到生产领域，完成了对资产阶级国民经济学的批判。

① 《马克思恩格斯文集》（第8卷），北京：人民出版社2009年版，第23页。

（一）资本与雇佣劳动的不等价交换

资本和雇佣劳动是物质生产的两大基本要素，它们的空间分离为其价值交换提供了前提。从资本与雇佣劳动的交换关系看，在自由平等的等价交换背后隐藏着不等价交换的秘密。马克思的劳动价值论揭露了这种不等价交换，揭露了资本与雇佣劳动交换的本质，批判了资本对雇佣劳动的剥削。一般而言，有什么样的价值理论便会有什么样的资本理论。马克思的劳动价值论是其资本理论的前提。马克思从劳动价值论出发，得到“资本是一种生产关系，资本所得是对劳动剥削的结论”①。作为宏观价值理论，劳动价值论揭示了商品价值量和劳动力商品消费的直接关系。马克思的劳动价值论主要适用于分析和反映总资本对总劳动的剥削关系。

商品是资本主义经济的细胞，是资本空间现代性整体重构的基础。马克思考察了商品的使用价值和交换价值。商品交换的前提是体现商品差别的使用价值被抽象，所有的劳动都转化为共性的抽象劳动。商品交换建立在等价交换原则之下，等价交换之“价”就是商品的交换价值。使用价值的差别在于“质”，交换价值的差别在于“量”。不同的商品之所以能够按照一定比例交换，因为它们都是“无差别的人类劳动的单纯凝结”②，它们具有共同的交换价值属性。马克思对商品价值量的分析为破解资本与雇佣劳动的不等价交换奠定了基础。马克思的劳动价值论揭示了商品的劳动本质，商品是人类劳动对象化的确证。商品使用价值的创造必须是具体劳动和自然物质的结合。财富的创造必须基于劳动与自然物质的结合。自然界是“人的生命活动的对象（材料）和工具”③。离开了自然物质，工人便无法从事物质生活资料的生产和再生产。商品价值的形成源自于人类的抽象劳动。马克思指出，抽象的人类劳动“形成商品价值”④。马克思对价值和使用价值、抽象劳动和具体劳动的区分，为分析资本与雇佣劳动的不等价交换奠定了理论基础。马克思在考察资本与雇佣劳动的交换关系时看到，人类的具体劳动虽然丰富多样，但是

---

① 杨文进：《论马克思资本积累理论的逻辑结论》，载《经济评论》，2007 年第 1 期，第 13 页。

② 《马克思恩格斯文集》（第 5 卷），北京：人民出版社 2009 年版，第 51 页。

③ 《马克思恩格斯文集》（第 1 卷），北京：人民出版社 2009 年版，第 161 页。

④ 《马克思恩格斯文集》（第 5 卷），北京：人民出版社 2009 年版，第 60 页。

它们都具有同质性，也就是作为相同的抽象劳动创造商品的交换价值。资本对于雇佣劳动的剥削形式虽然多种多样，但都是对剩余劳动时间的无偿占有。

（二）资本与雇佣劳动交换的本质

马克思从劳动价值论的社会性质出发，揭示了资本与雇佣劳动不等价交换体现的是社会压迫和阶级剥削。马克思对劳动价值论的主要贡献在于：第一，揭示了商品的二因素，即商品的价值和使用价值，把商品价值抽象出来与使用价值相对立，为破解商品交换问题提供了理论前提。第二，提出了劳动的二重性，即具体劳动和抽象劳动，从而揭露了商品的神秘性。具体劳动可感觉并创造使用价值，抽象劳动超感觉并创造价值。第三，揭示了商品生产和商品交换的关系，提出了"商品拜物教"概念，把对资本剥削压迫雇佣劳动的分析从流通领域拓展到生产领域，为剩余价值论奠定了基础。"劳动力商品理论和生产价值理论"① 是剩余价值论的基础。劳动是商品价值的唯一源泉，商品价值是劳动时间的凝结。商品形式的表面运动背后隐藏着资本剥削的秘密。当我们回到其他生产形式时，"在商品生产的基础上笼罩着劳动产品的一切魔法妖术就立刻消失了"②。揭开资本与雇佣劳动自由平等交换形式的面纱之后，资本剥削雇佣劳动的本质便暴露无遗了。

雇佣劳动制度的历史前提是"在市场上找到出卖自己劳动力的自由工人"③。劳动力商品买卖过程遵循等价交换原则，资本家对劳动力商品的消费过程遵循剩余价值生产原则。所谓自由平等的等价交换主要存在于劳动力商品的买卖过程。资本家支配生产资料和生活资料，劳动者支配自己的劳动力，资本家为了实现资本增殖，工人为了获得生存资料，二者基于劳动力市场的供求状况而进行等价交换。但是，劳动力商品的消费和一般物质产品的消费有着本质区别，一般物质产品的消费表现为生产性消费和生活性消费。劳动力商品的消费被资本家主要视为生产性消费。一般物质产品的生产性消费能够把价值转移到新商品中去，劳动力商品的消费不仅能够把价值转移到新商品中去而且能够产生价值增殖。

---

① 闫永飞：《马克思劳动价值论的本质内涵和阶级意义》，载《江汉论坛》，2011 年第 9 期，第 49 页。

② 《马克思恩格斯文集》（第 5 卷），北京：人民出版社 2009 年版，第 93 页。

③ 《马克思恩格斯文集》（第 5 卷），北京：人民出版社 2009 年版，第 198 页。

劳动力商品的价值表现为工资，它与劳动力商品的消费创造的价值是一个不相等的量，其差额就是资本家无偿占有的剩余价值。由于工人必要劳动时间和剩余劳动时间边界的模糊，因而遮蔽了资本的剥削秘密。

（三）资本与雇佣劳动交换的意义

马克思劳动价值论的生命力在于揭示了资本与雇佣劳动交换的意义。马克思在运用劳动价值论分析资本主义商品经济时，看到价值转化为生产价格之后，资本与雇佣劳动的交换关系便贯通到资本主义社会生产整体。一般而言，生产价值决定着商品价值，商品的市场价格围绕生产价格波动，并受供求关系影响。马克思劳动价值论的核心是揭露了资本和雇佣劳动的不平等交换。工人与资本家的买卖契约，明确规定了资本家可以自由支配工人。劳动力商品买卖形式是平等的，但一旦进入生产过程，这种等价交换便为生产过程的不平等所代替。资本家由于对生产资料和生产条件的所有权，使其成为商品生产的操控者，工人则变成了受资本家支配的不自由的当事人，变成了被迫出卖劳动时间的劳动力。马克思指出："'只要还有一块肉、一根筋、一滴血可供榨取'，吸血鬼就决不罢休。"① 劳动力市场等价交换的理想幻影一旦进入现实的资本主义生产过程便破灭了。

马克思的劳动价值论揭示了资本剥削雇佣劳动的秘密实际上是建立在劳动力商品的不等价交换基础之上。马克思第一次指出，劳动力商品化是资本主义生产方式的前提，无偿占有工人剩余劳动是资本剥削雇佣劳动的秘密，为无产阶级推翻资本主义制度提供了理论依据。当然，如果仅仅停留在劳动价值论水平，还不能引领无产阶级完成打碎"旧世界"、建立"新世界"的使命。为此，必须把劳动价值论提升到剩余价值论的高度。马克思认为，工人争取提高工资的斗争是为了维护自身的劳动价值，但这种斗争同整个雇佣制度密切关联。只有剩余价值论才能使工人们懂得，他们贫困的根源在于雇佣劳动制度，因此工人阶级革命的口号是："消灭雇佣劳动制度！"② 彻底的劳动价值论必然导致剩余价值论。马克思的剩余价值论揭露了资本剥削雇佣劳动的罪恶，论证了无产阶级的历史使命。一方面，无产阶级是雇佣劳动制度的掘墓人，无产

---

① 《马克思恩格斯文集》（第5卷），北京：人民出版社2009年版，第349页。
② 《马克思恩格斯选集》（第2卷），北京：人民出版社2012年版，第69页。

阶级是被资本制度彻底剥夺了的阶级，因而革命最坚决；无产阶级只有彻底打碎雇佣劳动制度才能从狭隘的劳动空间解放出来。在雇佣劳动制度下，“生产只是为资本而生产”①，工人沦为资本增殖的手段，丧失了发展的可能性。另一方面，无产阶级是人类历史的创造者，肩负着实现劳动空间解放的历史使命。无产阶级能够超越资产阶级所开创的世界历史，开启自由劳动的人类历史。

二、资本与雇佣劳动的生产关系

剩余价值论是马克思在政治经济学领域最伟大的理论发现，是唤醒无产阶级反抗和推翻资本主义制度的强大理论武器。马克思把对劳动现代性的批判从流通、分配领域深入拓展到生产领域，揭示了资本和雇佣劳动关系的历史生成。资本与雇佣劳动的矛盾是资本主义生产方式的内在矛盾，资本剥削雇佣劳动的秘密隐藏在资本主义生产方式内部。马克思从剩余价值论视角阐明了无产阶级和资产阶级对立的经济根源，使无产阶级深刻认识到自身受剥削受压迫的真正原因。只有深入到资本主义生产领域才能把资本剥削压迫雇佣劳动的关系看得清楚明白，因为资本和雇佣劳动的实质性交换发生在生产领域。马克思深入考察了资本与雇佣劳动在生产领域的不同地位和作用。在资本主义商品生产中，资本家处于主导优势地位，操控生产过程，雇佣工人处于从属劣势地位，依赖生产过程，由此决定资本家的产品分配权，资本家借此无偿占有工人的剩余劳动，这就是《资本论》的核心内容和剩余价值生产的秘密。

（一）资本主义生产过程与价值增殖的对立统一

马克思在《资本论》中对剩余价值论做了系统阐发。马克思从资本运动的总公式出发，找到了破解资本运动内在矛盾的关键环节，即劳动力商品化。在《资本论》第一卷第三篇分析了绝对剩余价值生产中的价值增殖问题，区分了不变资本和可变资本，找到了价值增殖的源泉，把剩余价值率作为衡量剥削程度的标准；在第四篇中阐述了相对剩余价值生产中的价值增殖问题，揭示了劳动对资本由“形式从属”到“实质从属”的演进，讨论了资本积累的一般规律。在《资本论》第一卷中，马克思重点考察了商品的价值构成和源泉问题。商品生产既离不开物化劳

① 《马克思恩格斯文集》（第7卷），北京：人民出版社2009年版，第278页。

动（不变资本），也离不开活劳动（可变资本）。“物化劳动和活劳动结合共同构成了价值”①。马克思注意到，现实的生产要素必须是物化劳动和活劳动相结合，当它们分离的时候，它们只是抽象的生产要素。马克思认为，“劳动是一切财富的源泉”的正确性有一个前提，即只有“在劳动具备相应的对象和资料的前提下是正确的”②。物化劳动是活劳动创造财富不可缺少的条件，资本家正是凭借对物化劳动的独占取得了操控活劳动的权力。

劳动者在资本主义生产和再生产中的意义被抽象为价值生产，资本家在资本主义生产和再生产中的旨趣被抽象为通过雇佣工人劳动实现自身的价值增殖。资本主义价值生产和价值增殖的对立根源于物化劳动与活劳动的权力分离。资本与雇佣劳动的关系具体表现为价值生产和价值增殖的关系，雇佣工人成为价值生产的主体，资本家成为价值增殖的主体。资本家的货币与劳动力商品交换的意义在于资本家获得了劳动力商品的消费权和雇佣劳动的支配权，即确立了工人从属和依从资本家的生产关系。资本家在生产中消费他购买的劳动力商品与在生活中消费他购买的其他商品一样，具有天然的合理性和合法性。马克思敏锐地看到，资本家的货币与劳动力商品的交换表面上是等价交换，实际是不等价交换。资本家付给工人的工资是劳动力商品的价值，它与劳动力商品的消费所创造的价值是两个不相等的量，其中的差额就是剩余价值。资本家把劳动力和生产资料结合起来时，他就把物化劳动转化为能够增殖的资本，转化为一个能够产生剩余价值的“有灵性的怪物”，但是，物化劳动如果离开了活劳动便会成为“无灵性的僵尸”。资本家之所以购买劳动力商品，正是看中了它能够实现资本的价值增殖。资本主义价值生产的实质是剩余价值的生产，是以实现资本价值增殖为目的的生产。

（二）劳动力和生产资料在剩余价值生产中的地位作用

劳动力和生产资料是资本主义商品经济的两大生产要素。雇佣劳动对资本的从属、依从关系决定了劳动力和生产资料在生产中的地位作用。在资本主义生产中，劳动力和生产资料缺一不可，但却具有不同作用。生产资料是生产过程的客观因素，因为它在商品生产中的作用是把旧的

---

① 沈开艳：《对马克思剩余价值理论的若干新思考》，载《上海经济研究》，2010年第12期，第3页。

② 《马克思恩格斯文集》（第3卷），北京：人民出版社2009年版，第428页。

使用价值形态一次或多次转移到新的使用价值形态中去，它不会增殖自身，因而叫做“不变资本”。劳动力是生产过程的主观因素，马克思称之为“可变资本”。“劳动力的使用价值，即劳动力的使用，劳动。”① 劳动一方面能够把生产资料的价值转移到新产品上去，另一方面能够创造新价值，包括劳动力价值和剩余价值。劳动力让渡和劳动力消费在时间和空间上是分离的。劳动力让渡属于流通领域，劳动力消费属于生产领域。劳动力商品的使用价值具有特殊性，它在被消费的时候，“能提供劳动，从而能创造价值”②。劳动力商品消费过程是剩余价值生产过程。剩余价值的生产是资本主义生产方式特有的。马克思“不变资本”和“可变资本”的界分，准确地阐明了生产资料和劳动力在剩余价值生产中的不同地位和作用，深刻揭露了剩余价值的真正来源。不变资本是价值增殖的物质条件，可变资本是价值增殖的真正源泉。马克思的“不变资本”和“可变资本”的概念，十分清楚地阐明了剩余价值生产的物质条件和唯一源泉。

绝对剩余价值生产和相对剩余价值生产是资本剥削雇佣劳动的两种基本方式。当然，绝对剩余价值生产和相对剩余价值生产是不能截然分开的，它们相互包含。绝对剩余价值生产是雇佣劳动制度的基础。随着科技进步以及劳动社会组织变革，相对剩余价值生产日益取得主导地位。绝对剩余价值生产和相对剩余价值生产虽然反映了资本主义发展的历时性，但却具有不可分割的共时性。从绝对剩余价值生产向相对剩余价值生产的转变反映了雇佣劳动对资本从“形式从属”向“实际从属”的发展。“形式从属”处于绝对剩余价值生产阶段，雇佣劳动对资本的关系表现为“劳动过程从属于资本，资本家作为管理者、指挥者进入这个过程”③。资本剥削雇佣劳动的方式是直接的。“实际从属”处于相对剩余价值生产阶段，雇佣劳动对资本的关系表现为“活劳动”依附于死劳动、死机构，表现为物控制人。资本剥削雇佣劳动的方式是间接的。从“形式从属”到“实际从属”表明，资本对雇佣劳动剥削压迫日益沉重。

① 《马克思恩格斯文集》（第5卷），北京：人民出版社2009年版，第216页。

② 《马克思恩格斯文集》（第5卷），北京：人民出版社2009年版，第675页。

③ 张雷声：《〈资本论〉关于资本和雇佣劳动关系分析的整体意蕴》，载《求索》，2017年第9期，第15页。

（三）工人工资与剩余价值的资本生产关系

剩余价值学说是马克思在对劳动空间的现代性解剖和批判中创立的。劳动是人类最基本的生存发展实践，马克思运用劳动辩证法揭示了资本剥削雇佣劳动的秘密，完成了对劳动空间的现代性批判。马克思的剩余价值论表明，在现代性的展开中，资本成为劳动空间的主宰力量，自由劳动者在资本空间变成了“城市动物”和“乡村动物”，失去了人性的外观。资本主义再生产是资本再生产和劳动力再生产的统一，这一过程体现着工人工资和资本家剩余价值关系的再生产。一般商品的买卖是一手交钱、一手交货，劳动力商品的买卖是先交货、后交钱。工资是劳动力商品的价值，但它被资产阶级经济学家歪曲为劳动报酬。既然“劳动者即工人得到其劳动创造的价值，剩余价值就必然被歪曲为不是劳动的产物”①，被歪曲为利润，其结果，无产阶级和资产阶级之间的剥削压迫关系便被掩盖起来。可见，在流通领域，无法真正揭示工人工资和资本家剩余价值之间的关系；在生产领域，工人工资和资本家剩余价值的关系便暴露无遗了。

工人工资和资本家剩余价值之间是一种生产性关系。从资本主义的生产结果看，工人获得工资收入、资本家获得剩余价值，工人工资和资本家剩余价值的关系体现着资本主义生产关系的性质。正如不是冤家不聚头一样，资本和雇佣劳动既相互对立，又相互依存。雇佣工人依靠资本才能获得生活资料，资本依靠雇佣劳动才能实现价值增殖。雇佣劳动之所以成为资本的猎物，就是因为它能够实现资本增殖。从马克思剩余价值论出发考察资本和雇佣劳动的生产性关系，必须深刻揭示工资的本质。马克思关于工人工资的阐释，补充完善了剩余价值理论。马克思区分了劳动力的价值和劳动的价值，工资的实质是劳动力的价值，它低于工人劳动创造的价值，工资在事实上掩盖了劳动的价值，掩盖了资本剥削工人的秘密。马克思认为：“劳动力的价值和价格转化为工资形式，即转化为劳动本身的价值和价格，具有决定性的重要意义。”② 因为，把劳动力价值和劳动价值等同起来，掩盖了现实的关系，掩盖了资本剥削压迫雇佣工人的秘密。把劳动力价值和劳动价值相区别是马克思发现剩余

---

① 陈其人：《〈资本论〉中的政治学原理》，上海：上海人民出版社2011年版，第69页。
② 《马克思恩格斯文集》（第5卷），北京：人民出版社2009年版，第619页。

价值学说的关键环节。资本和雇佣劳动的交换是一种生产性交换，是一种在生产过程中才能真正完成的交换。资本和雇佣劳动交换的第一步是在流通领域，资本家的货币与劳动力商品相交换；第二步是在生产领域，资本家的工资与劳动价值相交换，劳动价值包括劳动力价值和剩余价值，剩余价值被资本家无偿占有。马克思通过对工资和剩余价值关系的剖析，将资本家剥削压迫工人的秘密完全地暴露出来。

三、资本与雇佣劳动的分配关系

资本积累论是贯穿《资本论》第三卷始终的重要内容之一，马克思从资本积累论视角剖析了资本与雇佣劳动的分配关系。劳动价值论和剩余价值论是马克思资本积累论的理论基石。马克思在《资本论》中，以“商品—货币—资本”的层层转化为基础，剖析了资本运动的本质和规律，阐明了资本积累的趋势和后果。资本积累越扩大，雇佣劳动所得越减少，资本与雇佣劳动的矛盾越尖锐。马克思对资本积累的系统分析实际是资本与雇佣劳动分配关系的展开。一方面，马克思从产品价值总体收入的分割层面，即工资与剩余价值的劈分角度，揭露了资本剥削雇佣劳动的关系；另一方面，马克思从生产视角揭露了生产决定分配的关系，预见了分配对资本积累发展趋势的制约。贫富两极分化是资本主义分配制度的必然结果，它意味着资本主义基本矛盾的尖锐化，表现为生产的物质发展与其社会形式的冲突。

（一）资本积累导致资本和雇佣劳动的整体对立

马克思在《资本论》中探讨了资本积累的发展趋势和主要后果，揭示了资本与雇佣劳动的收入分配两极分化趋势，即资产阶级财富积累和无产阶级贫困积累的同步发展。马克思通过对资本积累过程的分析，阐明了资本与雇佣劳动的整体对立，揭示了资本积累的本质、形式和后果。资本积累的实质是资本主义扩大再生产，表现为资本追加对劳动力和生产资料的投资。资本积累的实现意味着资本家拥有利用资本占有剥削自由劳动成果的权力，这是以商品生产和商品流通为基础的资本主义占有权规律。资本家凭借生产资料的独占“不断再换取更大量的他人的活劳动”①。资本积累关涉商品利润在资本家和工人之间的劈分，因而对工人

① 《马克思恩格斯文集》（第5卷），北京：人民出版社2009年版，第673页。

阶级有极大影响。资本积累意味着扩大劳动力需要和工资总量的提高。工资增加只能说明工人提供无酬劳动量的减少，这是以不威胁资本剥削雇佣劳动制度为前提的。科学技术不断发展和劳动生产率的提高会影响资本有机构成的变化，它们导致劳动力需要相对减少，但劳动力供给在绝对增加，其结果产生“过剩的或追加的工人人口”①。由于资本与雇佣劳动的不等价交换，导致资本积累的悖论：财富和贫困同时积累、文明和野蛮同步发展。资本与雇佣劳动矛盾的最终解决方式只能是“剥夺剥夺者”。

资本运动过程就是资本积累过程。资本积累的周期表现为“货币—商品—货币”的转化。“货币—商品”阶段，即由流通向生产的转化，资本家拿货币购买劳动力和生产资料，然后转入生产过程，创造包含预付资本和剩余价值商品。“商品—货币”阶段，即生产向流通的转化，资本家将商品在市场出售。资本积累既离不开流通环节，更离不开生产环节。马克思揭示了利润率下降的规律或“二重性的规律”②，即“资本的绝对利润量日益增加，使它的利润率日益下降”③，“利润率因生产力的发展而下降，同时利润量却会增加”④，其结果，导致大鱼吃小鱼的竞争，加速了资本集中，造成生产过剩、资本过剩，导致生产扩大与价值增殖的激烈冲突。马克思通过对资本积累内在矛盾的分析，阐明了资本主义基本矛盾运动包含着资本的自我否定，论证了资本主义生产方式的局限性和暂时性。

（二）资本与雇佣劳动的收入分配与“贫富分化”

马克思资本积累理论的深刻之处在于，从资本主义扩大再生产角度阐明了资本与雇佣劳动的分配关系，把收入分配不公平的原因归结为资本主义生产方式，找到了破解收入分配不公平问题的钥匙。马克思揭示了资本积累的一般规律。资本积累是资本再生产和劳动力再生产的统一。从劳动力再生产角度看，“资本积累就是无产阶级的增加。”⑤ 但是，科技进步导致生产力发展，带来资本有机构成提高，其结果，产生大量相

---

① 《马克思恩格斯文集》（第5卷），北京：人民出版社2009年版，第726页。

② 《马克思恩格斯文集》（第7卷），北京：人民出版社2009年版，第245页。

③ 《马克思恩格斯文集》（第7卷），北京：人民出版社2009年版，第243—244页。

④ 《马克思恩格斯文集》（第7卷），北京：人民出版社2009年版，第251页。

⑤ 《马克思恩格斯文集》（第5卷），北京：人民出版社2009年版，第709页。

对过剩的工人人口，他们是资本积累的产物和杠杆。资本积累“一方面扩大对劳动的需求，另一方面又通过‘游离’工人来扩大工人的供给。”① 资产阶级经济学家抹杀了剩余价值和利润的差别，在剩余价值转化为利润的形式中掩盖了剩余价值的来源和存在的秘密。剩余价值只有从利润中剥离出来，才能充分暴露资本剥削雇佣劳动的秘密，从而掀开资本的神秘面纱。

马克思从生产过程和生产产品两个相互衔接的层面揭示了资本和雇佣劳动的分配关系。一方面，是生产过程中资本与雇佣劳动的分配关系，资本和雇佣劳动作为生产要素参与生产过程，“这种分配关系赋予生产条件本身及其代表以特殊的社会的质。”② 生产过程的分配是由生产关系所决定的，生产结构决定分配结构，参与生产的形式决定参与分配的形式。生产过程的分配关系决定着生产的全部性质和全部运动。资本家和工人是资本和雇佣劳动的体现者，是生产过程赋予个体的社会性质，是资本主义生产关系的产物。另一方面，是生产产品、生产成果的分配中资本与雇佣劳动的分配关系，其中，用于个人消费的产品属于自然的分配关系，用于社会需要的剩余劳动部分的产品属于社会的分配关系。资本主义的生产产品包括资本和收入，其中，收入包括工人的工资收入和资本家的剩余价值收入。由于工人工资总是预先约定或支付，在资本家眼中工人工资不过是产品的成本构成要素。资本家的剩余价值“表现为可供支配的、归他所有的追加的财富”③。工人工资和资本家剩余价值的收入分配形式取决于生产条件的社会性质和资本与雇佣劳动之间的生产关系，因为“一定的分配关系只是历史地规定的生产关系的表现”④。马克思从生产关系中找到了不平等分配关系的致因。马克思从生产关系视角对分配关系的研究对后世产生了重要影响。《21世纪资本论》的作者法国学者托马斯·皮凯蒂认为，马克思“把分配问题重新置于经济分析的中心”⑤ 的做法是值得称道的。

---

① 《马克思恩格斯文集》（第5卷），北京：人民出版社2009年版，第737页。

② 《马克思恩格斯文集》（第7卷），北京：人民出版社2009年版，第995页。

③ 《马克思恩格斯文集》（第7卷），北京：人民出版社2009年版，第998页。

④ 《马克思恩格斯文集》（第7卷），北京：人民出版社2009年版，第998页。

⑤ 〔法〕托马斯·皮凯蒂（Thomas Piketty）：《21世纪资本论》，巴曙松等译，北京：中信出版社2014年版，第16页。

（三）资本积累的历史趋势：劳动与资本对立的极端化

马克思在《1844年经济学哲学手稿》中，从劳动异化视角分析了劳动与资本的关系，认为劳动与资本的对立一达到极端，将是整个资本主义关系的“顶点、最高阶段和灭亡”①。在《共产党宣言》中，马克思恩格斯进一步阐发了“资本主义必然灭亡、社会主义必然胜利”的思想②，从劳动与资本的对立，尤其是无产阶级和资产阶级对立出发，提示了“剥夺者就要被剥夺”的历史趋势。在1859年的《政治经济学批判》中，马克思提出“两个决不会”思想。“两个必然”揭示了资本与雇佣劳动最终分裂的必然趋势，“两个决不会”阐明了资本与雇佣劳动最终分裂的历史条件，即资本和雇佣劳动达到“同它们的资本主义外壳不能相容的地步”③，这一矛盾就会变成炸毁资本外壳的巨大力量。马克思认为，剩余价值是资本主义的生产目的，雇佣劳动是实现这一目的的手段。为了实现资本增殖，资本家往往采取双重策略：“一是尽可能地降低工人工资水平，二是提高劳动生产率，从而改变工资与剩余价值的分配比例。”④ 降低工人工资会遭遇工人的不满和反抗，而且工资总有一个最低阈值。提高劳动生产率就是提高剩余价值生产力，因此，新增的产品价值构成却以剩余价值为主，工资水平不会有较大提高。其结果，过剩的产品远远超过了普通民众的购买力，导致生产过剩的经济危机。在资本主义生产方式条件下，普通民众的消费力取决于对抗性的分配关系，资本家对生产资料的所有权赋予了其劳动产品的支配权。虽然工人有把自己的劳动力卖给这个或那个资本家的权力，但工人一无所有的经济地位决定了他必须卖给资本家阶级。

马克思阐明了资本积累的历史趋势和必然后果。资本积累具有双重作用：一方面，具有消极作用，资本积累意味着资产阶级的财富积累和无产阶级的贫困积累，它导致无产阶级走向贫困化的悲惨命运。另一方面，具有积累作用，资本积累直接表现为资本主义的扩大再生产，资本家“追加的不变资本用于购买生产资料，追加的可变资本用于雇

---

① 《马克思恩格斯文集》（第1卷），北京：人民出版社2009年版，第172页。

② 《马克思恩格斯文集》（第2卷），北京：人民出版社2009年版，第43页。

③ 《马克思恩格斯文集》（第5卷），北京：人民出版社2009年版，第874页。

④ 杨文进：《论马克思资本积累理论的逻辑结论》，载《经济评论》，2007年第1期，第16页。

佣劳动力"[①]。利润率下降规律是理解资本主义灭亡的一个尺度。利润率下降对于资本主义经济危机具有加速作用。资本主义利润率下降规律的表现往往是时而下降、时而恢复。利润率增加与利润率下降是两种相反的力量。利润率增加体现着资本主义生产方式的自我修复机制，它能一定程度地延长资本主义生产方式的寿命。利润率下降体现着资本主义生产方式必然终结的趋势。资本主义生产方式的自我否定力量和自我肯定力量总是此消彼长，它被新生产方式取代的过程是必然的、复杂的。

四、资本与雇佣劳动的消费关系

劳动与资本的关系问题是马克思政治经济学的核心。马克思《资本论》重在阐明资本剥削压迫雇佣劳动的关系。资本再生产论是马克思《资本论》的重要内容，是把握资本与劳动消费关系的关键。消费关系是把握资本对劳动空间整体性建构的重要方面。《资本论》运用资本再生产理论，从消费视角探讨了资本和雇佣劳动的关系。资本再生产既是剩余价值再生产，又是资本主义生产关系再生产。马克思资本再生产理论，揭示了物质财富在生产中转化为资本价值增殖手段和消费品的过程，工人在生产中转化为财富源泉的过程。工人们在资本家财富生产中进进出出，"被剥夺了为自己实现这种财富的一切手段"[②]。资本再生产规律决定了生产无限扩大的趋势，生产资料的资本主义私人占有决定了工人购买力的不足，其结果是社会的贫富分化。

（一）资本再生产与劳动力再生产

资本主义社会再生产包括"资本的再生产"和"雇佣工人的再生产"。[③] 在资本家独占生产资料的条件下，工人创造的产品离开工人被资本家占有，工人又通过商品交换方式获取生活资料。"产品的商品形式和商品的货币形式掩饰了这种交易。"[④] 如果孤立地看待资本家货币与劳动力商品的交易，资本家是把工资预付给工人的，但从连续不断的再生产过程看，工资是劳动力发挥作用之后得到的。

---

① 王元璋、杨丽艳：《马克思资本积累理论的方法论及其现实意蕴》，载《江汉论坛》，2008 年第 4 期，第 15 页。

② 《马克思恩格斯文集》（第 5 卷），北京：人民出版社 2009 年版，第 658 页。

③ 陈征：《〈资本论〉解说》（第 1 卷），福州：福建人民出版社 2017 年版，第 448 页。

④ 《马克思恩格斯文集》（第 5 卷），北京：人民出版社 2009 年版，第 655 页。

人类社会要继续，必须不断消费，为了消费必须不断地进行社会生产和再生产。社会再生产包括生产、分配、交换、消费等环节，其中，生产居于决定性地位。资本主义再生产既是商品价值的生产，又是生产关系的生产。资本的本质是一种社会关系，因此，资本再生产就是生产关系的再生产。一方面，劳动力再生产从属于资本再生产，它是指“劳动者以个人消费补充体力的消耗、保存劳动的能力、繁衍劳动力后代”①，资本与雇佣劳动之间作为阶级的整体对抗必须从资本主义社会再生产过程才能显现出来。在资本家看来，他所购买的劳动力商品是资本再生产的手段，劳动力商品的消费属于生产消费，能够为资本家积累财富。工人个人消费“仅仅是再生产贫困的个人”②。资本与雇佣劳动的生产关系直接就是消费关系。劳动力和生产资料的分离是资本主义生产方式的起点。这种作为起点的东西通过资本再生产不断重新生产出来并且永久化。生产产品作为结果被资本家占有并转化为资本，成为继续榨取剩余价值的手段。劳动力再生产是资本再生产的必要条件。另一方面，雇佣劳动表现为资本主义生产和再生产的附属物。资本与雇佣劳动的对立表现为：资本家是货币占有者，是生产资料和生活资料的占有者；劳动力是创造价值的实体占有者，是只能靠出卖劳动力才能生存的一无所有的占有者。资本与雇佣劳动对立的前提是客观劳动条件和主观劳动能力的分离，是劳动产品和劳动创造的分离。工资的本质是劳动力的价值，工资补偿了劳动力消耗后便被清零，工人再一次变成只能靠出卖劳动力才能生存的一无所有的劳动者，他们必须继续作为雇佣工人进入再生产过程。可见，无论是作为“活劳动”的工人，还是作为“死劳动”的生产资料，它们始终依附于资本。

（二）劳动力的消费与剩余价值的生产

资本主义生产方式得以确立的一个重要条件就是购买到了劳动力商品。劳动力商品的消费属于生产消费。生产消费包括客观生产要素生产资料和主观生产要素劳动力。马克思说：“生产直接是消费，消费直接是生产。”③ 资本再生产既表现为剩余价值生产，又表现为劳动力消费。劳

---

① 张雷声：《〈资本论〉关于资本和雇佣劳动关系分析的整体意蕴》，载《求索》，2017年第9期，第18页。

② 《马克思恩格斯文集》（第5卷），北京：人民出版社2009年版，第661页。

③ 《马克思恩格斯选集》（第2卷），北京：人民出版社2012年版，第691页。

动力再生产包括生产、分配、流通、消费环节，消费是其中最后环节。“劳动力离开流通领域进入物质资料生产领域后，就与生产资料结合起来，开始了劳动力的消费过程，也即物质资料生产过程。”①

资本家对劳动力商品的消费过程就是剩余价值生产过程。马克思在《政治经济学批判（1857—1858年手稿）》的“资本章”中指出，资本与劳动的关系是“一方（资本）首先作为交换价值同另一方相对立，而另一方（劳动）首先作为使用价值同资本相对立”②。马克思抛弃了资产阶级经济学惯用的“劳动商品”概念，首次提出“劳动力商品”概念，从劳动力商品的消费，即劳动力商品的使用中找到了剩余价值的源泉。在流通领域发生的劳动力商品买卖是自由的、平等的，因而剩余价值不可能从中产生。“劳动力的使用价值的实际消费，是劳动力的买卖的必然结果。”③ 马克思从流通领域到生产领域的探索中，真正发现了剩余价值的源泉，揭露了资本家剥削的秘密。

劳动力商品的买卖表面是自由的、平等的，实际是不自由、不平等的。马克思在《资本论》中指出，在流通领域的劳动力买卖呈现为“天赋人权的真正乐园”，但却是“自由、平等、所有权和边沁”的假象。④劳动力买卖的不平等只有在它的消费中才能体现出来。劳动力商品的买卖是在流通领域完成的，劳动力商品的消费是在流通领域之外的生产领域完成的。劳动力商品的消费就是剩余价值的生产。在那里，“赚钱的秘密最后一定会暴露出来”⑤。流通领域的自由平等遮蔽着生产领域的剥削压迫，“天赋人权的真正乐园”背后，是资本家对工人的残酷剥削。工人离开流通领域的“乐园”便会跌入生产领域的“地狱”：“原来的货币占有者作为资本家，昂首前行；劳动力占有者作为他的工人，尾随于后。一个笑容满面，雄心勃勃；一个战战兢兢，畏缩不前，像在市场上出卖了自己的皮一样，只有一个前途——让人家来鞣。”⑥ 资产阶级“自由、平等、所有权和边沁”的虚伪外观被揭穿后，资本主义剩余价值生产的秘密便暴露出来了。

---

① 张广柱：《劳动力经济学》，成都：四川人民出版社1989年版，第150页。
② 《马克思恩格斯全集》（第30卷），北京：人民出版社1995年版，第224—225页。
③ 田光：《〈资本论〉的逻辑》（上），济南：山东人民出版社1993年版，第699页。
④ 《马克思恩格斯文集》（第5卷），北京：人民出版社2009年版，第204页。
⑤ 《马克思恩格斯文集》（第5卷），北京：人民出版社2009年版，第204页。
⑥ 《马克思恩格斯文集》（第5卷），北京：人民出版社2009年版，第205页。

（三）生产生产资料和生产消费资料的平衡

资本主义社会资本再生产包括生产消费和个人消费两个方面。从生产消费看，资本家用可变资本购买劳动力商品，用不变资本购买生产资料。劳动力和生产资料是资本再生产的必备要件。工人是劳动力商品的出售者，资本家是劳动力商品的购买者。从社会资本再生产视角看，劳动力商品是作为生产性消费品纳入生产过程。从劳动力个人消费视角看，工人从生存发展的需要出发购买商品，商品进入个人消费。在这种商品交换中，资本家是商品销售者，工人是商品购买者。资本家生产消费和劳动力个人消费的实现是社会资本再生产运动中社会总产品的价值补偿和实物替换。

生产与消费的平衡取决于生产生产资料和生产消费资料的平衡，它对于资本主义社会再生产具有直接的重要影响。资本主义社会再生产的运转要素是由生产生产资料和生产消费资料的两大部类构成，它们互相供应产品、互为市场，并以恰当的比例来保持平衡。资本主义社会再生产理论揭示了资本运动的条件和规律，论证了生产和消费的相互协调、平衡发展的重要性，解剖了资本和雇佣劳动之间的消费关系。资本主义社会再生产的实现基于三种交换关系：一是生产生产资料各个部类内部企业之间的商品交换，这主要是一种生产性消费的交换，它能够为社会再生产提供必要的物质条件；二是生产消费资料内部各企业之间的商品交换，其中，主要是基于劳动力个人消费的商品交换；第三，生产生产资料部类和生产消费资料部类之间的交换，它要求保持生产消费和个人消费的平衡。从社会整体看，生产资料的生产和消费资料的生产必须保持协调、平衡。消费不足必然影响社会资本再生产。因此，资本家总是试图把工人变成他的商品消费者，甚至“不惜降低身价，在消费品贸易上直接和他的工人打交道，实行‘实物工资制’”①。另外，资本家的货币贮备、只买不卖或只卖不买等都会直接影响社会资本再生产的实现。资本与雇佣劳动的消费关系是直接影响资本再生产良性运转的重要方面。生产消费是生产要素耗费，个人消费是生活资料的消耗，它们都受生产制约。从根本上说，生产决定消费，消费反作用于生产，消费创造新的需要，为生产提供观念上的产品并转化为生产的内在动力。

---

① 《马克思恩格斯文集》（第6卷），北京：人民出版社2009年版，第581—582页。

总之，马克思对资本和劳动关系的现代性批判是整体性的，包括资本和雇佣劳动的交换关系、生产关系、分配关系、消费关系等。马克思对资本和雇佣劳动关系的整体性分析运用了劳动价值论、剩余价值论、资本积累论、资本再生产论等。劳动价值论阐明了价值创造与价值转化的关系。资本家的货币与劳动力商品的交换形式上是平等的，但实质是不平等的。资本主义生产方式的神秘性是在等价交换背后隐藏着不等价交换的秘密，隐藏着资本家无偿占有工人剩余劳动时间的秘密。剩余价值论是马克思在政治经济学领域最伟大的理论发现。资本剥削雇佣劳动的秘密隐藏在资本主义生产方式内部。剩余价值论阐明了无产阶级和资产阶级对立的经济根源。资本积累论阐明了资本与雇佣劳动的分配关系。资本积累就是剩余价值转化为资本，资本积累越扩大，雇佣劳动所得越减少，资本与雇佣劳动的矛盾越尖锐。资本再生产理论揭示了物质财富在生产中转化为资本价值增殖手段和消费品的过程，工人在生产中转化为财富源泉的过程。借助资本和雇佣劳动关系的整体性分析，马克思全面揭露了资本对雇佣劳动的剥削和压迫，为无产阶级颠覆资本空间统治提供了强大的理论武器。

第二节　物质变换“裂缝”的空间效应

物质变换“裂缝”理论是马克思资本现代性批判的重要视角，是马克思对资本与劳动关系进行空间致思的重要方面。法兰克福学派的著名代表施密特在其《马克思的自然概念》一书中，“首次从马克思的经济学著作中抽出了物质代谢概念”。[①] 在施密特看来，马克思“物质变换”概念是非思辨的，这一概念确立了对待人与自然关系的基本立场，即“人在生产中只能像自然本身那样发挥作用”[②]。他注意到，物质变换的“形式是被每个时代的历史所规定的”，但内容始终是“自然被人化、人被自然化”。[③] 他虽然看到了马克思关于城乡分离对人与土地物质变换破

---

① 韩立新：《马克思的物质代谢概念与环境保护思想》，载《哲学研究》，2002 年第 2 期，第 6 页。

② 《马克思恩格斯文集》（第 5 卷），北京：人民出版社 2009 年版，第 56 页。

③ 〔德〕施密特（Schmidt）：《马克思的自然概念》，欧力同、吴仲昉译，北京：商务印书馆 1988 年版，第 77 页。

坏的论述，但并未重视物质变换“裂缝”概念。而后的欧美和日本的生态社会主义理论家大多涉及“物质变换”问题，并且开始关注马克思的物质变换“裂缝”思想。比如，福斯特就重点引证了《资本论》第三卷的相关内容。他看到，马克思深刻揭示了大土地所有制导致农业人口减少和城市人口拥挤，其结果，造成物质变换“一个无法弥补的裂缝”①。物质变换“裂缝”是由于资本对土地和劳动力的剥削造成的。人与土地疏离造成“不可修复的断裂”，积聚着劳动和资本的矛盾，这一矛盾“在特征上属于全球性的”。② 物质变换“裂缝”是资本主义空间生产的结果，它的空间效应体现在空间转移、空间剥夺、空间压缩等方面。物质变换“裂缝”堆起了资本集聚的财富，也挖掘了资本葬身的墓穴。

一、物质变换“裂缝”的空间转移效应

物质变换“裂缝”是发达资本主义空间生产的必然结果。物质变换“裂缝”的空间转移主要是由发达地区向不发达地区的转移。空间转移、地理转型和非均衡地理发展在资本主义长期的积累历史中扮演着极为重要的角色。物质变换“裂缝”的空间转移效应表现为：资本流向世界、利润流向西方。空间“裂缝”是资本剥削劳动的前提。马克思在揭示资本剥削劳动秘密时，看到了资本操控物质变换的空间诉求。创造更多新生产地点是物质变换得以持续的空间条件，它的前提是异质性、差异化的地理空间。空间“裂缝”，即不平衡的地理发展空间是“资本扩展流通范围的前提条件和支撑”③，是资本主义空间生产的必备条件。资本主义空间生产的本质是物质变换“裂缝”的生产，它是“资本主义通过积极主动的生产空间而确保自身得以存活到现在”④ 的秘密。资本主义商品生产的特点在于它把买卖以及资本运动的诸多环节实现了时空分离。因此，流通作为连接买卖和资本运动诸环节的桥梁成为资本增殖的关键。“不论是商品的空间流通，还是劳动力的聚集与空间移动，或是资本的动力装置在空间的转移、交通运输关系及其引发的空间整合与区位生产等

---

① 《马克思恩格斯文集》（第7卷），北京：人民出版社2009年版，第919页。

② 〔美〕约翰·贝拉米·福斯特（John Bellamy Foster）：《马克思的生态学——唯物主义与自然》，刘仁胜、肖峰译，北京：高等教育出版社2006年版，第174页。

③ 薛稷：《空间批判与正义发掘》，载《马克思主义与现实》，2018年第4期，第110页。

④ H. Lefebvre, *The Urban Revolution*, Twin Cities: University of Minnesota Press, 2003, p. 155.

问题，对于资本而言无疑都是关键问题。”① 商品流通是空间转移的直接形式，空间转移是物质变换的生产要素转移。

（一）物质变换“裂缝”空间转移的方式：城市化和全球化

乡村城市化和经济全球化是西方资本主义国家实现物质变换“裂缝”空间转移的两种历史生成方式。全球视域的物质变换“裂缝”空间转移是资产阶级主导并推动实现的，它为资本增殖开辟了广阔空间。物质变换“裂缝”的空间转移经历了从城市化到全球化的发展历史，其结果，西方发达国家把资本主义社会资本与劳动的矛盾由民族国家转移到整个世界，进而维持了资本主义政治经济体系的持存。

乡村城市化是“通过市场经济对自然经济的改造实现的”②，它是物质变换“裂缝”空间转移的历史起点。市场化是城市化的动力和内容，城市化是市场化的社会空间。城市的人口聚居是资本积累的源泉，城乡的空间分隔是资本积累的条件。在马克思看来，物质变换“裂缝”首先在城乡之间产生，源自乡村土地的食物和衣物在城市大量消费，造成人与土地之间物质变换的“裂缝”。资本的存续发展“必须占有空间并按自己的逻辑生产出一种空间”③。马克思认为，正是在资本逻辑推动下，现代工商业城市取代了自然形成的城市。物质变换“裂缝”直接表现为资本家对劳动者生存发展空间的剥夺。其中，在城市化运动中，剥夺农民土地便是资本空间剥夺的原罪。马克思恩格斯认为，城乡分离是“以劳动和交换为基础的所有制的开始”④。用“真实共同体”取代“虚假共同体”的首要条件就是要消灭城乡对立。他们在《资本论》中描述了英国圈地运动的野蛮。剥夺农民土地的直接结果是劳动者与劳动资料的彻底分离，这种分离奠定了资本主义生产方式生存发展的基础。一般而言，农耕文明的中心在乡村，工业文明的中心在城市。在资本主导下，生产要素从乡村到城市空间转移造成“城市‘过密’和乡村‘过疏’问题”⑤。这

① 林密：《马克思“以时间消灭空间”的空间生产思想及其深层逻辑探微》，载《哲学研究》，2019年第12期，第26页。

② 胡潇：《社会形态的空间界画——试论马克思关于历史考量的空间尺度》，载《哲学研究》，2015年第10期，第24页。

③ 姚新立：《〈资本论〉中的空间维度》，载《理论视野》，2012年第8期，第31页。

④ 《马克思恩格斯选集（第1卷）》，北京：人民出版社2012年版，第185页。

⑤ 田毅鹏、张金荣：《马克思社会空间理论及其当代价值》，载《社会科学研究》，2007年第2期，第17页。

种“过密—过疏”的空间断裂是城市对乡村空间剥夺的必然后果。

经济全球化是物质变换“裂缝”空间转移的长足发展，是资本形塑城乡空间结构在世界历史空间的放大。经济全球化的序幕是资产阶级用血腥暴力揭开的。资本增殖是一种不可遏制的力量。为了获取利润最大化，资本总是趋于打破生产、交换、流通、消费的一切空间障碍。开创世界市场是资产阶级推动物质变换“裂缝”空间转移的主要方式。资产阶级致力于“按照自己的面貌为自己创造出一个世界”①。物质变换的“裂缝”就是资产阶级“面貌”的呈现，是资本逻辑在整个世界重构生产资料和劳动力关系的结果。经济全球化形塑了从属性国际分工体系，即“殖民地对工业化宗主国的依附分工关系”②，它使资本摆脱了原料和销售市场的限制，获得了跳跃式的扩展能力。空间转移使资本的权力得到巩固、使劳动的权力受到挤压。资本操控的物质变换过程是一种不平等的空间转移和非对称性的空间交换。大卫·哈维认为，“把不同的领土和社会结构非均衡地嵌入资本主义世界市场”是一种“解决资本主义内在矛盾的‘空间转移’”，借助这种“空间转移”，资本主义持续地维系了它的政治经济体系功能。③ 空间转移是资本逻辑同质化和异质化的统一过程。作为对资本积累全球化的否定性反应方式，马克思恩格斯提出了“剥夺剥夺者”的历史任务，并号召“全世界无产阶级联合起来”。

（二）物质变换“裂缝”空间转移的本质：资本逻辑与劳动逻辑的博弈

物质变换“裂缝”的空间转移直接表现为生产要素的集中和商品生产、商品流通的地域性向全球性转变。资本主义物质变换“裂缝”空间转移的目的是实现由时间统治到空间统治的拓展。时间是雇佣劳动创造价值的重要标尺，是直接的生产要素。“对时间和时间性的社会操纵，也是资本主义的一个基本特点。”④ 资本雇佣劳动制度的出现是以时间“解放”为前提的。马克思指出：“雇佣劳动只有在生产力已经很发展，能

---

① 《马克思恩格斯文集》（第2卷），北京：人民出版社2009年版，第36页。

② 杨圣明：《马克思国际贸易理论研究》，北京：当代中国出版社2017年版，第68页。

③ 〔美〕戴维·哈维：《马克思的空间转移理论——〈共产党宣言〉的地理学》，郇建立编译，见《马克思主义与现实》，2005年第4期，第23页。

④ 〔美〕大卫·哈维：《跟大卫·哈维读〈资本论〉》，刘英译，上海：上海译文出版社2014年版，第154页。

够把相当数量的时间游离出来的时候，才会出现；这种游离在这里已经是历史的产物。”① 时间游离就是时间“解放”，就是劳动者独立性和自由时间的获得，但在资本的操控下，劳动者独立性屈从于“物的依赖性”，劳动者的自由时间转变为资本的增殖空间和资本家的发展空间。资本无偿占有劳动者自由时间越多，它获得的增殖空间就越大。就是说，物质变换的空间剥夺总是以时间剥夺为前提。

资本与劳动关系的世界历史空间布展是物质变换“裂缝”空间转移的本质体现。物质变换“裂缝”的空间转移虽然是资本主导的，但却是资本逻辑和劳动逻辑博奕的结果。恩格斯指出：“资本和劳动的关系，是我们全部现代社会体系所围绕旋转的轴心。”② 正是由于资本家的“插足”，才使劳动者和劳动对象之间产生物质变换的“裂缝”。资产阶级推动物质变换“裂缝”空间转移的根本目的就是吸食落后民族国家活劳动的膏血和剥夺落后民族国家的自然资源。劳动是人与自然之间物质变换的中介。物质变换“裂缝”的空间转移只能从劳动的社会组织和历史展开中去寻找。从劳动的社会组织看，资本主义大农业和大工业的携手并进造成劳动者精力衰竭和土地日益贫瘠。资本对剩余价值的贪婪造成人与自然和人与人之间的根本对立。物质变换“裂缝”是资本主义内部矛盾的集中体现。物质变换“裂缝”的制度性致因表明，只有消灭资本主义制度才能弥合“裂缝”。从劳动的历史展开看，资本主义通过商品输出和资本输出，把“内部矛盾不断向外转嫁，以维持国内系统平衡”③。物质变换“裂缝”的空间转移表现为资本的国内剥削向国际剥削的跨越。资本为实现持续积累和不断增殖，必然会把全世界的劳动力和自然力作为盘剥和掠夺的对象。物质变换“裂缝”空间转移的实质是发达资本主义国家把自身的环境、资源危机转嫁给落后国家的过程。马克思的物质变换“裂缝”是基于“生态循环圈”和“商品循环圈”的讨论中提出的，“裂缝”意味着“生态循环圈”和“商品循环圈”的断裂。④ 在世界历史背景下，生态循环和商品循环是全球性的。资产阶级为了寻找

---

① 《马克思恩格斯全集》（第31卷），北京：人民出版社1998年版，第30页。

② 《马克思恩格斯选集》（第2卷），北京：人民出版社2012年版，第70页。

③ 郗戈：《从资本逻辑看“全球现代性”的内在矛盾》，载《教学与研究》，2011年第7期，第82页。

④ 时青昊：《“物质变换”与马克思的生态思想》，载《科学社会主义》，2007年第5期，第45页。

原料和商品市场，奔走于全球各地，“使一切国家的生产和消费都成为世界性的了”。① 其结果，把物质变换的“裂缝”造成的生态危机和经济危机转嫁给落后的民族国家，给落后的民族国家造成了灾难性后果。“全球化正在将资本主义引向黑暗，资本主义的道路已经出现了裂缝，这些裂缝孕育着地震，人们不知道地震会在什么时候、什么地方和以怎样的方式爆发，而却知道它总有一天爆发。”② 资本掏空“裂缝”的黄土，必然堆起灭亡的坟墓。物质变换的“裂缝”是埋葬资本主义的墓穴。

（三）物质变换“裂缝”空间转移的根源：资本雇佣劳动制度

物质变换“裂缝”无法弥合是因为它建立在资本主义制度和资本空间生产逻辑基础之上，消解“裂缝”必须废除资本制度和扬弃资本逻辑。资本驾驶“空间殖民的铁骑”，持续“对社会空间疯狂殖民”，总是“最大限度地开辟出消费领域的新疆界”。③ 资本的寄生性表明它必须不断掠夺自然力和剥削劳动力才能存活，物质变换“裂缝”的空间转移是资本的续命方式。马克思物质变换“裂缝”思想深受德国农业化学家李比希的影响。李比希把英国资本主义农业的“掠夺体系”比作挂在“世界乳房”上的“吸血鬼”，马克思从中领悟到物质变换“裂缝”的空间性和剥夺性。资本把空间变成自己增殖的工具，它总是力求发现新的生产场所和加工材料，它“不会满足于最初的偏居一隅的直接任性”④，它力求从时间维度统一一切历史差异和从空间维度全面占有整个世界。物质变换“裂缝”的空间转移是西方资本主义国家缓解劳资矛盾的手段，其实质是把时间问题归结为空间问题。大卫·哈维认为：“在资本主义内部时间是基本问题……对别人时间的控制，一直是集体斗争的焦点。”⑤ 从时间剥夺向空间剥夺的转移，意味着把西方资本主义国家内部的劳资矛盾转嫁给了落后的民族国家。与时间剥夺相比，空间剥夺更加隐蔽、

---

① 《马克思恩格斯选集》（第1卷），北京：人民出版社2012年版，第404页。

② 宓文湛、王晕：《马克思主义哲学与现时代》，上海：上海财经大学出版社2007年版，第184—185页。

③ 张雄、鲁品越：《中国经济哲学评论2011财富哲学专辑》，北京：社会科学文献出版社2012年版，第142页。

④ 沈家强：《论资本与全球化的多重逻辑》，载《社会科学家》，2010年第5期，第130页。

⑤ 〔美〕大卫·哈维：《跟大卫·哈维读〈资本论〉》，刘英译，上海：上海译文出版社2014年版，第154页。

更加高效。

资本追求增殖的冲动使其最大限度地把科学技术用于物质生产，最大限度地掠夺自然力、剥削劳动力，其结果，物质变换“裂缝”不断地向全球社会空间扩散。物质变换“裂缝”的空间转移是资本空间生产的必然结果。资本的空间生产具有双重功能，既具有世界文明同质化功能，又具有世界文明差异化功能。资本的空间生产塑造了“中心—边缘”“主导—从属”二元对立的世界格局。处于“中心”和“主导”地位的西方发达资本主义国家把物质变换“裂缝”转移给落后的民族国家。列斐伏尔认为，资本的空间生产有三大特征：一是全球性，它追逐全球形成同质化空间；二是地域性，它通过制造空间分裂、分离，型构不平衡的地域发展格局；三是等级化，“从最低贱的空间到最高贵的空间”，具有政治特征。① 资本空间生产是同质化和异质化的统一。“同质性”旨在使整个世界屈从于资本主义生产方式，确立资本的空间帝国主义霸权；“异质性”旨在确立臣服于资本增殖需要的世界经济体系，以便实现对落后民族和国家的空间剥夺。“物质变换借助于世界货币（资本）超越各种局限，为自身的发展开辟道路”②，把商品流通扩展到整个世界。在资本主义条件下，生产要素的空间转移尤其是商品的空间转移直接决定着商品生产的更新次数，因此，“重要的不是市场在空间上的远近，而是商品到达市场的速度，即时间量。”③ 马克思认为，空间转移归根结底是时间问题，商品生产时间的缩短能够生产更多的使用价值，商品流通时间的缩短能够实现更多的交换价值。为此，资本总是力求把商品“从一个地方转移到另一个地方所花费的时间缩减到最低限度”④。可见，在资本主义商品生产和商品流通条件下，交通运输工具和通讯手段的革命便有了特殊的意义。

二、物质变换“裂缝”的空间剥夺效应

物质变换“裂缝”的空间剥夺是一种世界市场的体系效应。资产阶

---

① 〔法〕亨利·勒菲弗：《空间与政治》，李春译，上海：上海人民出版社2008年版，第32页。

② 方锡良：《“物质变换”与社会主义现代化建设》，载《兰州学刊》，2011年第2期，第45页。

③ 《马克思恩格斯全集》（第30卷），北京：人民出版社1995年版，第536页。

④ 《马克思恩格斯全集》（第30卷），北京：人民出版社1995年版，第538页。

级通过重构国际贸易体系把整个世界纳入商品生产和商品流通过程，使整个世界的自然力和劳动力都服从和服务于资本增殖的需要。马克思恩格斯在《共产党宣言》中，深刻揭示了资产阶级对物质变换“裂缝”空间剥夺体系的建构过程：在民族国家内部，资产阶级形塑“农村从属于城市”的剥夺性空间结构；在民族国家之间，资产阶级形塑了“未开化和半开化的国家从属于文明的国家”，“农民的民族从属于资产阶级的民族”和“东方从属于西方”的剥夺性空间结构。① 血腥暴力和国际贸易是资产阶级重构空间剥夺结构体系的基本手段。资产阶级形塑的这种从属性空间结构，既有政治考虑，又有经济打算。从政治考虑看，物质变换“裂缝”的空间剥夺体系巩固发展了资产阶级的政治地位，西方资产阶级开启的城市化运动和全球化浪潮，使其超越和战胜了中世纪以来的所有阶级；从经济打算看，物质变换“裂缝”的从属性空间结构旨在把整个世界纳入资本主义商品生产和商品交换体系。资产阶级迫使一切民族采用资本主义生产方式的目的就是把整个世界的自然力和劳动力变成自己的财富。资产阶级空间剥夺的必然恶果是不合理的国际分工和物质变换无法弥合的“裂缝”。“空间剥夺是解决资本主义危机的出路”②，然而，这种解决危机的方式是利己主义的，它满足了资本的私利性，却给落后的民族国家带来文明灾祸。

（一）资本“空间剥夺”的基本手段：血腥暴力和国际贸易

从原始积累时代的军事掠夺、海外殖民，到经久不衰的国际贸易，是资本空间运动的表现。在资本原始积累过程中，血腥暴力使农民脱离原有劳动空间成为一无所有的劳动者，从而为资本的空间重构奠定了基础。血腥暴力作为资本空间化的杠杆贯穿于民族历史到世界历史全过程。资产阶级的空间剥夺是借助血腥暴力和国际贸易的手段完成的。马克思在《资本论》中揭露了城市化和全球化过程中资本的空间剥夺现象。马克思看到，英国资本主义原始积累来源于对农民土地的侵占，以及西方宗主国对殖民地的空间剥夺，如：抢占美洲土著居民土地、征服东印度、贩卖非洲奴隶等，空间剥夺把“血和肮脏的东西”塞满了资本家的钱袋。

① 《马克思恩格斯文集》（第2卷），北京：人民出版社2009年版，第36页。

② 林承园：《〈资本论〉空间理论探析》，载《政治经济学评论》，2019年第5期，第176页。

空间剥夺是马克思解读资本塑造城市空间和全球秩序的基本视角。马克思对空间剥夺的分析主要包括城市化和全球化两个层面。在城市化过程中，最典型的就是资本家对农民土地的剥夺。资产阶级依靠强力迫使农民和土地分离。“对直接生产者的剥夺，是用最残酷无情的野蛮手段，在最下流、最龌龊、最卑鄙和最可恶的贪欲的驱使下完成的”①。资本原始积累过程表现为“对农业生产者即农民的土地的剥夺”②，“掠夺教会地产，欺骗性地出让国有土地，盗窃公有地”等，当然也包括“各种田园诗式的方法”。③ 在城市内部，空间剥夺表现得更加鲜明，高楼大厦的背后往往是贫民窟，那里居住空间“过度拥挤”“地租大幅度上涨”、卫生环境“不断恶化”。④ 马克思非常形象地把工人居住区称之为“住宅地狱”⑤。拥堵、肮脏，公共卫生最恶劣、社会治安最混乱、设施配置最差劲等是工人居住区的写照。在全球化过程中，资本的空间拓展绝不是利益均沾，而是物质变换“裂缝”的全球化，它表现为少数发达资本主义国家成为受益者，而大多数落后民族国家成为受损者。因为空间剥夺承载着资本在整个世界范围进行物质变换的根本目的。血腥暴力不仅体现在城市化过程，也体现在全球殖民过程。欧洲资产阶级在完成资本原始积累之后，接踵而来的便是以地球为战场的国际贸易，它的直接表现就是殖民制度在全球范围的推广，从日不落的大英帝国称霸到世界列强瓜分世界的大战，资本的贪婪掠夺欲给世界人民带来沉重灾难。西方发达资本主义国家凭借自身经济、科技、军事等优势操纵物质变换，把空间“裂缝”转嫁到落后的民族国家，造成普遍的生态危机、资源枯竭、发展落差和贫困。大工业的发展是经济全球化的决定性力量，它“建立了由美洲的发现所准备好的世界市场。世界市场使商业、航海业和陆路交通得到了巨大的发展。”⑥ 海外世界市场给新兴资产阶级开辟了新天地。资产阶级高举大工业磨砺的锋利屠刀，伸向世界上一切民族，它把一切民族甚至最野蛮的民族都席卷到资本文明中来，它把未开化和半

---

① 《马克思恩格斯文集》（第5卷），北京：人民出版社2009年版，第873页。

② 《马克思恩格斯全集》（第44卷），北京：人民出版社2001年版，第823页。

③ 《马克思恩格斯全集》（第44卷），北京：人民出版社2001年版，第842页。

④ 李春敏：《马克思恩格斯对城市居住空间的研究及启示》，载《天津社会科学》，2011年第3期，第9页。

⑤ 《马克思恩格斯文集》（第5卷），北京：人民出版社2009年版，第762页。

⑥ 《马克思恩格斯文集》（第2卷），北京：人民出版社2009年版，第32页。

开化的民族变成资本超额利润的源泉，它把东方落后国家变成西方发达国家的“提款机”。基于大工业的物美价廉商品的“重炮”摧毁了落后民族国家的万里长城。资产阶级“完成了完全不同于民族大迁徙和十字军征讨的远征”①，征服了“野蛮人最顽强的仇外心理”②。在马克思看来，基于大工业的西方发达国家对东方国家的摧毁和征服，虽然笼罩着炮火硝烟，但从本质看却是工业文明对于农业文明的强力冲击，这种冲击是世界历史的必然趋势。

（二）资本“空间剥夺”的主要对象：自然力和劳动力

马克思的物质变换“裂缝”概念具有双重内涵。它既是人与自然之间的“裂缝”，又是人与人之间的“裂缝”。恩格斯认为，破解资本现代性的关键是实现“人类与自然的和解以及人类本身的和解”③。马克思指出，实现共产主义是“人和自然界之间、人和人之间的矛盾的真正解决”④。资本“空间剥夺”造成的物质变换“裂缝”表现为人与自然关系的对立和人与人关系对立，前者根源于对自然力的剥夺，后者根源于对劳动力的剥夺。

从物质变换的自然内涵看，“裂缝”意味着劳动对自然条件的依赖，标志着人类劳动的受动性边界，超越边界必然造成“裂缝”。劳动是人与自然之间的物质变换过程，在资本主义条件下，物质变换“裂缝”首先源于资本对自然力毫无止境的剥夺，“裂缝”的演变史是一部资本主义时代的自然发展史。资本主义全面开启了征服利用自然力的新篇章，它第一次使人类摆脱对自然的崇拜。马克思认为，物质变换过程“总是同一个自然的再生产过程交织在一起”⑤。只有资本主义制度才真正使自然界成为人类的对象性存在，才真正使自然力服从资本增殖的需要。资本无限增殖的本性表明它具有反自然反生态的制度属性。针对资产阶级的“狡猾”，恩格斯强调，“在自然界中决不允许单单把片面的‘斗争’写在旗帜上”⑥，并且警告“不要过分陶醉于我们人类对自然界的胜利。

---

① 《马克思恩格斯文集》（第2卷），北京：人民出版社2009年版，第34页。
② 《马克思恩格斯文集》（第2卷），北京：人民出版社2009年版，第35页。
③ 《马克思恩格斯文集》（第1卷），北京：人民出版社2009年版，第63页。
④ 《马克思恩格斯文集》（第1卷），北京：人民出版社2009年版，第185页。
⑤ 《马克思恩格斯文集》（第6卷），北京：人民出版社2009年版，第399页。
⑥ 《马克思恩格斯文集》（第9卷），北京：人民出版社2009年版，第548页。

对于每一次这样的胜利，自然界都对我们进行报复”①。然而，资本主义财富积累是建立在全球生态环境系统剥夺基础上的，对于资本主义制度而言，“环境被蜕变成了索取资源的水龙头和倾倒废料（经常是有毒废料）的下水道。”②

从物质变换的社会内涵看，“裂缝”意味着劳动对社会条件的依赖，标志着人类劳动的能动性边界，超越边界必然造成“裂缝”。马克思看到，资本对劳动力的剥削总是趋于挑战生理和道德的极限，而每一次对劳动力生理和道德界限的超越都会造成物质变换“裂缝”的扩大。物质变换“裂缝”是资本对劳动力残酷剥削的结果，“裂缝”的演变史是一部资本主义时代的人类发展史。马克思物质变换“裂缝”理论是建立在“人体解剖”基础上的，从自然的物质变换到社会的物质变换，揭示了资本主义私有制条件下人与自然和人与人的尖锐对立。物质变换“裂缝”的秘密就是资本对自然力和劳动力的共同压榨。物质变换“裂缝”的产生根源于资本对自然力和劳动力的无偿占有。物质变换“裂缝”是资本剥削劳动力和滥用自然力的历史见证。“对劳动者空间剥夺的加剧是资本逻辑与劳动逻辑对抗的现实反映”③。资本主义的工业化和市场化、城市化和全球化都是建立在对劳动力和自然力剥夺基础上的，资本繁荣的另一面必然是劳动力的贫穷和自然力的枯竭。从本质看，劳动力也是一种自然力。资本对于劳动力的剥夺是双重的，包括剥夺“劳动主体的自主性”和“劳动主体的自我理解”。④资本主义时代的特点是“以物的依赖性为基础的人的独立性”。“人的独立性”对于劳动者阶级而言不过是呈现为自由的虚假外观。“物的依赖性”就是对于资本的依赖。资本主义的社会条件赋予资本特殊的权力，因而使其成为“强大的物”和“独立的物”。在资本这个“强大的物”和“独立的物”面前，劳动者的个人自由同时“也是最彻底地取消任何个人自由”⑤。表面看劳动者有出

---

① 《马克思恩格斯文集》（第9卷），北京：人民出版社2009年版，第559—560页。

② 〔美〕福斯特：《生态危机与资本主义》，耿建新、宋兴无译，上海：上海译文出版社2006年版，第127页。

③ 邰丽华、李梦：《资本逻辑主导的城市空间生产研究》，载《经济纵横》，2019年第2期，第31页。

④ 林青：《马克思的劳动价值论与自由的实现途径》，载《现代哲学》，2017年第4期，第32页。

⑤ 《马克思恩格斯文集》（第8卷），北京：人民出版社2009年版，第180—181页。

卖给这个或那个资本家的自由，但是他的一无所有的社会地位决定了它必然地出卖给资本家阶级。

（三）资本“空间剥夺”的重要条件：不平等、不合理的社会分工

物质变换“裂缝”具有资本主义“空间殖民”的特质。资本具有空间生产的本性，一方面，资产阶级注重地理空间面积的叠加累积，进而实现地理空间版图扩展，把空间剥夺的魔掌伸向整个世界的自然力和劳动力；另一方面，资产阶级注重地理空间景物的征服和侵占，进而实现有形资本的地理性增殖。空间剥夺包括“土地剥夺、居住分区和公共空间剥夺”，从资源角度看，是对“物质资源”“教育或文化”资源和“生存和发展机会”的剥夺。[①] 物质变换“裂缝”的空间剥夺主要是生产性剥夺，它建立在不平等、不合理的社会分工基础之上。城乡分离与对立是不平等、不合理社会分工的结果，是私有制长足发展的必然结果，是物质变换“裂缝”的空间呈现。马克思恩格斯指出：“物质劳动和精神劳动的最大的一次分工，就是城市和乡村的分离。”[②] 人类文明史的发展表现为城乡对立的展开。城乡对立“是个人屈从于分工、屈从于他被迫从事的某种活动的最鲜明的反映”[③]。城乡对立是工业文明与农耕文明的“裂缝”，是对私有制主宰的社会分工的屈从。资本主义私有制极大地巩固和发展了城乡的分隔与对立。不平等、不合理的社会分工是资产阶级借助大工业的力量实现的。大工业“使分工丧失了自己自然形成的性质……使城市最终战胜了乡村”[④]。不平等、不合理的社会分工不仅体现在城乡之间，更是体现在不同的民族国家之间、西方与东方之间。马克思深刻揭示了分工推动物质变换“裂缝”空间转移的社会现实，分工作为一条主线，不仅贯穿于乡村城市化过程，而且贯穿于经济全球化过程。分工是“世界市场和民族国家内在冲突、私人空间和政治空间相互之间产生矛盾的内在动因”[⑤]。分工造成非均衡的地理发展，其结果是引发核心地带空间对边缘空间的剥削和压迫。西方资本主义的殖民侵略造成了

---

① 齐勇：《西方马克思主义空间生产理论探析》，载《理论视野》，2014 年第 7 期，第 41 页。

② 《马克思恩格斯文集》（第 1 卷），北京：人民出版社 2009 年版，第 556 页。

③ 《马克思恩格斯文集》（第 1 卷），北京：人民出版社 2009 年版，第 556 页。

④ 《马克思恩格斯文集》（第 1 卷），北京：人民出版社 2009 年版，第 566 页。

⑤ 张晶晶：《空间发展悖论——论马克思对资本主义社会空间的批判》，载《理论导刊》，2020 年第 2 期，第 43 页。

不平等、不合理的国际分工秩序，它成为“对落后民族和国家进行空间剥夺的基本形式”①。马克思恩格斯看到，在资本主义大工业基础上，“一种与机器生产中心相适应的新的国际分工产生了，它使地球的一部分转变为主要从事农业的生产地区，以服务于另一部分主要从事工业的生产地区。”② 这种不平等、不合理的国际分工是服从和服务于资本主义空间生产需要的，这种生产性的空间剥夺表现为资本流向世界、利润流向西方。大卫·哈维区分了生产性积累（剥削）和非生产性积累（剥夺），他认为，马克思更侧重生产性积累的批判而忽视了非生产性积累的批判，然而，在新帝国主义和新自由主义时代，非生产性积累已经成为主要形式。③ 实际上，马克思对野蛮的非生产性积累的揭露是深刻的。马克思指出，原始积累阶段，“征服、奴役、劫掠、杀戮，总之，暴力起着巨大的作用”，但是“这种积累不是资本主义生产方式的结果，而是它的起点”。④ 物质变换“裂缝”之所以无法弥合是因为它是制度性体系性的，弥合物质变换的“裂缝”必须消灭不平等、不合理的国际分工体系，必须废除资本主义制度。

三、物质变换“裂缝”的时空压缩效应

“时空压缩”是大卫·哈维历史地理唯物主义的重要概念，是他“从使用价值的社会生产角度对《资本论》重构而提出的”⑤。马克思虽然没有提出过“时空压缩”概念，但是，马克思对资本主义商品生产和流通的空间致思内含着“时空压缩”思想，“时空压缩”思想贯穿于马克思对资本主义商品生产和流通的深入分析之中。“时空压缩”的观点“与马克思的‘资本力求用时间消灭空间’的思想是一脉相承”⑥。王南湜先生认为，解析“时空压缩”用不着“空间转向”，对“时空压缩”深层根由的剖析必须从“扩展劳动价值论及剩余价值论”

① 李春敏、章仁彪：《资本全球化视阈下的几个社会空间问题》，载《天津社会科学》，2010 年第 3 期，第 5 页。

② 《马克思恩格斯文集》（第 5 卷），北京：人民出版社 2009 年版，第 519—520 页。

③ 付清松：《资本再生产批判视阈的反向延展——大卫·哈维的剥夺性积累理论探赜》，载《马克思主义与现实》，2016 年第 1 期，第 133 页。

④ 《马克思恩格斯选集》（第 2 卷），北京：人民出版社 2012 年版，第 290 页。

⑤ 李春敏：《马克思的空间思想初探》，载《学术交流》，2009 年第 8 期，第 14 页。

⑥ 胡大平：《马克思主义与空间理论》，载《哲学动态》，2011 年第 11 期，第 9 页。

出发。① 在“时间压缩”方面，资本对劳动的剥削本质就是对工人劳动时间的无偿占有，它是依靠压缩必要劳动时间延长剩余劳动时间的相对剩余价值生产或者通过延长价值增殖时间（本质是压缩了工人的自由活动时间）的绝对剩余价值生产实现的。在“空间压缩”方面，资产阶级通过制造空间隔离、空间断裂操控空间生产权，按照资本增殖需要重构社会空间，把空间剥夺渗透到生产生活诸领域。“时空压缩”表征着“时间的加速和空间的缩小”，是“资本运动的基本法则”和“维系资本统治的主要手段”。② “时空压缩”体现了商品生产和商品交换的辩证法，它的目的是为了缩短商品生产和交换的周期，增加资本价值增殖的频次和幅度。

（一）时间压缩导致工人生存发展权的丧失

资本的“时间压缩”策略就是延长工人的劳动时间而缩减工人自由活动时间，就是把空间问题归结为时间问题。在绝对剩余价值生产中，资本家总是力求把工人自由活动时间压缩到生理和道德的极限。在相对剩余价值生产中，资本家借助科学技术革命，不断提高劳动生产力，从而，压缩必要劳动时间，延长剩余劳动时间，实现对工人自由时间的剥夺。资本主义的崛起过程，直接表现为对空间障碍的摧毁，前资本主义社会所具有的权威与神秘性的外部空间成为资本征服的对象。资本主义社会的“时空压缩”表现为“时间征服空间过程的展开”③。资本主义商品生产和商品流通既需要时间考量，又需要空间规划。资本的“时空压缩”策略经历了一个“由依赖时间到依赖空间”④ 的发展过程。“时间压缩”是资产阶级的最初选择。因为，资本剥削劳动的秘密就是无偿占有工人的剩余劳动时间。马克思一针见血地指出：资本主义“财富的基础是盗窃他人的劳动时间”⑤。对于无产阶级而言，获得个性自由、享受社

---

① 王南湜：《解释“时空压缩”现象需要“空间转向”吗？——一种基于扩展马克思剩余价值论的透视》，载《学习与探索》，2015 年第 1 期，第 2 页。

② 王雨辰、高晓溪：《空间批判与国外马克思主义解放政治的逻辑》，载《哲学研究》，2016 年第 11 期，第 13—14 页。

③ 仰海峰：《弹性生产与资本的全球空间规划——从马克思到哈维》，载《江海学刊》，2008 年第 2 期，第 34 页。

④ 夏一璞：《马克思资本空间化思想的现实启示》，载《重庆社会科学》，2018 年第 5 期，第 15 页。

⑤ 《马克思恩格斯全集》（第 31 卷），北京：人民出版社 1998 年版，第 101 页。

会财富必须以缩减必要劳动时间为前提。因此，时间始终是资本与劳动斗争的焦点。

大卫·哈维把马克思的“用时间消灭空间”理解为“时空压缩”。“用时间消灭空间”实际上是“时间压缩”和空间扩张的一体两面，是资本实现剩余价值的方式。它普遍的现代性后果是“一种同质化的资本空间构序的生产与再生产过程”和“一种‘中心—边缘’的二元对立结构”。① 也就是马克思所概括的从属性城乡空间结构和从属性全球空间结构。这种“中心—边缘”的空间结构是资本家对劳动者生存发展空间的掠夺。马克思恩格斯对资本形塑的“中心—边缘”的空间结构进行了毫不留情的批判。他们认为，这是“明目张胆地把贫民赶到越来越坏、越来越挤的角落里去”②，其结果是无产阶级生存权利和生活资源的完全丧失。马克思认为，资本的能力发展是以工人“发展受到限制为基础的”，资本的自由发展“是以工人必须把他们的全部时间，从而他们发展的空间完全用于生产一定的使用价值为基础的”。③ 资本剥夺工人自由时间的结果是工人能力发展和精神发展空间的丧失。马克思指出：“时间实际上是人的积极存在，它不仅是人的生命的尺度，而且是人的发展的空间。”④ “时间是人的发展的空间”这一命题反映了人的发展对于时间空间的依赖，但是，由于人类的分裂，必然造成时间与空间的分裂。资产阶级的发展空间是以牺牲无产阶级的自由时代为代价的。资本的增殖空间“压缩和剥夺了工人阶级自由劳动的时间”⑤。工人阶级自由时间的剥夺意味着自身发展空间的剥夺。“用时间换取空间”的本质不过是资产阶级用牺牲工人的时间换取自己的发展空间。“用时间换取空间”是资产阶级借助世界市场的开辟而实现的。借助“时间压缩”而缩短空间距离就可以缩减流通成本，从而建立更加广大的世界市场。资本的“时间压缩”策略的要害不仅是工人阶级生存权的丧失，而且是工人阶级发展权的丧失。工人丧失自由发展时间的结果就是沦为一架为资本家生产财

---

① 林密：《马克思“以时间消灭空间”的空间生产思想及其深层逻辑探微》，载《哲学研究》，2019 年第 12 期，第 29 页。

② 《马克思恩格斯文集》（第 5 卷），北京：人民出版社 2009 年版，第 758 页。

③ 《马克思恩格斯全集》（第 32 卷），北京：人民出版社 1998 年版，第 214 页。

④ 《马克思恩格斯全集》（第 37 卷），北京：人民出版社 2019 年版，第 161 页。

⑤ 白刚、吴留戈：《〈资本论〉：马克思的“希望空间”》，载《天津社会科学》，2015 年第 5 期，第 34 页。

富的机器。自由时间是个人发展最基本的空间条件，是劳动与资本斗争所追求的目标。

（二）空间压缩旨在价值增殖空间的扩大

资本的“空间压缩”策略旨在扩大价值增殖空间，它加剧了资本和劳动的矛盾，拓宽了物质变换“裂缝”。资本主义生产方式具有空间敏锐性，它的“空间压缩”效应表现为生产资料和劳动过程的集中化趋势，以及分工协作造成的产业联动和产业集群效应。此外，就是破除生产端与消费端空间障碍的市场开拓。资本主义生产方式空间形态的现代性展开，根源于劳动者与生产资料分离与聚合的资本逻辑，表现为“‘空间上的劳动’对‘时间上的劳动’的剥夺过程”①，本质是“空间”吞噬“时间”的空间压缩策略。马克思的《资本论》正是从时空一体的维度第一次科学说明了资本与劳动的关系。恩格斯非常形象地说马克思“就像一个观察者站在高山之巅俯视下面的山景一样”，“把现代社会关系的全部领域看得明白而清楚”。② 在资本主义条件下，物质变换过程是价值形成和价值增殖过程的统一。在绝对剩余价值生产中，资本家总是力求增加价值增殖的时间，即在必要劳动时间固定的前提下通过延长劳动时间来实现资本增殖，它属于时间生产方式；在绝对剩余价值生产中，价值增殖是在工作日固定的前提下，通过缩减必要劳动时间来增加剩余劳动时间，它属于空间生产方式。空间生产方式“主要是通过组织工人‘协作生产’的‘空间布局’和‘空间调控’实现的”③。马克思指出：“资本主义生产实际上是在同一个资本同时雇佣人数较多的工人，因而劳动过程扩大了自己的规模并提供了较大量的产品的时候才开始的。人数较多的工人在同一时间、同一空间（或者说同一劳动场所），为了生产同种商品，在同一资本家的指挥下工作，这在历史上和概念上都是资本主义生产的起点。”④ 在资本支配下，劳动者、劳动对象和劳动资料等生产要素在城市空间的集中直接表现为基于分工协作的“空间压

① 林密：《马克思“以时间消灭空间”的空间生产思想及其深层逻辑探微》，载《哲学研究》，2019年第12期，第29页。

② 《马克思恩格斯文集》（第3卷），北京：人民出版社2009年版，第79页。

③ 白刚、吴留戈：《〈资本论〉：马克思的“希望空间”》，载《天津社会科学》，2015年第5期，第34页。

④ 《马克思恩格斯文集》（第5卷），北京：人民出版社2009年版，第374页。

缩”。“集中带来的是空间的压缩，是更多的剩余价值”①。在商品生产中的“空间压缩”实现了“不同的阶段过程由时间上的顺序进行转化为空间上的并存”②。“空间并存”的结果是赢得了倍增的剩余劳动时间。因为分工协作提高了劳动生产率，缩短了“制造总产品所必要的劳动时间”③。马克思在《资本论》中看到，机器大生产推动了分工协作的发展，劳动者和生产资料在城市的集聚是资本对生产空间的重构，其结果，是资本对商品生产和商品流通的空间统治。交通的根本性改善、城市的规模性扩张、分工的世界性格局，以及生产要素的空间集中、生产周转速度的加快，表现了资本主义生产方式的时空压缩特征。然而，活劳动是剩余价值的唯一来源。资本具有“空间压缩”的需要和能力。马克思指出：“资产阶级日甚一日地消灭生产资料、财产和人口的分散状态。它使人口密集起来，使生产资料集中起来。”④ 生产资料的集中是“空间压缩”的体现，城市化的发展是资产阶级“空间压缩”的肯定性成果，它实现了剩余价值的倍增。资本之所以能够实现“空间压缩”是因为它蕴涵着一种增殖的生命力量。资本作为“打破人类各种社会空间壁垒的重要的物质力量”，“使人类社会空间第一次现实地成为一个整体”。⑤ 资本的“空间压缩”策略是对劳动者生存发展空间的剥夺，因而必然加剧资本与劳动的矛盾。

（三）资产阶级的时空转换造成物质变换“裂缝”日益扩大

资产阶级的时空转换借助世界交往充分展开，造成物质变换“裂缝”日益扩大，使资本与劳动的矛盾具有了世界历史性。空间是资本生产无法回避的自然地理事实。空间资本化是资本主义生产方式的必然趋向。马克思在《资本论》第二卷中指出：“一种商品越容易变坏，因而生产出来越要赶快消费，也就是越要赶快卖掉，它能离开产地的距离就越小，它的空间流通领域就越狭窄，它的销售市场就越带有地方性质”，

---

① 欧阳琼：《历史唯物主义与资本主义批判的空间转向》，载《江汉论坛》，2019 年第 3 期，第 70 页。

② 《马克思恩格斯文集》（第 5 卷），北京：人民出版社 2009 年版，第 399 页。

③ 《马克思恩格斯文集》（第 5 卷），北京：人民出版社 2009 年版，第 380 页。

④ 《马克思恩格斯文集》（第 2 卷），北京：人民出版社 2009 年版，第 36 页。

⑤ 李春敏、章仁彪：《资本全球化视阈下的几个社会空间问题——马克思的社会空间思想初探》，载《天津社会科学》，2010 年第 3 期，第 5 页。

但是，这样的商品“就越不适于成为资本主义生产的对象”。① 马克思在《资本论》第三卷中强调：“空间是一切生产和一切人类活动的要素。”②时间与空间是作为资本生产的限制性条件出场的，资本主导的商品生产和商品交换始终有着时间与空间的考量，生产要素时空配置的优化可以提高生产效率，实现资本增殖的扩大。

“时空转换”策略包括两个方面：一方面，是“用空间集约时间”，它表明了空间的时间价值。资本的城市化和全球化，从本质看，就是要实现“用空间集约时间”的空间压缩效应。资本的本性就是榨取更多的剩余价值，为此，最简单的策略就是延长价值增殖时间。这一策略受到双重的限制和抵抗：一是工人的生理需要或自然条件，即劳动者的生命界限。过度延长劳动时间必然遭到工人的强烈反抗；二是社会的道德界限，即精神的和伦理的规范。为了把资本和劳动的冲突限定在一定的范围，资产阶级采取的便是“用空间集约时间”的空间压缩策略。马克思指出：“从空间方面来看工作日——从空间方面来看时间本身——，那就是许多工作日同时并存。”③ “工作日同时并存”的空间压缩策略可以实现价值增殖时间的集聚，从而实现资本增殖的规模效应。“用空间集约时间”是通过生产要素的空间集中实现的，资产阶级大规模的城市化运动实现了时间节约和空间分隔，带来社会空间的结构性变化。资本家“为了从空间上夺回在时间上失去的东西，就要扩充共同使用的生产资料……使生产资料在更大程度上集中……使工人在更大程度上集结起来”④。另一方面，是“用时间去消灭空间”，它表明了时间的空间价值。马克思的《1857—1858年经济学手稿》中确认，资本担当着超越空间限制的使命，它“力求超越一切空间界限”⑤。“用时间去消灭空间”就是借助交通运输工具的革命压缩买卖的空间距离和障碍，从而加快资本周转速度、扩大价值增殖空间。因而交通运输工具和通讯手段的革命成为资本的迫切需要。马克思指出：“用时间去消灭空间，就是说，把商品从一个地方转移到另一个地方所花费的时间缩减到最低限度。”⑥ 交通运输

① 《马克思恩格斯文集》（第6卷），北京：人民出版社2009年版，第145页。
② 《马克思恩格斯文集》（第7卷），北京：人民出版社2009年版，第875页。
③ 《马克思恩格斯文集》（第8卷），北京：人民出版社2009年版，第84页。
④ 《马克思恩格斯文集》（第5卷），北京：人民出版社2009年版，第546—547页。
⑤ 《马克思恩格斯全集》（第30卷），北京：人民出版社1995年版，第521页。
⑥ 《马克思恩格斯文集》（第8卷），北京：人民出版社2009年版，第169页。

工具的革命，流通时间的缩短，推动了资产阶级生产观念的变革，舍近求远的大生产观念取代了舍远求近的小生产意识。买卖两地流通时间的缩短意味着空间压缩。"用时间去消灭空间"就是"依靠现代交通工具，在单位时间内让更多的生产要素通过更大的空间因而压缩空间"①，它的目的就在于减少流通时间、加速生产过程，从而实现"占有空间的扩大"和"利润的增加"。② 在开辟世界市场过程中，"用时间去消灭空间"更是表现为资本力图摧毁一切地方性的空间限制，将整个世界统一纳入它的活动范围和增殖空间。

总之，劳动是人与自然之间的物质变换过程，一部人类历史就是劳动发展史。劳动的社会组织方式标志着劳动的历史发展阶段。马克思认为，私有制是造成物质变换"裂缝"的根源，资本主义私有制的发展导致物质变换"裂缝"不断扩大。城乡之间的空间断裂是资本主义社会物质变换"裂缝"的典型表现。资本主义为缓解物质变换"裂缝"的压力，实施了物质变换"裂缝"的空间转移、空间剥夺和空间压缩战略。空间转移效应表现为：资本流向世界、利润流向西方。空间"裂缝"是资本剥削劳动的前提。空间转移是生产要素的转移，也是资本与劳动矛盾的转移。空间转移是资本主义通过积极主动的空间生产确保自身得以存活至今的秘密。空间剥夺效应是一种世界市场的体系效应。资产阶级通过重构国际贸易体系把整个世界纳入商品生产和商品流通过程，使整个世界的自然力和劳动力都服从和服务于资本增殖的需要。借助空间剥夺资产阶级成为世界历史的开创者。时空压缩效应是指时间的加速和空间的缩小。时空压缩是资产阶级维系资本统治的主要手段。时空压缩是通过"用空间集约时间"和"用时间换取空间"的时空转换实现的，它体现了商品生产和商品交换的辩证法。时空压缩增加了资本价值增殖的频次和幅度，导致物质变换"裂缝"的持续扩大。

第三节　空间"裂缝"的弥合：走向劳动解放的历史必然

个人与社会的解放问题是马克思学说一以贯之的主题。人与社会的

---

① 胡潇：《空间现象的文化解读——基于马克思恩格斯空间理念的思考》，载《学术研究》，2014 年第 9 期，第 3 页。

② 冯雷：《当代空间批判理论的四个主题——对后现代空间论的批判性重构》，载《中国社会科学》，2008 年第 3 期，第 50 页。

解放核心在于“现实的个人”从他的自然关系和社会关系中解放出来，“现实的个人”的解放本质是劳动解放，并具体表现为“人化自然空间”和“社会关系空间”的解放。资本空间解放是资产阶级最重要的历史贡献。资本空间解放把人类活动的领域拓展到了整个世界。但是，资本空间却成为无产阶级的新牢笼。资本的伟大文明作用是通过资本空间化实现的，资本空间化的结果是空间资本化。资本逻辑造成物质变换“裂缝”在世界历史空间扩大，由此，世界资产阶级与世界无产阶级的对立成为资本与劳动关系的现实表现。马克思空间解放学说的旨趣就在于用无产阶级空间解放取代资产阶级空间解放，用劳动发展空间取代资本空间统治，把“必然王国”提升到共产主义“自由王国”，实现对资本空间的扬弃和超越。

一、“现实的个人”与劳动空间解放的途程

“现实的个人”是马克思哲学革命的出发点。马克思反对纯粹理论领域的解放，他所关心的空间解放有着鲜明的主体面向，是“现实的个人”从现实的世界和现实的关系中解放出来，具体而言，就是“现实的个人”从资本空间中解放出来。“现实的个人”的生存发展必须占有一定的时间和空间。时间空间是把握“现实的个人”解放的基本维度。马克思把空间解放归结为时间解放问题，强调自由时间是解放的空间。

（一）“现实的个人”的本质规定

任何空间性的存在离开了人便失去了意义。因此，揭示人的本质是马克思空间哲学的首要问题。青年时期，马克思从人的需要、生产劳动、社会关系、个性等方面系统揭示了个人的内在本质、类本质、现实本质和个性本质，这些构成了马克思对人的总体性理解。“现实的个人”首先是“有生命的个人”，即自然存在物。“有生命的个人”的现实性在于为了生存就必须解决衣食住行问题，因此，“第一个需要确认的事实就是这些个人的肉体组织以及由此产生的个人对其他自然的关系。”① 人的需要并非单纯的自然物质，满足人需要的物质条件是历史的产物，与一定时代的生产方式直接关联。因此，生产满足人类生存需要的物质生产活动便成为第一个历史活动。人类要生存就必须满足需要，需要是人生命

① 《马克思恩格斯文集》（第1卷），北京：人民出版社2009年版，第519页。

活动的表现。“有生命的个人”对自然物质的超越在于，满足人类需要的物质生活资料是劳动对象化形塑的人化自然。人类一开始生产便和动物从根本上区别开来。需要表现为人对外部自然物的摄取状态，但是，世界不会满足人，人决心以自己的行动改变世界。马克思指出，人们与外界物之间首先不是“理论关系”，不是“处在”某一种关系，“而是积极地活动，通过活动来取得一定的外界物，从而满足自己的需要。”① 马克思所指的“活动”主要是指物质生产和社会交往。从事物质生产就必须借助一定的社会形式和社会交往，离开一定的社会形式和社会交往，个人便不可能进行任何生产。社会形式和社会交往是生产发展水平的表征。对于“现实的个人”的理解和把握既不能离开人与自然的关系（生产力），又不能离开人与人的关系（生产关系）。马克思指出，人的本质“是一切社会关系的总和”②。把握人的现实本质只有到“一切社会关系的总和”中去寻找。“现实的个人”是一定物质生产条件下，受社会关系总和制约的，具有一定个性的人。不同的社会形式和社会关系决定着不同的人的个性化存在。“现实的个人”是在时间和空间中存在的，具体表现为历史性与社会性、民族性与阶级性等。“现实的个人”的解放依赖于一定的社会历史条件。因为，“现实的个人”生产和生活于一定的时间、空间和社会历史条件之下，而非离群索居的固定不变的单个的孤立的人。

（二）“现实的个人”的空间形态及其分裂

马克思在《〈黑格尔法哲学批判〉导言》中提出“人的本质在于人本身”，虽然这还是一个费尔巴哈式的人本主义命题，但他反对神对人的本质的干预，是对宗教神学的有力批判。在《1844 年经济学哲学手稿》中，马克思确立了人的类本质是自由自觉的活动，即劳动。虽然此时没有提出“现实的个人”概念，但马克思对工人和资本家的对立进行了具体分析，他所解剖的已经是“现实的个人”了。马克思的着眼点有三：一是物化世界与人的世界的对立，由物化世界构成的“自然实体形态空间”是一个压迫劳动者的社会物质力量；二是劳动实践活动，马克思揭示了“活动形态空间”的异化，从劳动与产品的对立出发，揭示了工人

① 《马克思恩格斯全集》（第 19 卷），北京：人民出版社 2016 年版，第 405 页。
② 《马克思恩格斯文集》（第 1 卷），北京：人民出版社 2009 年版，第 501 页。

和资本家对立的经济根源；三是以私有财产占有为核心的社会关系。在《德意志意识形态》中，马克思恩格斯沿着《1844 年经济学哲学手稿》中的基本思路，从自然生命的空间存在、实践活动的空间存在和关系形态的空间存在三个方面揭示了“现实的个人”的本质内涵。“现实的个人”作为“有生命的个人”首先是自然存在物。马克思从“现实的个人”的物质生产和物质生活条件出发，揭示了“现实的个人”的“活动空间形态”和“关系空间形态”的演变发展规律。“现实的个人”的空间存在方式有三种形式：一是自然生命的空间存在，人作为自然存在物，它的生存空间随着人化自然空间的扩大而扩大。人化自然空间是人对象化活动的确证，是人的外在本质。二是实践活动的空间存在，感性活动是人的社会生命的体现，是形塑空间的根本动力。人类以实践活动立于世界、创造历史，形塑与动物世界根本不同的社会空间。三是关系形态的空间存在，人的社会关系存在从根本上说是社会物质生产的结果。马克思指出：“社会本身，即处于社会关系中的人本身，总是表现为社会生产过程的最终结果。”① 个人是社会的本质内容，社会是个人的关系形态。《资本论》是马克思解剖资本空间的一部巨著，马克思揭示了“现实的个人”，也就是资本家和工人在资本空间的不同境遇。“现实的个人”在资本空间表现为生产、生活和生存空间的分裂、冲突和对立。

(三)“现实的个人”的社会历史发展空间

资产阶级的空间革命极大地丰富了人的自然关系和社会关系，但是，由于劳动异化最终导致“人化自然空间”和“社会关系空间”的异化。资产阶级空间革命终结了前资本主义的社会空间，形塑了资本空间，又为资本主义社会空间的扬弃奠定了基础。“有生命的个人”“偶然的个人”和“自由个性”的个人代表了人类个性发展的三个阶段，与之对应的是社会空间的不同历史发展阶段。

首先是“有生命的个人”的社会历史空间。这一社会空间形态的特点是“人的依赖关系”。“有生命的个人”处于人类最初的发展阶段，其生存发展空间局限在家庭、氏族、公社、国家等狭隘、孤立的地域范围。这里，马克思把“有生命的个人”与人类历史的最初阶段对应起来，把

① 《马克思恩格斯文集》(第 8 卷)，北京：人民出版社 2009 年版，第 204 页。

它看成是“全部人类历史的第一个前提”①。是否坚持从“有生命的个人”的生存发展出发，直接关系到在社会历史领域坚持唯物史观还是唯心史观的问题。“有生命的个人”的存在发展是一个简单事实。在《1844年经济学哲学手稿》中，马克思就已经认识到，人直接是自然存在物，具有生命活力，并且以自由自觉的活动，即劳动，与动物世界相区别。在《德意志意识形态》中，马克思恩格斯用“有生命的个人”概念代替“自然存在物”概念，它的重大意义在于，与“自然存在物”相比，“有生命的个人”更加彰显了社会历史性存在的内涵。可以说，“人直接是自然存在物”还是一般唯物主义的命题，而“有生命的个人”的提出，说明马克思恩格斯对“现实的个人”的理解已经提升到历史唯物主义高度。

其次是“偶然的个人”的社会空间形态。这一社会空间形态的特点是“以物的依赖性为基础的人的独立性”。在这一阶段，人类活动的地理空间迅速扩大，社会关系不仅具有了鲜明的阶级性，而且具有了鲜明的世界性。对于“偶然的个人”而言，“社会联系的各种形式”表现为“外在的必然性”，“表现为只是达到他私人目的的手段”，“产生这种孤立个人的观点的时代，正是具有迄今为止最发达的社会关系（从这种观点看来是一般关系）的时代”②。在这一阶段，“现实的个人”作为“偶然的个人”仍然是“孤立个人”。人类历史是人的个性发展史。马克思十分注重从一定时代生产方式出发去考察人的个性发展。“偶然的个人”是指在社会关系面前丧失自主性，处于被剥削、被压迫状态的个人。此时，个人不是独立个体，其个性消融在阶级性之中，所以“偶然的个人”就是阶级性的个人。马克思恩格斯指出：“贵族总是贵族，平民总是平民，不管他的其他关系如何；这是一种与他的个性不可分割的品质。”③ 对于无产者来说，交往形式和交往本身是偶然的东西，资本创造了复杂的物化关系，这种物化关系不是无产者联合的力量，而是一种异己的外在强制力量。“偶然的个人”表明人的个性处于异化状态。

第三是“自由个性”的社会空间。这一社会空间的基础是“建立在

---

① 《马克思恩格斯文集》（第1卷），北京：人民出版社2009年版，第519页。
② 《马克思恩格斯文集》（第8卷），北京：人民出版社2009年版，第6页。
③ 《马克思恩格斯文集》（第1卷），北京：人民出版社2009年版，第571页。

个人全面发展和他们共同的、社会的生产能力成为从属于他们的社会财富”①。“自由个性”的个人与“有生命的个人”“偶然的个人”的根本区别在于他们的社会历史条件。现实的个人“自由个性”的实现，关键在于每个个人能够借助联合起来的共同体占有和支配自身的生存发展条件。个人通过“自由人联合体”重新占有和支配异化的社会物质力量，从而使个性得到自由解放和全面发展。“自由个性”的个人是“普遍的个人”“完整的个人”“自由的个人”。②

二、资本的空间革命以及资本空间的历史性终结

机器大工业带来生产规模、效率的提高，它所创造的财富极大地增强了资产阶级的经济实力。借助交通运输工具和通讯手段的革命，资本主义的商品流通为商品生产鸣锣开道，而世界市场的开拓又反哺机器大工业。资产阶级依靠机器大工业和世界市场的力量实现了空间革命，首先开创了世界历史。资产阶级的空间革命既有直接的经济动因，又有国家权力的强力推动。资本总是力求摧毁商品交换的地域空间限制，具有“用时间去消灭空间”的空间革命功能。资产阶级空间革命造成生产和交往的普遍发展，这种普遍发展规定了资本空间的边界。资产阶级借助武力和廉价商品的“重炮”敲开了落后国家的大门，把民族交往扩展为世界交往。资本逻辑成为世界历史空间“普照的光”和“特殊的以太”。世界历史是资产阶级空间革命的积极成果，又是无产阶级空间解放的前提条件。资本的伟大文明作用表现为推动了生产力和交往的普遍发展，为世界历史性个人向社会个人的发展以及人的自由解放和全面发展奠定的物质基础。资本既有文明一面，又有野蛮一面。资本对劳动的过度压榨必然遭到劳动阶级的反抗。无产阶级的觉醒和政治联合将成为终结资本空间的主体力量。资本空间历史性终结的依据是资本主义社会的内在矛盾。掌握先进生产力的无产阶级是资本主义社会的掘墓人。

（一）资本逻辑成为社会空间“普照的光”和“特殊的以太”

当马克思从政治经济学视角解剖市民社会的时候，便真正破解了资本剥削劳动的秘密。马克思在《1857—1858 年经济学手稿》中提出的

① 《马克思恩格斯文集》（第 8 卷），北京：人民出版社 2009 年版，第 52 页。

② 洪波：《马克思个人理论的整体性与当代性研究》，杭州：浙江大学出版社 2015 年版，第 188 页。

"普照的光"和"特殊的以太"思想是"考察、分析人类社会，建构唯物史观的重要方法"①。社会生产是人类社会存在发展的基础，在不同的历史阶段有不同的生产方式，其中占主导地位的生产方式决定着社会形式。马克思通过市民社会的解剖确认了资本主义生产关系的"普照的光"效应。他写道："在一切社会形式中都有一种一定的生产决定其他一切生产的地位和影响，因而它的关系也决定其他一切关系的地位和影响。这是一种普照的光，它掩盖了一切其他色彩，改变着它们的特点。这是一种特殊的以太，它决定着它里面显露出来的一切存在的比重。"②马克思列举游牧民族、古希腊罗马的奴隶社会、封建社会以及欧洲的中世纪的例子，来说明任何社会形式中都有一种占据主导地位的生产部门和生产关系，它作为"普照的光"决定着社会形态的性质和特点。在资本主义社会，工业成为占主导地位的生产部门，商品经济取代了自然经济，农业、商业和生息资本都依从于资本主义大工业。资本主义大工业和资本逻辑是"资本主义社会的'普照的光'"③。列宁认为，马克思之所以能够论证社会经济形态发展是一个自然历史过程，就是运用了这种"普照的光"的方法，即"从社会生活的各种领域中划分出经济领域，从一切社会关系中划分出生产关系，即决定其余一切关系的基本的原始的关系"④。

资本逻辑作为"普照的光"，在它的照耀下，世界历史空间走向资本化。资本逻辑首先实现了经济集中，即生产要素的集中，经济集中带来政治集中，资产阶级借助空间革命的成果获得了政治统治，又借助国家权力干预极大地推动了资本主义商品经济的繁荣。资本凭借物美价廉的商品"重炮"和日益集中的政治力量，开始了征服全球空间的途程，通过重塑"人化自然空间"和"社会关系空间"，按照自己的样子重塑了世界。资本作为"普照的光"具有集聚和辐射效应，其目的是为了吞噬空间，保持资本活性，实现资本增殖。"资本在空间领域的扩张是资本

① 赵家祥：《资本逻辑是资本主义社会的"普照的光"》，载《中国延安干部学院学报》，2019 年第 6 期，第 38 页。

② 《马克思恩格斯文集》（第 8 卷），北京：人民出版社 2009 年版，第 31 页。

③ 景中强：《马克思"普照的光"的思想及其意义》，载《河南社会科学》，2003 年第 3 期，第 5 页。

④ 《列宁选集》（第 1 卷），北京：人民出版社 2012 年版，第 6 页。

主义不断延续和幸存的关键。"① 资本最初把生产资料和劳动力集聚在城市，于是，新兴的工商业城市逐步取代了自然形成的城市。资本在城市化基础上，开始全球化辐射。其结果，农村屈从于城市的统治，最野蛮的民族被卷入到文明中来。城市是为了满足资本的需要而产生的，是适应资本空间生产的人文物质景观。大卫·哈维认为，全球化"最有可能是资本主义空间生产"的新阶段。② 由资本主导的全球化是同质化与异质化的统一。资本空间化的结果是空间资本化。资本空间的特征是差异、分裂和对立。这种非均衡的地理空间是"资本全球积累的前提、结果和重要机制"③。在原始积累阶段，资本的空间掠夺主要依靠血腥暴力，而现代资本的掠夺主要依靠非均衡的地理空间发展。它在区域空间，表现为城市与乡村的分割对立、城市动物与乡村动物的地理分界；它在全球空间，表现为发达国家和欠发达国家的空间断裂。资本作为"普照的光"造成了社会空间的"裂缝"，从而，让资本的剥削本性暴露无遗。为了弥合"裂缝"，必须消灭资本制度，必须用人的自由全面发展取代资本而成为"普照的光"，因为"人的全面发展是马克思主义的最高命题和根本价值"④。

（二）资本的伟大的文明作用

资本的伟大文明作用是在资本的时空运动中实现的。马克思看到，资本空间化重塑了"中心—边缘"的城乡社会空间和全球社会空间，资本运动带来世界经济中心的流动，如威尼斯、伦敦等曾先后成为世界经济贸易的中心。资本聚集在哪里，哪里便会很快成为世界贸易的中心，资本从中心流向边缘，世界贸易的中心便会蜕变为边缘，边缘便会形成中心。资本生产使劳动者摆脱了地域空间的限制和封建宗法的人身依附关系，它以雇佣劳动为基础，通过商品交换的方式，开启了资本统治的时代。

---

① 刘怀玉：《历史唯物主义为何与如何面对空间化问题》，载《天津社会科学》，2011 年第 1 期，第 21 页。

② 〔美〕大卫·哈维：《希望的空间》，胡大平译，南京：南京大学出版社 2006 年版，第 53 页。

③ 王志刚：《马克思〈政治经济学批判大纲〉中的空间思想》，载《教学与研究》，2015 年第 3 期，第 48 页。

④ 王友洛：《普照的光：人的全面自由发展理论在马克思学说中的地位》，载《学习论坛》，2010 年第 10 期，第 74 页。

在《1857—1858年经济学手稿》中，马克思看到，资本逻辑重构了“人化自然空间”和“社会关系空间”，升华了世界历史空间，表现出“伟大的文明作用”。他指出：“只有资本才创造出资产阶级社会，并创造出社会成员对自然界和社会联系本身的普遍占有。由此产生了资本的伟大的文明作用；它创造了这样一个社会阶段，与这个社会阶段相比，一切以前的社会阶段都只表现为人类的地方性发展和对自然的崇拜。”① 马克思对资本“伟大的文明作用”的考察，着眼点是资本逻辑对于人类社会在时空维度发展的重大影响，立足点是资本逻辑对于人与自然和人与人关系的中介作用。那么，我们应当如何理解“资本的伟大的文明作用”呢？第一，资本逻辑推动了社会生产力的巨大发展，使人类第一次真正摆脱对自然的崇拜而成为自然的主人。资本的伟大文明作用主要表现为“推动生产力的巨大发展，实现社会关系的革命性变革，为未来新社会的产生创造出各种有利的因素”②。解放和发展生产力是资本彰显伟大文明作用的方式。“资本的文明作用是创造了一种新的生产方式”③。“尽管按照资本的本性来说，它本身是狭隘的，但它力求全面地发展生产。”④ 资本创造了一种新的剥削方式，资本强烈的致富欲望驱使着生产力不断发展。机器的大量使用让人从繁重的劳动中解放出来，整个社会占有并保持普遍财富只需少量劳动时间，资本的创富功能使其成为解放和发展生产力的有效社会形式。资本剥削劳动的方式“有利于生产力的发展，有利于社会关系的发展，有利于更高级的新形态的各种要素的创造”⑤。第二，资本逻辑推动了民族交往向世界交往的发展。资本的文明作用表现为终结了“人类的地方性发展”。资本逻辑以追求利润最大化为目的，为此，它打破了封建时代地域发展的狭隘性，开创了世界历史。资本逻辑创造了全新的交往形式，实现了交往的普遍化。资本的空间化使人类从地域交往转化为全球交往，从而，使人类生产生活在世界历史空间展开。交通运输工具和通讯手段的革命推动资产阶级“用时间去消

---

① 《马克思恩格斯文集》（第8卷），北京：人民出版社2009年版，第90页。

② 朱宝信：《马克思论资本的文明作用》，载《西南师范大学学报（人文社会科学版）》，2003年第2期，第33页。

③ 周德海：《也论资本的文明作用——对马克思资本概念的重新认识》，载《管理学刊》，2017年第1期，第10页。

④ 《马克思恩格斯文集》（第8卷），北京：人民出版社2009年版，第169页。

⑤ 《马克思恩格斯文集》（第7卷），北京：人民出版社2009年版，第927—928页。

灭空间”，并使全球社会空间形成统一的世界市场，世界市场越扩大越要求用时间更多地消灭空间。第三，资本逻辑为社会个人的发展开辟了广阔的空间。社会个人是社会解放和个人解放的统一。马克思认为，资本唤起科学与自然、社会结合和社会交往的一切力量，但对于资本而言，这一切不过表现为手段，资本家个人发展才是目的。社会个人的发展则“是对人本身的一般生产力的占有，是人对自然界的了解和通过人作为社会体的存在来对自然界的统治”①。资本逻辑的空间化推动了民族历史向世界历史的转变，无产阶级成为世界历史性个人。马克思把“‘世界历史个人’进一步发展为‘社会个人’概念”②，社会个人是自由解放和全面发展的个人。

（三）资本空间的历史性终结

现代社会是资产阶级开启的。资本是现代性形成的根源，因此，现代性蕴含于资本逻辑之中，没有资本就没有现代性和现代社会。马克思恩格斯深入剖析了资本主义现代性的悖论，在《共产党宣言》中阐明了“两个必然”。他们宣告资本空间历史性终结的基本依据就是生产社会化与资本主义私有制的矛盾。资本的形成和增殖、财富的集中和积累是资产阶级生存和统治的根本条件。剥削雇佣劳动是资本生命活力的源泉，因而，剥夺剥夺者则意味着资本空间的终结。资产阶级推动了大工业的发展，它在生产物质财富的同时生产了自己的掘墓人。在资本主义大工业基础上，工人通过结社而达到了革命的联合，以一种与资产阶级相抗衡的独立的政治力量登上世界历史舞台。资本主义私有制为大工业开辟了道路，但是，“随着大工业的发展，资产阶级赖以生产和占有产品的基础本身也就从它的脚下被挖掉了。”③“资产阶级赖以生产和占有产品的基础”是什么呢？就是大工业本身。资产阶级因为适应大工业的发展而成为占统治地位的阶级，但是，它却不能与时俱进地追随大工业发展的脚步，因而意味着挖掉了脚下基础。马克思说：“资本的垄断成了与这种垄断一起并在这种垄断之下繁盛起来的生产方式的桎梏。生产资料的集中和劳动的社会化，达到了同它们的资本主义外壳不能相容的地步。这

① 《马克思恩格斯全集》（第31卷），北京：人民出版社1998年版，第100—101页。

② 袁久红：《马克思〈1857—1858年经济学手稿〉中的空间思想及其政治意蕴》，载《天津社会科学》，2014年第4期，第23页。

③ 《马克思恩格斯文集》（第2卷），北京：人民出版社2009年版，第43页。

个外壳就要炸毁了。资本主义私有制的丧钟就要响了。剥夺者就要被剥夺了。"① 社会生产力的发展带来生产资料集中与劳动社会化之间的尖锐对立，社会生产力发展成为炸毁资本主义私有制外壳的"地雷"，无产阶级成为敲响资本主义私有制丧钟的掘墓人。

资本空间的历史性终结是内生性的，是资本主义内在矛盾自我展开的必然结果，是资本空间历史逻辑的终结。马克思从资本的文明作用中看到了资本的野蛮，发现了资本驱使下过度劳动的文明暴行，其结果是对自然力和劳动力的双重剥夺。一方面，马克思颠覆资本空间的基本依据是资本逻辑的反生态性。资本遵从"效用原则"和"增殖原则"，因此，"必然在有用性的意义上看待和理解自然界"，"它对自然界的利用和破坏是无止境的"。② 对于资本的利用必须扬其"文明面"之长，避其"野蛮面"之短。为此，必须用共产主义制度取代资本主义制度。另一方面，马克思颠覆资本空间最根本的依据是资本对工人剩余劳动的无偿占有。也就是说，资本代表的是一种以物为媒介的资本家与工人之间的剥削压迫关系。资本的概念中"必然自在地包含着资本的文明化趋势等等"，"潜在地包含着以后才暴露出来的那些矛盾"。③ 资本的内在矛盾蕴含着"文明悖论"④。资本对于劳动的空间剥削与压迫造成阶级对立和贫富分化。无产阶级为争取生存发展和劳动自由而联合起来。"资本……是发展社会生产力的重要的关系。只有当资本本身成了这种生产力本身发展的限制时，资本才不再是这样的关系。"⑤ 资本空间的历史性终结是历史性的，是民族交往发展成为世界交往的必然结果。资本的必然趋势是使一切地方的生产方式服从自身、臣服自身，它要求把一切民族国家全部转化为雇佣劳动。资本通过国际竞争，在开辟世界市场过程中传播自己的生产方式。世界市场成为资本的空间形式，也成为资本的空间限制。

三、劳动空间解放的历史条件和社会样态

资产阶级时代是一个社会空间大变革的时代。无论是乡村城市化，

---

① 《马克思恩格斯文集》（第5卷），北京：人民出版社2009年版，第874页。

② 陈学明：《资本逻辑与生态危机》，载《中国社会科学》，2012年第11期，第4页。

③ 《马克思恩格斯全集》（第30卷），北京：人民出版社1995年版，第395页。

④ 田海平：《资本逻辑的瓦解与经济伦理学的前提》，载《学习与探索》，2013年第10期，第4—5页。

⑤ 《马克思恩格斯文集》（第8卷），北京：人民出版社2009年版，第70页。

还是地域历史向世界历史的转变，都彰显了资本的空间化追求。资本空间化是资本历史使命最典型的表现。资本运动的特征是固定性与流动性的辩证统一。固定性表明，一定的自然地理空间是资本运动的自我存在和自我表现条件。流动性表明，资本运动绝不偏安于地域空间，它蕴含着走向世界历史空间的必然趋势。资本的空间化解放了资产阶级，却束缚了无产阶级。资本把社会空间塑造成了富人的天堂和穷人的地狱。无产阶级将人类从资本的空间压迫中解放出来才能解放自身。无产阶级将登上世界历史舞台，肩负起用劳动空间解放取代资本空间解放，实现人类自由解放和全面发展的使命。无产阶级空间解放的旨趣在于颠覆资本空间，剥夺剥夺者，重构社会空间，把“必然王国”的空间形态推进到“自由王国”空间形态。

（一）“现实的个人”的空间解放维度

“现实的个人”是马克思空间解放思想的出发点。离开“现实的个人”谈论空间解放必然是抽象的。“现实的个人”有两个方面的指谓：其一是指人类的单独个体；其二是指作为共同体成员中的个体。“现实的个人”突出强调的是个人的现实性。个人的现实性体现在四个方面：“个人存在的现实性”“个人实践活动的现实性”“个人社会关系的现实性”“个人活动对象的现实性”。[①]“现实的个人”具有主体性、批判性和开放性。空间与历史（时间）是马克思分析“现实的个人”解放的两个重要视角。当然，比较而言，在马克思的语境中，历史是比空间更为重要的维度，历史性比空间性更能深刻地反映世界万物的本质。所以，马克思说：“我们仅仅知道一门唯一的科学，即历史科学。”[②] 马克思把无产阶级的社会解放，置于社会历史发展规律和全球空间结构发展演变的研究之中。空间和历史是不可分割的，空间在历史中生成、转化和重构。马克思批评费尔巴哈缺乏历史的敏感性，不懂得社会空间的历史性生成。因而，看不到周围的感性世界“是工业和社会状况的产物，是历史的产物”[③]。

“现实的个人”的空间解放需要从人的自然关系和人的社会关系的

---

① 肖潇：《马克思人的发展理论及其当代中国论》，武汉：湖北人民出版社 2014 年版，第 5—6 页。

② 《马克思恩格斯文集》（第 1 卷），北京：人民出版社 2009 年版，第 516 页。

③ 《马克思恩格斯文集》（第 1 卷），北京：人民出版社 2009 年版，第 528 页。

变革中去寻找答案。“现实的个人”的解放需要有“人化自然空间”和“社会关系空间”的解放。其中，劳动解放是“人化自然空间”和“社会关系空间”解放的基础。从空间维度看，人、自然、社会和认识等，都不是孤立的，整个世界处在普遍联系之中。对于实现“人化自然空间”的解放，马克思探讨了人与自然之间的物质变换，由于劳动是人与自然物质变换的中介，因而强调实现“人化自然空间”解放必须实现劳动解放，由自由劳动代替异化劳动。马克思认为，人类虽然无法逃避“自然必然性”，但却能够且应当做到合理调节和有效控制人与自然的物质变换，弥合物质变换的裂缝。对于实现“社会关系空间”的解放，马克思从人与物的关系出发探讨人与人关系的和解，紧紧抓住资本对劳动的空间剥削和压迫，强调“社会关系空间”解放的关键就是摆脱私有制对人与人关系的空间宰制。马克思强调，“自由人的联合体”共同占有和使用物质生产的社会条件，用“自由王国”取代“必然王国”，到那时，“每个人的自由发展是一切人的自由发展的条件。”① 到那时，一种自由劳动对象化形塑的“人化自然空间”和“社会关系空间”作为空间解放的社会样态便呈现在我们面前，人与自然和人与人之间将构建起一种新的和谐关系，人不再受自然的奴役，重新驾驭物的力量，人也不再受他人奴役，人与人之间表现为相互联合、共同发展。

（二）无产阶级空间解放的世界历史性

异化的资本空间是无产阶级的现实生活境遇，实现无产阶级空间解放必须扬弃资本空间异化。资本空间异化表现为人与自然关系、人与人关系的对立，表现为资本与劳动的敌对性。资本主义私有制是劳动异化的社会根源，私有财产的力量是劳动者异己的社会力量。在《德意志意识形态》中，马克思恩格斯从分工视角解释了异化劳动的生成与发展。只要分工还不是自愿的，人的活动便是一种异己的社会力量。由于分工，人便被一种社会力量固定在一定的范围：他只能是猎人、渔夫、牧人或批判者，他要生存生活就必须始终做这样的人。由于分工，不同个人的共同活动便产生了一种社会力量，这种社会力量不是劳动者联合的力量，而是一种外在的异己力量。实现无产阶级空间解放首先必须摆脱这种异己社会力量的压迫，为此，在生产力普遍发展基础上，各个民族国家那

① 《马克思恩格斯文集》（第2卷），北京：人民出版社2009年版，第53页。

些没有财产的绝大多数人，即世界无产阶级必须作为整体力量联合起来、团结起来，进而与资产阶级的社会力量相抗衡。

马克思站在世界历史视域，探讨了无产阶级空间解放问题。马克思认为，无产阶级空间解放是一项世界历史性的事业，必须把世界历史空间作为解放的舞台。资产阶级按照自己的样子创造了一个世界，无产阶级也要按照自己的样子重新创造一个世界。无产阶级必须打碎资本空间压迫的“旧世界”才能创建一个劳动空间解放的“新世界”。无产阶级空间解放可以从两个方面来理解：一方面，从社会空间解放看，共产主义“自由王国”的社会空间是去地域化的，马克思恩格斯反对“地域性的共产主义”，强调无产阶级空间解放是世界历史性事业。生产力和交往的世界历史性发展的结果，是各个民族国家共同出现了“没有财产”的绝大多数，这是无产阶级社会联合的主体条件。无产阶级的空间联合和行动联合是实现空间解放的前提条件。另一方面，从个人空间解放看，世界性普遍交往能够克服个人的狭隘界限。马克思认为：“每一个单个人的解放的程度是与历史完全转变为世界历史的程度一致的。”① 民族历史向世界历史的转变为个人的解放开辟了广阔的空间。生产力与交往普遍发展消解了“现实的个人”的地域性局限性。“共产主义是世界历史发展的必然结果”。② 马克思的“世界历史”概念，包含着无产阶级空间解放和时间解放的双重内涵，或者说，“世界历史”意味着马克思把空间解放问题归结为了时间解放问题。

（三）个人自由解放和全面发展的社会空间形态

资本的空间化为个人和社会的空间解放创造了条件。“资本是推动人类社会从第二种形态向第三种形态过渡的力量。”③ 在马克思看来，资本形塑了第二种空间形态，即“以物的依赖性为基础的人的独立性”，而未来的共产主义则属于第三种空间形态，它以人的“自由个性”为特征，“第二个阶段为第三个阶段创造条件。”④ 资本空间化为“自由王国”的实现创造了物质条件，这个物质条件最主要的就是生产力和交往的普

① 《马克思恩格斯文集》（第 1 卷），北京：人民出版社 2009 年版，第 541 页。

② 曹荣湘：《马克思世界历史理论与当代全球化》，北京：中央编译出版社 2006 年版，第 210 页。

③ 刘昀献：《当代社会主义的历史走向》，郑州：河南大学出版社 2014 年版，第 28 页。

④ 《马克思恩格斯全集》（第 46 卷上），北京：人民出版社 1979 年版，第 104 页。

遍性趋势，就是“人化自然空间”和“社会历史空间”的世界历史性。资本主义生产方式在城市空间的崛起，使个人和社会都得到了迅猛的发展，也使马克思深刻洞察到城市社会空间的变化与个人全面发展之间存在必然联系。马克思借助“人体解剖”，从资本运动的时空维度考察个人的自由解放和全面发展问题。资本空间革命的木质是资产阶级的经济和政治解放。从经济解放看，资本空间革命为资本增殖开辟了广阔空间；从政治解放看，“通过资产阶级革命而形成了形式上的人和人在法律权利方面的平等”①。资本的空间革命导致的经济和政治解放是以人类社会日益加深的阶级分裂为前提的。资本的空间革命是不彻底的，资本重塑的“人化自然空间”和“社会关系空间”具有鲜明的阶级性。资本空间是资产阶级的天堂，却是无产阶级的地狱。资本的空间革命解放了资本，却束缚了劳动。资产阶级把人的自然关系和社会关系统统归于资本宰制。资产阶级空间革命的结果是空间资本化。“商品拜物教”“货币拜物教”是空间资本化的表现，是“资本拜物教”和资本空间崇拜的表现。“资本拜物教”批判是马克思重建现代性的核心，个人的自由解放和全面发展的本质就是把劳动从资本的现代性困境中解放出来。

“自由王国”是对资本空间的超越和扬弃，是一种最符合人类本性的劳动解放的空间。“必然王国”和“自由王国”代表了两种不同的社会空间形态。资本空间是一个“必然王国”，资本形塑了“以物的依赖性为基础的人的独立性”的社会空间形态，资产阶级按照自己的样子创造了世界历史空间，资本主导的世界历史空间表现为密集与稀疏、集中与分散、主导与依赖、同质与异质的统一。资本空间化的直接结果是无产阶级和资产阶级两大阵营的对垒。资本主义生产方式是反人类反生态的，它表现为“一些人残酷地剥削另一些人”，“一些人无止境地盘剥自然”。② 其结果，造成了社会空间的异化，人类沦为城市动物和乡村动物。资本空间化的本质在于将劳动力和生产资料按照资本逻辑重组。实现由资本主义“必然王国”到共产主义“自由王国”的飞跃，就必须把人的自由解放和全面发展作为“普照的光”，遵循“自由人联合体”的逻辑实现劳动力和生产资料的社会组合。按照马克思的理解，就是由联合起来的个人组织生产生活，个人通过“真实共同体”合理调节和有效

① 吴细玲：《城市社会空间与人的解放》，载《哲学动态》，2012 年第 4 期，第 27 页。
② 陈学明：《资本逻辑与生态危机》，载《中国社会科学》，2012 年第 11 期，第 4 页。

控制物质变换过程，这样，人类才能进入个人解放和社会解放相统一的“自由王国”。“自由王国”是能够实现个人解放和全面发展的社会空间形态。

总之，人的解放问题是马克思哲学的主题。马克思所追求的解放是“现实的个人”从他的自然关系和社会关系中解放出来。“现实的个人”的解放最根本的就是颠覆资本空间、解放劳动空间。资产阶级空间革命极大地解放了资本空间，推动了生产力和交往的普遍发展。资本逻辑成为世界历史空间“普照的光”和“特殊的以太”，资本空间获得了长足的发展，资本与劳动的矛盾在世界历史空间展开。资本空间化的结果是空间资本化。资本逻辑造成物质变换“裂缝”在世界历史空间不断扩大，把资本与劳动的矛盾扩展为世界资产阶级与世界无产阶级的对立。资本空间成为资产阶级的天堂和无产阶级的地狱。资本空间的非正义性得以充分显露。无产阶级的觉醒和政治联合将成为终结资本空间的主体力量。资本空间历史性终结的依据是资本主义社会的内在矛盾。掌握先进生产力的无产阶级是资本主义社会的掘墓人。无产阶级将取代资产阶级成为空间革命的主体力量。马克思空间解放学说的旨趣在于用无产阶级空间解放取代资产阶级空间解放，从而，颠覆资本空间，剥夺剥夺者，重构正义性社会空间，实现由“必然王国”到“自由王国”的飞跃，为劳动者的自由解放和全面发展开辟无限广阔的道路。

第六章　马克思的空间正义思想

在西方哲学社会科学的“空间转向”中，“空间正义”成为一个受捧宠的流行词。与此同时，马克思的“空间正义”思想受到贬抑，“几乎要被遮蔽”①。然而，对“空间正义”的探讨不可能摆脱马克思的“幽灵”。马克思对资本主义工业化的分析，对城乡空间断裂的批判等，蕴含着对空间正义的追求。马克思的空间正义思想揭示了资本空间化的历程和空间资本化的后果。西方马克思主义虽然沿袭了马克思对资本主义空间批判的理论旨趣，但对实现空间正义路径的探讨远远没有达到马克思的高度。大卫·哈维在《社会正义与城市》《正义、自然和差异地理学》《新自由主义化的空间》等著作中，揭露和批判了资本城市化造成的正义危机，探讨了实现城市空间正义途径，奠定了他作为空间正义理论开拓者的地位。苏贾在《后大都市》等著作中，批判了资本都市化运动带来的空间正义问题，被誉为空间正义理论的集大成者。社会正义问题的空间化使空间正义逐渐成为社会批判的理论武器和社会政治行动的目标。基于此，国内理论界开始深入探讨马克思的空间正义思想。空间是马克思解剖资本主义的重要视角，但“这种空间特征被长时间地压抑了”②。对马克思空间正义思想的系统梳理，旨在回应西方哲学社会科学的“空间转向”，巩固和发展城市化、区域化和全球化进程中空间正义问题的马克思主义话语权。

① 张天勇、王蜜：《城市化与空间正义——我国城市化的问题批判与未来走向》，北京：人民出版社2015年版，第144页。

② 刘红雨：《论马克思恩格斯空间正义思想的三个维度》，载《西北师大学报（社会科学版）》，2013年第1期，第18页。

第一节 对资本空间非正义性的批判

“现实的个人”是马克思空间哲学的实践主体和价值主体。空间正义是对“现实的个人”之实践活动存在和社会关系存在的伦理关怀。马克思对空间正义的追求遵循了在批判“旧世界”中发现“新世界”的原则，通过对资本空间非正义的批判，阐发了实现劳动空间正义的价值诉求。在马克思那里，“世界历史”概念阐明了资本主义商品经济发展的地理历史特征；“世界市场”概念揭示了在等价交换面纱的掩盖下发达资本主义国家对落后民族国家的空间剥夺；“殖民主义”概念揭露了发达资本主义国家对落后民族国家的空间侵略。马克思从大工业和世界交往的逻辑同构出发，分析了资本积累的空间化建构，揭露了殖民者的伪善与野蛮。资本积累的空间化发挥了“在亚洲为西方式的社会奠定物质基础”① 的建设性使命，但却破坏了落后民族国家的工业根基和发展条件。资本空间殖民的本性决定了它仅仅把落后民族国家作为空间剥夺的对象，其结果必然“产生出埋葬殖民主义的物质基础和社会力量”②。资本空间殖民锻造了置资产阶级于死地的武器和运用这种武器的无产阶级。马克思对资本空间非正义性的批判主要围绕三个方面展开：对落后民族国家空间剥夺的批判、对西方发达资本主义国家生态殖民的批判和对虚拟资本恶性膨胀与全球经济风险问题的批判等。

一、对落后民族和国家空间剥夺的批判

“空间剥夺”是城市社会学、空间政治学等研究的重要范畴之一。“空间剥夺”与社会公平、空间正义的社会诉求有着直接关联。为了揭露社会不平等、空间不公正现象，衡量“空间剥夺”程度，一些人文地理学、城市社会学研究专家提出了“剥夺指数”范畴。③ 马克思虽然没有使用过“空间剥夺”，但是他对世界市场、殖民扩张的分析，包含着

① 《马克思恩格斯文集》（第 2 卷），北京：人民出版社 2009 年版，第 686 页。

② 沙健孙：《用唯物史观考察殖民主义问题的重要著作》，载《思想理论教育导刊》，2010 年第 5 期，第 9 页。

③ 王兴中等：《国外对空间剥夺及其城市社区资源剥夺水平研究的现状与趋势》，载《人文地理》，2008 年第 6 期，第 8 页。

对“空间剥夺”问题的反思和批判。资本主义开创的世界市场绝不是一个利益均沾、实惠共享的国际经济体系，而是一个剥夺性的非均衡的世界历史空间。“空间剥夺”的现实前提是资本的空间流动。资本的空间流动经历了从地域空间向全球空间的发展。资本“空间剥夺”的结果是资本流向了世界、利润流向了西方。殖民扩张是西方资本主义国家“空间剥夺”的重要形式。“空间剥夺”使落后民族、国家的人民在奴隶制、农奴制等野蛮灾祸之上，又增加了一个文明灾祸。破解“空间剥夺”问题必须消灭资本主义私有制。

（一）对落后民族和国家“空间剥夺”的现实前提

“空间剥夺”范畴是人文地理学、城市社会学等研究的重要课题之一。什么是空间剥夺？空间剥夺是存在于民族、国家内部城乡之间、阶级之间、民族之间不平衡的地理发展，也是存在于全球范围不同民族、国家之间不平衡的地理发展，尤其是指发达资本主义国家对落后民族、国家的剥削与压迫。“空间剥夺”是马克思对资本空间批判的核心内容之一，是马克思解读和批判资本空间化的基本理论视角。马克思对资本运动的分析坚持过程和结果的统一。一方面，马克思分析了生产与交往的互动，由于机器大工业的发展推动了世界交往的发展，于是资本主义商品经济突破民族地域限制走向整个世界，这一资本空间同质化过程发挥了资本的伟大文明作用；另一方面，由资本主导所形塑的全球空间结构是一个等级化的异质空间。在资本全球化运动中，资产阶级担负着双重使命：其一，资本运动开创了人类社会空间发展的新阶段，它冲破地域性空间壁垒，创造了一个整体性的全球社会空间，使整个人类成为一个命运共同体，其间，资本在推动社会发展进步方面表现出积极作用，创造了肯定性成果；其二，资本运动形塑的全球空间结构是非均衡的、异质的、对立的。欧洲主要资本主义国家成为资本空间化的受益者，世界上大多数不发达、欠发展地区沦为殖民地，最终形成以“中心—边缘”“主导—依赖”为特征、以“空间剥夺”为本质的资本主义世界市场体系。

“空间剥夺”的现实前提是资本的空间流动。资本增殖源于资本家对工人剩余价值的无偿占有。剩余价值的实现必须经由商品生产向商品流通的转换，从而实现商品使用价值形式向交换价值形式的转变。商品的空间流动是资本增殖的关键环节。资本剥削劳动的基本方式就是在空间流动中实现增值。资本的空间流动通常包括城乡流动、区域流动、全球流动等。“大工业的本性决定了劳动的变换、职能的更动和工人的全面流动性”①。大工业是资本空间流动的推动力量。资本空间流动是实现空间剥夺的前提条件。没有商品的空间流动，商品资本就无法转化为货币资本，剩余价值就无法现实化。在开辟世界市场过程中，资本的空间流动冲破地域空间壁垒，资本对生产要素的空间配置在全球范围展开，其结果，形成了二元对立的全球空间结构。在前资本主义时代，由于多种空间壁垒的限制，生产要素尤其是商品的空间流动主要在一定区域展开，“空间剥夺”主要依靠暴力方式，这种方式不具备持续性。资本主义时代的开疆破土，虽然也以坚船利炮开路，但廉价商品的“重炮”使“空间剥夺”更加具有经济掠夺性质。

资本的空间流动是由西方发达资本主义国家主导的，因而这种空间流动虽然是双向的，但却是非均衡的，实质是对落后民族、国家的“空间剥夺”。那些殖民地国家变成了西方发达资本主义国家推销自己商品的市场以及原料的来源地。这种“空间剥夺”在资本原始积累阶段主要是以极其野蛮的战争方式展开的，在现代资本积累阶段主要是以国际贸易方式展开的，资本主义国家物美价廉的商品成为摧毁落后民族国家工业根基的“重炮”。“空间剥夺”的结果是财富集聚到西方少数发达资本主义国家，贫困留给了落后的民族国家。“空间剥夺”的实质是资本剥削雇佣劳动的扩大形式。

（二）对落后民族和国家“空间剥夺”的基本形式

西方马克思主义的“空间剥夺”概念，直接受到《资本论》及其手稿的启发。马克思在《资本论》及其手稿中对于殖民侵略、空间资本化和空间不均衡发展等问题的阐述，启发了西方马克思主义者对于“空间剥夺”现象的思考。殖民侵略是西方资本主义国家对落后民族国家“空间剥夺”的基本形式。殖民侵略造成了不平等的国际分工秩序。在西方发达资本主义国家的殖民体系和分工体系中，落后民族、国家丧失了发展权，“成为宗主国政治经济体系的依附”②。殖民制度的实施从根本上剥夺了殖民地国家的生存发展空间，由于生存发展空间的丧失，他们要

① 《马克思恩格斯文集》（第5卷），北京：人民出版社2009年版，第560页。

② 李春敏：《资本积累的全球化与空间的生产》，载《教学与研究》，2010年第6期，第32页。

想独立自主地发展本国经济举步维艰。资本主义发家史“是世界大多数国家、大多数人的权益遭受各种剥夺的历史”①。西方资本主义国家向东方世界的远征，主要目的是借助武力手段向海外市场倾销商品，因此，他们绝对不会给东方社会带来一个文明和幸福的乐园，他们带给东方社会的只能是灾难，这种灾难是东方社会漫长历史中遭受的最为深重的灾难。在马克思看来，西方资本主义国家在东方国家的殖民侵略，是在“最下流、最龌龊、最卑鄙和最可恶的贪欲的驱使下完成的”②。殖民侵略造成了东西方民族国家生存发展空间的等级、落差一直延续至今。马克思站在世界历史的广阔视野，分析了资本空间化与空间资本化的地理历史展开。资本空间化作为全球空间同质化的力量和趋势，打造了资本在全球空间的经济政治权力场域，确立了西方发达资本主义国家的全球空间霸权地位。空间资本化作为全球空间异质化的力量和趋势，“导致了对落后民族和国家的空间剥夺”③，同时，孕育着颠覆资本空间的世界历史性力量。

“空间剥夺”是资本积累空间化的表现形式，是资本剥削与压迫劳动的范围和领域的扩大。资本积累分为原始资本积累和现代资本积累。原始资本积累主要靠暴力方式实现劳动者与生产资料的分离，它为现代资本积累奠定了基础。原始资本积累的方法“是以最残酷的暴力为基础，例如殖民制度就是这样”④，使用了最残酷无情的野蛮手段。机器大工业具有空间扩张本性，赋予资本快速繁殖的能力。借助大工业的力量，资本获得了“一种突然地跳跃式地扩展的能力”⑤。原料和市场变成了资本跳跃扩展的障碍，资本全球空间扩张就是要解决原料和市场问题。资本主义的“空间剥夺”根源于资本积累。“地理的扩张和地理的集中都是资本积累的产物，积累的迫切性造就了生产和资本的集中……结果就是，空间的流动性增强了，同时市场需要的增长也依赖于空间的扩张。某种

---

① 林艳梅：《马克思主义历史哲学》（第 3 卷），长春：吉林人民出版社 2006 年版，第 151—152 页。

② 《马克思恩格斯文集》（第 5 卷），北京：人民出版社 2009 年版，第 873 页。

③ 李春敏、章仁彪：《资本全球化视阈下的几个社会空间问题——马克思的社会空间思想初探》，载《天津社会科学》，2010 年第 3 期，第 5 页。

④ 《马克思恩格斯文集》（第 5 卷），北京：人民出版社 2009 年版，第 861 页。

⑤ 《马克思恩格斯文集》（第 5 卷），北京：人民出版社 2009 年版，第 519 页。

中心—边缘关系在集中与扩张的紧张关系中诞生了。”① 这种空间扩张的本能推动了世界市场的开创，它成为不断突破空间壁垒的现实途径。于是，美国成为当时英国工业品的倾销市场，东印度成为大不列颠的棉花、羊毛等的生产基地，“空间剥夺”逐步由战争方式转向贸易方式，自由贸易成为掩蔽“空间剥夺”的幌子。资产阶级通过开创世界市场，借助不平等贸易来剥夺落后民族、国家的财富。落后的民族、国家被迫卷入资本主义生产方式操控的世界市场，于是，这些落后民族、国家在奴隶制、农奴制等野蛮灾祸之上，又增加了一个过度劳动的文明灾祸。

（三）对落后民族和国家“空间剥夺”的消解方式

“空间剥夺”造成全球范围社会空间结构的异化，造成世界无产阶级与世界资产阶级的尖锐对立。马克思的政治经济学把阶级斗争理论与资本“空间剥夺”批判相结合，深入探讨了消除“空间剥夺”的现实道路。“空间剥夺”是资本主义城乡二元空间结构的秘密，资本主义发展“建立在城市对乡村的空间剥夺基础上”②。城市生产要素的集聚推动了资本积累，处于“边缘”的乡村成为城市工业的原料基地和廉价劳动力蓄水池。列斐伏尔在《资产阶级与空间》一文中看到，作为大城市的巴黎统治和剥削着它周围的“一些从属性、被等级化的空间”③。这种中心城市对周边区域的剥削表现为城市将一切优质的人财物资源吸纳集聚，周围区域向它提供着贡赋。中心地带享受着城市化的繁华，边缘地区“承受着现代性的摧毁与破坏”④。城市剥夺乡村的本质是资本对雇佣劳动的剥削。马克思对资本剥削剩余劳动的分析要比“空间剥夺”概念更加深刻。“空间剥夺”还贯穿资产阶级开创世界市场的过程。资本主义国家在全球空间强行推广自己的经济模式和政治模式，形塑了全球空间的等级性，这种全球空间的二元对立导致先进国家对落后国家的空间剥夺。在马克思看来，资本主义“空间剥夺”为共产主义的空间形塑提供

---

① 赫曦滢：《历史的解构与城市的想象》，北京：社会科学文献出版社 2015 年版，第 191 页。

② 刘红雨：《论马克思恩格斯空间正义思想的三个维度》，载《西北大学学报》（社会科学版），2013 年第 1 期，第 20 页。

③ 〔法〕亨利·勒菲弗：《空间与政治》，李春译，上海：上海人民出版社 2008 年版，第 9 页。

④ 郑丽莹：《论新马克思主义城市学派对资本主义城市空间的三重批判》，载《重庆社会科学》，2020 年第 1 期，第 50 页。

了前提，共产主义是世界历史性事业，由“必然王国”向“自由王国”飞跃必须通过世界无产阶级与世界资产阶级的斗争才能实现，为此，马克思恩格斯在《共产党宣言》中提出了“全世界无产者联合起来”的口号。西方发达资本主义国家对落后民族、国家的“空间剥夺”体现为对处于被统治地位的无产阶级和广大劳动群众的剥削。民族对民族、国家对国家的“空间剥夺”根源于阶级剥削，因此，民族解放和国家独立“是无产阶级革命总问题的一部分”①。“空间剥夺”根源于资本逻辑，要消除“空间剥夺”就必须扬弃资本逻辑。资本逻辑得以充分展开的物质前提是生产和交往的普遍化，资本逻辑造成“空间剥夺”的深刻原因在于资本主义私有制。因而，解决“空间剥夺”问题归根结底是消灭资本主义私有制。

在新全球化时代，马克思所揭示的由资本逻辑形塑的“中心—边缘”“主导—依赖”的全球空间结构并没有根本改变，国际范围资本主义生产方式的强势地位并没有根本改变，资本逻辑仍然发挥着它的空间剥夺功能。“近年来，国际空间已然成为帝国主义扩张霸权的新一轮战略储备地，使不平等的政治经济关系借助资本的空间扩散而得以无限期地维系。”② 当然，马克思对资本“空间剥夺”的批判仍然有着诸多的有效回应。如西方哲学社会科学的“空间转向”。美国学者詹姆逊在《辩证法的效价》一书中，研究了全球范围民族、国家的空间关系。他指出，资本全球化赋予我们一个耳熟能详的命题“中心打个喷嚏周边就会感冒”，然而，全球空间的逆转趋势不断出现，外围的风吹草动也能形成一场逆袭的“中心风暴”。③ 这本书直接回应了全球空间权力不均衡问题，揭示了饱受“空间剥夺”民族、国家的抗争一直持续着。为推动全球社会空间的健康发展，我们党提出构建“人类命运共同体”的命题，强调走和平发展、合作共赢的道路。人类命运共同体理念对于构建新型国际关系具有重大意义。

① 《斯大林全集》（第6卷），北京：人民出版社1956年版，第124页。

② 王杰：《马克思主义美学研究》（第19卷），北京：中央编译出版社2016年版，第189页。

③ 〔美〕詹姆逊：《辩证法的效价》，余莉译，北京：中国社会科学出版社2017年版，第86—91页。

二、对西方发达资本主义国家生态殖民的批判

随着城市化运动和全球化浪潮的发展，生态问题日益成为国际性问题。20 世纪 90 年代兴起的生态马克思主义批判了发达资本主义国家肆意推行的生态殖民主义。他们“延续和扩展了马克思殖民理论的一些内容”，“突出了马克思主义理论在全球化生态危机问题上的作用”①，但他们的“生态殖民主义理论缺乏深刻性、辩证性和全面性”。所谓生态殖民就是“利用本国科学技术、市场、资本的优势以及在国际分工体系中的强势地位掠夺、污染和破坏他国环境生态与资源而实现本国的环境优美”②。马克思在对西方发达资本主义殖民侵略的批判中蕴含着对生态殖民主义的批判。马克思谴责了资本主义开创世界市场过程中犯下的滔天罪行，揭示了西方发达资本主义国家的殖民扩张形塑了一个掠夺性的世界市场体系，阐明了“国际生态殖民主义形成的历史根源”③。西方发达资本主义国家殖民扩张的目的就是掠夺和剥削落后民族、国家的自然力和劳动力。资本空间化的本性决定了它把触角伸向世界各地，使全球自然资源屈从于资本增殖的需要。对此，马克思进行了深刻的批判。

（一）西方发达资本主义国家对全球空间资源的掠夺

物质生活资料的生产与自然再生产不可分割，自然再生产是物质生活资料生产的前提条件。物质生活资料的生产表现为“自在自然空间”向“人化自然空间”和“社会关系空间”的提升。马克思指出：“经济的再生产过程……同一个自然的再生产过程交织在一起。”④ 自然史和人类史是彼此联系、相互制约的。自然界是人类生活的现实部分，人类社会的发展首先是一个自然历史过程。在马克思恩格斯之前，人们始终不理解自然与历史的统一性。如布鲁诺就更多地看到了自然和历史的对立，实际上，自然的历史与历史的自然是始终存在的，是不可分割的。机器大工业不仅证明了人类对于自然的胜利，而且也证明了人与自然的统一

① 姚燕：《生态马克思主义和历史唯物主义——对九十年代以来生态马克思主义的思考》，北京：光明日报出版社 2010 年版，第 170 页。

② 刘建涛、浦佳：《马克思资本批判的三重视域论析》，载《南昌大学学报（人文社会科学版）》，2016 年第 5 期，第 8 页。

③ 罗志勇、方世南：《马克思恩格斯经典著作中的生态公正思想探析》，载《东吴学术》，2018 年第 2 期，第 17 页。

④ 《马克思恩格斯文集》（第 6 卷），北京：人民出版社 2009 年版，第 399 页。

性。机器大工业极大地增强了资产阶级掠夺自然空间的能力。在谈到英国对印度社会自然空间的掠夺时，马克思强调：“英国工业的破坏作用是显而易见的，而且是令人吃惊的。”① 英国在掠夺印度自然资源过程中，破坏了印度社会传统的生产方式，毁灭了过去田园诗歌般的生活方式。

借助机器大工业的力量，资产阶级排挤掉了中世纪以来的所有阶级。资产阶级主导的世界历史是按照资本本性重塑全球空间结构的历史，是西方发达国家剥削掠夺落后国家的历史。全球二元对立的空间结构是大工业和世界市场相互作用的结果。在世界历史时代，人与自然之间是一种基于工业生产和世界交往的对象性关系。建立在机器大工业基础上的资本主义生产方式开启了人与自然对象性关系的新时代，机器大工业使人们全面控制和利用自然空间成为可能。资本主义生产方式开启了大规模征服和利用自然的现代化进程。资产阶级认识自然和利用自然是为了资本增殖的需要，他们把物质生产变成了对自然力的科学统治。马克思恩格斯指出，资产阶级用“赤裸裸的利害关系”破坏了“一切封建的、宗法的和田园诗般的关系”。② 全球空间从资本的毛孔中滴着血和肮脏的东西。资本内在地包含着一种不断突破自然空间边界的冲动，总是力图把全球空间纳入它殖民掠夺的铁蹄之下。资产阶级开创的世界历史推动了资本主义生产关系的全球化，资产阶级为在全球市场攫取超额利润而展开的殖民扩张和空间剥夺，造成发达资本主义国家与发展中国家之间的生态失衡，究其本质就是以剥夺落后民族、国家生态权益为代价的生态殖民主义。这是资本文明所无法遮掩的野蛮。在马克思看来，资本的伟大文明作用就在于，它终结了人类地域发展的历史，开创了世界历史，它终结了人类对于自然的崇拜，但同时开启了对全球空间资源的野蛮掠夺。18 世纪下半叶开始，以蒸汽机为主要标志，欧洲爆发了近代以来的第一次科技革命，受此影响，随之而来的是产业革命，导致资本主义生产突飞猛进的发展。但是，资本主义生产方式是一把双刃剑，“一方面，促使科学技术的快速发展；另一方面，则使科学技术成为了资本征服自然的手段，加剧了人与自然关系的紧张。”③ 恩格斯强调：“蔑视辩证法

① 《马克思恩格斯文集》（第 2 卷），北京：人民出版社 2009 年版，第 691 页。
② 《马克思恩格斯文集》（第 2 卷），北京：人民出版社 2009 年版，第 33—34 页。
③ 夏建国：《自然辩证法概论》，武汉：武汉大学出版社 2016 年版，第 3 页。

是不能不受惩罚的。”① 资本主义生产方式只是追求最直接最眼前的利益而从不考虑长远的间接后果，因而，不可避免地造成全球空间资源浪费和自然生态环境恶化。

（二）资本积累的空间化孕育着生态危机的全球性

从西方发达资本主义对世界经济政治体系的建构历史出发，才能认清当今全球社会空间结构的本质和特征。西方发达资本主义主导形塑的世界经济政治体系确证了资本的本质力量，表征了资本主义反生态的制度性、体系性。资本积累空间化的过程就是西方发达资本主义国家的生态殖民过程。克洛斯比说：“欧洲扩张主义的成功含有生物学和生态学的成分。”② 自然资源的掠夺是这种扩张主义的突出特点，其结果必然是其他地区生态环境的破坏。“欧洲以外地区的生态危机在很大程度上就是欧美国家利用这一体系掠夺和破坏的结果”，“这一体系还将成为进一步破坏发展中国家生态环境的源头”。③ 资产阶级所开拓的世界历史和世界市场是一个等级化、差异化的空间结构。西方发达资本主义国家的生态殖民直接表现为对全球空间资源的过度资本化运作，其本质是对落后民族、国家的侵略掠夺。生态殖民表现为“发达国家凭借他们经济和技术优势，最大限度地占有和利用发展中国家的资源……对发展中国家的有限的稀缺资源进行疯狂掠夺”④，这种资源掠夺和危机转嫁是典型的生态帝国主义。全球生态危机的根源是资本主义世界市场体系的掠夺性开发造成的。在资本主义自由竞争时代，生态殖民主义、生态帝国主义就已经表现出来。马克思看到，西方发达资本主义国家由于对东方民族、国家的“空间剥夺”造成了生态破坏的恶果。全球空间资源是有限的，但是，资本增殖的欲望是无限的，因而全球空间资源的掠夺必然引发发达国家与发展中国家日趋激烈的斗争。世界市场的开辟为发达资本主义国家掠夺开发落后民族、国家的自然空间资源提供了现实条件，以机器大工业为基础的殖民扩张，使落后民族、国家在生态殖民面前缺乏应有的抵抗力量。

---

① 《马克思恩格斯文集》（第9卷），北京：人民出版社2009年版，第452页。

② 〔美〕艾尔弗雷德·W. 克罗斯比（Crosby，A. W.）：《生态扩张主义：欧洲900—1900的生态扩张》，许友民、许学征译，沈阳：辽宁教育出版社2001年版，第6页。

③ 赵凌云等：《中国特色生态文明建设道路》，北京：中国财政经济出版社2014年版，第82页。

④ 穆艳杰：《美丽中国》，长春：吉林大学出版社2014年版，第57页。

在西方发达资本主义崛起与发展的一路凯歌中，把巨大的生态危机和灾难抛给了落后的民族、国家。

全球范围的生态危机从根本上说是由资本积累空间化造成的。这种生态危机是资本主义自身不可逾越的自然生态界限。资本主义的内在界限蕴含在资本的本质之中。资本的本质在于无偿占有剩余价值，实现自身增殖，为此，资本总是力图“突破现有的生产能力和生产手段”的限制，总是力图“突破现有的消费数量、消费范围和消费种类的限制”。①马克思看到，信用制度和股票市场的出现源于“扩大和超越流通和交换领域的界限”②。现代资本主义“消费社会”的出现，是马克思以后资本主义用以克服生态过剩限制的总形式。资本主义生产方式要求不断克服生产过剩和消费不足问题，但自然资源的有限性和无产阶级的贫困化是它无法克服的“自然界限”和“消费界限”，这一界限终将反作用于资本主义生产方式并且成为促使其走向灭亡的力量。“自然界限”表征的是人与自然的矛盾，“消费界限”表征的是人与人的矛盾。这两个界限对于资本主义生产方式都是致命的。可见，全球生态危机的罪魁祸首是以资本无限增殖为本能的资本主义制度。资本内生的无限增长与地球资源的有限相矛盾。解决问题的出路只能是用社会主义生产方式取代资本主义生产方式。这就是马克思殖民主义理论给予我们的结论。在这个意义上说，我们“不能没有马克思，没有马克思……也就没有将来。”③

（三）资本主义制度的反生态性质

资本积累空间化推动了生产力的发展，使人类第一次真正摆脱对自然的崇拜，但资本生产力的发展是以牺牲生态环境为代价的。自然空间资源是资本主义物质生活资料生产的前提，全球自然空间资源及其再生能力的有限性，在客观上规定了资本主义生产方式的界限。在资本主义崛起与发展的过程中，冲突与战争的发生往往与自然空间资源的争夺直接关联。资本积累无限性和自然空间资源有限性的矛盾是不可调和的。资本的生命存在于积累过程，积累一旦停止，资本便会死亡。资本主义制度把全球环境系统的自然财富作为征服和掠夺的对象，最终“可以毁

---

① 赵海洋：《马克思正义思想研究》，上海：上海人民出版社 2016 年版，第 224 页。

② 《马克思恩格斯全集》（第 30 卷），北京：人民出版社 1995 年版，第 397 页。

③ 〔法〕雅克·德里达（Jacques Derrida）：《马克思的幽灵》，何一译，北京：中国人民大学出版社 1999 年版，第 21 页。

灭整个地球”①。在《资本论》中，马克思看到，资本主义大农业与大工业的携手并进，造成土地资源的破坏和劳动力资源的枯竭。资本主义大农业不过是掠夺土地资源技巧的进步，他们在提高土地收益过程中破坏了土地肥力的持久源泉。造成土地掠夺性滥用的根源是资本主义土地私有制。马克思恩格斯认为，人类不是土地的所有者，而是土地的占有者和受益者，因此“应当作为好家长把经过改良的土地传给后代”②。人类应像“好家长”对待自己孩子一样善待土地资源。然而，资本主义的土地占有方式，决定了对于土地资源的敌对态度，由此造成人类与土地关系的紧张。这说明，资本主义制度具有反生态性质，要根本解决生态问题就必须推翻资本主义制度。

全球范围人与自然关系的紧张，以及资源危机、环境恶化等是资本主义生产方式全球扩张造成的。生态学马克思主义对生态殖民主义的批判是对马克思殖民理论的重要发挥，他们虽然揭露和批判了资本主义所造成了生态破坏，甚至把生态问题做出了资本主义制度性、体系性的归因，但并没有找到解决问题的现实路径。他们认为，追逐利润、积累财富是资本主义的最高目的，这从根本上与生态资源有限性相冲突。利润增长是资本主义经济的首要目的，唯利是图是它的基本原则，因而，资本主义生产方式必然与自然相冲突。福斯特说：“把经济增长和利润放在首要位置的短浅的行为，其后果当然是严重的，因为，这将使整个世界的生存都成了问题。”③ 本·阿格尔说：“资本主义商品生产的扩张动力导致资源不断减少和大气受到污染的环境问题。”④ 资本追求利润的过程更注重短期回报，更注重最直接的利益，这与可持续发展理念背道而驰。资本的空间剥夺必然导致人与环境关系的紧张。生态马克思主义主张从资本主义制度内部去寻找生态危机的根源，把生态危机归因于资本主义追求利润最大化的生产方式，因为资本主义生产方式规定着人与人和人与自然的剥夺关系。佩珀认为：“‘绿色’资本主义成了一种不可能实现

① 〔美〕阿尔文·托夫勒（A. Toffler）：《第三次浪潮》，朱志焱、潘琪、张焱译，北京：生活·读书·新知三联书店1984年版，第175—176页。

② 《马克思恩格斯文集》（第7卷），北京：人民出版社2009年版，第878页。

③ 〔美〕约翰·贝拉米·福斯特：《生态危机与资本主义》，耿建新译，上海：上海译文出版社2006年版，第60页。

④ 〔加〕本·阿格尔（Agger，B.）：《西方马克思主义概论》，慎之等译，北京：中国人民大学出版社1991年版，第420页。

的梦想，从而成为一种自欺欺人的骗局。”① 发达资本主义国家的生态殖民实际上是对环境正义的亵渎。马克思对生态殖民批判的深刻之处在于“论证了资本主义生产方式的反生态本质”②。也就是说，社会正义是环境正义的制度依托。资本对于劳动的剥削内含着资本对于自然空间资源的剥夺，资本主义具有反生态性质，不可能是“绿色”的。从生态殖民视角看，西方发达资本主义国家把“绿色”留给了自己，却把污染留给了落后的民族、国家。因此，扬弃资本逻辑是破解生态殖民的根本途径。

三、对虚拟资本恶性膨胀和全球经济风险问题的批判

马克思的《资本论》揭露了资本无偿占有工人剩余劳动时间的秘密，分析了虚拟资本剥削的隐蔽性。虚拟资本出现的前提是收入资本化。收入资本化是指在借贷关系发展基础上，“一定数额的资本带来的利息”③ 成为固定收入。“虚拟资本”是生息资本，它的这种增殖效应导致借贷货币资本化。“虚拟资本”既具有资本的一般特性，又具有自身的特殊性。“虚拟资本”是虚拟经济的细胞。虚拟经济是发达资本主义国家疯狂掠夺落后民族、国家财富的重要方式。马克思在《资本论》中对“信用和虚拟资本”问题进行了专题讨论。虚拟资本的产生有两个条件：一是货币资本的独立化运动；二是信用制度的发展。马克思对虚拟资本的典型形态进行了深入解剖，包括商业汇票、没有黄金保证的银行证券、股票、国债券等。虚拟资本的增殖效应潜藏着投机性和风险性。虚拟资本的自我膨胀制造了不断扩大的经济泡沫，经济泡沫破裂之日便是金融危机暴发之时。虚拟资本缓解了资本主义扩大再生产的矛盾，但是，虚拟资本与实体资本的背离孕育着全球范围的金融危机。

（一）“虚拟资本”的产生及其发展

资本积累具有空间化的趋势，这种空间化有两个突出表现形式：一是乡村城市化，资本将生产要素和生活要素聚集在城市，最终形塑了城

---

① David Pepper, *Eco-Socialism: From Deep Eeep Ecology to Social Justice*, Routledge, 1993, p. 95.

② 任暟：《马克思政治经济学批判的生态意蕴及其启示》，载《北京行政学院学报》，2017 年第 2 期，第 70 页。

③ 郑千千、朱炳元：《马克思虚拟资本理论及其现实意义》，载《苏州大学学报（哲学社会科学版）》，2010 年第 4 期，第 28 页。

乡二元对立的空间结构，导致城市对乡村的剥夺；二是经济全球化，也就是西方发达资本主义国家的殖民扩张，这种殖民扩张的道路充满了血腥和暴力。马克思指出：“殖民制度宣布，赚钱是人类最终的和唯一的目的。”① 殖民制度扩大了资本运动的空间范围。资本把不同民族、国家的资本家联结起来成为压迫工人阶级的世界性力量。其中，工业资本是最初的动力。在机器大工业的推动下、在新技术新航路的支撑下，工业资本通过殖民掠夺最终建立起自己的全球霸权，“这一切标志着资本主义生产时代的曙光。”② 资本剥削方式与奴隶制、农奴制相比更加残酷、更加野蛮。

资本主义殖民制度的建立极大地推动了国际贸易的发展，随着国际贸易的迅猛发展，商业资本取代了工业资本的霸权地位。工业资本与商业资本的融合发展推动了现实资本向虚拟资本的发展。虚拟资本的产生有两条线索：“货币资本的独立化运动”和“信用”。③ 货币经营资本的重要性在产业资本和商业资本的频繁周转中体现出来。货币经营资本是从产业资本中溢出的、替产业资本完成周期运动的货币资本。货币资本的独立化是分工使然，随着国际贸易的发展，不同国家之间铸币兑换业务日益集中在专门的人手中，这是“近代货币经营业的自然发生的基础之一”④。这种货币兑换业务的借贷职能与信用制度的结合，推动了虚拟资本的发展。虚拟资本随着资本空间化的深度发展而不断发展，它是货币资本化的特殊形式之一。在《资本论》中，马克思分析了货币形式的历史演变，揭示了货币形式与人类信用关系和信用制度发展的内在联系。通过由贵金属货币向纸币的发展，马克思揭示了货币的本质不过是一种信用关系。在贵金属货币阶段，人类信用关系初步发展，货币的质料特征显得突出重要，易分割、可携带的贵金属成为理想的货币质料，但是，随着商品交换的迅猛发展和货币流通的经常化，贵金属货币不易携带、难以足值足额、易磨损等不足日益显现出来，于是，货币的质料特征逐渐淡化，纸币取代贵金属货币，货币完全脱离质料束缚，真正转化为交

---

① 《马克思恩格斯文集》（第5卷），北京：人民出版社2009年版，第864页。

② 《马克思恩格斯文集》（第5卷），北京：人民出版社2009年版，第860—861页。

③ 景玉琴：《马克思虚拟资本思想探微》，载《天津师范大学学报（社会科学版）》，2019年第6期，第37页。

④ 《马克思恩格斯文集》（第7卷），北京：人民出版社2009年版，第354页。

换符号和价值象征。作为交换符号和价值象征，金属货币“还在一定程度上隐藏着。但在纸币上，这种性质就暴露无遗了”①。贵金属货币向纸币的发展解决了资本流动问题，但是，纸币取代贵金属货币必须以信用的介入为前提，包括银行信用、商业信用、政府信用、个人信用等。货币经营资本直接表现为借贷资本。借贷资本属于生息资本。货币贷出方出让资本使用权获得利息收入，它把货币直接看成是资本，看成经过一定时期必然带回价值增殖的资本预付出去。马克思说：“贷出者是把货币作为资本贷出的……它必须执行资本的职能。”② 但是，货币贷出方出让货币使用权之后，货币贷入者是把它作为资本使用还是用来购买消费品消费掉，这是货币贷出方难以控制的。因此这种借贷资本就变成了虚拟资本。这种借贷资本的债权关系在不同人手里以不同形式出现，好像使资本一下子增加了一倍、两倍甚至多倍，这种基于信用制度的“‘货币资本’的最大部分纯粹是虚拟的”③。

（二）“虚拟资本”的资本本性及其形态

虚拟资本是能够为持有者带来定期收入的有价证券。虚拟资本具有资本的一般特性，即增殖性和运动性，但与一般资本相比运动速度快、增殖幅度大，同时，投资风险高。虚拟资本以收入资本化为基础，它把没有作为收入消费掉的价值额转化为生息资本，能够现实地生成利息，虚拟资本具有增殖自身的能力。由于虚拟资本与现实资本增殖的一切联系被彻底消灭了，虚拟资本的这种自行增殖能力受到资本家的追捧，于是，“资本是一个自行增殖的自动机的观念就牢固地树立起来了”④。实际上，虚拟资本代表着一种预期收益的权力，由此，它变成了可以买卖的商品。虚拟资本是由信用制度缔造的一种特殊的剥削手段。马克思从两个方面分析了虚拟资本产生的条件以及与现实资本的关系：一方面，虚拟资本产生的条件是收入资本化。股票、债券等可以得到收入，它像现实资本一样具有增殖功能，同时，所有权证书等可以作为商品进行交易。虚拟资本的增殖更加隐蔽、更加神秘，更能掩蔽资本家对工人的剥削。另一方面，虚拟资本与现实资本是一种弹性关系。虚拟资本是现实

---

① 《马克思恩格斯文集》（第5卷），北京：人民出版社2009年版，第149页。

② 《马克思恩格斯文集》（第7卷），北京：人民出版社2009年版，第391页。

③ 《马克思恩格斯文集》（第7卷），北京：人民出版社2009年版，第533页。

④ 《马克思恩格斯文集》（第7卷），北京：人民出版社2009年版，第529页。

资本的“纸质复本”，它们有权索取权益，虽然它们因与现实资本相分离而似乎造成一种无关的假象。虚拟资本可以转化为现实资本。马克思指出：“铁路、采矿、轮船等公司的股票代表现实资本。”① 虚拟资本表现为一种有价证券，它可以代表现实资本。虚拟资本越是多地脱离现实资本便越是多地产生经济泡沫。

虚拟资本包括多种形态，马克思从当时的历史条件出发，探讨了商业汇票、没有黄金保证的银行券、股票、国债券等。汇票是一种延期支付证书，商业汇票是商业支付凭据的总称。一般情况下，商业汇票不是虚拟资本。它在到期之前，可以向银行申请贴现。它作为支付手段流通时并不是虚拟资本。商业汇票的开出是基于贴现或基于欺诈性交易，它就具有了虚拟资本的性质。银行券是“由银行家用来代替私人汇票的一种汇票”②。能发行银行券的银行大多有政府背景且拥有黄金储备。当没有黄金保证时，银行券便具有了虚拟资本的性质，银行券可以用于贴现商业汇票，也可以进行流通领域与现实资本交易。即便有黄金保证，通常黄金储备也不足以兑付全部银行券，因此“银行券兑现的这种保证也是幻想的”③。股票是资本的所有权证书，它意味着获得资本增殖价值的权力。股票能够买卖是由于它以所有权资本为依托，股票会随着货币市场的变化出现跌与升。马克思指出：“在货币市场紧迫的时候，这种有价证券的价格会双重跌落：第一，是因为利息率提高，第二，是因为这种有价证券大量投入市场，以便实现为货币。”④ 股票的资本化以现有利息率和预期收益为尺度。国债券是在公共信用制度基础上推行的，它调节的是资本家和工人的关系。国债的发行将人民手中仅有的一点财富也掠夺得干干净净。资本的本性就是要将国民彻底地榨干。随着殖民运动的发展，在国际信用制度基础上产生和发展起来国债制度，隐藏了资本原始积累的源泉，强化了资本的国际殖民掠夺。马克思举了威尼斯给荷兰的巨额借贷、荷兰给英国的巨额借贷、英国给美国的巨额借贷的例子，说明了借助国际借贷西方资产阶级十分隐蔽地掠夺了他国财富。国债与股票不同，国债的收益是有保证的、既定的，股票的收益是预期的，它

---

① 《马克思恩格斯文集》（第7卷），北京：人民出版社2009年版，第529页。
② 《马克思恩格斯文集》（第7卷），北京：人民出版社2009年版，第454页。
③ 《马克思恩格斯文集》（第7卷），北京：人民出版社2009年版，第537页。
④ 《马克思恩格斯文集》（第7卷），北京：人民出版社2009年版，第530页。

们的共同点在于收益的资本化。

（三）全球虚拟经济的膨胀蕴含巨大的投机性和风险性

虚拟资本的增值效应潜藏着巨大的投机机会，虚拟资本“完全不决定于它们所代表的现实资本的价值”①，巨额的预期利息诱使人们冒险进行投资，从而带来虚拟经济的膨胀。虚拟资本是在借贷资本和信用制度基础上产生的，它虽然不具有使用价值，但是却可以作为商品买卖。虚拟资本“作为可以买卖的资产滞留在市场上”②，它所表征的实体资本却已经纳入到了生产或消费过程。马克思在《资本论》中看到，货币资本存入银行后，经过反复的转存变成了不断倍增且无法确定的存款总额。虚拟资本支撑下的虚拟经济制造了大量的投机机会和经济泡沫。在信用制度基础上，虚拟资本带给人们无尽的发财梦想，变成了“纯粹幻想的怪物”③。基于虚拟资本的买空卖空投机行为，诱使人们为了一夜暴富而甘冒风险，因而，带来了虚拟经济空间的巨大风险。虚拟资本的自我膨胀制造了不断扩大的经济泡沫，蕴含着巨大的金融风险，经济泡沫破裂之日便是金融危机暴发之时。

虚拟资本缓解了资本主义扩大再生产的矛盾，为资本在全球空间的积累提供了更为广阔的空间。但是，虚拟资本与实体资本的背离却孕育着全球范围的经济危机、金融危机。虚拟资本的负面效应主要体现在以下方面：一是挤占实体投资的资本，从而，造成真实储蓄的不足。虚拟资本市场的繁荣容易发生原本用于实体投资的部分进入虚拟资本市场博取交易收益，从而导致实体经济投资匮乏，加剧实体经济和虚拟经济的矛盾，导致经济泡沫破灭，陷入经济危机。二是泡沫经济的形成必然加剧财富的分配不公。虚拟资本市场具有双重效应，一方面，虚拟资本实现了资本的扩张，它通过资本市场将大量财富聚集起来，提高了经济扩张能力，维持了社会再生产的运行，激发了生产潜能；另一方面，庞大的金融市场和交易规模不过是对未来财富的一种透支。这种透支有着巨大的投机性和风险性。一旦预期收益不能兑现，就会造成经济危机。马

---

① 《马克思恩格斯文集》（第7卷），北京：人民出版社2009年版，第531页。

② 王贵水：《你一定要懂的经济学知识》，北京：北京工业大学出版社2015年版，第220页。

③ 《马克思恩格斯文集》（第7卷），北京：人民出版社2009年版，第535页。

克思指出："资本便宜会助长投机"①。当然，大资本家和中小投资者的抗风险能力是不同的。中小投资者资产负债结构脆弱、投资能力脆弱，因而资产价格的波动有可能导致他们破产，最终导致资本的垄断和集中。马克思指出："在这里，成功和失败同时导致资本的集中，从而导致最大规模的剥夺。"② 资本之间惨烈竞争的结果是大鱼吃小鱼，是狼吃羊。三是虚拟资本的发展容易诱发国际范围的金融危机。"有价证券的买卖能够成为投机的工具，造成虚假繁荣，导致金融危机的爆发。"③ 虚拟资本国际流动的根本目的是追求利润，当有利可图时便流入，风险暴露时便流出。因此，虚拟资本具有重要的杠杆作用，短期资本快速运动、利率期货期权的杠杆交易会引起货币和资产价格体系的大幅波动，从而诱发金融危机。经济危机的深刻根源是商品的过剩与群众购买力不足的矛盾，即"群众的贫穷和他们的消费受到限制"④。虚拟资本在延缓危机的同时，却孕育了经济危机更大的破坏性。如果把经济危机比作资本主义制度的毒瘤，那么，虚拟资本终将导致毒瘤的扩散，进而给资本主义制度以毁灭性的打击。

总之，马克思在政治经济学研究基础上对资本空间的非正义性进行了全面揭露和系统批判。马克思看到，西方发达资本主义国家的"空间剥夺"是通过开辟世界市场、殖民扩张和资本积累等途径实现的。资产阶级开创的世界市场是一个剥夺性的、非均衡的、二元对立的全球空间结构。资本的空间流动是实现"空间剥夺"的现实前提。殖民侵略是西方资本主义国家对落后民族国家"空间剥夺"的基本形式。马克思揭露和批判了西方发达资本主义生态殖民的罪恶。西方发达资本主义国家开辟的世界市场体系是一个断裂性、掠夺性体系，这一体系是国际生态殖民主义形成的历史根源。资本积累的空间化趋势决定了资产阶级必然会把魔掌伸向全球各地。生态殖民的目的是西方发达资本主义国家对落后民族国家的"空间剥夺"。"空间剥夺"是加在落后民族、国家人民头上的一种文明灾祸。破解"空间剥夺"问题必须消灭资本主义制度。马克

① 《马克思恩格斯文集》（第7卷），北京：人民出版社2009年版，第457页。

② 《马克思恩格斯文集》（第7卷），北京：人民出版社2009年版，第498页。

③ 郑千千：《马克思虚拟资本理论及其当代价值》，济南：山东大学出版社2016年版，第71页。

④ 《马克思恩格斯文集》（第7卷），北京：人民出版社2009年版，第548页。

思揭露和批判了虚拟资本恶性膨胀所带来的全球经济风险问题，分析了资本主义时代虚拟资本的形成条件和典型形态。虚拟资本的增值效应潜藏着投机性和风险性。虚拟资本的自我膨胀制造了不断扩大的经济泡沫，经济泡沫破裂之日便是金融危机爆发之时。虚拟资本缓解了资本主义扩大再生产的矛盾，但是，虚拟资本与实体资本的背离孕育着全球范围的金融危机。

第二节　空间正义的诠释维度

马克思空间正义思想遵循“在批判旧世界中发现新世界”的总原则，力求在资本空间的非正义中探求实现劳动空间的正义。马克思立足资本空间的现代性批判，围绕资本主义经济空间的系统批判，展开政治空间和文化空间的批判，把“解释世界”的理论批判和“改变世界”的实践批判统一起来，探索了社会空间正义的实现路径。马克思虽然没有用过“空间正义”概念，但是，他在资本空间的“人体解剖”中，真切地揭露了资本空间的非正义性，表达了实现劳动空间解放的正义追求。马克思从实践唯物主义出发，从经济、政治和文化的空间正义维度展开了资本空间的现代性批判。从经济空间正义看，马克思把生产、分配、交换、消费理解为资本运动的基本环节，阐明了生产、分配、交换和消费环节的空间正义问题。从政治空间正义看，马克思把“政治的集中”归结为资本逻辑，把政治空间的非正义理解为少数人对绝大多数人的统治和压迫，揭露了资产阶级自由、平等、民主的阶级局限性。从文化空间正义看，马克思探讨了主体正义、制度正义和交往正义，强调无产阶级必须掌握文化领导权、管理权和话语权。

一、经济空间正义维度

经济空间正义是经济生活领域的正义问题，是对社会经济行为、经济制度、经济关系等的正义性审视和评判。在《莱茵报》时期对物质利益“难事”的致思是马克思经济正义思想萌发的起点，现实的经济利益关系是马克思考察经济正义的切入点。为了寻求经济正义，马克思由哲学转向了经济学研究。之后，马克思花了四十多年的时间解剖资本主义经济制度和经济关系，批判资产阶级抽象的经济正义观和现实的经济制度、经济关系，同时，以人的自由全面发展为目标，探索了实现经济正义的现实道路。马克思把生产、分配、交换、消费理解为资本循环的环节，阐明了生产、分配、交换和消费环节的空间正义问题。马克思看到，人类发展史首先是生产发展史，生产方式从根本上决定着人类的正义追求，生产方式是衡量正义与否的根本标准。生产决定分配，无产者为资产者创造了财富却为自己创造了贫困，导致了分配异化。等价交换是商品经济的基本原则，然而，劳动力商品的交换却是非等价的，这种交换空间的非正义性蕴含着资本剥削劳动的秘密。消费是人的生存方式，生产能力决定消费能力，但是，在资本主导生产的情形下，生产的无限扩大与劳动者购买力的降低并存，从而，造成消费空间的非正义性。

（一）生产空间正义

资本主义时代的空间实践、空间变迁是马克思阐发空间正义思想的现实基础。对资本主义生产过程的分析和生产方式的解剖是马克思阐发空间正义思想的切入点。马克思认为，生产力是推动社会发展的根本动力，生产关系是生产力发展的空间形式。资本主义私有制从根本上决定着资本与劳动、资本家与无产者关系的性质。生产资料的资本主义私人占有对于生产空间具有根本性的宰制、操控作用，决定着生产空间的正义样态。资本主义生产方式的整体性在城市化和全球化进程中鲜明地表现出来。城市化和全球化成为资本主义生产方式的空间表达。资产阶级在开创世界市场过程中打破了地域性的空间壁垒，实现了世界性的空间开放。马克思把生产方式理解为把握社会正义发展程度的基础。他指出："在资本主义生产方式的基础上，奴隶制是非正义的；在商品质量上弄虚作假也是非正义的。"① 马克思研究了资本积累空间化的历史逻辑，不仅看到了资本主义生产空间的建构超越了奴隶制、封建制的社会空间，并且从道义上给予了肯定，但同时也看到，资本主义生产空间是非正义性。资产阶级政治经济学家更多地看到了市场的表面现象，而对市场背后的经济力量缺乏深刻的理解。马克思认为，世界市场的开辟虽然是资本主义空间发展的重要方面，但绝不是全部，推动资产阶级开辟世界市场的最终决定力量是资本主义生产方式的空间宰制。资本主义生产方式的空

---

① 《马克思恩格斯文集》（第7卷），北京：人民出版社2009年版，第379页。

间化本质表明，资产阶级力求“按照自己的面貌为自己创造出一个世界”①。资本空间化是资本主义生产方式的全球复制和自我扩张，是资本增殖逻辑的展开。马克思把空间正义的分析与资本主义生产方式的解剖紧密联系在一起，从而，找到了空间非正义的社会根源以及实现空间正义的现实路径。

当然，生产方式是随着生产力的发展而不断发展的，因此，马克思把对空间生产正义的探讨置于人类历史发展的宏大叙事，力图揭示资本主义生产空间正义的辩证法。一方面，资本空间化导致的不平衡地理发展以及社会空间的分裂，在历史上曾经起过非常革命的作用，马克思对此给予了高度评价，但同时，马克思也看到了资产阶级空间革命的局限性、狭隘性。马克思从微观、中观到宏观三个层面揭露了资本空间的非正义性：从微观看，在资本主义工商业城市内部，住宅的贫富分化是无产阶级和资产阶级空间隔离和空间分裂的形象表达。从中观看，资本主义生产的发展根源于乡村城市化运动，城乡空间的二元对立以及乡村屈从于城市的统治是资产阶级空间剥夺的结果。从宏观看，资本积累的全球化意味着资本宰制的城乡空间结构在世界历史空间蔓延，其结果是全球空间生产的非正义性。

（二）分配空间正义

正义作为一种道德评价，是与特定的经济关系发展状况相适应的。分配空间正义问题是在资本主义大工业迅猛发展的基础上凸显出来的。资产阶级借助大工业，用“现代化的大工业城市”代替了“自然形成的城市”，重构了城乡社会空间。② 从历史发展角度，马克思肯定了城市战胜乡村的空间转换具有进步性，因为它极大地促进了生产力的发展，但是又看到了它的历史局限性；从道德思维角度，马克思揭示了城市战胜乡村的空间转换具有非正义性，因为这种空间转换的实质是城市对乡村的空间剥夺。资本主义生产方式通过空间的占有、重组和分配，再生产了资本主义生产关系和阶级关系，增强了资本剥削劳动的空间操控能力，但是，无产阶级却成为资本空间化的牺牲品。

本来，商品生产和利润的占有是相一致的。但是，资本主义生产资

---

① 《马克思恩格斯文集》（第2卷），北京：人民出版社2009年版，第36页。
② 《马克思恩格斯文集》（第1卷），北京：人民出版社2009年版，第566页。

料的私人占有导致了生产的社会化和产品使用私人化的冲突。资本主义生产方式在为资产阶级创造财富的同时，却为无产阶级创造了贫困，造成了分配空间的非正义。马克思揭露了资本空间非正义的社会图景：工人建造了富丽堂皇的宫殿自己却住贫民窟，工人生产了面包自己却忍饥挨饿。资产阶级虽然标榜“公平分配”，但实质是把阶级利益说成是社会的共同利益。马克思在《哥达纲领批判》中质问：“难道资产者不是断言今天的分配是‘公平的’吗？”① 资本者有自己的分配公平观，各种社会主义宗派分子也有自己的分配公平观，那么，什么是共产主义者所主张的分配公平观呢？实现共产主义的分配公平应当坚持劳动贡献和按需分配的双重原则。分配空间正义既和经济关系的发展有关，又和道德评价有关。从劳动贡献原则看，就是坚持“按劳分配”，马克思认为，按其性质看，“按劳分配”是一种资产阶级法权原则。因为，人们的家庭负担不同，劳动能力不同，“按劳分配”形式上是平等的，但结果却是不平等。从按需要分配原则看，就是超越“按劳分配”，从社会道德角度考量分配正义，把“贡献”和“需求”结合起来。马克思指出：“在共产主义社会高级阶段，在迫使个人奴隶般地服从分工的情形已经消失，从而脑力劳动和体力劳动的对立也随之消失之后；在劳动已经不仅仅是谋生的手段，而且本身成了生活的第一需要之后；在随着个人的全面发展，他们的生产力也增长起来，而集体财富的一切源泉都充分涌流之后，——只有在那个时候，才能完全超出资产阶级权利的狭隘眼界，社会才能在自己的旗帜上写上：各尽所能，按需分配。”② 分配空间正义受特定时代生产方式的制约，一定历史时代的生产力发展水平以及在此基础上的分工发展水平制约着集体财富的分配。资本分配空间非正义归根结底是由资本主义生产资料私人占有方式决定的。资本的创富机制是一种少数人对绝大多数人的高效率剥削，它把分配空间非正义不断推向顶点。因此，实现分配空间正义必须废除资本主义制度。

（三）交换空间正义

等价交换是商品经济的基本原则，资本主义社会极大地发展了商品经济。然而，马克思发现，有一种特殊的劳动力商品，它买卖表现为形

① 《马克思恩格斯文集》（第3卷），北京：人民出版社2009年版，第432页。

② 《马克思恩格斯文集》（第3卷），北京：人民出版社2009年版，第435—436页。

式上的公平正义，而实质上的非公平正义。因为，资本家支付的工资只是劳动力价值而获得的却是劳动价值，这个差额就是工人劳动创造的被资本家无偿占有的剩余价值。劳动力商品的不等价交换是资本剥削劳动的秘密。马克思交换空间正义是在对资产阶级抽象交换正义和资本主义非正义交换关系的双重批判中形成发展起来的。

把握交换空间正义必须从生产出发，马克思从三个方面阐明了生产对交换的制约。其一，交换与生产的表层关系。交换内在地包含在生产之内。生产、分配、交换、消费的连接体现了生产的自然历史过程。马克思指出："生产表现为起点。消费表现为终点，分配和交换表现为中间环节。"① 交换作为形式上的社会运动介于生产和分配之间。其二，交换与生产的内在联系。马克思具体解剖了资本主义交换与生产、分配、消费的关系。马克思认为："交换显然也就作为生产的要素包含在生产之内。"② 除直接为了消费而交换之外，交换都内在地存在于生产之中。资本主义条件下的交换服从于剩余价值的生产。其三，生产决定交换。无论人与自然之间的物质、能量交换，还是人与人之间的分工协作，从根本上说都是受生产方式制约。生产作为起始性环节对于分配、交换和消费具有决定作用。马克思指出："（1）如果没有分工……也就没有交换；（2）私人交换以私人生产为前提；（3）交换的深度、广度和方式都是由生产的发展和结构决定的……交换就其一切要素来说……由生产决定。"③ 因此，生产空间正义是交换空间正义的前提。资本主义生产方式决定着交换空间的性质，交换服从资本榨取剩余价值的需要。

对于马克思而言，更加注重交换主体地位的平等性和利益的相关性以及量上的相等。公正的交换关键是利益的对等。产品交换者实际关心的问题，首先是产品按什么样的比例交换，也就是价值的对等性。商品不会自己跑到市场上去交换，商品交换是买卖双方共同一致的意志行为。马克思指出："按照劳动和交换的性质来说，严格的公正的要求是交换双方的利益不仅是相互的，而且是相等的。"④ 在阶级社会，交换空间正义具有鲜明的阶级性，它所体现的是统治阶级内部的正义。资产阶级倡导

① 《马克思恩格斯文集》（第 8 卷），北京：人民出版社 2009 年版，第 13 页。
② 《马克思恩格斯文集》（第 8 卷），北京：人民出版社 2009 年版，第 22 页。
③ 《马克思恩格斯文集》（第 8 卷），北京：人民出版社 2009 年版，第 23 页。
④ 《马克思恩格斯全集》（第 4 卷），北京：人民出版社 2016 年版，第 111 页。

公平、正义、平等，并以此为商品交换开辟道路，但是，资本主义的商品交换制度是形式公正而实质不公正。资本家支付劳动力商品的价值而获得劳动者劳动的支配权，表面看是公平交易，但是，由于资本家对生产资料的独占和支配，工人除了出卖劳动力别无生存之道。资本家购买劳动力商品的交换关系成为一种与内容本身无关的神秘形式，劳动力商品买卖的形式平等掩盖了实质内容交换的不平等。其结果，工人生产创造的价值越多，他就越加贫困。交换空间非正义性压抑了劳动者的能动性、创造性，从而把劳动者变成了丧失本质内涵的动物人。

(四) 消费空间正义

消费是社会再生产的必要环节，是人生命存续的基本前提。通过消费，人类吸收物质力量和精神养分，获得脑力体力的恢复和补充，满足自己生存、享受和发展的需要。

马克思对消费空间正义的分析，立足点是消费之于人类生存发展的意义。马克思指出："人从出现在地球舞台上的第一天起，每天都要消费。"① 人类必须生产，但并非每个个体都会生产，人类必须消费，但却并非每个个体都要消费。消费的意义不仅是人类生存发展的手段，而且更在于它服从于人的自由全面发展。消费是生产过程的重要环节，与生产具有直接的同一性。人类的生产能力从根本上决定着消费能力。马克思指出："消费的能力是消费的条件，因而是消费的首要手段，而这种能力是一种个人才能的发展，生产力的发展。"② 生产力的发展能够提供日益丰富的消费客体，能够生产和再生产消费主体。新的消费资料会激发新的消费需求、培养新的消费能力。马克思指出："对于没有音乐感的耳朵来说，最美的音乐也毫无意义"③。反过来说，消费能力的提高又会促进生产的发展。消费空间的发展与生产空间的发展是一致的。消费发展的个人才能本身就是一种生产力。马克思认为，"休闲（消费）"是人类的一种理想生存状态，与个体发展和社会进步直接关联。休闲是人的"自由时间"，"自由时间"作为不被生产所吸收的时间可用于精神和智力的发展。"自由时间"的增加能够促进个人在艺术、科学等方面的发展。"休闲（消费）"也是建立"自由王国"的根本条件。在彼岸世界的

① 《马克思恩格斯文集》（第5卷），北京：人民出版社2009年版，第196页。
② 《马克思恩格斯文集》（第8卷），北京：人民出版社2009年版，第203页。
③ 《马克思恩格斯文集》（第1卷），北京：人民出版社2009年版，第191页。

“自由王国”，“自由时间”将成为目的本身的人类能力发展的时间。马克思强调：“整个人类的发展……无非是对这种自由时间的运用”①。“休闲（消费）”体现了人类不断自我超越、自我肯定的本性。

马克思对人的自由全面发展的分析始于异化劳动理论。马克思指出，异化“表现为我的生活资料属于别人”②。异化首先是劳动者消费能力的丧失，是劳动者失去了他的产品。马克思分析了劳动异化的四个环节，从产品异化出发揭示了人与人的对立。一方面是资本家对商品的贪婪追求，另一方面是工人丧失了自己的消费客体。劳动者在繁杂的商品关系中丧失了自身生存发展的本质和价值。马克思的商品拜物教思想揭示了商品交换和消费过程的异化现实。由于人与物的关系颠倒，商品成为一种统治力量，人们对商品产生了宗教似的崇拜。因为工人不能控制商品生产和商品交换，反而受它们控制，于是，原本物的主人却变成了物的奴隶。马克思认为，商品拜物教的产生是由于人们的社会关系“在人们面前采取了物与物的关系的虚幻形式”③，其直接结果是人物化为金钱的奴仆，人和人之间“除了冷酷无情的‘现金交易’，就再也没有任何别的联系了”④。商品拜物教意味着人类消费能力的萎缩和退化。

二、政治空间正义维度

政治空间正义是政治活动、政治关系的价值，是社会政治生活领域正义问题的反映，是对社会政治行为、政治制度、政治关系等的正义性审视和评判。政治空间正义理念要想获得各种相互冲突的政治价值的评价尺度和平衡基准，就要形成共同的政治价值观。政治空间正义是社会的良心和灵魂。马克思的《资本论》是一部政治经济学著作，但是，人们对它的解读却存在着重经济维度、轻政治维度的倾向。政治空间正义之所以被忽视，主要是因为对现实政治制度的伦理拷问常常是人们有意无意回避的问题。马克思从唯物史观出发，对于政治空间正义的致思始终立足于资本逻辑批判。资本逻辑和权力逻辑是资产阶级空间革命的两大杠杆。资产阶级政治国家的非正义性根源于其所有制基础的非正当性。

---

① 《马克思恩格斯全集》（第32卷），北京：人民出版社1998年版，第215页。
② 《马克思恩格斯文集》（第1卷），北京：人民出版社2009年版，第233页。
③ 《马克思恩格斯文集》（第5卷），北京：人民出版社2009年版，第90页。
④ 《马克思恩格斯文集》（第2卷），北京：人民出版社2009年版，第34页。

资本主义社会政治空间的非正义性集中表现为少数人对绝大多数人的统治和压迫。民主、平等、自由是马克思对政治空间正义的价值追求，人民民主是政治空间正义的核心价值诉求，权利平等是政治空间正义的基本伦理规范，自由解放是政治空间正义的终极理想目标。

（一）政治空间正义的致思理路

空间是政治权力表现的场域。从经济致因看，空间形塑是资本逻辑的展开；从政治致因看，空间形塑又是权力逻辑的展开。政治权力对于空间的形成发展有着巨大影响。资产阶级由于实现了生产资料、人口和财产的集中，其必然结果是“政治的集中”，这是经济基础决定上层建筑原理的体现。马克思指出：“各有不同利益、不同法律、不同政府、不同关税的各个地区，现在已经结合为一个拥有统一的政府、统一的法律、统一的民族阶级利益和统一的关税的统一的民族。”① “政治的集中”本质上是资产阶级的权力集中，它是政治空间非正义性的根源。“政治的集中”是资产阶级空间革命的果实。资产阶级所宣扬的政治平等“按照原则仍然是资产阶级权利”②。资产阶级借助“政治的集中”创造了一个差异性、对立性的不平等的社会政治空间。在全球社会空间，生产要素的不平等转移、商品交换的非对称性，以及中心地区与边缘地区的支配与从属关系等，既为“政治的集中”提供了前提条件，又因为“政治的集中”而得以巩固发展。全球社会空间的权力等级秩序与资本空间化集聚趋势是一致的。空间被权力异化。资本主义生产方式完成了空间革命的使命，在无产阶级空间革命面前，它是实现政治空间正义的主要障碍。

马克思对于政治空间正义问题的反思，立足点是空间实践的辩证法，一方面，立足现实，肯定了资产阶级时代空间革命的重大意义；另一方面，又看到了资产阶级空间革命的局限性。马克思指出：“只有当现实的个人……认识到自身‘固有的力量’是社会力量，并把这种力量组织起来因而不再把社会力量以政治力量的形式同自身分离的时候，只有到了那个时候，人的解放才能完成。”③ 政治力量总是表现为一种社会力量、阶级力量。当个体力量与社会力量、政治力量相一致时，个体才能获得自由和解放。资产阶级的空间聚集是其经济和政治力量的集中，但是，

① 《马克思恩格斯文集》（第 2 卷），北京：人民出版社 2009 年版，第 36 页。

② 《马克思恩格斯文集》（第 3 卷），北京：人民出版社 2009 年版，第 434 页。

③ 《马克思恩格斯文集》（第 1 卷），北京：人民出版社 2009 年版，第 46 页。

在这一过程中，无产阶级也获得了一种空间聚集效应，他们不仅深刻认识到自身的共同利益和追求，而且交通运输和通讯的发展也为他们的联合创造了条件。政治空间非正义是由阶级差异导致的，因而，消灭社会和政治的不平等就必须消灭阶级差别。资产阶级"政治的集中"旨在实现空间征服的合法化，从而，把"资本逻辑"转化和升华为"制度逻辑"。资本空间不仅变成了剥削和掠夺的经济工具，而且变成了压迫和统治的政治工具。资本主义空间生产在形塑社会经济秩序的同时，也形塑着社会的等级秩序和权力秩序。权力的分配表达着不同阶级相互关系的总和。权力空间的非正义表征着资本主义的生产关系。无产阶级对权力空间正义的追求必须以批判资本主义经济空间为起点，实现政治空间正义诉求必须采取阶级斗争方式，通过无产阶级革命获得政权，剥夺剥夺者，从根本上消灭阶级对立，进而实现社会空间权力的人民化。

（二）政治空间正义的批判维度

马克思作为伟大的政治哲学家，其政治空间正义追求表现为以人类解放的自由王国为终极价值目标。资产阶级政治国家的非正义性根源于资本主义私有制的非正当性。实现政治空间正义必须用共产主义公有制取代资本主义私有制。在《〈黑格尔法哲学批判〉导言》中，马克思看到，德国的问题是私有财产对国民的统治，强调"无产阶级要求否定私有财产"①，阐明了资产阶级政治国家的基础是私有财产制度，迈出了走向唯物史观的第一步。在《德意志意识形态》中，马克思恩格斯不仅坚持私有财产决定政治国家的基本观点，而且强调了政治国家对私有财产的保护作用。马克思恩格斯指出："国家不外是资产者为了在国内外相互保障各自的财产和利益所必然要采取的一种组织形式。"② 资产阶级借助国家权力巩固和发展了它的经济空间，把私有财产制度发展到了最高阶段。但是，私有财产的本性是自私任性，丝毫不考虑社会和他人，它的自利性是赤裸裸的，甚至不惜抛弃、践踏任何道德和法律原则。因此，从本质看，私有财产权是非正义的，私有制是狭隘的、粗陋的、非伦理的，它构成了资本主义政治压迫的基础，因而被称为"万恶之源"。马克思指出，共产主义"只剥夺利用这种占有去奴役他人劳动的权力"③。

① 《马克思恩格斯文集》（第1卷），北京：人民出版社2009年版，第17页。
② 《马克思恩格斯文集》（第1卷），北京：人民出版社2009年版，第584页。
③ 《马克思恩格斯文集》（第2卷），北京：人民出版社2009年版，第47页。

废除了资本主义私有制，资产阶级的政治空间便会坍塌。

资本主义政治空间的非正义性表现为少数人对绝大多数人的政治统治和政治压迫。资本主义生产方式的确立与资产阶级国家政权的确立是同一过程。资本主义生产方式的特点在于少数资本家占有大量财富，掌控生产资料和生产过程，多数无产者丧失生产资料、一无所有。这种经济结构的两极分化，决定了国家政权结构的主体与客体分裂。无产阶级沦落为国家权力客体，资产阶级上升为国家权力主体。资本主义的政治空间表现为少数人对绝大多数人的统治和支配。这种政治空间非正义性是马克思坚决反对的。因为，在这样的政治空间，无产阶级丧失了主体性，丧失了一切合乎人性的东西，他们仅仅为增殖资本而活着。然而，“无产阶级的运动是绝大多数人的，为绝大多数人谋利益的独立的运动。”① 为了实现政治空间正义，马克思恩格斯旗帜鲜明地站在绝大多数无产阶级立场，坚持为他们谋利益、谋正义。

资产阶级极力倡导自由、平等、民主、人权等，但这些政治正义是属于资产阶级的，是对无产阶级的一种政治欺骗。马克思看到，劳动力的买卖形式上是平等的、自由的，但实质上却是不平等、不自由的。在自由买卖、自由贸易之后，情形便完全不同了——“资本家，昂首前行；劳动力占有者作为他的工人，尾随于后。一个笑容满面，雄心勃勃，一个战战兢兢，畏缩不前，像在市场上出卖了自己的皮一样，只有一个前途——让人家来鞣。”② 在资本主义条件下，自由、平等、民主、人权并不具有普遍性和绝对性。因为，这种“平等的权利总还是被限制在一个资产阶级的框框里”③。共产主义政治空间正义的旨趣就在于消灭自由、平等、民主、人权的阶级性。“当阶级差别在发展进程中已经消失而全部生产集中在联合起来的个人的手里的时候，公共权力就失去政治性质。”④ 自由联合的“真正的共同体”取代资产阶级的“虚假的共同体”是实现政治空间正义的条件，在“真正的共同体”中，每一个人在自己的联合中并且通过这种联合获得自由。

---

① 《马克思恩格斯文集》（第2卷），北京：人民出版社2009年版，第42页。
② 《马克思恩格斯文集》（第5卷），北京：人民出版社2009年版，第205页。
③ 《马克思恩格斯文集》（第3卷），北京：人民出版社2009年版，第435页。
④ 《马克思恩格斯文集》（第2卷），北京：人民出版社2009年版，第53页。

（三）政治空间正义的价值规范

马克思透过劳动与资本的激烈对抗和贫富分化的严峻现实，对资本主义社会政治空间进行了伦理拷问，分析了资产阶级的民主、平等、自由等政治伦理范畴，提出了具有创新性的政治空间正义思想。

人民民主是马克思实现政治空间正义的核心价值追求。人民民主代表了一种国家制度正义，它是公民共享经济发展成果和平等政治权力的制度保障，是公民参与国家政治生活和自由发展的制度保障。坚持人民民主包含政治制度和政治伦理两个层面。作为一种国家政治制度，人民民主是实现人民当家作主的制度保障。作为一种社会政治伦理，人民民主是坚持以人民为中心的价值追求。因此，人民民主的实质是对人民实行民主、对敌人实行专政。马克思说："就国家是政治制度来说，都只是人民的自我规定和人民的特定内容。"① 人民民主作为一种国家制度，保障了阶级利益和人民利益的一致。

权利平等是马克思政治空间正义的基本伦理规范。资产阶级鼓吹的平等是形式上的，而不是事实上的。资产阶级对无产阶级的经济剥削和政治压迫决定了他们的经济政治权利必然是不平等的。实现政治权利的平等必须改造资本主义的经济基础。平等是人基于实践的一种自觉认识和自觉行动。马克思说："人意识到别人是同自己平等的人，人把别人当做同自己平等的人来对待。"② 政治空间正义的基石是平等的生存发展条件。平等首先是生存发展权利的平等。生存发展是人类共同的需求。政治权利平等是从这种共同需求引申出来的。恩格斯说："一个社会的一切成员，都应当有平等的政治地位和社会地位。"③ 社会经济地位从根本上决定着权利平等的实现，彻底消灭权利不平等必须废除私有制。平等是一个历史性范畴，随着历史的发展而发展。只有到共产主义社会，真正的平等才能实现。马克思说："平等，作为共产主义的基础，是共产主义的政治的论据。"④ 马克思对平等的追求坚持了理想性与现实性的统一、形式平等与实质平等的统一。

自由解放是马克思政治空间正义的终极理想目标。自由解放在马克

---

① 《马克思恩格斯全集》（第3卷），北京：人民出版社2002年版，第41页。
② 《马克思恩格斯文集》（第1卷），北京：人民出版社2009年版，第264页。
③ 《马克思恩格斯文集》（第9卷），北京：人民出版社2009年版，第109页。
④ 《马克思恩格斯文集》（第1卷），北京：人民出版社2009年版，第231页。

思学说中占有重要地位。在法律制度框架内的自由表现为权利和义务的统一。自由是“现实的个人”实现空间解放和全面发展的前提条件，是政治空间正义的重要内容。马克思追求的自由是基于“自由人联合体”的自由，在“自由人联合体”中每个人的自由发展是一切人自由发展的条件。自由是一个历史性范畴，随着社会的发展与进步，在共产主义的自由王国，人的自由个性才能够得以充分展现。从主体维度看，“自由个性”是对资产阶级“个性自由”的扬弃。资产阶级的“个性自由”表明“个人自由只是对那些在统治阶级范围内发展的个人来说是存在的。”① 资产阶级的“个性自由”是借助资本主义国家的“虚假共同体”实现的。无产阶级的“自由个性”必须借助“真实共同体”才能实现，因为“只有在共同体中，个人才能获得全面发展其才能的手段，也就是说，只有在共同体中才可能有个人自由。”②

三、文化空间正义维度

文化空间正义是一个关涉文化自由、文化平等、文化发展与人的发展的重大问题。“破解突出的文化矛盾关系要重视文化正义问题”，“理顺重要的文化建设关系要重视文化正义问题”，“推进社会全面进步和人的全面发展要重视文化正义问题”。③ 从广义上说，文化是人与动物的本质区别。人生活的世界是一个属人世界、文化世界。空间正义具有文化意蕴，体现着对社会空间平等性、人文性、多样性等的文化诉求。文化的核心是价值观。文化空间正义旨在为广大人民群众争取社会空间支配权和发展权，通过文化空间领导权、管理权和话语权的掌控，为广大人民群众获得自由平等权利、提高地位尊严价值。文化空间正义贯穿人类社会发展整个过程，它具有主体正义、制度正义和交往正义三位一体的结构。主体正义、制度正义和交往正义在社会文化空间建构中有着不同的地位和作用。

（一）主体正义是文化空间正义的核心

“现实的个人”是马克思文化空间正义致思的起点。马克思从“现实的个人”出发，实现了正义主体的根本转变，即由神或抽象概念主持

① 《马克思恩格斯文集》（第1卷），北京：人民出版社2009年版，第571页。

② 《马克思恩格斯文集》（第1卷），北京：人民出版社2009年版，第571页。

③ 杨竞业：《论“文化正义”概念》，载《理论月刊》，2013年第5期，第51—52页。

正义转向由现实的个人来主持正义。在正义的现实秩序中，“现实的个人”通过与客体互动获得存在发展的意义空间，在对象化的空间中实现自我肯定。但是，在资本主义社会，“现实的个人”出现二重化，表现为两大阶级的尖锐对立。整个社会“分裂为两大相互直接对立的阶级：资产阶级和无产阶级。”① 资产阶级成为文化空间正义的主体，表现出人性的外观，无产阶级沦为文化空间正义的客体，丧失了人性的外观。在资本主义社会中，资本凭借对社会、经济、政治空间的操控而成为文化空间正义的主体，“劳动者作为客体是为了满足资本主体的需要被创造出来的。”② 可见，资产阶级文化空间是畸形的、扭曲的、异化的，因此，实现文化空间正义必须依靠无产阶级的空间革命。

马克思从实践主体立场出发展开了对资本空间的主体性批判。马克思在对市民社会繁杂的物质关系解剖中发现“物的世界的增值同人的世界的贬值成正比”③，看到了“物的世界”背后还有一个“人的世界”，但是，现实社会的两大主体，资产阶级和无产阶级都处于异化状态。因而，马克思把“改变世界”的重心置于主体性问题的解决，“要求把对象世界归还给人”④，即把人的世界归还给人。马克思从实践唯物主义的基本立场出发，为劳动主体确立了一个正义坐标。资本家由于对生产资料的独占因而便拥有了强迫工人劳动的权力。资本对于劳动的宰制使劳动者变成了正义的客体。劳动之所以应当成为文化空间正义的主体是因为劳动创造社会价值，劳动创造社会财富因而社会财富应当归劳动者所有。马克思从劳动价值论出发，揭露了资本剥削劳动的非正义性。劳动的对象化使劳动者丧失对象，劳动者劳而无获而资本家却不劳而获，因而资本空间生产是非正义性的。

马克思号召无产阶级遵循正义原则，强调要把权利、义务、真理、道德、正义等写入工人协会章程。马克思在写给恩格斯的信中说：“不过我必须在《章程》导言中采纳‘义务’和‘权利’这两个词，以及‘真理、道德和正义’等词，但是，这些字眼已经妥为安排，使它们不

① 《马克思恩格斯文集》（第2卷），北京：人民出版社2009年版，第32页。

② 姜涌：《马克思劳动主体性的正义坐标》，载《山东社会科学》，2015年第4期，第24页。

③ 《马克思恩格斯文集》（第1卷），北京：人民出版社2009年版，第156页。

④ 《马克思恩格斯文集》（第1卷），北京：人民出版社2009年版，第204页。

可能造成危害。”① 马克思把共产主义理解为无产阶级解放条件的学说。无产阶级是私有财产的对立面，他们劳动创造的财富被资本家无偿占有，在异化劳动中丧失了自己的本质。因此，这种把人变成非人的资本主义社会是非正义的。文化空间非正义性是资本空间非正义性的重要内容。实现无产阶级的空间正义，必须颠覆资本空间。无产阶级既有实现文化空间正义的渴望，又有实现文化空间解放的能力。

资产阶级的空间正义观具有鲜明的阶级性。资本主义文化空间正义是为资产阶级意识形态辩护的道德伪善和虚假正义，是掩盖资本剥削劳动的正义遮羞布和道德迷魂汤。资产阶级的自由、平等和正义是无产阶级的意识形态锁链。资产阶级的“自由”是资本剥夺压榨劳动的自由。主体正义是实现文化空间正义的前提，实现主体正义必须通过无产阶级空间革命，使其成为能够全面占有自己本质的价值主体。

（二）制度正义是文化空间正义的保障

马克思对于文化空间正义的建构始终立足于对资本主义制度的批判，资产阶级的文化空间正义具有鲜明的阶级性和历史局限性。共产主义取代资本主义既是历史的必然，又是正义的诉求。共产主义文化空间正义是资本主义文化空间正义的扬弃。马克思一生致力于资本空间的现代性批判，其根本目的就是通过对资本剥削本性的批判揭露其制度的非正义性。在马克思看来，文化空间正义的实现必须建立在利益调节基础之上，文化空间正义受经济空间正义和政治空间正义的制约。马克思的重大贡献在于他为文化空间正义找到了物质关系根源，把文化空间的非正义归结为资本对劳动力和自然力的剥削。马克思认为，资本空间剥削的非正义性表现为它突破了“工作日的道德极限”和“工作日的纯粹身体的极限”。② 在一个工作日内最大限度地使用劳动力是资本唯一关心的事情。文化空间非正义根源于资本主义私有制，因此，实现文化空间正义必须在无产阶级专政的条件下，剥夺剥夺者，由“自由人联合体”共同占有生产资料、共同控制生产过程。文化空间正义的核心问题是通过改变对社会空间的占有和使用方式“为人民争取空间的支配权和发展权”③。

---

① 《马克思恩格斯文集》（第10卷），北京：人民出版社2009年版，第215页。

② 《马克思恩格斯文集》（第5卷），北京：人民出版社2009年版，第306—307页。

③ 赫曦滢：《马克思空间正义思想及其当代价值》，载《理论探索》，2018年第3期，第35页。

资本主义私有制是资本空间的罪恶渊薮和痛苦根源，因此，马克思提出要和这种私有制度和私有观念实行最彻底的决裂。马克思指出："自由这一人权的实际应用就是私有财产这一人权……私有财产这一人权是任意地、同他人无关地、不受社会影响地享用和处理自己的财产的权利；这一权利是自私自利的权利。"① 既然私有制是资本空间非正义性的根源，因此，实现文化空间正义必须废除私有制。资本对劳动的剥削借助的是一种社会力量。资本主义私有制之所以是非正义的是因为它建立在阶级对立之上、建立在少数人对多数人的剥削压迫之上。资本具有贪婪本性，资本逻辑表现为大鱼吃小鱼式的滚雪球逻辑。资本与劳动之间表现为剥削关系，资本与资本之间表现为相互竞争甚至相互倾轧关系，其结果必然是贫富两极分化的社会空间形态。马克思认为，资本主义制度助长资本鲸吞和自由放任的市场经济，在私有制基础上的市场经济滋生了各种非正义和反正义现象，如：阶级分裂、阶级剥削、政治压迫、反社会、非人性、反生态等，其根本原因就在于资本主义制度的不平等性、非正义性。资产阶级不劳而获，无产阶级劳而无获、劳而难活甚至劳而不活。资本主义的制度正义只属于资产阶级，从封建制度的压迫中"解放"出来的无产者表面上获得了人身自由，但是，这不过是出卖自身劳动力的自由而已。资本主义制度的世界历史性展开造就了颠覆资本空间非正义性的掘墓人。资本主义制度的非正义和反正义为无产阶级空间革命提供了充分的理由。马克思所追求的制度空间正义就是要通过扬弃资本主义制度，创造让每一个人获得自由全面发展的社会条件。制度空间正义是实现社会正义的基本政治前提，是文化空间正义的基础。

（三）交往正义是文化空间正义的基础

文化植根于人类实践活动，交往实践形塑着多元多样的文化空间。交往正义是衡量城市化、全球化的一个重要标尺。交往正义的寻求必须依据公共性的规范，在平等、共享、互动中形成价值共识。文化是交往中的文化，文化空间正义是以交往寻求文化正义的历程。马克思恩格斯把人们自由、平等、和谐的社会交往理解为推动社会空间变迁的中介。交往是人类伦理关系产生的历史前提，是"主体间通过改造相互联系的

---

① 《马克思恩格斯文集》（第1卷），北京：人民出版社2009年版，第41页。

中介客体而结成社会关系的物质活动"①。马克思对于文化空间正义的追求使我们看到，空间不仅是人类为了生存发展而实现的人口和财富的聚集场域，而且也是人类文化发展和满足精神需求的场域。文化空间正义赋予人类空间追求以价值方向。文化空间正义必须以经济空间正义和政治空间正义为基础，以人的自由全面发展为目标，追求文化的融合与协调发展。马克思在谈论资本殖民问题时，揭露了资本逻辑造成的文化空间扭曲。马克思看到，在殖民地，资产阶级撕去伪善的面纱，赤裸裸地表现出野蛮本性；在印度，资产阶级靠贪污不能填满无底欲望时，他们便像强盗一样开始凶恶的勒索，他们把杀生害命和卖淫变成了职业。资本在城市空间的崛起吞噬了乡村，在城市文化发生发展过程中，导致了乡村文化的没落。资本空间在改变人们生活环境的同时，重新定义了文化观念。

资本在全球空间的拓展不仅吞噬着落后民族、未开化半开化国家和东方社会的财富，而且制造了文化空间的资本化。在《共产党宣言》中，马克思恩格斯肯定了资产阶级世界交往对于文化空间的意义。他们指出："资产阶级，由于开拓了世界市场……民族的片面性和局限性日益成为不可能，于是由许多种民族的和地方的文学形成一种世界的文学。"② 马克思在肯定民族文学主体性的同时，强调了民族文学之间的互相依赖与互相往来，强调了民族文学的世界历史性生成，强调了对"世界文学"的理解必须归结为全球社会空间的物质生产和精神生产。世界交往改变了世界文化空间的结构、重塑了世界文化空间。世界文学是民族性与世界性的统一，民族文学是主体性与个性化的，在世界交往基础上，不同民族的主体性文学具有了统一性、世界性。马克思的"世界文学"概念揭示了"民族文学主体性价值与世界公共财产的关系"③。大工业推动了世界交往的发展，由于世界交往，民族文学得以为世界人民所共享，变成了世界的公共财产。在工业化与世界市场的历史条件下，基于不同民族相互往来、相互影响的世界文学融通了民族性与世界性。可见，世界交往推动了经济、政治、文化的一体化趋势。马克思还阐述了

① 任平：《交往实践与主体际》，苏州：苏州大学出版社 1999 年版，第 153 页。

② 《马克思恩格斯文集》（第 2 卷），北京：人民出版社 2009 年版，第 35 页。

③ 张荣兴、方汉文：《马克思"世界文学"观念的新阐释》，载《苏州大学学报（哲学社会科学版）》，2017 年第 4 期，第 168 页。

中国古代四大发明对于西方资产阶级崛起的意义。马克思指出："火药、指南针、印刷术——这是预告资产阶级社会到来的三大发明。火药把骑士阶层炸得粉碎，指南针打开了世界市场并建立了殖民地，而印刷术则变成新教的工具，总的来说变成科学复兴的手段，变成对精神发展创造必要前提的最强大的杠杆。"① 中国文化传播到了西方，变成了"世界公共财产"。"世界文学"作为资产阶级世界交往的积极成果，它属于地方民族和个人，也属于整个世界。但是，由于世界市场是资产阶级开辟的，世界历史是资产阶级首创的，因而，在"世界文学"领域不可避免地存在资产阶级的文化霸权。因此，实现文化空间正义必须以无产阶级主导世界交往为前提。无产阶级交往正义的实现是文化空间正义的基础。

总之，马克思在哲学和经济学研究基础上，从经济、政治和文化的空间正义维度展开了资本空间的现代性批判。经济空间正义是经济生活领域的正义问题，是对社会经济行为、经济制度、经济关系等的正义性审视和评判。马克思用人的自由全面发展这一"普照的光"照射资本主义经济制度和经济关系，揭露了资本主义生产和再生产过程的非正义性，阐明了生产、分配、交换和消费环节的空间正义问题，把经济空间非正义问题归因于资本主义制度，从经济必然性和道德的非正义性双重维度否定了资本主义制度。政治空间正义是对社会政治行为、政治制度、政治关系等的正义性审视和评判。马克思对于政治空间正义的致思始终立足于资本逻辑批判，资产阶级政治国家的非正义性根源于其所有制基础的非正当性。资本主义社会政治空间的非正义性集中表现为少数人对绝大多数人的统治和压迫。实现政治空间正义必须践行人民民主、权利平等和自由解放的原则。文化空间正义是一个关涉文化自由、文化平等、文化发展与人的发展的重大问题。文化空间正义包括主体正义、制度正义和交往正义，它们在社会文化空间建构中有着不同的地位和作用。文化空间正义旨在为广大人民群众争取社会空间支配权和发展权，通过文化空间领导权、管理权和话语权的掌控，为广大人民群众获得自由平等权利、提高地位尊严价值。

---

① 《马克思恩格斯文集》（第8卷），北京：人民出版社2009年版，第338页。

第三节　空间正义的实现条件

面对资本积累空间化造成的空间非正义现实，马克思不仅站在无产阶级价值立场给予了分析批判，而且探讨了实现空间正义的基本路径。马克思认为，资本积累空间化带来了生产和交往的普遍性趋势，随着生产和交往的普遍发展，必将超越资本的狭隘界限，由此，生产和交往的普遍性成为颠覆资本空间的物质力量。资本的空间生产创造了异化的社会主体，即不劳而获的资本家和劳而不获的无产者。无产阶级作为资产阶级的对立面，是资本主义社会的掘墓人。无产阶级的空间革命必将终结资本空间。资产阶级是“剥夺者”，无产阶级空间革命的主要任务是“剥夺剥夺者”。无产阶级要重新掌握社会力量必须通过“真实的共同体”，“真实的共同体”的建立以共产主义空间革命为前提。共产主义空间革命的主体是无产阶级。无产阶级空间革命必须坚持“批判的武器”与“武器的批判”相统一，必须“同传统的所有制关系实行最彻底的决裂……它在自己的发展进程中要同传统的观念实行最彻底的决裂”①。借助“真实的共同体”合理调节和有效控制人与自然之间的物质变换过程，人类便能够实现从“必然王国”到“自由王国”的飞跃，最终实现“人化自然空间”和“社会关系空间”的解放。

一、生产和交往的普遍性趋势

马克思之前的哲学家对于劳动异化、城乡对立、殖民掠夺等社会空间非正义问题的求解，只是停留在思想领域，满足于“解释世界”。马克思却把社会空间非正义问题的解决推向了实践领域，力求于“改变世界”。马克思恩格斯把生产和交往的普遍性趋势理解为实现社会空间正义的物质条件，这个物质条件是资本主义现代性发展的结果，也是资本主义现代性终结的原因。资本借助生产和交往的普遍性表现了空间发展的生命活力，形塑了非正义的社会空间结构和社会空间关系。资本主义制度用非正义的社会空间牢狱囚禁了全世界的无产阶级，因而，只有推翻资本主义制度才能把无产阶级从资本空间解放出来。在马克思看来，青

① 《马克思恩格斯文集》（第2卷），北京：人民出版社2009年版，第52页。

年黑格尔派的“喧嚣吵闹”解决不了任何现实问题，因为，社会空间的非正义性是一个现实问题，是资本主义制度逻辑发展的结果，消解社会空间非正义必须铲除资本主义制度。资本逻辑推动了生产和交往的普遍性趋势，这种趋势带来了封建共同体的解体和资本共同体的形成，由此，资产阶级成为类发展的体现。生产和交往的普遍性趋势为个人的全面性奠定了基础，但是，只有借助无产阶级革命和无产阶级专政的力量，由“真实的共同体”占有这种普遍性的生产和交往条件，人类才能实现从“必然王国”到“自由王国”的跨越。

（一）生产和交往普遍发展的内在机制

生产和交往是人类最基本的实践方式。生产和交往的普遍发展推动着实践方式的不断发展。生产是解释人与自然多层次、多维度关系的基础，交往是解释人与人多层次、多维度关系的基础。生产力作为人与自然之间物质变换能力和水平的标志，直接反映着人类把握人与自然关系的能力和水平。生产力决定生产关系，生产发展的普遍性推动了交往发展的普遍性，推动了民族交往向世界交往跨越。在马克思看来，共产主义的空间革命旨在“推翻一切旧的生产关系和交往关系的基础……使它们受联合起来的个人的支配”①。推翻资本的生产关系和交往关系是劳动解放的前提。生产发展并非是外在于人的物的增长，而是人的生命活动的展开。生产力有客体面向和主体面向。基于物质变换的生产与交往的普遍发展为人的生成发展提供了前提。这一前提因资本主义大工业由可能变成了现实。什么是“旧的生产关系和交往关系的基础”呢？是生产力以及对生产力的占有方式，也就是生产资料的私有制。共产主义运动旨在推翻生产资料私有制，由联合起来的个人支配生产力，从而，把资本生产力转化为劳动生产力。

在大工业基础上，资本逻辑成为生产和交往普遍性趋势的内在机制。大工业把人类从沉重体力劳动的束缚中解放出来，机器的使用解放了人的身体，人的本质力量得以现实展现。马克思在分析生产和交往普遍发展问题时，看到了生产时间尤其是必要劳动时间的减少对于资本增殖的意义，也看到了“流通时间”对于劳动生产率的制约。劳动生产率与“流通时间”成反比，“流通时间”越是减少，劳动生产率越高，“流通

① 《马克思恩格斯文集》（第1卷），北京：人民出版社2009年版，第574页。

时间”日益成为影响生产和交往普遍性趋势的关键。马克思认为，资本不断追求“把商品从一个地方转移到另一个地方所花费的时间缩减到最低限度”①，也就是缩短“流通时间”。资本主义生产方式改变了生产和交往的时空特征，资本通过“时间规划”和“空间规划”推动了生产和交往普遍性的发展。在商品生产环节，资本以“时间规划”为主导，通过生产要素城市空间集聚，提高了劳动生产率，实现了“用空间集约时间”，时间表现为目的，空间表现为手段，其结果是现代工商业城市取代了自然形成的城市。在商品交换环节，资本以“空间规划”为主导，通过世界市场的开拓，减少“流通时间”，扩大市场空间，实现了“用时间换取空间”，空间表现为目的，时间表现为手段。资本的本性是自利的、狭隘的，为了实现自身的无限增殖，它力求全面地发展生产力，从而推动新生产方式的形成。这种新生产方式的社会前提就是“生产力的自由的、无阻碍的、不断进步的和全面的发展本身”②。推动生产力的时空解放是资本增殖本性使然，但是，资本对于生产力发展成果的独占和独享却成为使自身走向瓦解的根源。因而，资本“魔法师”释放了生产力这一“魔鬼”，这一“魔鬼”现在变成了埋葬资本“魔法师”的物质力量。可见，资本与以往一切社会形式一样，必然“由于社会生产力的发展而没落”③。资本空间化完成了自己的历史使命，于是，资本便由生产力发展的形式变成了生产力发展的桎梏。资本空间必将被生产力发展所埋葬。

（二）生产力和交往的普遍性推动共同体的更替

资本家是资本的化身，资本代表着一种新生产形式。与历史上其他生产形式相比，资本的优势在于，它极大地解放和发展了社会生产力。资本主义所创造的生产力超过了以往时代所创造的生产力总和。马克思看到，在古代人那里，生产力的发展、财富的发展是推动共同体解体的力量。因而，财富被直接当做使共同体解体的东西加以抨击。随着生产力和交往的发展，那些作为共同体基础的经济条件以及与之相应的政治关系解体了。经济条件是一定社会历史时代政治共同体、文化共同体存在发展的物质基础。生产力和交往的发展造成经济条件的变化，导致经

① 《马克思恩格斯文集》（第8卷），北京：人民出版社2009年版，第169页。
② 《马克思恩格斯文集》（第8卷），北京：人民出版社2009年版，第169页。
③ 《马克思恩格斯文集》（第8卷），北京：人民出版社2009年版，第170页。

济共同体解体，进而导致与之相适应的政治共同体和文化共同体的解体。经济基础如同根脉，政治形式、意识形式如同花朵，根脉断裂则花朵枯萎。

资产阶级的共同体是狭隘的、自私的，因为，资产阶级虽然推动了生产力发展，但却独享生产力发展的成果。马克思认为，资本的狭隘性和资本生产力的狭隘发展是"生产力的狭隘的历史发展阶段的结果"①。生产力和交往的历史发展决定着共同体的历史发展，生产力和交往的狭隘性决定着共同体的狭隘性，生产力和交往的普遍性决定着共同体的普遍性。资本"使社会生产和交往得到日益普遍的发展"②，地域的、民族的狭隘性日益消除。生产力和交往的普遍发展使个人之间、民族国家之间紧密联系起来。

在前资本主义时代，社会共同体表现为"人的依赖关系"占主导地位，社会共同体处于生成阶段，此时，个体没有独立性，个体的个性主要以共同体个性的形式表现出来。人不仅按照阶级区分为不同的阶级个体，而且按照不同的共同体区分为不同的共同体个性。资本推动了生产力和交往的普遍发展，从而，为摆脱共同体的限制创造了条件。资产阶级时代的共同体表现为"以物的依赖性为基础的人的独立性"，这时，物对人的统治力量增强了，但是人对共同体的依赖性弱化了，其结果是社会共同体的异化，社会共同体内部存在着严重的阶级对立。只有在生产力和交往普遍发展的基础上，由"自由人联合体"有效控制和合理调节生产过程，才能实现生产空间正义，进而实现社会空间正义。以"自由人联合体"为基础的"真实共同体"取代了资本主义时代的"虚假共同体"，从而扬弃了共同体的异化，为每个人自由个性的全面发展开辟了广阔的空间，进而人的自由个性从贫乏走向丰富、从狭隘走向全面、从低级走向高级。

（三）生产力和交往的普遍性制约着个人的全面性

城乡之间、宗主国与殖民地、发达国家与半开化、未开化国家之间的空间断裂是社会空间非正义性的主要表现，这种社会空间非正义性不仅源于资本主义生产关系，而且源于资本主义生产力。它是生产力有了

---

① 《马克思恩格斯文集》（第8卷），北京：人民出版社2009年版，第171页。

② 万光侠、贾英健：《经济全球化进程中的价值冲突与文化建设》，长春：吉林出版社2007年版，第154页。

一定发展但又没有充分发展的产物。社会空间非正义问题的产生，不仅要归因于生产关系，即资本主义生产资料私有制，而且要归因于以大工业为代表的生产力。资产阶级把劳动生产力转变为资本生产力，把社会生产力发展的成果变成了对劳动者的统治力量。因此，实现社会空间正义必须在生产力巨大增长和高速发展基础上，由无产阶级重新掌握社会生产力。资本解放和发展了社会生产力，但是，这种解放和发展是不充分、不均衡的，表现为西方与东西、资产阶级的民族与农民的民族之间的巨大落差。这种落差为资本增殖提供了空间条件。资本逻辑的悖论在于资本的异化，即资本解放和发展了社会生产力，社会生产力反过来成为颠覆资本的力量。马克思说："资产阶级社会，现在像一个魔法师一样不能再支配自己用法术呼唤出来的魔鬼了。"① 生产力和交往普遍发展的趋势，推动民族历史走向世界历史，为个人发展的全面性奠定了基础。在世界历史的发展中，资本空间化走到了它的最高阶段和顶点，敲响了自身灭亡的丧钟。马克思恩格斯认为，"只有在现实的世界中并使用现实的手段才能实现真正的解放"，人的解放"是由工业状况、商业状况、农业状况、交往状况促成的"②。工业、商业、农业的发展以及民族交往向世界交往的飞跃，为无产阶级空间解放奠定了基础，为实现空间正义提供了条件。生产力和交往的普遍性趋势，消解了个人的地域性、片面性、狭隘性，推动了无产阶级的联合和统一。生产力和交往的全面发展决定着个人的自由全面发展。个人的自由全面发展与历史完全转变为世界历史的程度相一致。在生产力和交往普遍发展基础上，每个个人都同整个世界的物质生产和精神生产实际联系在一起，这种全面生产为个人的自由全面发展提供了条件。可见，生产力和交往的普遍性趋势是实现社会空间正义的物质基石。个人的全面性不是思想观念问题，而且是客观历史过程。马克思恩格斯认为："个人力量（关系）由于分工而转化为物的力量这一现象……只能靠个人重新驾驭这些物的力量，靠消灭分工的办法来消灭。"③ 资本推动了生产力和交往的普遍发展，这本身并没有错，问题在于资本把生产力和交往发展带来的日益强大的社会物质力量变成了劳动者的异己力量，因此，只有劳动者重新掌握这些社会物质

---

① 《马克思恩格斯文集》（第2卷），北京：人民出版社2009年版，第37页。
② 《马克思恩格斯文集》（第1卷），北京：人民出版社2009年版，第527页。
③ 《马克思恩格斯文集》（第1卷），北京：人民出版社2009年版，第570—571页。

力量，才能摆脱资本的剥削和压迫。

二、共产主义的空间革命

资产阶级极力鼓吹普遍的、永恒的空间正义观，只有打破这种虚假的幻想才能还原一个追求个体自由和社会解放的空间正义观。马克思对于社会空间正义的追求具有鲜明的主体性、历史性和实践性。为了实现社会空间正义，马克思诉诸无产阶级“改变世界”的空间革命，坚持从对资本主义社会空间的非正义批判中去发现和探索共产主义社会空间的正义。社会空间正义是一种摒弃不正义社会状态而达到应然社会制度的价值准则。社会空间正义的实现必须依靠现实的共产主义运动，它是一种社会空间正义的创建过程。资产阶级借助世界交往实现了资本空间化和空间资本化，它所建构的自由、平等、民主等空间正义原则成为资产阶级空间革命的成果。共产主义空间革命需要从两个层面展开：一个是理论战线的斗争，也就是“批判的武器”；一个是实践战线的斗争，也就是“武器的批判”。资产阶级完成空间革命的使命之后，空间革命的重任历史地落到了无产阶级肩上。共产主义空间革命旨在消灭私有制，并且同“传统的所有制关系”和“传统的观念”实行最彻底的决裂。

（一）从“批判的武器”到“武器的批判”

正义反映着无产阶级的本质和德性。资本主义社会空间的非正义是资本与劳动根本对立的体现，因而，根源在于资本雇佣劳动制度。由于劳动与资本的根本对立，所以，共产主义社会空间正义的实现必须借助暴力革命的形式，并且在无产阶级专政的条件下重建正义的社会秩序和社会关系。无产阶级为正义事业而斗争，主要从两个层面展开：一个是理论战线的斗争，也就是“批判的武器”；一个是实践战线的斗争，也就是“武器的批判”。马克思指出：“批判的武器当然不能代替武器的批判，物质力量只能用物质力量来摧毁。”① 无产阶级空间革命的成功必须坚持“批判的武器”与“武器的批判”紧密结合。

对于无产者来说，资本空间是一种异己的、强制性的社会物质力量。借助“批判的武器”虽然能够论证资本空间的非正义性，但是却不能根本改变非正义性的社会现实。因而，铲除城乡对立、国家对立、共同体

---

① 《马克思恩格斯文集》（第1卷），北京：人民出版社2009年版，第11页。

异化的实际条件必须借助“武器的批判”。马克思指出：“对于共产主义者来说，全部问题都在于使现存世界革命化。”① 虽然18、19世纪的英法思想家对资产阶级空间实践作了唯物主义的认知尝试，首次书写了市民社会史、商业史和工业史；虽然德国的青年黑格尔派一再以“喧嚣吵闹”方式批判资本空间，他们对德国现实激扬口舌、愤诛笔伐，但是，德国现实的社会空间结构并没有真正改变。因为他们不想也不愿意用共产主义空间革命的方式改造资产阶级的空间结构和空间关系，即改变资本和劳动的剥削压迫关系。马克思恩格斯认为，摧毁资产阶级空间结构的基础，发挥“武器的批判”的作用，实行共产主义空间革命，至少需要两个方面的条件：其一，“一定的生产力”，生产力的发展是冲破资本空间的物质力量，届时，资本主义私有制便由生产力发展的形式变成了生产力发展的桎梏。这是因为，社会基本矛盾是推动空间革命的根本动力；其二，资本空间生产出自身的反抗力量，包括三个方面的反抗力量：“反抗旧社会的个别条件”，即历史际遇，历史发展中的偶然因素、特殊事件，它有可能点燃革命的烽火；也可以指杰出人物的出现。“反抗旧的生活生产本身”，即代表生产力发展方向的生活方式、生产关系；“反抗旧社会所依据的‘总和活动’的革命群众”，即无产阶级及广大人民群众的觉醒与联合。因为阶级斗争是社会变革的直接杠杆。② 这里既包括时间性、空间性条件，又包括主体性条件。

“武器的批判”的目的就是彻底打碎资本对劳动的剥削和压迫关系，在劳动者共同占有生产资料基础上重建生产关系空间，完成无产阶级的空间革命。在共产主义社会的“自由王国”空间，人的劳动是非固定的、自由自觉的、多样化的。社会空间不再是统治、控制或者压迫劳动者的力量，而是他们自由全面发展的舞台。在共产主义条件下，由于私有制的消灭，劳动者和产品的异化关系和供求关系的威力得以消灭，人们将重新支配“交换、生产及他们发生相互关系的方式”③。无产阶级空间革命铲除了空间异化的社会基础，抛弃了自身一切陈腐的东西，从而真正成为人与自然结合和人与人结合的主人。共产主义作为劳动解放的空间是生产力发展的产物，是个人之间社会交往普遍发展的产物，是每

---

① 《马克思恩格斯文集》（第1卷），北京：人民出版社2009年版，第527页。
② 《马克思恩格斯文集》（第1卷），北京：人民出版社2009年版，第545页。
③ 《马克思恩格斯文集》（第1卷），北京：人民出版社2009年版，第539页。

个人自由解放和全面发展的社会条件。

（二）空间革命的主体转换：从资产者到无产者

资本家和雇佣劳动的关系是资本主义时代最鲜明、最重要的空间关系。这一空间关系是考察社会空间正义的基础。马克思指出，整个雇佣劳动制度“是建立在经营资本家和雇佣工人的这种关系上的”①。不考察这种剥削性的生产关系便无法揭示资本主义社会空间的非正义性。马克思认真审视了雇佣劳动者的社会地位和历史使命。雇佣劳动者的大量涌现对于消除和瓦解非正义的封建社会秩序意义重大。雇佣劳动大军从一开始就是资本主义社会秩序非正义因素的否定者。在资本逻辑支配下，竞争导致垄断，垄断意味着财富的集中。少数资本家控制着生产和再生产过程，他们按照自身利益最大化的原则随意支配劳动力、生产资料和商品交换。工人不知道原材料来源和产品的去向，不了解市场的变化。不合理的资源占有、生产关系、分配方式、消费方式和社会结构等都是在雇佣劳动制度的非正义空间生长出来的。随着工人阶级队伍的不断壮大和日益觉醒，他们作为重建社会空间正义秩序的力量登上世界历史舞台。在《〈黑格尔法哲学批判〉导言》中，马克思把颠覆资本空间的使命赋予了无产者。无产阶级存在的秘密就是“宣告迄今为止的世界制度的解体”②。转向经济学研究之后，马克思更是进一步解剖了资本主义雇佣劳动制度的时代进步性和历史局限性。雇佣劳动者是生产力发展的主要因素，是社会物质财富和精神财富的创造者。但是，有产者不劳而获，并由此获得了生存外观，感到自身力量的强大；劳动者劳而不获，并由此失去生存外观，感到自己非人的存在和生命的毁灭。雇佣劳动者具有反思、重建这种非正义生产关系的现实基础和思想动机。他们一旦意识到自己非人的存在，便能够奋力消除造成自己被雇佣被剥削的根源。正是因为看到了工人阶级之中蕴含改造非正义社会现实的力量，因而，马克思自觉站在了无产阶级立场，成为一个共产主义者。马克思透过资本主义社会空间非正义的现实，看到造成无产阶级悲惨生活处境的原因是雇佣劳动关系的不公正，揭示了无产阶级肩负着实现社会空间正义的主体责任。

---

① 《马克思恩格斯文集》（第3卷），北京：人民出版社2009年版，第62页。

② 《马克思恩格斯文集》（第1卷），北京：人民出版社2009年版，第17页。

资产阶级完成了空间革命的使命之后，空间革命的历史重任便落在了无产阶级身上。因为，资本空间对于无产阶级而言是非正义的，是剥削压迫他们的“牢笼”。马克思从无产阶级立场出发，科学审视了无产阶级在资本空间的社会处境，分析了资本空间非正义的根源，指出无产阶级具有空间解放的能力。为什么无产阶级能够彻底打碎雇佣劳动制度呢？其一，无产阶级现实的经济政治地位，他们普遍的受剥削受压迫，他们普遍的苦难和遭受不公正待遇等，决定了他们具有普遍解放的共同要求。资本逻辑的束缚、资产阶级的锁链是无产阶级共同的现实，无产阶级只有使整个社会一劳永逸地摆脱剥削和压迫，才能实现自身的解放并重新占有人的世界。其二，无产阶级具有普遍解放的能力。他们不需要享有任何特殊权利，他们不需要掩盖自己的阶级利益。无产阶级只有通过彻底的革命，实现人们共同占有生产工具且财富归全体社会所有，才能解放自己。其三，无产阶级日益壮大并且不断获得世界历史性规定。无产阶级的成长与现代大工业、与资本空间化、与殖民贸易等紧紧相联。由于世界交往，无产阶级悲惨的生活状况和社会处境已经成为世界历史性问题。无产阶级空间革命的历史使命就是要消灭自身的生活条件和一切现代社会非正义的生活条件。

（三）实行“两个最彻底的决裂”

共产主义革命就是要废除资本主义私有制，因为，这种私有制建立在阶级对立之上。资本主义私有制是资本剥削压迫劳动的最完备的社会形式。消灭私有制是共产主义空间革命的根本任务。只有消灭资本主义私有制才能将那些具有决定意义的生产力集中到无产阶级手中。马克思指出：“对我们说来，问题不在于改变私有制，而只在于消灭私有制，不在于掩盖阶级对立，而在于消灭阶级，不在于改良现存社会，而在于建立新社会。”① 消灭阶级、消灭国家、消灭私有制，这样一来，“人化自然空间”和“社会关系空间”才能达到空间正义的要求，这种社会空间正义的标志就是人与自然和人与人关系的和解。

在世界交往基础上，资本把对劳动的时间压迫提升为空间压迫，把对民族国家无产者的剥削压迫扩展为对全世界无产者的剥削压迫。然而，哪里有压迫哪里就有反抗。随着无产阶级的觉醒和全世界无产者的联合，

---

① 《马克思恩格斯文集》（第2卷），北京：人民出版社2009年版，第192页。

资本空间的丧钟敲响了。资本空间颠覆之后，随之而来的是国家消亡和真正人类历史的开端。在马克思看来，资本空间的非正义性源自于资本主义私有制的极端自利性、排他性。因此，实现社会空间正义就必须铲除资本主义私有制。马克思恩格斯指出，共产主义空间革命就是坚决地“同传统的所有制关系实行最彻底的决裂”和“同传统的观念实行最彻底的决裂”。① “传统的所有制关系”是指私有制关系。原始公社解体之后，人类进入阶级社会，先后经历奴隶制度、封建制度和资本制度，这种制度更替不过是以一种私有制代替另一种私有制而已。因此，“传统所有制”的共同本质是私有制。资本制度是私有制发展的顶点和最高阶段。共产主义的空间革命就是要消灭私有制。按照唯物史观，生产关系一定要适应生产力发展的要求。资本主义私有制极大地推动了社会生产力的发展，但是，资本制度不过是把劳动生产转化为资本生产力，社会生产力发展的成果被资本垄断和独享，因而造成社会空间的非正义性。实现社会空间正义，必须把劳动生产力归还给劳动者，由劳动者共享社会生产力发展的成果。为此，必须废除资本主义私有制，消灭阶级剥削和阶级压迫，消灭阶级差别与阶级对立，从而建构体现社会正义的共产主义“自由王国”。“传统的观念”是指基于私有制关系的思想上层建筑，包括一切旧思想、旧文化、旧风俗、旧习惯。共产主义空间必须要同传统的观念实行最彻底的决裂。“传统的观念”是私有制关系的反映，是为私有制服务和辩护的思想武器。“批判的武器”就是要通过理论斗争，彻底否定“传统的观念”，“武器的批判”就是要通过革命斗争，彻底铲除“传统的所有制关系”。

三、实现劳动空间正义

《德意志意识形态》是标志马克思哲学诞生的一部著作。在这部著作中，马克思恩格斯立足实践唯物主义，阐明了社会发展的时空辩证法。马克思恩格斯认为，劳动是人的对象性活动，是世界历史的基础，但是，劳动异化导致社会空间的非正义性，因而他们提出“消灭劳动”。什么是“消灭劳动”？“消灭劳动”是指消灭异化劳动，消灭“死劳动”（生产资料）的私有占有方式，从而实现自由劳动。马克思说：“逃亡农

① 《马克思恩格斯文集》（第2卷），北京：人民出版社2009年版，第52页。

奴……归根结底只是力求达到自由劳动。"① "消灭劳动"就是消灭无产者所面临的受剥削、受压迫的生存条件，就是消灭异化劳动，就是消灭导致异化劳动的资本主义私有制。共产主义空间革命的根本任务就是"消灭劳动"，就是消灭资本主义私有制操控下的劳动方式和劳动关系。各个人的社会地位及发展状况是由其阶级共同体所决定的。无产阶级受剥削、受压迫的社会地位"只有通过消灭私有制和消灭劳动本身才能消除"②。实现劳动空间正义必须摆脱资本主义私有制的空间统治，使劳动真正成为人们自由的自觉的创造对象世界的活动。

（一）用"真实的共同体"取代"虚假的共同体"

马克思恩格斯的唯物史观揭示了人类社会发展的一般规律，论证了实现共产主义"自由王国"的历史必然性和价值合理性。用"自由王国"取代"必然王国"不仅符合社会发展的基本规律，而且符合空间正义的基本要求。走向"自由王国"，必须构建"真实的共同体"。前资本主义时代的共同体把个体淹没在共同体之中，资本主义时代的共同体表现为鲜明的阶级性，由于资产阶级的国家只代表资产阶级的利益，因而是"虚假的共同体"或"冒充的共同体"。这种"虚假的共同体"是资产阶级的天堂和无产阶级的地狱，它表面上代表着全社会的利益而实质上却代表着资产阶级的利益。无产阶级的空间革命就是要颠覆非正义的资本空间，用"真实的共同体"取代"虚假的共同体"。这样，社会空间便不再是奴役、控制劳动者的外在力量，而是真正成为属人的关系、属人的空间。"真实的共同体"是个体自由全面发展的空间条件，是人们自由自觉的联合，是共同体成员的根本利益和长远利益的代表。"真实的共同体"是"个人才能获得全面发展其才能的手段"。"虚假的共同体"是"一个阶级反对另一个阶级的联合"，是被统治阶级"新的桎梏"。③ "虚假的共同体"仅代表统治阶级的狭隘利益，"真实的共同体"却代表无产阶级和广大劳动人民的共同利益和根本利益，是通过人并且为了人而对人的本质真正占有的社会形式。"真实的共同体"是无产阶级和广大劳动人民自由联合的社会形式，他们通过这种联合获得个人自由。"虚假的共同体"是资本的社会空间形式，"真实的共同体"是劳动

---

① 《马克思恩格斯文集》（第1卷），北京：人民出版社2009年版，第573页。
② 《马克思恩格斯文集》（第1卷），北京：人民出版社2009年版，第570页。
③ 《马克思恩格斯文集》（第1卷），北京：人民出版社2009年版，第571页。

的社会空间形式。

对城乡二元对立、虚幻共同体和资本全球化等问题的深刻反思，推动了马克思恩格斯社会空间正义思想的形成与发展。在《德意志意识形态》中，马克思恩格斯对乡村城市化和资本全球化等问题的实证批判研究，形成了科学的社会空间正义思想。在《共产党宣言》和《资本论》中，马克思恩格斯从科学和道德两个维度展开了对资本空间的批判。晚年，马克思恩格斯吸收了人类学研究的新成果，分析了资本主义的新变化，聚焦工业化、市场化对东方民族的影响，力图阐明东方社会空间革命的途程。马克思沿着在批判旧世界中建构新世界的思路，在深刻批判资本空间的过程中，阐明了实现劳动空间正义必须用“真实的共同体”取代“虚假的共同体”。

（二）合理调节和共同控制人与自然的物质变换

自然环境和自然资源是人类消费客体的主要来源。人靠自然界生活，因而，要求人类联合生产、合理调节人与自然的物质变换过程。马克思认为，物质生产领域是一个“必然王国”，“这个领域内的自由只能是：社会化的人，联合起来的生产者，将合理地调节他们和自然之间的物质变换，把它置于他们的共同控制之下，而不让它作为一种盲目的力量来统治自己；靠消耗最小的力量，在最无愧于和最适合于他们的人类本性的条件下来进行这种物质变换。”① 如何才能做到合理调节和有效控制人与自然的物质变换呢？马克思认为，首要条件就是使劳动者真正成为“社会化的人，联合起来的生产者”，即由劳动者联合组建的“真实的共同体”合理调节和共同控制物质生产过程。在这里，马克思从社会关系和制度保证方面揭示了合理调节和共同控制人与自然物质变换过程的途径和方法。马克思认为，在共产主义的公有制社会，谁也不是土地的所有者，甚至整个社会，一个民族，也不是土地的所有者。人类作为土地的受益者、利用者必须善待土地，把经过改良的土地传给子孙。

合理调节和共同控制人与自然的物质变换过程表达了马克思对“人化自然空间”和“社会关系空间”的正义追求。劳动力和自然力是一切财富的源泉，也是人类消费的源泉。没有自然资源，工人便什么也生产不出来。离开自然，人类便会因失去消费客体而无法生存。因此，人类

① 《马克思恩格斯文集》（第7卷），北京：人民出版社2009年版，第928—929页。

必须善待自然。马克思看到，资本不仅剥削劳动者，而且剥削土地、剥削空间，从而使人类不断丧失生存发展的权利。资本对于自然资源的巧取豪夺，危害了自然，危害了社会的可持续发展。资本盲目的掠夺欲，“使地力枯竭”，“使国家的生命力遭到根本的摧残”。① 因此，马克思恩格斯坚决主张对自然资源要适当采掘、循环利用，确保消费空间正义。然而，只有在共产主义“自由王国”的社会空间，才能真正实现劳动空间正义，到那时，生产力高度发展，旧的分工被消灭，更多的自由时间成为人们自由发展的空间，人们能够自由全面地发展自己的能力。马克思说：“劳动在一切有劳动能力的社会成员之间分配得越平均，一个社会阶层把劳动的自然必然性从自身上解脱下来并转嫁给另一个社会阶层的可能性越小，社会工作日中用于物质生产的必要部分就越小，从而用于个人的自由活动，脑力活动和社会活动的时间部分就越大。从这一方面来说，工作日的缩短的绝对界限就是劳动的普遍化。”② 在资本主义“虚假共同体”的社会空间，劳动者的全部生活时间都转化成了劳动时间，自由时间只为资产阶级所独享。只有在共产主义“真实共同体”的社会空间，随着生产力的高度发展，劳动者才能共享越来越多的自由时间，而自由时间是劳动者自由解放和全面发展的社会空间。

（三）实现从“必然王国”到“自由王国”的跨越

在《资本论》中，马克思以资本主义生产和再生产过程为线索，探讨了资本积累的空间化历史和规律，在肯定资产阶级空间革命历史贡献的同时，揭露了它的局限性、狭隘性。无产阶级的空间革命就是要消除资本空间的局限性、狭隘性，把“必然王国”推进到“自由王国”。从人类主体的社会活动领域看，大体可以分为物质生产领域和自由活动领域。物质生产领域属于“必然王国”，自由活动领域属于“自由王国”。问题的关键是在“必然王国”实现自由，也就是劳动自由或自由劳动。马克思认为，“必然王国”就是自然必然性的王国，人作为自然存在物必须依靠自然界才能生存，因而，始终必须与自然进行物质变换，但是，“必然王国”会随着人的发展而扩大。在“必然王国”彼岸，也就是非物质生产的自由活动领域，“作为目的本身的人类能力的发挥，真正的自

① 《马克思恩格斯文集》（第5卷），北京：人民出版社2009年版，第277页。
② 《马克思恩格斯文集》（第5卷），北京：人民出版社2009年版，第605页。

由王国，就开始了。”① “必然王国” 的着眼点是物质生产的发展，落脚于人的自然关系的和谐发展，“自由王国” 的着眼点是人类本身能力的发展，落脚点是人的社会关系的和谐发展。在共产主义社会，人成为自然和社会的真正主人，人与人之间是平等的，有着共同的生存发展权力，能够获得自由解放和全面发展的条件。

“必然王国” 意味着人的自然关系和社会关系作为一种盲目的必然性，表现为奴役和压迫人的自然力量和社会力量，人处于受盲目必然性的支配状态；“自由王国” 意味着人成为自然关系的自觉主人和社会关系的自觉主人，人摆脱了盲目必然性的奴役状态。在 “必然王国”，主体受客体支配，也就是劳动受资本支配，表现着资本空间的非正义性；在 “自由王国”，客体受主体支配，劳动摆脱资本支配获得解放，表现着劳动空间的正义性。“自由王国” 建立在 “必然王国” 之上，即以高度发达的生产力为物质基础，它 “消灭一切不公正的社会现象，追求人的彻底解放”②。“自由王国” 是自然空间正义与社会空间正义的统一。

资产阶级的空间革命极大地改变了人与自然之间的物质变换效率，实现了 “必然王国” 的解放，构建了 “以物的依赖性为基础的人的独立性” 的社会空间，彰显了资本的伟大文明作用。资本的伟大文明作用在于它征服了劳动，使资本空间获得了巨大发展，实现了社会物质变换的普遍化，形成了全面的关系、需要和能力体系，但是，资本空间却作为一种异己力量与劳动者相对立。“自由王国” 的本质是劳动空间解放，它以生产力和交往的普遍化为基础，以无产阶级空间革命为前提，由 “自由人联合体” 合理调节和共同控制物质变换过程，在生产力高度发展基础上，物质财富充分涌流，劳动空间成为人们自由自觉地表现生命力量的舞台。

总之，面对资本积累空间化造成了空间非正义现实，马克思从 “改变世界” 的立场出发，探讨了通过无产阶级空间革命实现社会空间正义的现实道路。资本空间化的悖论在于，资本空间革命解放和发展了生产力和交往关系，而生产力和交往普遍发展又反过来成为终结资本空间的物质力量。马克思用 “魔法师” 创造了 “魔鬼”，“魔鬼” 反过来危害 “魔法师” 的生动比喻说明了这一悖论。资本空间的非正义性的根源在

---

① 《马克思恩格斯文集》（第 7 卷），北京：人民出版社 2009 年版，第 929 页。
② 张康之：《合作的社会及其治理》，上海：上海人民出版社 2014 年版，第 222 页。

于资本与劳动关系的异化，即资本的空间生产创造了不劳而获的资本家和劳而不获的无产者。无产阶级将取代资产阶级成为空间革命的主体力量，担负起埋葬资本空间、解放劳动空间的使命。无产阶级空间革命必须坚持“批判的武器”和“武器的批判”相统一的原则，在无产阶级革命和专政的条件下用“真实的共同体”取代“虚假的共同体”。借助“真实的共同体”合理调节和有效控制人与自然之间的物质变换过程，实现从“必然王国”到“自由王国”的飞跃。“自由王国”的本质是劳动空间解放，它以生产力和交往的普遍化为基础，以无产阶级空间革命为前提，由“自由人联合体”合理调节和共同控制物质变换过程，它消灭了劳动异化，劳动空间成为人们自由自觉地表现生命力量的舞台。“自由王国”实现了“自然空间正义”和“社会空间正义”的统一，“自由王国”为每个人的自由解放和全面发展开辟了广阔的空间。

结语　马克思空间哲学的当代出场

哲学是时代精神的精华。任何哲学的产生都必然从它所处历史时代汲取实践智慧。马克思空间哲学是反思19世纪资本主义大工业建构世界历史空间的理论成果。马克思对社会空间的实践本质以及空间生产一般规律的把握，不仅为我们提供了解释社会空间问题的立场观点，而且为当今时代人类社会的空间实践贡献了科学的理论方法。马克思空间哲学的旨趣是"解释世界"与"改变世界"的统一。马克思空间哲学的立足点是现实的人和现实的世界。提出和诠释马克思空间哲学旨在掌握和拓展空间问题研究领域的马克思主义话语权，推进马克思空间哲学的中国化。当我们从马克思空间哲学视角考察现实生活世界的时候，呈现在我们面前的是现代化进程中的城市化运动和全球化浪潮。城市化运动和全球化浪潮把空间问题凸显出来。于是，列斐伏尔提出的"空间生产"范畴得到推捧，"空间转向"得到热议，马克思空间哲学的光芒在一定程度上被遮蔽。然而，社会空间的问题域是当年马克思始终聚焦和思考的重要内容之一。马克思空间哲学拥有通向现代空间实践的出场路径，包括回应西方"空间转向"的理论出场方式和破解现实"空间问题"的实践出场方式。

第一节　回应西方"空间转向"的理论出场方式

"空间转向"是继文化学、语言学、后现代等转向后一道亮丽的理论风景。20世纪60—70年代，面对新全球化浪潮和城市化运动，西方哲学社会科学聚焦空间实践、重释空间范畴，形成了"空间转向"的理论思潮。基于与马克思主义的关系，占据领军地位的"空间转向"理论家大体分为两类：一类是新马克思主义空间理论家，包括列斐伏尔、哈维、詹姆逊等，他们具有“明确的马克思主义倾向”；另一类是西方马克思主义空间理论家，包括苏贾、卡斯特等，他们“与马克思主义有相关性、对马克思主义的理论体系较熟悉”。①“空间转向”理论家与马克思主义学说存在或继承、或反思、或批判的关系。他们强调马克思主义与时代发展的结合，强调重视空间问题，这是我们完全赞同的，但是，他们对马克思主义哲学、政治经济学和科学社会主义的背离倾向，这是我们坚决反对的。为此，需要结合“空间转向”理论家的具体观点进行全面分析。建构马克思空间哲学的重要使命之一就是回应西方“空间转向”的挑战，创新马克思哲学的当代出场方式，捍卫马克思哲学、政治经济学和科学社会主义的立场、观点和方法，推进马克思主义中国化、时代化和大众化。

一、坚持辩证唯物主义和历史唯物主义的马克思空间哲学出场方式

“空间转向”是对 20 世纪 60—70 年代全球化浪潮和城市化运动的理论反思。“空间转向”理论家对马克思空间哲学贬多褒少，但在空间问题上却始终无法绕开马克思的“幽灵”，空间是他们聚焦反思的突出亮点。“空间转向”的重要代表人物列斐伏尔、哈维、苏贾等从不同角度诠释空间问题，试图把空间作为积极元素和现实问题给予嵌入，进而激活“空间”概念，重建空间哲学体系，这对彰显马克思哲学当代价值、创新马克思哲学出场方式等发挥了重要作用。“空间转向”理论家的立论前提是矫正传统西方哲学对于时间的偏好，即时间优先空间的叙事逻辑，他们把马克思与康德、黑格尔、卢卡奇等一并归于贬抑空间的反空间主义者，否定了马克思哲学的革命性，遮蔽了马克思对空间问题的致思。“空间转向”引发了人们对空间问题的思考，但也存在偏离马克思主义哲学的倾向。为此，必须在回应西方“空间转向”中推进马克思空间哲学的当代出场，旗帜鲜明地坚持和发展马克思主义哲学。

（一）“空间转向”理论家对马克思反空间主义的指认

“问题—求解”是理论创新和理论发展的基本方式之一。“空间转

① 李春敏：《马克思的社会空间理论研究》，上海：上海人民出版社 2012 年版，第 278 页。

向”既与“时空压缩”“空间生产”等新现象、新问题的出现有关，又与传统空间理论的现代性批判域限有关。“空间转向”这一范畴的最早提出者、后现代地理学倡导者苏贾指出，清除马克思的反空间主义影响，应对马克思主义进行“批判性的重构”，以便包容显著且重要的空间问题，寻求空间与社会之间更灵活、更辩证的关系。① 苏贾认为，黑格尔“传播了一种强烈的空间主义本体论和现象学”，马克思因为“背离了黑格尔而陷入了一种‘反空间主义’”，社会批判理论家秉持了反空间主义传统，如卢卡奇“最为严密地整理”了反空间主义。② 哈维从黑格尔和马克思那里挖掘反空间主义根源。他认为，黑格尔和马克思提供的是“特殊样式的时间过程而不是最终的空间形式”③，亚当·斯密、马克思和韦伯建构的社会理论，“倾向于将时间置于空间之上”，后继地理学家“重新引介空间的概念”，把空间作为理解社会过程核心。④ “空间转向”理论家指认，马克思以及社会批判理论传统存在“反空间主义”倾向，因而难以胜任对现实空间问题的破解，需要由他们另起炉灶重建空间批判理论。

那么，马克思及其后继者是否存在空间批判传统呢？“空间转向”理论家的指认是否有充分的理由呢？实际上，苏贾和哈维对黑格尔的指认就是矛盾的，苏贾认为黑格尔是空间主义者，是空间主义的先驱。哈维认为黑格尔是反空间主义者。他们都认为，马克思虽然剖析了西方都市文明，但没有预见到都市化的惊人发展，对空间的重要性关注度不高，属于重视过程、时间优先的理论方法。列斐伏尔认为，马克思的学说“拘泥于历史的真实性和历史的时间”，因而属于偏重“时间结构”的理论方法。⑤ “空间转向”理论家把马克思与黑格尔、卢卡奇以及第二国际教条主义理论家等捆扎一起且作为反空间主义的靶子，我们是不能接受的。马克思的辩证法与黑格尔、卢卡奇的辩证法具有本质差别。黑格尔

---

① 〔美〕爱德华·W. 苏贾：《后现代地理学——重申批判社会理论中的空间》，王文斌译，北京：商务印书馆2004年版，第91页。

② 〔美〕爱德华·W. 苏贾：《后现代地理学——重申批判社会理论中的空间》，王文斌译，北京：商务印书馆2004年版，第132页。

③ 〔美〕哈维：《希望的空间》，胡大平译，南京：南京大学出版社2006年版，第167页。

④ 〔美〕哈维：《时空之间——关于地理学想象的反思》，见包亚明：《现代性与空间的生产》，上海：上海教育出版社2003年版，第396页。

⑤ 〔美〕苏贾：《后现代地理学——重申批判社会理论中的空间》，王文斌译，北京：商务印书馆2004年版，第67页。

虽有宏大的历史感，但并不是完全的历史主义，他的“绝对精神”主体经历了从东方到西方的空间发展过程，他的总体性辩证法包含横向社会空间和纵向历史时间。卢卡奇的总体性辩证法则只剩“纵向”和“历时”了。[①] 马克思在《1844年经济学哲学手稿》中的辩证法与卢卡奇的辩证法基本相同，其共性是将时间性的历史进程视为根本。在《德意志意识形态》中，马克思恩格斯坚持科学主义和人本主义的统一，坚持实践唯物主义的时空辩证法，走向了实证的历史科学。在《资本论》中，马克思恩格斯建构了独特的科学逻辑，在那里，感性的时空“被超时空的逻辑关系所取代”[②]，因此，在《资本论》及其手稿中，马克思恩格斯绝不是反空间主义，相反，是对空间性科学逻辑的优先确认，是一种辩证唯物主义和历史唯物主义的时空观。

（二）“空间转向”理论家对马克思哲学批判的重释与偏离

在全球化浪潮和城市化运动中出现的“时空压缩”“空间生产”“权力空间”等现象，表明空间在现实生活世界具有了更加重要的意义。“空间转向”理论家通过重新“解释世界”的方式开创了马克思主义空间批判的理论传统。然而，当他们把马克思指认为重视时间、忽视空间的反空间主义者时，便意味着对马克思辩证唯物主义和历史唯物主义时空观的误读和偏离。

列斐伏尔是最早对社会空间问题和马克思空间哲学进行理论反思的马克思主义者。《空间的生产》是列斐伏尔进行社会空间分析的代表作。列斐伏尔把社会空间分析的理论范式用于微观层面的日常生活研究、中观层面的都市化研究和宏观层面的全球化研究，扩大了社会空间研究的理论视野。在列斐伏尔的努力下，马克思资本批判的空间向度引起了人们的重视，并且成为当代资本主义批判的重要视角。苏贾称赞列斐伏尔是“富有原创性和最杰出的历史地理唯物主义者”[③]，虽然列斐伏尔最被人误解和最不被人了解，但他的空间致思直接影响了萨特、阿尔都塞、

---

① 杰马丁：《马克思主义与总体性》（英文版），美国加利福尼亚大学出版社1984年版，第26页。

② 王南湜：《解释“时空压缩”现象需要“空间转向”吗？——一种基于扩展马克思剩余价值论的透视》，载《学习与探索》，2015年第1期，第4—5页。

③ 爱德华·W. 苏贾：《后现代地理学——重申批判社会理论中的空间》，王文斌译，北京：商务印书馆2007年版，第42页。

福柯、普兰扎斯、吉登斯、哈维、詹姆逊等人，他的著作“凸显了空间在社会关系中的作用”①。正是这一点使人们意识到，空间是重新观察和重新发现社会关系本质和社会形态变化的重要窗口。

列斐伏尔在《空间的生产》中，区别了“空间中的生产”和“空间的生产”（空间本身的生产）。他认为，马克思恩格斯的空间致思主要是在“空间中的生产”层面阐明了任何人类社会生产都必须依托的空间条件。作为物质生产的空间条件，突出的是空间的物理意义，空间担当着物质生产的器皿和媒介作用。“空间的生产”则是列斐伏尔的原创思想，它是指“空间本身的生产”。对于“空间中的生产”而言，空间扮演着“配角”，对于“空间的生产”而言，空间扮演着“主角”。列斐伏尔认为，随着全球化浪潮和城市化运动的突飞猛进，人类的空间实践实现了从传统“空间中的生产”向现代“空间的生产”的跨越。他对“空间的生产”的系统揭示，拉开了“空间转向”的序幕。列斐伏尔把空间分析与全球化、城市化和日常生活结合起来，开辟了资本空间批判的新视野。他认为，马克思更加看重资本主义生产的自然空间展开，即“生产场所的综合和各种市场的地盘”②。20世纪下半叶，资本主义国家以其空间占有的优先性，支配和主导着国际社会经济政治关系的生产和再生产，最终导致日常生活的支离破碎。究其根源在于资本主义空间生产受资本逻辑的支配，以占有和掠夺空间为目的，其结果就是导致社会空间的异化。“空间中的生产”向“空间的生产”转变推动着空间生产时代的到来。空间生产的旨趣在于把空间的平衡与发展作为生产的根本目的。列斐伏尔区分了“空间中的生产”和“空间的生产”，前者强调“空间”的手段价值，后者强调“空间”的目的价值。实际上，从马克思辩证唯物主义和历史唯物主义的立场出发，“空间中的生产”和“空间的生产”是不可分割的，在任何时代，空间既作为生产手段存在，又作为生产目的存在。空间是物质运动的存在方式，离开物质生产来谈论空间生产必然陷入纯粹的抽象。列斐伏尔把马克思的物质生产归结为“空间中的生产”，实质是割裂了“空间”和“生产”的关系，把“空间”看成了“生产”的外在条件。列斐伏尔用“空间生产”取代马克思“物质生产”，一定程度地导致了对马克思空间哲学的偏离。

---

① Andrzej Zieleniec, *Space and Social Theory*, London: SAGE Publications 2007, p. 93.

② 衣俊卿:《20世纪新马克思主义》，北京：中央编译出版社2012年版，第439页。

（三）“空间转向”与马克思空间哲学的出场

对马克思空间哲学的重释和发展必须依据资本主义历史事实和当代经验。“空间转向”理论家是这种重释和发展的有益尝试。马克思空间哲学的当代出场必须以坚持马克思主义的理论立场和理论方向为前提，放弃理论立场和偏离理论方向的实质是打着发展马克思哲学的旗号对马克思哲学的背离，对此，必须给予高度警惕和坚决反对。在“空间转向”论域谈马克思空间哲学的出场方式，必须对列斐伏尔的“空间生产”、哈维的“历史地理唯物主义”、苏贾的“后现代地理学”、福柯的“权力空间”等给予辩证分析。他们在激进批判的元理论建设中提出了许多有益构想，为现代性批判打开了广阔视野，在一定程度上扩大了马克思空间哲学的分析视角和解释域限，在拓展空间视角和突出空间主题方面做出了有益探索。

对于“空间转向”讨论最多的当属列斐伏尔的“空间生产”和哈维的“历史地理唯物主义”。他们面对全球社会的空间化挑战，回归和反思哲学社会科学的历史叙事，突然“发现”历史唯物主义存在一个“时间优先于空间的偏好”，于是，弥补这样一个缺失的知识维度成为“空间转向”理论家现代性反思批判的基本路向。特别是马克思的历史唯物主义，面临被替代或被“升级”为“历史地理唯物主义”的窘境。实际上，马克思空间哲学的当代出场，一方面，需要关注“空间转向”理论家立场观点的辨识、分析和批判，另一方面，需要对“空间转向”理论家所反思的现代资本主义生产方式空间化给予马克思主义的解释。空间化是现代生产方式运动“早已采纳的策略”①。当年马克思“用时间消灭空间”的命题便是对现代生产方式空间化的识别与解读。20 世纪 60—70 年代，资本主义生产方式空间化运动呈现出与马克思时代不同的新特征，因而呼唤一种空间化的理论思维给予识别与解读。这是马克思历史唯物主义的空间化际遇，需要以一种坚持和发展马克思主义哲学的姿态展开现实空间问题的研究。“空间转向”就是在这样的背景下出现的。例如：哈维对“时空压缩”类新现象的重视，他的“时空压缩”概念反映了后现代资本主义的状况，在当代产生了重要影响。“时空压缩”是最近 20

---

① 胡大平：《社会批判理论之空间转向与历史唯物主义的空间化》，载《江海学刊》，2007 年第 2 期，第 35 页。

年人们经历的“紧张阶段”，“时空压缩”对政治经济活动、阶级力量平衡和社会文化生活产生了令人迷惑的破坏性影响。① 没有与时俱进的时空观念便无法把握资本主义的新变化。“时空压缩”便是对资本主义空间运动新变化的深刻揭示。在空间崛起时代，空间发展比时间发展带给我们更多的世界经验。“时空压缩”是资本逻辑主导全球化运动造成的，同时，交通运输工具和通讯手段的革命，也使地区之间、国家之间的距离“被戏剧性地压缩”②，但是，“时空压缩”并非技术的单方面致因，而是“整体的资本主义经济体系的一种涌现性特征”③。问题在于，马克思的辩证唯物主义和历史唯物主义是否对“时空压缩”类现象、空间生产等问题具有充分的解释力？回答是肯定的。既然马克思辩证唯物主义和历史唯物主义对“时空压缩”类现象、空间生产等问题具有充分解释力，那么，便没有把历史唯物主义“升级”为“历史地理唯物主义”的必要。

二、捍卫剩余价值学说的马克思政治经济学出场方式

马克思政治经济学批判的要义是追求经济的“政治和哲学的实现”④。马克思政治经济学的内在精神包括两个方面，即批判精神和建设精神。马克思政治经济学重在批判“旧世界”中发现“新世界”。一方面，是对“旧世界”、对资本主义生产方式的批判；另一方面，是对“新世界”的建设，对于我们而言就是如何建设中国特色社会主义的问题。实现马克思政治经济学的当代出场，必须妥善解决“劳动与资本的关系”“效率与公平的关系”“市场与政府的关系”“经济自由与法的关系”“经济制度与政治制度的对接关系”等问题。⑤ 坚持与发展的辩证统一是我们对待马克思政治经济学的正确态度。对于马克思政治经济学不

---

① 〔美〕戴维·哈维：《后现代的状况——对文化变迁之缘起的探究》，阎嘉译，北京：商务印书馆2003年版，第391页。

② 〔英〕约翰·厄里（John Urry）：《全球复杂性》，李冠福译，北京：北京师范大学出版社2009年版，第2页。

③ 〔英〕约翰·厄里：《全球复杂性》，李冠福译，北京：北京师范大学出版社2009年版，第5页。

④ 张雄：《政治经济学批判：追求经济的“政治和哲学实现”》，载《中国社会科学》，2015年第1期，第4页。

⑤ 张雄：《构建当代中国马克思主义政治经济学的哲学思考》，载《马克思主义与现实》，2016年第3期，第6—7页。

仅要“照着讲”，而且要“接着讲”，在坚持中发展、在发展中坚持。“空间转向”理论家虽然提出了一些对我们有启发意义的观点，但是，他们对马克思政治经济学立场、观点和方法的偏离，极易成为“马克思主义过时论”的口实，对此我们必须予以澄清和坚决反对。

（一）“空间转向”理论家对马克思“人体解剖”方法的误读

《资本论》及其手稿是马克思对资本主义生产方式“人体解剖”的典范，但是，“空间转向”理论家把《资本论》及其手稿诠释为反空间主义。《资本论》及其手稿中的“人体解剖”方法是辩证唯物主义和历史唯物主义，然而，“空间转向”理论家对马克思辩证法的误读导致对“人体解剖”方法的误读，马克思对黑格尔辩证法的改造被他们错误地理解为简单的颠倒。实际上，马克思对黑格尔辩证法的改造首先是使之适应科学逻辑。马克思辩证法对社会有机体的总体把握，表现为从具体到抽象，再由抽象到具体的进程，不仅表现为时间进程的历史意义，更是表现为共时存在的空间逻辑。马克思辩证法之所以被误读，与它运用于政治经济学研究有关。辩证法原本属于德国古典哲学的思辨方法，马克思第一次把辩证法用于实证科学研究。然而，要把辩证法从思辨天国引向现实大地，必须把思辨的历史哲学提升为批判的历史科学，实现科学要求的概念确定性与思辨要求的概念可变性的统一。为此，马克思把黑格尔绝对理念的无限整体性改造成为物质生产的有限整体性，把人类历史理解为物质生产方式的发展史，把人类社会的历史阶段理解为物质生产方式的整体性。这样，一定社会历史阶段的物质生产方式就可以看作是没有历时性、只有共时性的社会空间结构。马克思在《资本论》中谈到政治经济学方法时认为，经济范畴的次序是“由它们在现代资产阶级社会中的相互关系决定的”①。要真正揭示现代资产阶级社会内部的结构必须坚持逻辑与历史的统一。在科学体系中，现实生活变成了共时性逻辑体系，各个范畴是通过对现实生产方式的反思抽象出来的，是根据它们在现代资产阶级社会中的相互关系来安排的。这样，马克思辩证法便具有了这样的特质：其一，各个范畴的排列次序没有历时过程的意义，而是基于“现代资产阶级社会中的相互关系”的逻辑结构；其二，这些范畴从抽象上升到具体的过程是思维掌握具体并且将其再现的方式。思

① 《马克思恩格斯文集》（第8卷），北京：人民出版社2009年版，第32页。

想具体是把直观和表象加工成概念这一过程的产物。马克思把自己改造的辩证法用于政治经济学研究时提出："全部著作分成六个分册：1. 资本（包括一些绪论性的章节）；2. 土地所有制；3. 雇佣劳动；4. 国家；5. 国际贸易；6. 世界市场。"① 虽然马克思揭示资本主义具体本质的旨趣始终如一，但要把经验材料提升到思想具体层面，面临诸多困难，这迫使马克思多次缩减工作目标。把握世界市场的总体性是马克思最后的理论目标，离开对世界市场的具体揭示便不能完成对资本主义的批判。在马克思看来，一方面，"世界市场是资本主义生产方式的基础和生活环境"②，另一方面，世界市场又是资本空间化扩张的界限。苏贾认为，马克思原本计划在《资本论》中"探讨世界贸易和资本主义的地理扩张……由于这些来源的缺失……已发表的卷本中所出现的基本上是呈无空间和封闭体系的理论阐述"，"缺少有意义的空间区分"。③ 由于不理解马克思从抽象上升到具体的辩证法，所以苏贾无法看清马克思《资本论》及其手稿中关于空间哲学的理论元素，无法从马克思那里获得空间问题反思的智慧，导致对现实空间问题的表层解读。

（二）"空间转向"理论家对马克思政治经济学批判的偏离

剩余价值学说是马克思的两个伟大理论贡献之一。马克思政治经济学批判的灵魂是对资本家无偿占有工人剩余价值的揭露与批判。"空间转向"理论家聚焦资本主义生产方式的社会空间批判，在一定程度上偏离了马克思政治经济学批判的轨道。"空间转向"理论家指责马克思政治经济学批判的乏力与失效，试图通过构建空间政治经济学来重构马克思政治经济学的努力偏离了剩余价值学说。马克思的剩余价值学说不仅揭露了资本家无偿占有工人剩余劳动时间的秘密，而且揭露了资本家空间剥夺的秘密。因为资本家不仅剥削工人，而且不放过任何所有者。大资本家对中小资本家的剥夺可能是更快捷、更高效的资本空间化积累方式。资本空间的两极对立正是通过这种"大鱼吃小鱼"的恶性竞争实现的。剥削的实现根源于资本家对劳动者和其他所有者的"差别性优势"：一是全体资本家对全体工人的优势；二是某一国内资本主义生产方式对非

---

① 《马克思恩格斯文集》（第10卷），北京：人民出版社2009年版，第150页。

② 《马克思恩格斯文集》（第7卷），北京：人民出版社2009年版，第126页。

③ 〔美〕苏贾：《后现代地理学——重申批判社会理论中的空间》，王文斌译，商务印书馆2004年版，第130、134页。

资本主义生产方式的优势；三是某一国内采用更先进技术的资本家对其他资本家的优势；四是采取资本主义生产方式的国家对其他国家的优势；五是发达资本主义对不发达资本主义国家的优势。[①] 其中，第一点是资本主义生产方式的基石，第二至五点随历史条件而变化。在资本主义发展初期，主要是资本主义生产方式对非资本主义生产方式的优势，并具体表现为“乡村城市化”进程，借此资产阶级取得了政治经济统治地位。之后，主要表现为采用新技术的资本家对其他资本家的优势。当资本主义生产方式占据统治地位后，土地等成为公共的生产资料，这时资本的空间剥夺获得了新形式。资本空间剥夺的主要对象变成了剥削许多工人的资本家了。这种剥夺是通过“资本的集中进行的”[②]。在开辟世界市场过程中，全球范围资本主义与非资本主义的“差别性优势”更为突出，借此，资产阶级按照自己的样子重塑了整个世界。最初，落后国家只是作为西方资本主义国家的原料产地和商品市场。伴随殖民地解放运动的发展，全球社会空间转变为发达资本主义对不发达资本主义国家的优势，这成为资本主义生产方式存续发展的重要条件。马克思看到，资本主义生产方式不仅具有不断改造生产工具的“强制进步”趋势，而且总是“力求摧毁交往即交换的一切地方限制，征服整个地球作为它的市场”[③]。马克思“用时间去消灭空间”的思想，深刻揭示了资本主义生产方式的时空辩证法，为破解“时空压缩”“空间生产”等现象提供了重要的理论方法。《资本论》及其手稿对实现剩余价值时空条件的阐释揭示了资本运动的时空辩证法，对“时空压缩”“空间生产”等现象仍然具有足够且深刻的解释力。马克思从“感性具体”的商品出发，对资本主义商品生产和商品交换进行分析，商品生产和商品交换是具有抽象本质的规定性，它们借助世界市场体系不断突破时空界限，最终达到作为理性具体的世界市场描述。

（三）“空间转向”与马克思政治经济学的出场方式

“空间转向”与马克思政治经济学批判具有深层关联。习近平强调：

---

① 王南湜：《解释“时空压缩”现象需要“空间转向”吗？——一种基于扩展马克思剩余价值论的透视》，载《学习与探索》，2015年第1期，第10页。

② 《马克思恩格斯文集》（第5卷），北京：人民出版社2009年版，第874页。

③ 《马克思恩格斯文集》（第8卷），北京：人民出版社2009年版，第169页。

“马克思主义政治经济学是马克思主义的重要组成部分。”① 马克思政治经济学的主要内容是对资本空间的“人体解剖”以及对资本家剥削工人秘密的揭示。这个秘密实际上包含两个方面的内涵：一是时间剥夺，即对工人剩余劳动时间的无偿占有，它体现了资本家剥削工人的实质；二是空间剥夺，即对工人剩余价值的无偿占有，它体现为工人生存发展条件的丧失。资本家对工人的剥削是通过建立资本主义生产方式实现的。资本主义生产和再生产的无限性体现为不断挑战工人生命时间的极限和生命空间的边界。

“空间转向”理论家的旨趣是批判传统社会历史认知方法，纠正“历史叙事之时间相对于空间的优先性偏好”②。实际上，马克思揭示的资本主义生产方式“用时间消灭空间”策略是“空间转向”理论家作为“时间偏好性的论据”。③ 从资本追求无限增殖的本性看，“用时间消灭空间”包含着更为丰富、更加具体的内涵，这里，“时间”降低为手段，“空间”上升为目的，是一种“时间剥夺”向“空间剥夺”的提升策略。在马克思生活的时代，资本魔掌已经开始伸向世界，但是资本运动的内在界限及其超越路径并不是破题的关隘。西方国家的空间扩张在彰显资本伟大文明作用的同时，遮蔽了资本“空间剥夺”的本质。马克思对资本家剥削工人剩余劳动时间的揭示成为鼓动无产阶级革命的理论武器，这是马克思把政治经济学批判重点置于“时间剥夺”的现实依据，但这并不意味着马克思忽视对“空间剥夺”的批判。“时间剥夺”对资本主义生产方式的批判更直接，“空间剥夺”对资本主义生产方式的批判更深刻。因为“空间剥夺”更能揭露资本的贪婪本性。

从 19 世纪末到 20 世纪初，美国逐步成为第二次工业革命的中心，伴随美国的崛起和“太平洋时代”的到来，资本主义世界市场最终形成。20 世纪 60—70 年代以来，西方哲学社会科学理论家重新审视全球化浪潮和城市化运动，“空间”的意义似乎被他们重新发现。列斐伏尔、哈维等力图摆脱空间的次生性、依附性理论分析视角，把“空间”理解

---

① 《十八大以来重要文献选编》（下），北京：中央文献出版社 2018 年版，第 1 页。

② 胡大平：《“空间转向”与社会理论的激进化》，载《学习与探索》，2012 年第 5 期，第 16 页。

③ 林密：《空间转向与马克思政治经济学批判的空间化》，载《江西社会科学》，2017 年第 9 期，第 51 页。

为资本主义生产方式最为本质的东西，理解为马克思主义理论所缺失的东西。列斐伏尔阐释了“空间生产”理论，哈维提出了“历史地理唯物主义”。由此，马克思“政治经济学中的空间批判也就转化为空间政治经济学批判”①，转化为对“空间生产”“空间剥夺”的批判。列斐伏尔认为，“空间的生产”是资本主义生产的新阶段，资本主义生产方式幸存、繁荣的秘密是“通过占有空间，通过生产空间”②。马克思政治经济学批判的内核是揭示了资本主义关系的生产和再生产规律。列斐伏尔把马克思的物质生产本体论“升级”为空间生产本体论，推动了马克思政治经济学的“空间转向”。马克思政治经济学的“空间转向”既有现实面向，又有理论致思，对于新时代发展马克思主义政治经济学具有重要启发。但是，对于这种“空间转向”必须保持高度的警惕。马克思空间哲学在回应西方“空间转向”中的理论出场时，必须坚持把马克思实践唯物主义的社会空间观贯穿于马克思政治经济学，坚守马克思政治经济学批判的灵魂，即对资本主义剩余价值生产本质的揭露和批判。无论是资本主义时间生产方式，还是资本主义空间生产方式的指认，都不能否定资本主义的剩余价值生产。捍卫剩余价值学说的出场方式是保持马克思政治经济学批判锋芒的关键所在。

三、守望自由人联合体的科学社会主义出场方式

马克思用于实证科学的辩证法是深层解读“空间生产”“时空压缩”等现象的理论方法。马克思运用辩证唯物主义和历史唯物主义对资本主义社会有机体进行全方位全过程“人体解剖”，坚持了“感性具体—抽象本质—理性具体”的辩证方法。具有总体性空间表象的世界市场已经成为马克思生活时代所面对的“感性具体”。世界市场是人类空间生产和空间交往的打开方式，是马克思恩格斯诠释人的自由解放和全面发展的历史前提和重要维度。马克思恩格斯从吃喝住穿等人类的直接性空间消费出发，阐明了空间是人的存在方式。资本主义工业文明的发展推动了城市化和全球化的持续发展，同时，也为埋葬资本制度准备了世界历

① 林密：《空间转向与马克思政治经济学批判的空间化》，载《江西社会科学》，2017年第9期，第52页。

② Henri Lefebvre, *The Survival of Capitalism*, *Reproduction of the Relations of production*, Trans by Frank Bryant, London: Allison & Busby, 1978, p. 70.

史性的空间墓穴。西方“空间转向”理论家继承了马克思空间批判传统，但是，由于他们找不到“改变世界”的现实道路，只有通过“乌托邦”幻想来终结资本制度。列斐伏尔在对资本主义空间生产批判基础上提出“都市社会的乌托邦”，哈维在揭露和批判资本主义“时空压缩”等现象基础上提出“辩证时空的乌托邦”。他们的空间批判创新了马克思主义在当代的出场方式，却偏离了马克思恩格斯科学社会主义的理论轨道，弱化了马克思空间批判的科学性和彻底性。

（一）“都市社会的乌托邦”对资本主义工业文明的批判

马克思通过对资本主义的“人体解剖”，揭露了资本空间化造成西方与东方“中心—边缘”的两极化、剥夺性空间结构。这种全球空间结构奠定了资本空间剥夺的世界市场基础。资本通过全球空间扩展来缓解生产过剩以及经济危机的方式，“不过是资产阶级准备更全面更猛烈的危机的办法，不过是使防止危机的手段越来越少的办法。”① 因此，世界市场的空间域限是资本主义空间生产的界限。马克思恩格斯所追求的共产主义事业是以生产和交往的世界性为前提的，是以世界市场的发展为基础的。马克思恩格斯科学社会主义和共产主义事业与世界地理空间联系在一起，离开全球空间视域便不能准确把握科学社会主义。“空间转向”理论家出场的20世纪60—70年代，科学技术和生产力飞速发展，全球化出现新特征。列斐伏尔的“空间生产”概念，创造性地揭示了生产和交往的世界地理历史特征。他认为，应当从历史唯物主义理论框架去把握城市以及随之而来的城市总问题，阐明马克思恩格斯从哲学视域把握未来理想社会的方式；当今世界的二重化是都市社会内部矛盾的地理表现，资本主义全球化的秘密在于城市化。然而，列斐伏尔并没有遵循马克思恩格斯批判城市社会（市民社会）建构人类未来理想社会的理论进路。马克思恩格斯认为，城市化的内在动力是工业化，城市化是工业化的场景。列斐伏尔认为，马克思生活的时代，资本主义工业文明超越了封建时代的农业文明，20世纪60—70年代开始，人类处于由工业文明向都市社会的跨越阶段。在都市社会，城市问题是世界范围区域不平衡发展的集中表现，是全球性的世界现象。因此，应当从哲学的理论高度“考察所谓的工业社会到都市社会的转型（或革命）”，只有这样我们才

① 《马克思恩格斯文集》（第2卷），北京：人民出版社2009年版，第37页。

能抓住“真实的总问题”。[①] 列斐伏尔试图运用历史唯物主义方法重新勾勒城市空间的历史图景以及未来“城市社会的乌托邦”愿景。他在《都市革命》中认为，都市革命是一个漫长的历史变迁过程，其未来趋势和结果是社会的完全都市化，城市将成为整体社会的构成性中心，都市化运动表现为“内爆”与“外爆”的辩证运动。“内爆”是人口、信息和生产要素在城市的聚集效应；“外爆”是城市爆炸的辐射效应，产生郊区、卫星城市、度假村等多样化城市“碎片”。随着城市社会的发展，政治社会淹没在市民社会之中，造成马克思恩格斯所说的“国家消亡”景象。在工业文明时代，工业化主导城市化；在都市社会时代，工业化服务城市化。都市社会将为人们提供一个自由栖居和全面发展的空间，它不再是同质化的“同位空间”，而是差异性、丰富性的“异位空间”，它不是乌托邦的幻想，而是真实的都市发展实践。列斐伏尔认为，我们接受和发展傅立叶、马克思的乌托邦理念，是因为现实社会内含乌托邦要素。马克思立足资本主义社会基本矛盾阐明了共产主义理想和无产阶级革命方案；列斐伏尔从当代资本主义空间生产出发，描绘了未来都市社会的乌托邦景象。但是，列斐伏尔的“这种都市马克思主义给人一种脱离经济基础的空中楼阁之惑”[②]。从马克思哲学视域看，列斐伏尔把城市问题作为历史唯物主义重要主题给予了系统阐发，开启了科学社会主义的空间化向度；从马克思科学社会主义视域看，列斐伏尔从工业社会到都市社会的理论建构弱化了马克思主义资本空间批判的锋芒。

（二）“辩证时空的乌托邦”对未来共产主义的时空构想

哈维从空间政治学出发，积极寻求资本主义制度的替代性方案。哈维看到，资本主义借助全球资本积累和世界市场力量，分化了发达资本主义世界的阶级斗争力量，地域空间分裂的社会利益群体消解了世界无产阶级的联合，但他并未因此放弃对资本主义制度替代方案的探索。在西方世界，马克思共产主义乌托邦长期受到怀疑，乌托邦理想和运动遭遇时代冷遇和困境；而新自由主义乌托邦发展的结果是资本主宰了社会

---

① 〔法〕亨利·列斐伏尔：《都市革命》，刘怀玉、张笑夷、郑劲超译，北京：首都师范大学出版社2018年版，第180页。

② 刘怀玉、鲁宝：《历史唯物主义视野中的城市哲学总问题——列斐伏尔的〈马克思主义思想与城市〉解析》，载《南京大学学报（哲学人文科学社会科学）》，2020年第3期，第26—37页。

想象。基于此，哈维重释乌托邦的价值，他认为“乌托邦梦想无论如何不会完全消失”①。哈维从全球化时代资本主义内在矛盾出发，在清理传统乌托邦局限基础上，提出了“辩证时空的乌托邦”构想。

自莫尔的《乌托邦》问世以来，乌托邦就和城市空间紧密关联，传统乌托邦是一种“空间形式的乌托邦”，空间压制了时间，具有绝对性和封闭性，因此“社会过程的暂时性、社会变革的辩证性……被排除了”②。基于资本逻辑的“空间形式的乌托邦”把否定与反抗力量变成了对统治秩序的顺从。其结果，空间和时间、历史和地理、同质与多样的辩证统一被掩蔽；政治理论的片面化导致政治实践陷入专制和集权的陷阱。哈维认为，与“空间形式的乌托邦”相对立的是“社会过程的乌托邦”，它通常以纯粹的时间术语表达，不受空间形式的束缚，“永远不会存在一个封闭的点”③，追求无限开放的浪漫。新自由主义支配的“自由市场的乌托邦”就属于“社会过程的乌托邦”，它强调给自由市场提供繁荣发展的空间，其后果是不平衡地理发展加速、社会两极分化、文化基础被摧毁、大面积的环境问题等。究其根源，是由于“自由市场的乌托邦”对“空间形式的乌托邦”的彻底颠覆。哈维认为，“空间形式的乌托邦”和“社会过程的乌托邦”都因流于空想而走向失败，根源于它们都有自身的局限性。那么，应当如何拯救人类的乌托邦理想和运动呢？哈维提出的方案就是，整合“空间形式的乌托邦”和“社会过程的乌托邦”，建构“辩证时空的乌托邦”，它的任务是“齐心协力重振时空乌托邦理想”④，它从不平衡的地理发展出发，旨在激励人们去推翻总体不平等的资本主义社会。哈维的“辩证时空的乌托邦”准确把握了全球化时代“不平衡发展的多样化和差异性”，“以激进的批判意识重建希望和实践的关系”，这是值得肯定的。⑤ 但是，哈维试图借助把多样性、差异性的社会力量组织起来作为社会解放的依托，但是，由于缺乏共同的基础和目标，难以形成真正的解放力量。如何组织和集合各种特殊利益成为哈维无法克服的难题。实现社会解放的主体力量无法组织，必然导致

---

① 〔美〕哈维：《希望的空间》，胡大平译，南京：南京大学出版社2006年版，第190页。
② 〔美〕哈维：《希望的空间》，胡大平译，南京：南京大学出版社2006年版，第156页。
③ 〔美〕哈维：《希望的空间》，胡大平译，南京：南京大学出版社2006年版，第169页。
④ 〔美〕哈维：《希望的空间》，胡大平译，南京：南京大学出版社2006年版，第191页。
⑤ 张佳：《全球化语境中的空间政治建构——大卫·哈维对资本主义替代性方案的思考》，载《山东社会科学》，2013年第5期，第176—181页。

“辩证时空的乌托邦”流于空想。“辩证时空的乌托邦”倾向于用乌托邦理想来阐述自己的政治主张，并不追求落实于政治实践，哈维以觉悟和知识而不是以阶级立场来唤起革命动力，因而，他的替代性方案不过是一种改良主义方案，他的“辩证时空的乌托邦”难以摆脱空想主义。

马克思恩格斯在《共产党宣言》中以资本空间同质化逻辑指认了资产阶级开创世界历史的机制和路径，以资本空间异质化结果指认了资本主义不平衡地理发展的机制和现状，这是实现人的自由解放和全面发展的历史前提和整个共产主义事业需要面对的客观现实。哈维基于资本主义全球化的当代最新发展以及时空境况的不平衡发展指责马克思具有“历时性偏好”。实际上，哈维虽然彰显了《共产党宣言》的不平衡地理发展特征，强调全球化是资本主义“空间规模的生产”和“地理差异的生产”。[①] 但是，哈维并没有理解马克思“历时性”与“共时性”的辩证法。“共时性”的不平衡地理发展是“历时性”的历史前提，“历时性”重在强调共产主义取代资本主义的必然性，“共时性”重在强调共产主义取代资本主义的条件性。同时，哈维未能深入把握马克思主义以具体历史实践为中介协调理论与现实之张力的特征。哈维致力于挖掘《资本论》的空间问题，把马克思的学说视为批判的理论方法，坚持资本逻辑批判，被称为“马克思主义资本逻辑的理论家”。哈维在晚期资本主义地理景观中输入马克思主义的声音，探讨了一条新全球化时代朝向社会主义的发展路向，无疑是有积极意义的。

（三）“空间转向”与科学社会主义的空间化

科学社会主义的空间化不是从时间走向空间、从批判走向科学，而是坚持批判性与科学性、时间性与空间性的具体的、历史的统一。科学社会主义当代出场要立足马克思主义哲学和政治经济学，把握历史必然性和价值合理性的统一，坚持自由人联合体的理想守望与现实资本主义反思超越的统一。

在科学社会主义理论谱系中，卢森堡和列宁较早地注意到资本主义全球扩张及其不平衡地理发展问题。卢森堡从资本主义生产扩张性和市场有限性的根本矛盾出发，“揭示了资本积累的空间特征和资本主义全球

① 〔美〕哈维：《希望的空间》，胡大平译，南京：南京大学出版社 2006 年版，第 71 页。

化的内在动力"①，列斐伏尔称赞她"在马克思主义的基础上'打开了'马克思主义"②。卢森堡立足资本积累不平衡地理发展趋势，论证了资本主义的必然灭亡，却弱化了主体因素的历史作用。与卢森堡不同，列宁认为，国内市场和国外市场分别表征着资本主义空间生产的深度和广度。"20 世纪是……从一般资本统治到金融资本统治的转折点。"③ 金融资本的全面统治给整个世界带来深刻变化，由此，垄断资本主义的积累危机有可能转化为落后国家的革命契机。在帝国主义时代，除殖民地和宗主国之外，还有多种附属性国家形式，它们表面上是独立的，实质却被"金融和外交方面的依附关系的罗网缠绕着"④。列宁揭示了帝国主义时代资本主义不平衡地理发展规律，提出了"一国胜利论"，指认了东方落后国家有可能成为世界革命的主导力量。

在"空间转向"出现的年代，西方国家普遍的城市危机使空间问题受到诸多学科关注。"空间转向"的西方马克思主义空间学派代表人物，主要有列斐伏尔、哈维、卡斯特尔、苏贾等。列斐伏尔是科学社会主义空间化的开启者，是西方社会批判理论"空间转向"的风向标。这种"空间转向"并非表面的时空转换，而是融入了资本主义空间生产和社会空间的丰富内容。列斐伏尔从马克思关于社会关系生产和再生产理论出发，探讨了资本主义成功延续的原因和方式。占有空间和生产空间是资本主义持续扩张的秘密。他认为，空间属于社会生产范畴，空间生产社会关系且被社会关系所生产，资本主义生产方式持存发展的原因在于"空间的生产"取代了"空间中的生产"，然而这只是暂时缓和了资本主义基本矛盾，减缓了资本主义灭亡速度，却不能改变灭亡命运。列斐伏尔提出的"都市社会的乌托邦"理想虽然美好，却是治表不治本之策。哈维把马克思主义理论方法引入地理学研究，继承了列斐伏尔的空间批判方向，并且"力图将历史唯物主义推进到历史地理唯物主

---

① 欧阳琼：《历史唯物主义与资本主义批判的空间转向》，载《江汉论坛》，2019 年第 3 期，第 66—70 页。

② 〔法〕亨利·列斐伏尔：《论国家——从黑格尔到斯大林和毛泽东》，李青宜等译，重庆：重庆出版社 1988 年版，第 189 页。

③ 列宁：《帝国主义是资本主义的最高阶段》，中共中央马克思恩格斯列宁斯大林著作编译局编译，北京：人民出版社 2014 年版，第 43 页。

④ 〔法〕亨利·列斐伏尔：《论国家——从黑格尔到斯大林和毛泽东》，李青宜等译，重庆：重庆出版社 1988 年版，第 189 页。

义的新高度"①。哈维认为，建立在空间剥夺基础上的资本主义空间生产缓解了资本积累的矛盾，借助时间延迟和地理扩张，实现了资本运动的时空修复，但是埋下了更深层的祸根，最终难逃灭亡的命运。哈维重释人类的乌托邦理想，他认为，当代资本主义的剥夺性积累受"自由市场的乌托邦"所驱使，"自由市场的乌托邦"作为"社会过程的乌托邦"是对传统"空间形式的乌托邦"的否定。为了解决资本主义剥夺性积累带来的困境，哈维提出"辩证时空的乌托邦"构想。在乌托邦概念沦为"空想"的代名词和"意识形态战场"以及特定乌托邦形式在东方失败的背景下，哈维认为，应当"重振时空乌托邦理想"②。他把"空想""幻想"等否定性、污名化内涵从乌托邦范畴中剥离，赋予"希望""革新"等正向品质，揭露和批判了新自由主义"自由市场的乌托邦"的逻辑悖论和现实困境，阐述了"辩证时空的乌托邦"的首要原则及实现路径。他的"辩证时空的乌托邦"作为对资本主义的反思批判虽具有启发意义，却缺乏足够的实践指导性，因而在"改变世界"的想象和建构方面失之东隅。应当说，哈维"辩证时空的乌托邦"是科学社会主义在西方社会的一种空间化出场方式。

"都市社会的乌托邦"和"辩证时空的乌托邦"作为科学社会主义空间化的出场方式虽然有许多可圈可点之处，但毋庸置疑，它们都偏离了马克思科学社会主义的理论方向。科学社会主义空间化的当代出场，必须立足马克思主义哲学和政治经济学的理论立场和理论方向，守望自由人联合体的共产主义社会理想。

第二节　破解当代"空间问题"的实践出场方式

马克思空间哲学探讨主要基于19世纪资本主义大工业和世界交往视野下的空间实践，但其反思的域界远远超越资本主义工商业城市以及19世纪资本主义繁盛之地欧洲。马克思以世界历史的深邃目光投注于人类社会的空间生产，揭示了空间的实践本质和社会内涵。马克思空间哲学的现实生命力源于资本空间的批判立场、社会空间的思考方法和空间实

---

① 欧阳琼：《历史唯物主义与资本主义批判的空间转向》，载《江汉论坛》，2019年第3期，第66—70页。

② 〔美〕哈维：《希望的空间》，胡大平译，南京：南京大学出版社2006年版，第191页。

践的规律探讨。从当代世界秩序和全球发展看，城乡关系、地域冲突、国际关系等全球社会空间治理问题凸显。全球社会空间不同文明之间交流、互鉴、碰撞、冲突，在和平发展的基调之中空间摩擦和空间争夺日趋激烈。人类传统的空间存续发展方式正在彻底颠覆，“人类不断从各种空间壁垒中解放出来，空间的这种转换与变迁使人作为‘类’存在物的特征凸显，每一个民族、国家以及现实的个体都被纳入全球化的空间转换中。”① 不可否认，马克思的空间致思仍然是透析、阐释、破解全球空间治理问题的重要理论视角和方法。马克思的空间哲学为我们提供了分析研究当代空间问题的原则立场、叙事逻辑和理论方法。马克思空间哲学必须坚持破解当代“空间问题”的实践出场方式。

一、当代中国空间实践的双重维度

马克思空间哲学为我们提供了解释空间和改变空间的世界观和方法论，它既是我们审视和把握人化自然空间建构和社会关系空间变迁的理论基石，又是指导当代中国空间生产的理论指南。伴随全球化浪潮和城市化运动的推进，中国的全面改革开放已经步入空间生产的世界历史轨道。当代中国空间生产能力、规模、水平大幅度提升，正在迎来空间生产的高速发展阶段。与空间生产、空间流通、空间分配、空间消费等相关的产业将日益成为中国经济发展的助推器和增长点。如：与居住空间生产、消费相关的房地产、水泥、塑料、钢铁等产业；与城市空间改造、更新相关的基础设施建设等产业；与交通运输通讯相关的汽车制造、航空、电力、通讯等产业。空间生产力的迅猛发展将根本改变中国人的空间生存方式，带来经济、政治、文化、心理空间的嬗变，马克思空间哲学将成为人们理解和把握时代精神的理论方法。“空间崛起”的时代必将成为呼唤马克思空间哲学实践出场的时代。

（一）当代中国空间实践的全球化维度

全球化是考察资本主义空间生产的重要维度。资本主义发展史是一部资本全球化的历史，是一部资本现代性的扩张史。资产阶级全球化的冲动源于财富欲望的膨胀和世界市场的开拓。全球化表明了资本主义生产方式的世界性。马克思生活的时代属于“一元全球化”，即“欧美资

---

① 李春敏：《马克思的社会空间理论研究》，上海：上海人民出版社2012年版，第7页。

本主义主导的全球化模式”；之后，经历了“二元全球化”，即“二战直到苏联解体这段时期，两个超级大国主导的全球化”；苏联解体后，形成“多元全球化”时代，即世界发展形成多个辐射中心，除美国一家独大外，其他新兴国家和地区逐渐成为影响世界的重要力量。① 在“多元全球化”背景下，中国的崛起成为最具争议的“一元”。中国对于“多元全球化”的发展作出了积极贡献，但是一些不怀好意的敌对国家鼓吹“中国威胁论”和“中国崩溃论”。“多元全球化”消解了欧美主导的全球化模式，因而他们强势掀起一股“逆全球化”浪潮。

当今时代的全球化与马克思时代的全球化不可同日而语，但马克思对于资本全球化本质、特点和规律的揭示并没有过时，资本逻辑仍是当代全球空间生产的根本动力。资本空间生产和空间剥夺的脚步一刻没有停止，从生产空间到生活空间、从流通空间到消费空间、从人化自然空间到社会关系空间、从地理空间到赛博空间，到处都渗透着资本的力量。网络化、信息化不仅没有改变资本逻辑的主导地位，而且成为资本全球空间生产的帮凶。网络化、信息化宣告了“距离死亡”和“地理终结”，大大降低了国际资本积累的成本。国际资本在流动中增殖更方便、更快捷。当然，由于网络化、信息化的发展，人们的沟通障碍被消解，兼之高速铁路、国际航运日益打破人们交往的空间壁垒，从而，人类生存与共的“类”意识比以往时代更加强烈，人类真正进入“你中有我、我中有你”的空间并置、共生并存的时代。全球空间生产表现为通约性、同质化与差异性、异质化的辩证统一，但是，全球空间生产的资本逻辑仍然固化着“中心—边缘”的世界格局。不平衡地理发展及全球空间结构仍然是全球化的显著特点，“中心—边缘格局并未随着全球资本的流动而消除”②，强势话语与弱势话语的对峙、人类长远共同利益与民族国家特殊利益的冲突，烙印着资本主义空间霸权主义的痕迹。东西南北问题、领土纷争问题、世界环境问题、全球贫困问题等呼唤着全球空间治理的有效方案。

全球化是当代中国空间生产的基本向度之一。一般认为，两极化的

---

① 王秋艳、汪斌锋：《从“全球化”到“逆全球化”：资本空间生产的限度及超越》，载《宁夏社会科学》，2019 年第 2 期，第 33—40 页。

② 李春敏：《马克思的社会空间理论研究》，上海：上海人民出版社 2012 年版，第 289 页。

等级空间秩序是全球化的基本特点。当代全球化是向“农业空间—工业空间—后工业空间”三级化的等级空间结构发展。这种空间结构具有“动态性、等级性或不平衡性、结点性、控制性和碎片化”特征。① 哈维在《新自由主义简史》中认为，20 世纪 60—70 年代以来，西方发达资本主义国家新自由主义改革旨在通过塑造全球新自由主义化的空间体系，重建资本积累的条件且恢复上层阶级和商业精英的经济力量。作为空间过程，它通过城市化转型，实现从核心国家向外围国家扩散；作为社会过程，它旨在复兴上层阶级和商业精英的力量；作为经济过程，它借助金融全球化，激发发达工业国家货币资本的积累动力；作为生态过程，它以破坏环境为特征，使人类陷入严峻的生态危机境地。随着中国全面改革开放，中国更多地融入世界、世界更多地影响着中国。中国已经发展成为国际资本链条的关键环节和全球经济交往的重要主体。中国特色社会主义现代化与世界全球化同步脉动，中国制造的商品遍及世界各地，拓展和验证着中国的硬实力。中国话语远播世界，传播和彰显着中国的软实力。中国特色的硬实力和软实力是消解资本逻辑主导全球空间生产的重要力量。中国道路作为对马克思劳动社会化为主导社会主义现代化道路的继承和发展，是对资本逻辑为主导的全球空间生产的修复与矫正。中国道路向世界贡献的中国方案有利于推动全球社会空间不断走向和谐共荣。毫无疑问，中国是“多元全球化”时代的受益者。面对全球化的资本空间生产，中国一方面融通了欧美发达资本主义国家的空间生产模式，另一方面创新和产出了自我空间生产能力。面对全球空间的资本生产和资本反噬，中国将致力于打造多中心耦合的命运共同体，以此来消解资本空间生产带来的不平衡地理发展，同时，中国大力倡导“一带一路”建设，旨在借助多区域中心辐射重构“节点—链条—区块”，打造不同区块、不同节点相互链接的新型全球化。

（二）当代中国空间实践的城市化维度

城市化问题是典型的空间问题。当今时代，城市化进程加快，工业社会迅速向都市社会跨越，城市化研究更加倍受重视，城市空间问题日益成为全球化浪潮的焦点。马克思恩格斯对于资本主义城市空间的“人

---

① 孙江：《马克思的空间生产思想及其当代意义研究》，苏州：苏州大学出版社 2019 年版，第 188 页。

体解剖”是在时空辩证统一视角下展开的。马克思恩格斯从哲学和经济学视角研究城市空间问题，把城市空间生产作为资本主义批判的一个重要理论视角。城市空间生产问题是“空间转向”理论家聚焦评判的全新视域。无论是马克思恩格斯，还是“空间转向”理论家，他们对城市空间生产的关注和反思都与乡村城市化运动直接关联。城市是资本空间化积累的主要场所和资本主义世界市场体系的空间节点，城市空间资源的集聚和辐射效应使其成为先进生产力的载体。城市空间生产和再生产使不同国家和区域出现城市群，持续彰显着城市的优势地位。同时，国际资本是城市空间生产和再生产的主导力量，各种各样的“城市病”根源于资本对城市空间的宰制。在城市空间，社会阶层的分化、弱势群体的生存困境、公共资源的争夺、自然生态的破坏等问题异常突出，而城市空间是现实社会关系的载体，城市问题本质是社会问题。

当代中国的城市空间生产持续升温并“热”起来，是对空间理论热的现实诠释和注脚。改革开放以来，中国城市空间生产高歌猛进，京沪深广等超大城市应运而生，长三角、珠三角、京津冀等城市群迅速发展，城市空间生产大有燎原之势，随之而来的是城乡矛盾加剧，空间资源浪费，教育、医疗、环境等问题凸显。从马克思空间哲学视角拷问中国城市空间生产的合理性和合法性，便是城市空间正义问题。城市空间非正义性的存在根源于城市空间生产的过度资本化。城市空间生产的健康发展必须遵循效率与正义的价值契合，但现实中的城市空间生产往往以牺牲部分地区、行业和某些社会成员尤其是牺牲农民利益为代价。为了中国的城市化进程，中国广大农民承担了巨大的发展代价。具体表现为四个方面：一是城市空间生存条件不平等。如：城市农民工子女在入学、就业、医疗等方面不能平等享受公共空间资源。虽然工人、农民都是中国公民，虽然现在的农民工统一称为“新型产业工人”，但事实上，城市农民工子女并不能平等享受城市公共空间资源。二是城市侵占和挤压乡村空间。城市化最直观的表现就是乡村空间被侵占、挤压，甚至剥夺。城市化进程中拆迁补偿过低、就业安置拖延等问题的存在，导致农民在失去乡村空间之后难以真正过上城市生活，甚至陷入身份认同和精神家园的双重迷失。三是城市公共空间的过度资本化。城市公共空间作为公共资源是服务广大公众的开放性公共交往场所，是公民享受休闲、娱乐、交流、休息等权利的平台。然而，在资本逻辑驱动下，青山、绿地、河流等公共空间资源被开发，湮没在资本建造的高楼大厦之中，成为非富即贵者的后花园。四是城市空间的碎片化。城市空间过度分化导致居民间产生陌生的冷漠和熟悉的隔离。封闭社区的耸立与城市的开放、包容等发展相背离。① 人们生存的人化自然空间差异本质上是社会关系空间差异的呈现。公民生存空间的落差是中国特色社会主义现代化建设中必须直面的现实问题。从马克思空间哲学的理论立场出发，不难发现，城市空间生产的过度资本化是造成城市空间分异的根源。当代中国城市空间生产的突出问题之一是居住空间分异。由于城市空间资源蕴含巨大利益，围绕空间资源的竞争和冲突成为社会矛盾的焦点，从而增加了城市社会运行的风险。解决问题的关键是借助国家权力的力量规制资本逻辑对于城市空间生产的操控。在城市空间资源的开发利用过程中，坚持用"以人民为中心"的发展理念引领城市空间生产，有效抵制城市空间生产的过度资本化，切实维护和保障公民基本空间权利平等，在城市秩序重构、价值包容基础上实现真正的城市空间正义。

二、当代中国空间博奕的价值审视

马克思空间哲学是我们引领当代中国空间博奕的重要理论方法。马克思恩格斯在《共产党宣言》《资本论》中首倡的劳动社会化主导的社会主义现代化道路是中国特色社会主义道路的源头。马克思恩格斯在对资本现代性批判基础上概括了"资本、劳动、国家"三元结构论，把"资本、劳动、国家"理解为现代性建构的主要元素。其中，国家主体化为主导导致专制霸权主义现代化道路，资本垄断化为主导导致资本主义现代化道路，劳动社会化为主导导致社会主义现代化道路。② 马克思空间哲学揭示了资本空间化和空间资本化的辩证法，资本与空间之所以能够相互转化，根源于资本的主体性、能动性。资本空间化与空间资本化表现为资本主义城市化、全球化的发展过程。资本空间化和空间资本化是认识和把握城市化和全球化问题的重要理论方法。新时代走好中国道路必须正确处理"资本、劳动、国家"的关系，坚持劳动社会化主导

① 张荣军：《当代中国城市空间生产与空间正义》，载《学术探索》，2015 年第 8 期，第 81—86 页。

② 王东：《中国道路哲学创新的源头活水——〈资本论〉中蕴涵的"劳动、资本、国家"三元结构论》，载《武汉大学学报（哲学社会科学版）》，2018 年第 6 期，第 40—59 页。

和“以人民为中心”的空间生产方式，主动参与全球空间生产，与世界各国人民一起破解和攻克不平衡不充分的发展难题，大力推进人类命运共同体的构建。

（一）“资本、劳动、国家”的三元结构论

中国道路蕴含深刻的哲学理路，它是在现代化的复杂社会系统中在“劳动、资本、国家”空间结构创新基础上探索开拓的社会主义现代化道路。中国道路是中国共产党坚持劳动社会化为主导重构人化自然空间和社会关系空间的历史活动。中国道路的源头是马克思恩格斯在《共产党宣言》《资本论》中首倡的劳动社会化为主导的社会主义现代化道路。在马克思的《雇佣劳动与资本》之前，劳动与资本、有产与无产的“二元结构”分析框架占主导地位，“国家”只是潜在要素。从《1857—1858年经济学手稿》的“五篇构想”到1858年2月致拉萨尔信中提出的“六册计划”，“国家”要素纳入理论框架，形成了“劳动、资本、国家”三元结构论。1862年12月，基于“资本”在现代历史的决定性作用，马克思最终把他的政治经济学研究成果以《资本论》为题正式出版。马克思的“五篇构想”中，“劳动”是起点范畴，“资本”是中心范畴，“国家”是补充的基本范畴。在1859年的《〈政治经济学批判〉序言》中，马克思把“资本、土地所有制度、雇佣劳动；国家、对外贸易、世界市场”① 作为考察资产阶级制度的逻辑结构。前三项属于资本论（围绕资本与劳动的对立展开），后三项属于国家论。“对外贸易”和“世界市场”都与“国家”的作用密切关联，同时，“资本”与“劳动”的对立只有站在“国家”的高度才能正确理解，或者说在世界历史时代，“国家”对于“资本”与“劳动”关系的世界历史性布展起着关键作用。可见，三元结构论是马克思把握现代历史的钥匙，是马克思政治经济学的总体分析框架。三元结构之中，国家主体化为主导必然导致专制霸权主义现代化道路，资本垄断化为主导必然导致资本主义现代化道路，劳动社会化为主导必然导致社会主义现代化道路。

马克思恩格斯在谈到共产主义必然取代资本主义时，把生产和交往的普遍化理解为物质前提。实际上，从劳动现代性建构视角看，生产和交往的普遍化就是劳动社会化，劳动社会化的发展是马克思所理解的社

① 《马克思恩格斯选集》（第2卷），北京：人民出版社2012年版，第1页。

会主义本质特征。从客体角度看，劳动社会化表现为生产力和世界交往的普遍发展；从主体角度看，劳动社会化表现为劳动者的解放。它们共同构成人的解放的基本内涵。马克思在1877年《给〈祖国纪事〉编辑部的信》中指出，共产主义道路“最后都达到在保证社会劳动生产力极高度发展的同时又保证每个生产者个人最全面的发展”①。只有坚持劳动社会化为主导，才能真正实现生产力的高度发展和保证人类最全面的发展。列宁所开辟的社会主义现代化道路就生动体现了劳动社会化为主导的现代化道路，但是，后来形成的苏联模式用“国有化”取代了“社会化”、用“国家垄断制”取代了“劳动社会化”。列宁否定了“国家垄断制从社会主义观点看来是最好的办法”②。邓小平总结了苏联模式阻碍生产力发展、阻碍人的自由全面发展的两大弊端，以解放和发展生产力、实现人的自由全面发展为主旨，开创了中国特色社会主义道路。中国道路既不是西方资本主义现代化道路的摹版，也不是近代以来中国历史道路的翻版，更不是过去社会主义道路的再版，而是站在新的历史时代和世界方位对马克思劳动社会化为主导社会主义现代化道路的继承与发展。走好新时代中国特色社会主义现代化道路，要始终坚持党的领导、人民当家作主和依法治国的统一，关切社会主要矛盾的深刻变化，把妥善解决社会主要矛盾作为实现中华民族伟大复兴的主要标杆。坚持新型工业化、新型城镇化、新型市场化、新型民主化，走共同富裕道路，落实创新、协调、绿色、开放、共享新发展理念，力求对人类社会有更大担当、有更大贡献。

（二）当代中国资本空间化和空间资本化的价值审视

马克思空间哲学阐明了资本与空间的内在关联，揭示了资本空间化和空间资本化的辩证法。资本空间化是指资本借助空间形式得以现实化，人化自然空间和社会关系空间表现为资本空间生产的结果。空间资本化是劳动创造的人化自然空间和社会关系空间从商品变成资本的过程。资本与空间之所以能够相互转化，根源于资本的主体性、能动性。马克思认为：“在作为资本产品的商品中，已经包含着作为整个资本主义生产方式的特征的社会生产规定的物化和生产的物质基础的主体化。”③ 资本主

① 《马克思恩格斯文集》（第3卷），北京：人民出版社2009年版，第466页。
② 《列宁全集》（第41卷），北京：人民出版社1986年版，第63页。
③ 《马克思恩格斯文集》（第7卷），北京：人民出版社2009年版，第996—997页。

体化是指资本对于商品社会其他方面具有主体般的统治地位。资本本身具有空间扩张性和流动性。资本越发展，“也就越是力求在空间上更加扩大市场。”① 资本不是物，其本质是一种社会关系。列斐伏尔强调：“空间里弥漫着社会关系。”② 空间本身承载着一定的生产关系、社会关系。

资本具有空间化发展的必然趋势。资本的发展首先表现为空间范围、空间领域的扩张。扩大再生产通过空间规模扩张来实现。资本生产力的发展旨在把劳动生产力转化为资本生产力，因此，资本“是一种社会的、结合的力量”“同结合的劳动打交道”。③ 资本空间化表现为生产资料的集中和人口的密集，表现为大规模的城市化运动，在其进一步的发展中则表现为全球化。全球化是资本空间化从生产环节到交换和消费环节的拓展。资本空间化的必然后果是历史转化为世界历史。从城市化到全球化是资本空间化逻辑的表现，是资本本性的呈现。资本空间化以空间生产为前提反过来又推动了空间生产的发展。资本空间化“从根本上说是同质性的扩张”④，“资本空间化所带来的结果必然是空间的资本化。”⑤ 当空间作为一种重要资源参与资本主义生产过程时，空间收益（地租）便成为资本追逐的目标。马克思指出：“社会上一部分人向另一部分人要求一种贡赋，作为后者在地球上居住的权利的代价”⑥。土地等空间要素要想获取地租既离不开它的物质功能，又离不开它的所有权关系。因此，空间资本化表明了资本获取空间统治过程，即资本所代表的生产关系主导空间生产及其价值实现。

在当今全球化时代，资本和空间的关系问题得到人们的重新审视。“资本空间化和空间资本化，成了全球化的一大显著特征。”⑦ 资本空间化和空间资本化是把握全球化本质的重要方面。当代中国空间生产是在全球化背景下展开的。我们建设社会主义市场经济体制旨在充分发挥资

---

① 《马克思恩格斯全集》（第30卷），北京：人民出版社1995年版，第538页。

② 〔法〕列斐伏尔：《空间：社会产物与使用价值》，见包亚明主编：《现代性与空间的生产》，上海：上海教育出版社2003年版，第48页。

③ 《马克思恩格斯全集》（第30卷），北京：人民出版社1995年版，第526页。

④ 庄友刚、仇善章：《资本空间化与空间资本化：关于空间生产的现代性和后现代性话语》，载《山东社会科学》，2013年第2期，第33—37页。

⑤ 张梧：《资本空间化与空间资本化》，载《中国人民大学学报》，2017年第1期，第62—70页。

⑥ 《马克思恩格斯选集》（第2卷），北京：人民出版社2012年版，第639页。

⑦ 丰子义：《走向现实的社会历史哲学》，武汉：武汉大学出版社2010年版，第403页。

本空间化和空间资本化的积极作用，同时克服资本空间化和空间资本化的消极作用。按照马克思的“资本、劳动、国家”三元结构论，资本、劳动、国家是现代化进程不可或缺的要素。我们坚持劳动社会化为主导的社会主义现代化道路，不是不要资本，而是通过国家与劳动的结盟，一方面充分发挥资本的伟大文明作用，另一方面严格限制资本的消极破坏作用。在社会主义初级阶段，资本空间化和空间资本化仍然是提升中国空间生产力的重要动力。在空间生产能力不很强大、空间产品不够丰富的情况下，资本空间化和空间资本化对于中国社会财富的增长仍然发挥着重要作用。然而，资本空间化和空间资本化是一把双刃剑，受资本趋利本性支配。资本与劳动是不可分割的冤家，资本剥削劳动是其生命存活的方式。因此要坚持资本空间化和空间资本化的适度原则，反对过度资本化，就必须充分发挥国家的作用。国家是调控资本与劳动关系的公共权力。我国是人民民主专政的国家，坚持“以人民为中心”的发展理念，因此国家权力必须始终保护劳动权益和劳动者利益。发挥资本空间化和空间资本化的作用要坚持适度原则、恪守发展底线，即坚持依法治国和以德治国的统一，把资本空间化和空间资本化纳入社会主义法治建设轨道，切实保障广大人民群众的社会空间资源和社会空间权利，维护社会空间正义。

三、当代中国空间生产的历史选择

改革开放以来，中国大力推进了空间生产的历史进程，尤其是社会主义市场经济的发展表现出明显的空间生产特征。与此同时，空间生产的基本矛盾和潜在问题得以充分暴露和不断涌现，比如：城市化过程中的城乡矛盾和贫富分化，城市农民工的边缘化，生态环境问题突出。这些空间问题根源于城市空间生产的过度资本化，解决好这些空间问题，必须坚持和发展马克思恩格斯提出的劳动社会化为主导的社会主义现代化道路，坚持“以人民为中心”的空间发展战略，真正实现中国空间生产效率和公正的统一。空间生产不仅追求高效率，而且追求发展成果惠及广大人民群众。“以人民为中心”的社会主义全球空间生产作为一种新文明发展形态是对“以资本为中心”的资本主义全球空间生产的超越。坚持“以人民为中心”的全球空间生产有利于破解“以资本为中心”的资本主义空间生产造成的全球空间断裂问题。我们党提出的构建人类命运共同体，为实现全球空间生产正义提供了中国方案。人类命运共同体坚持多元治理体系建设，积极推动国家治理体系和治理能力现代化，最终必将破除基于资本逻辑的“中心—边缘”“主导—依赖”的全球空间格局。

（一）劳动社会化为主导：坚持走“以人民为中心”的空间发展战略

劳动社会化是马克思《资本论》最根本的总问题。劳动是置身性的主体实践，个体之间因劳动形成置身性的社会关系。劳动社会化是一种持续不断的历史必然性。资本物对劳动者的权力体现在劳动社会化过程。随着自身的发展，劳动社会化终将冲破资本主义国家制度的外壳，走向新的历史阶段。马克思早在《1844年经济学哲学手稿》中就对劳动异化进行了剖析，在《资本论》及其手稿中，通过对资本主义生产和流通过程的解剖，揭示了总体性“物化—异化”的资本主义空间生产。在资本主义空间生产中，劳动社会化表现为异化，商品生产和流通的循环链条造就了资本新神。劳动社会化隐藏在资本主义空间生产的场域，随着劳动社会化在世界历史进程中的展开，商品生产关系所颠倒了的人的关系显露出来，即资本社会的“场位”关系——无产阶级与资产阶级的对立。马克思的《资本论》深刻揭示了无产阶级与资产阶级对立的经济根源，并在此基础上构想了劳动社会化解放的共产主义场景——“设想有一个自由人联合体，他们用公共的生产资料进行劳动，并且自觉地把他们许多个人劳动力当做一个社会劳动力来使用。”① 劳动社会化解放意味着劳动摆脱私有财产和资产阶级的控制，个体劳动服务和服从于自由人联合体，商品、货币、资本不再是凌驾于劳动之上的力量，每一个人都处于自由解放和全面发展的状态。在马克思看来，资本垄断化为主导的现代化道路是资本主义现代化最基本的发展道路。然而，资本垄断化的发展逐渐变成了生产力发展的桎梏，其结果，“生产资料的集中和劳动的社会化，达到了同它们的资本主义外壳不能相容的地步”②，最终变成了炸毁资本主义制度的力量，并且敲响了资本主义制度的丧钟。

坚持劳动社会化为主导的社会主义现代化道路必须确立劳动者的主

① 《马克思恩格斯文集》（第5卷），北京：人民出版社2009年版，第96页。

② 《马克思恩格斯文集》（第5卷），北京：人民出版社2009年版，第874页。

体地位，据此，党的十八大以来，我们党提出坚持“以人民为中心”的空间发展理念，深刻回答了空间生产依靠谁、为了谁的问题。人民群众是历史的创造者，是当代中国空间生产的主体力量，空间生产的积累成果理应惠及广大人民群众。那么，如何用“以人民为中心”的发展理念统摄中国的空间生产呢？践行“以人民为中心”的空间生产必须确立劳动社会化的主导地位。“以人民为中心”是历史发展的进化需要。随着全球化时代的发展，劳动者作为世界历史性存在实现了主体意识的全面觉醒。劳动人民是推动社会发展的根本动力。只有坚持“以人民为中心”的空间发展战略才能实现效率和公正的统一。空间生产不仅追求高效率，而且追求发展成果惠及广大人民群众。空间正义不仅要求劳动者空间生产方式的优化，而且要求空间资源的高效使用和合理配置。“空间正义是构建人类命运共同体的基础属性。”① 全球化的推进和空间生产的发展，导致认知方式和价值共存的多样化，异质化的共同体需要在人类命运共同体的基础上实现共建共赢共享。从马克思空间哲学的立场与方法审视全球化得以展开的资本逻辑和空间问题，可以认清“以资本为中心”是资本主义空间生产的本质规定，是全球不平衡地理历史发展现状的根本原因，是一个终将被扬弃的资本制度文明的历史过渡阶段。新时代中国坚持“以人民为中心”的空间发展战略，旨在重构全球空间生产机制，在全球层面与世界各国人民一起构建人类命运共同体。一方面，新时代中国破解社会主要矛盾重在攻克不平衡不充分发展难题。马克思空间哲学揭示了“以资本为中心”的资本主义空间生产是造成全球社会空间不平衡不充分发展的根本原因，不平衡不充分的发展现状是资本逻辑及其展开的复杂世界历史后果。同时，根据“资本、劳动、国家”三元结构论，中国社会的不平衡不充分发展与资本逻辑的作用直接关联，为此，必须“解放劳动、创新国家和驾驭资本”②，探索一条“以人民为中心”进而扬弃资本逻辑的文明发展模式。另一方面，坚持走劳动社会化为主导的社会主义现代化道路，构建“以人民为中心”的空间生产命运共同体，才能真正实现对“以资本为中心”的空间生产机制的超越。

① 徐德斌、赫曦滢：《以人民为中心理念指导下的空间正义叙述范式研究》，载《中共天津市委党校学报》，2019 年第 2 期，第 36—42 页。

② 王东：《中国道路哲学创新的源头活水——〈资本论〉中蕴涵的“劳动、资本、国家”三元结构论》，载《武汉大学学报（哲学社会科学版）》，2018 年第 6 期，第 40—59 页。

马克思空间哲学揭示了资本空间化和空间资本化的空间生产机制是造成全球社会空间不平衡地理发展的根源。“以资本为中心”的空间生产机制是资本主导的全球“空间定位”和“空间构序”过程，其本质是资本主义生产关系再生产，是资本主义剥夺性空间积累过程。中国走劳动社会化为主导的社会主义现代化道路，必须在党的领导下，始终坚持“以人民为中心”的发展理念，同时，吸收和转化西方发达资本主义国家现代化的有益成果，坚持独立自主立场和世界历史视野，创新国家治理体系，实现和平发展、合作共赢。

（二）人类命运共同体的空间正义表达

人类命运共同体为破解“以资本为中心”的资本主义空间生产造成的全球空间断裂问题提供了切实可行的中国方案。人类命运共同体为修复和重塑基于资本逻辑的全球空间格局提供了现实路径，表达了各国人民对空间正义的追求。人类命运共同体发展理念坚持以全球产业链重塑为抓手，帮助发展中国家找回失去的时间。从当前全球空间生产格局看，发展不平衡不充分与各国人民追求美好生活之间的矛盾突出，尤其是发展中国家要想共享世界历史空间的文明发展成果，必须打破基于发达资本主义国家技术霸权的掠夺性空间生产体系，从而实现跨越式发展，完成现代化任务。就中国而言，为重塑全球价值链，应当紧紧抓住新一轮科技革命和产业变革机遇，在人工智能、5G、物联网等领域加大自主创新力度并取得领先优势，为重构国际产业分工体系和主导全球价值链奠定基础。同时，推进“一带一路”建设，吸引广大发展中国家搭乘便车、借力发展。“一带一路”是构建人类命运共同体的重要举措，有助于广大发展中国家冲破发达国家的比较优势陷阱和技术封锁，实现可持续发展。

人类命运共同体坚持多元治理体系构建，积极推动国家治理体系和治理能力现代化，努力破除基于资本逻辑的“中心—边缘”“主导—依赖”的全球空间格局。面对这种等级化的世界空间结构，自我封闭的抵抗和中心靠拢的企图是不可取的。因为“没有哪个国家能够退回到自我封闭的孤岛”①。破解这种不平衡不充分的全球空间发展格局必须坚持“去中心化”的多边主义，消解中心国家对空间资源的绝对控制权，努

---

① 习近平：《决胜全面建成小康社会　夺取新时代中国特色社会主义伟大胜利——在中国共产党第十九次全国代表大会上的报告》，北京：人民出版社 2017 年版，第 58 页。

力实现共建共赢共享的目标。要充分尊重发展中国家的意愿，支持他们自主探索切合国情的现代化道路，指引他们挣脱发达资本主义国家的操控和绑架，从而摆脱对“中心”的依附而实现自主发展。中国广泛团结发展中国家，发起并成立了一系列区域合作组织，推动世界朝着均衡、多元方向发展，逐步形成了“以国际关系民主化为特征的‘多元治理’和‘全球善治’”①。人类命运共同体坚持可持续发展理念，秉持共建共赢共享原则，为人类新文明发展开辟了广阔空间。人类命运共同体理念强调“不能吃祖宗饭、断子孙路、用破坏性方式搞发展”②，立足现在、着眼未来，实现代内公平与代际公平的统一。构建人类命运共同体要求世界各国践行“绿色、低碳、循环、可持续的生产生活方式”③，切实解决资本逻辑带来的全球空间断裂问题，实现生产发展、生活富裕和生态良好的统一。

人类命运共同体为实现全球空间正义提供了中国方案。从根本上说，人类命运共同体是劳动社会化为主导的社会主义现代化对资本逻辑主导的资本主义全球化的超越。从全球空间生产的价值目标看，人类命运共同体的发展理念，实现了“以物为中心”向“以人为目的”的转变。“以资本为中心”的资本主义全球空间生产表现为人与物关系的颠倒，表现为资本对劳动的控制和奴役。劳动者成为“活的工具”。然而，资本和劳动的对立恰恰是资本主义空间生产的动力和不平衡地理发展的根源。对此，人类命运共同体强调，全球空间生产的根本目的应当是满足“世界人民对美好生活的向往”④，造福人民。全球化的价值主体是整体人类、各国人民，它的价值关照是“整个地球上的‘人的社会和社会的人’”⑤。构建人类命运共同体的伟大事业，从人类解放和人的自由全面发展的“大我”出发，致力于打造对世界好、对世界各国人民好的全球空间秩序。从全球空间秩序的建构格局看，构建人类命运共同体反对“舍我其谁”的空间霸权，主张“和而不同”的空间共生。资本主义全

---

① 李洋：《马克思时空正义视阈中人类命运共同体的世界意义》，载《社会主义研究》，2020 年第 6 期，第 32—40 页。

② 《习近平谈治国理政》第 2 卷，北京：外文出版社 2017 年版，第 544 页。

③ 《习近平谈治国理政》第 2 卷，北京：外文出版社 2017 年版，第 513 页。

④ 《习近平谈治国理政》第 2 卷，北京：外文出版社 2017 年版，第 508 页。

⑤ 王永贵、黄婷：《人类命运共同体为打造世界新秩序提供中国智慧》，载《红旗文稿》，2019 年第 9 期，第 34—35 页。

球空间生产具有同质化趋势，它敌视非资本主义发展道路，力求构建有利于资本持续增殖的全球空间权力场域。资本逻辑的同质化力量消解了世界各国的多样化、差异化发展，其结果，那些后发展国家丧失了发展的自主权和主动权。人类命运共同体强调“文明多样性是世界的基本特征”①，是世界进步的推动力量，世界各国都有权自主选择社会制度和发展道路，从而形成和而不同、兼容并蓄、百花齐放的全球空间发展格局。资本主义全球空间生产受贪婪的积累欲望支配，其结果必然是“资源的过度开发、生态的过度破坏和未来的过度透支”② 等。资本主义空间剥夺造成的生态危机将反噬资本制度和人类文明成就，最终“侵蚀的是自己发展的根基，损害的是全人类的未来”③。人类命运共同体强调合理、公正、均衡地应对全球生态问题，反对功利主义发展方式，既着眼当代人利益，又关照子孙后代发展，既考虑本国发展，又关照域外国家发展，是一条超越资本制度文明的人类文明发展新模式。

① 《习近平谈治国理政》第 2 卷，北京：外文出版社 2017 年版，第 543 页。

② 李洋：《马克思时空正义视阈中人类命运共同体的世界意义》，载《社会主义研究》，2020 年第 6 期，第 32—40 页。

③ 习近平：《携手建设更加美好的世界——在中国共产党与世界政党高层对话会上的主旨讲话》，北京：人民出版社 2017 年版，第 5 页。

参考文献

经典类：

《马克思恩格斯文集》第1—10卷，北京：人民出版社2009年版。

《马克思恩格斯选集》第1—4卷，北京：人民出版社2012年版。

《马克思恩格斯全集》（第1卷），北京：人民出版社1995年版。

《马克思恩格斯全集》（第3卷），北京：人民出版社2002年版。

《马克思恩格斯全集》（第31卷），北京：人民出版社1998年版。

《马克思恩格斯全集》（第30卷），北京：人民出版社1995年版。

《马克思恩格斯全集》（第1—50卷），北京：人民出版社2016年版。

《毛泽东选集》（第1卷），北京：人民出版社1991年版。

《列宁全集》（第41卷），北京：人民出版社1986年版。

列宁：《帝国主义是资本主义的最高阶段》，中共中央马克思恩格斯列宁斯大林著作编译局编译，北京：人民出版社2014年版。

《斯大林全集》（第6卷），北京：人民出版社1956年版。

著作类：

包亚明：《现代性与空间的生产》，上海：上海教育出版社2003年版。

陈志刚：《现代性批判及其对话——马克思与韦伯福柯哈贝马斯等思想的比较》，北京：社会科学文献出版社2012年版。

陈修颖：《区域空间结构重组理论与实证研究》，南京：东南大学出版社2005年版。

陈其人：《卢森堡资本积累理论研究》，上海：东方出版中心2009

年版。

陈其人：《〈资本论〉中的政治学原理》，上海：上海人民出版社2011年版。

陈征：《〈资本论〉解说》（第4版第1卷），福州：福建人民出版社2017年版。

成保良等：《〈资本论〉的范畴和原理问题解答》，北京：经济科学出版社2000年。

程恩富等：《现代政治经济学新编》，上海：上海财经大学出版社2008年版。

曹荣湘：《马克思世界历史理论与当代全球化》，北京：中央编译出版社2006年版。

曹献荣：《政治经济学新编》（资本主义部分），海口：三环出版社1990年版。

崔新恒：《城市经济词典》，成都：四川科学技术出版社1986年版。

单许昌：《空间经济生成动力机制及结构研究》，上海：上海人民出版社2016年版。

丰子义：《走向现实的社会历史哲学：马克思社会历史理论的当代价值》，武汉：武汉大学出版社2010年版。

高惠珠：《历史唯物主义当代形态——科学发展观的深度研究》，上海：上海人民出版社2010年版。

高宁、刘佳：《社会组织的社会责任》，太原：山西人民出版社2015年版。

龚海：《空间启示录》，北京：北京联合出版公司2018年版。

过杰：《城市经济学》，成都：四川人民出版社1989年版。

赫曦滢：《历史的解构与城市的想象》，北京：社会科学文献出版社2015年版。

黄继刚：《空间的迷误与反思——爱德华·索雅的空间思想研究》，武汉：武汉大学出版社2016年版。

黄平：《梦里家国 社会发展 全球化与中国道路西方文化通览》，北京：社会科学文献出版社2015年版。

韩庆祥、邹诗鹏：《人学——人的问题的当代阐释》，昆明：云南人民出版社2001年版。

胡莹：《福斯特生态学马克思主义思想研究》，哈尔滨：黑龙江大学出版社 2013 年版。

任平：《交往实践与主体际》，苏州：苏州大学出版社 1999 年版。

任政：《空间正义论：正义的重构与空间生产的批判》，上海：上海社会科学出版社 2018 年版。

任玲：《从西方环境运动看当代资本主义的社会矛盾》，北京：红旗出版社 2015 年版。

洪波：《马克思个人理论的整体性与当代性研究》，杭州：浙江大学出版社 2015 年版。

黄凤祝：《城市与社会》，上海：同济大学出版社 2009 年版。

何顺果：《全球化的历史考察》，南昌：江西人民出版社 2010 年版。

胡键：《资本的全球治理——马克思恩格斯国际政治经济学思想研究》，上海：上海人民出版社 2016 年版。

《十八大以来重要文献选编》（下），北京：中央文献出版社 2018 年版。

孙江：《“空间生产”——从马克思到当代》，北京：人民出版社 2008 年版。

孙江：《马克思的空间生产思想及其当代意义研究》，苏州：苏州大学出版社 2019 年版。

孙尚清：《社会主义市场经济十万个为什么》（市场流通分册），北京：光明日报出版社 1993 年版。

谭长流：《空间哲学》，北京：九州出版社 2009 年版。

唐踔：《马克思世界交往理论及其当代价值研究》，广州：世界图书出版广东有限公司 2013 年版。

田光：《〈资本论〉的逻辑》（上），济南：山东人民出版社 1993 年版。

吕宝海：《新解〈资本论〉教程》，北京：人民出版社 2014 年版。

李春敏：《马克思的社会空间理论研究》，上海：上海人民出版社 2012 年版。

李百玲：《晚年马克思恩格斯交往观研究》，北京：中央编译出版社 2009 年版。

刘昀献：《当代社会主义的历史走向》，郑州：河南大学出版社 2014

年版。

刘元琪：《〈资本论〉结构形成研究》，北京：中央编译出版社 2014 年版。

刘森林：《历史唯物主义：现代性的多层反思》，广州：中山大学出版社 2016 年版。

刘森林：《追寻主体》，北京：社会科学文献出版社 2015 年版。

鲁克俭：《国外马克思学研究的热点问题》，北京：中央编译出版社 2006 年版。

鲁枢元：《文学的跨界研究：文学与心理学》，上海：学林出版社 2011 年版。

砺顾琛、李蔚、傅彬：《节奏空间探究》，武汉：湖北人民出版社 2012 年版。

凌云等：《中国特色生态文明建设道路》，北京：中国财政经济出版社 2014 年版。

林艳梅：《马克思主义历史哲学》（第 3 卷），长春：吉林人民出版社 2006 年版。

宓文湛、王翚：《马克思主义哲学与现时代》，上海：上海财经大学出版社 2007 年版。

马临堂：《马克思恩格斯伟大的品格》，西安：陕西人民出版社 1985 年版。

穆艳杰：《美丽中国》，长春：吉林大学出版社 2014 年版。

武廷海、徐斌：《空间共享：新马克思主义与中国城镇化》，北京：商务印书馆 2014 年版。

韦苇：《何炼成经济思想再研究》，北京：社会科学文献出版社 2012 年版。

王杰：《马克思主义美学研究》（第 19 卷），北京：中央编译出版社 2016 年版。

王贵水：《你一定要懂的经济学知识》，北京：北京工业大学出版社 2015 年版。

王厚双：《贸易战离中国有多远》，北京：经济日报出版社 2002 年版。

吴苑华：《世界体系的马克思主义研究：以乔万尼·阿瑞吉的理论为

例》，天津：天津人民出版社 2014 年版。

吴瑞敏：《财富与时间——〈1857—1858 年经济学手稿〉研究》，上海：上海人民出版社 2015 年版。

万光侠、贾英健：《经济全球化进程中的价值冲突与文化建设》，长春：吉林出版社 2007 年版。

习近平：《携手建设更加美好的世界——在中国共产党与世界政党高层对话会上的主旨讲话》，北京：人民出版社 2017 年版。

习近平：《决胜全面建成小康社会　夺取新时代中国特色社会主义伟大胜利——在中国共产党第十九次全国代表大会上的报告》，北京：人民出版社 2017 年版。

徐长福：《马克思主义研究的学术化探索》，北京：社会科学文献出版社 2010 年版。

徐水华：《〈资本论〉生产力理论及其在当代中国的实践研究》，济南：山东人民出版社 2015 年版。

熊进：《论马克思的时间概念》，武汉：武汉大学出版社 2014 年版。

薛毅：《西方都市文化研究读本》（第 3 卷），南宁：广西师范大学出版社 2008 年版。

谢名家：《社会学视野中的文化经济》，上海：上海大学出版社 2010 年版。

肖潇：《马克思人的发展理论及其当代中国论》，武汉：湖北人民出版社 2014 年版。

肖华等：《马克思主义原理》，厦门：厦门大学出版社 1990 年版。

夏建国：《自然辩证法概论》，武汉：武汉大学出版社 2016 年版。

衣俊卿：《20 世纪新马克思主义》，北京：中央编译出版社 2012 年版。

杨芳：《马克思的社会分工理论及其当代意义》，西安：陕西人民出版社 2008 年版。

杨圣明：《马克思国际贸易理论研究》，北京：当代中国出版社 2017 年版。

杨虎得：《马克思主义民族理论研究》，北京：民族出版社 2015 年版。

袁志彦、高林波：《新编国际贸易地理》，北京：对外经济贸易大学出版社 2016 年版。

姚燕：《生态马克思主义和历史唯物主义——对九十年代以来生态马克思主义的思考》，北京：光明日报出版社 2010 年版。

尹保红：《西方马克思主义空间理论建构及其当代价值》，北京：光明日报出版社 2016 年版。

赵士发：《世界历史与和谐发展——马克思世界历史理论的当代研究》，北京：人民出版社 2002 年版。

赵海洋：《马克思正义思想研究》，上海：上海人民出版社 2016 年版。

郑千千：《马克思虚拟资本理论及其当代价值》，济南：山东大学出版社 2016 年版。

臧峰宇：《恩格斯〈论住宅问题〉研究读本》，北京：中央编译出版社 2014 年版。

张天勇、王蜜：《城市化与空间正义——我国城市化的问题批判与未来走向》，北京：人民出版社 2015 年版。

张笑夷：《列斐伏尔空间批判理论研究》，北京：社会科学文献出版社 2014 年版。

张一兵：《资本主义理解史》（第 1 卷），南京：江苏人民出版社 2009 年版。

张雄、鲁品越：《中国经济哲学评论 2011 财富哲学专辑》，北京：社会科学文献出版社 2012 年版。

张佳：《大卫·哈维的历史—地理唯物主义理论研究》，北京：人民出版社 2014 年版。

张志诚等：《生产力经济学辞典》（新编），上海：立信会计出版社 2002 年版。

张康之：《合作的社会及其治理》，上海：上海人民出版社 2014 年版。

张广柱：《劳动力经济学》，成都：四川人民出版社 1989 年版。

〔德〕黑格尔：《自然哲学》，梁志学等译，北京：商务印书馆 1980 年版。

〔德〕黑格尔：《美学》（第 1 卷），朱光潜译，北京：商务印书馆 1982 年版。

〔德〕路德维希·费尔巴哈：《费尔巴哈哲学著作选集》（上），荣震华等译，北京：商务印书馆 1984 年版。

〔德〕罗莎·卢森堡：《资本积累论》，彭尘舜、吴纪译，北京：生活·读书·新知三联书店 1959 年版。

〔德〕施密特：《马克思的自然概念》，欧力同、吴仲昉译，北京：商务印书馆 1988 年版。

〔德〕海德格尔：《海德格尔选集》（下），孙周兴译，上海：上海三联书店 1996 年版。

〔德〕本雅明：《本雅明文选》，陈志国、马海良译，北京：中国社会科学出版社 1999 年版。

〔法〕亨利·勒菲弗：《空间与政治》，李春译，上海：上海人民出版社 2008 年版。

〔法〕列斐伏尔：《空间：社会产物与使用价值》，见包亚明主编：《现代性与空间的生产》，上海：上海教育出版社 2003 年版。

〔法〕亨利·列斐伏尔：《都市革命》，刘怀玉、张笑夷、郑劲超译，北京：首都师范大学出版社 2018 年版。

〔法〕亨利·列斐伏尔：《论国家——从黑格尔到斯大林和毛泽东》，李青宜等译，重庆：重庆出版社 1988 年版。

〔法〕福柯：《权力的眼睛》，严锋译，上海：上海人民出版社 1997 年版。

〔法〕福柯：《规训与惩罚》，刘北成等译，北京：生活·读书·新知三联书店 2003 年版。

〔法〕德里达：《马克思的幽灵》，何一译，北京：中国人民大学出版社 1999 年版。

〔法〕居伊·德波：《景观社会》，王昭凤译，南京：南京大学出版社 2006 年版。

〔法〕托马斯·皮凯蒂：《21 世纪资本论》，巴曙松等译，北京：中信出版社，2014 年。

〔加〕本·阿格尔：《西方马克思主义概论》，慎之等译，北京：中国人民大学出版社 1991 年版。

〔美〕大卫·哈维：《希望的空间》，胡大平译，南京：南京大学出版社 2006 年版。

〔美〕大卫·哈维：《正义、自然和差异地理学》，胡大平译，上海：上海人民出版社 2010 年版。

〔美〕大卫·哈维：《跟大卫·哈维读〈资本论〉》，刘英译，上海：上海译文出版社 2014 年版。

〔美〕哈维：《时空之间——关于地理学想象的反思》，见包亚明：《现代性与空间的生产》，上海：上海教育出版社 2003 年版。

〔美〕戴维·哈维：《后现代的状况——对文化变迁之缘起的探究》，阎嘉译，北京：商务印书馆 2003 年版。

〔美〕爱德华·W. 苏贾：《后现代地理学——重申批判社会理论中的空间》，王文斌译，北京：商务印书馆 2004 年版。

〔美〕曼纽尔·卡斯特：《网络社会的崛起》，夏铸九、王志弘等译，北京：社会科学文献出版社 2003 年版。

〔美〕萨克：《社会思想中的空间观：一种地理学的视角》，黄春芳译，北京：北京师范大学出版社 2010 年版。

〔美〕迪尔：《后现代都市状况》，李小科译，上海：上海教育出版社 2004 年版。

〔美〕马尔库塞：《单向度的人——发达工业社会意识形态研究》，刘继译，上海：上海译文出版社 1989 年版。

〔美〕詹姆逊：《辩证法的效价》，余莉译，北京：中国社会科学出版社 2017 年版。

〔美〕托夫勒：《第三次浪潮》，朱志焱、潘琪、张焱译，北京：生活·读书·新知三联书店 1984 年版。

〔美〕约翰·贝拉米·福斯特：《生态危机与资本主义》，耿建新译，上海：上海译文出版社 2006 年版。

〔美〕约翰·贝拉米·福斯特：《马克思的生态学——唯物主义与自然》，刘仁胜、肖峰译，北京：高等教育出版社 2006 年版。

〔美〕艾尔弗雷德·W. 克罗斯比：《生态扩张主义：欧洲 900—1900 的生态扩张》，许友民、许学征译，沈阳：辽宁教育出版社 2001 年版。

〔美〕西德尼·塔罗：《运动中的力量——社会运动与斗争政治》，吴庆宏译，南京：译林出版社 2005 年版。

〔英〕大卫·哈维：《资本的城市化》，董慧译，苏州：苏州大学出版社 2017 年版。

〔英〕休斯：《生态与历史唯物主义》，张晓琼、侯晓滨译，南京：江苏人民出版社 2011 年版。

〔英〕德雷克·格利高里、约翰·厄里：《社会关系与空间结构》，谢礼圣等译，北京：北京师范大学出版社 2012 年版。

〔英〕约翰·厄里：《全球复杂性》，李冠福译，北京：北京师范大学出版社 2009 年版。

〔意〕阿瑞吉：《亚当·斯密在北京》，路爱国等译，北京：社会科学文献出版社 2009 年版。

期刊类：

白刚、吴留戈：《〈资本论〉：马克思的"希望空间"》，载《天津社会科学》，2015 年第 5 期。

程启智、罗飞：《生产力和生产关系的二维理论及其马克思经济学的发展》，载《福建论坛（人文社会科学版）》，2016 年第 3 期。

程恩富：《马克思的运输理论与我国交通运输经济的发展》，载《赣江经济》，1987 年第 1 期。

曹俊峰：《论马克思"美的规律"的适用范围》，载《厦门大学学报（哲学社会科学版）》，2008 年第 5 期。

段莉群：《恩格斯的住宅属性思想及其当代价值》，载《马克思主义理论学科研究》，2018 年第 2 期。

段迎晖：《"话语置换"或"话语回归"？——对当今文化理论研究之"去唯物史观"倾向的反思》，载《探索》，2010 年第 3 期。

〔美〕戴维·哈维：《马克思的空间转移理论——〈共产党宣言〉的地理学》，郇建立编译，载《马克思主义与现实》，2005 年第 4 期。

冯雷：《当代空间批判理论的四个主题——对后现代空间论的批判性重构》，载《中国社会科学》，2008 年第 3 期。

付清松：《资本再生产批判视阈的反向延展——大卫·哈维的剥夺性积累理论探赜》，载《马克思主义与现实》，2016 年第 1 期。

方锡良：《"物质变换"与社会主义现代化建设》，载《兰州学刊》，2011 年第 2 期。

高玉林：《资本的空间限度——马克思主义对资本主义的空间批判》，载《浙江社会科学》，2015 年第 8 期。

高云涌、王林平：《〈资本论〉及其手稿中的三种空间概念》，载《吉林大学社会科学学报》，2013 年第 5 期。

高惠珠：《生产力决定生产关系可能性空间》，载《哲学动态》，1988 年第 8 期。

龚文霞：《自由时间与人的全面发展》，载《求索》，2008 年第 9 期。

葛扬：《马克思土地资本化理论的现代分析》，载《经济学研究》，2007 年第 3 期。

胡潇：《空间的社会逻辑——关于马克思恩格斯空间理论的思考》，载《中国社会科学》，2013 年第 1 期。

胡潇：《社会形态的空间界画——试论马克思关于历史考量的空间尺度》，载《哲学研究》，2015 年第 10 期。

胡潇：《空间现象的文化解读——基于马克思恩格斯空间理念的思考》，载《学术研究》，2014 年第 9 期。

胡潇：《生产关系的地理学叙事——当代唯物史观空间解释的张力》，载《广州社会科学》，2014 年第 6 期。

胡潇：《空间的"生产性"解读——马克思恩格斯空间理论多维释义之一》，载《哲学动态》，2012 年第 9 期。

韩立新：《马克思的物质代谢概念与环境保护思想》，载《哲学研究》，2002 年第 2 期。

陈学明：《资本逻辑与生态危机》，载《中国社会科学》，2012 年第 11 期。

胡大平：《马克思主义与空间理论》，载《哲学动态》，2011 年第 11 期。

胡大平：《社会批判理论之空间转向与历史唯物主义的空间化》，载《江海学刊》，2007 年第 2 期。

胡大平：《"空间转向"与社会理论的激进化》，载《学习与探索》，2012 年第 5 期。

胡治艳：《重读〈论住宅问题〉——恩格斯的住房观及其启示》，载《马克思主义研究》，2011 年第 9 期。

胡承槐：《马克思总体方法论"八维社会时空结构"学说的基本涵义》，载《浙江社会科学》，2019 年第 10 期。

胡绪明、韩秋红：《〈历史与阶级意识〉与现代性批判》，载《长白学刊》，2006 年第 6 期。

胡贤鑫、胡舒扬：《略论马克思的土地所有权理论》，载《江汉论坛》，2014 年第 8 期。

赫曦滢：《马克思空间正义思想及其当代价值》，载《理论探索》，2018 年第 3 期。

景中强：《马克思“普照的光”的思想及其意义》，载《河南社会科学》，2003 年第 3 期。

景玉琴：《马克思虚拟资本思想探微》，载《天津师范大学学报（社会科学版）》，2019 年第 6 期。

纪宝成、谢莉娟、王晓东：《马克思商品流通理论若干基本问题的再认识》，载《中国人民大学学报》，2017 年第 6 期。

贾英健：《马克思社会时空观的实践维度与虚拟转向》，载《理论学刊》，2013 年第 4 期。

林密：《马克思“以时间消灭空间”的空间生产思想及其深层逻辑探微 》，载《哲学研究》，2019 年第 12 期。

林密：《马克思资本主义生产方式批判的空间视域》，载《天津社会科学》，2011 年第 1 期。

林密：《空间转向与马克思政治经济学批判的空间化》，载《江西社会科学》，2017 年第 9 期。

林坚：《唯物史观与“文化史”相关问题探讨》，载《马克思主义研究》，2008 年第 12 期。

林青：《马克思的劳动价值论与自由的实现途径》，载《现代哲学》，2017 年第 4 期。

林聚任：《论空间的社会性》，载《开放时代》，2015 年第 6 期。

林承园：《〈资本论〉空间理论探析》，载《政治经济学评论》，2019 年第 5 期。

罗文花：《马克思社会分工理论新析》，载《马克思主义研究》，2008 年第 6 期。

罗志勇、方世南：《马克思恩格斯经典著作中的生态公正思想探析》，载《东吴学术》，2018 年第 2 期。

吕敬美：《马克思的社会有机体概念及其评价论意蕴》，载《社会主义研究》，2014 年第 3 期。

李学智：《马克思恩格斯地理环境学说析论》，载《马克思主义与现实》，2010 年第 4 期。

李洋：《马克思时空正义视阈中人类命运共同体的世界意义》，载《社会主义研究》，2020 年第 6 期。

李春敏：《资本积累的全球化与空间的生产》，载《教学与研究》，2008 年第 6 期。

李春敏：《马克思的空间思想初探》，载《学术交流》，2009 年第 8 期。

李春敏、章仁彪：《资本全球化视阈下的几个社会空间问题——马克思的社会空间思想初探》，载《天津社会科学》，2010 年第 3 期。

李春敏：《马克思恩格斯对城市居住空间的研究及启示》，载《天津社会科学》，2011 年第 3 期。

李维意：《论马克思哲学的“实践主体”立场》，载《云南行政学院学报》，2006 年第 4 期。

李雪：《马克思主义城市空间正义理论及其治理启示》，载《湖南行政学院学报》，2021 年第 1 期。

卢嘉瑞：《论空间生产力系统》，载《学术论坛》，1994 年第 5 期。

卢嘉瑞：《试论空间生产力》，载《生产力研究》，1992 年第 4 期。

刘怀玉：《历史唯物主义为何与如何面对空间化问题》，载《天津社会科学》，2011 年第 1 期。

刘希刚：《马克思主义人化自然观的思想内涵及其绿色发展意蕴》，载《江海学刊》，2017 年第 3 期。

刘怀玉、鲁宝：《历史唯物主义视野中的城市哲学总问题——列斐伏尔的〈马克思主义思想与城市〉解析》，载《南京大学学报（哲学·人文科学·社会科学）》，2020 年第 3 期。

刘红雨：《论马克思恩格斯空间正义思想的三个维度》，载《西北师大学报（社会科学版）》，2013 年第 1 期。

刘红玉、彭福扬：《习近平创新思想的哲学阐释》，载《湖南大学学报（社会科学版）》，2018 年第 6 期。

刘建涛、浦佳：《马克思资本批判的三重视域论析》，载《南昌大学学报（人文社会科学版）》，2016 年第 5 期。

刘奔：《时间是人类发展的空间——社会时空特性初探》，载《哲学研究》，1991 年第 10 期。

陆扬：《空间理论和文学空间》，载《外国文学研究》，2004 年第 4 期。

马文保、程晓：《马克思资本积累的时空界限观念蠡测 》，载《人文杂志》，2016 年第 6 期。

倪志安、冯文平：《论马克思“实践的空间”思想》，载《黑龙江社会科学》，2014 年第 4 期。

牛苏林：《从“鸦片论”、“幻想论”到“掌握论”》，载《世界宗教文化》，2012 年第 6 期。

欧阳琼：《历史唯物主义与资本主义批判的空间转向》，载《江汉论坛》，2019 年第 3 期。

蒯正明：《阶级与阶级斗争：不能否定的马克思主义基本命题》，载《马克思主义研究》，2014 年第 11 期。

彭蕾、尹洁：《论马克思主义人化自然观与生态共同体的构建》，载《毛泽东邓小平理论研究》，2017 年第 10 期。

潘中伟：《历史唯物主义基本概念研究中的旧形而上学思维——以生产力决定论与生产关系决定论为例》，载《学术界》，2019 年第 11 期。

屈婷：《马克思城市化思想的演进历程及其方法论特征》，载《南开学报（哲学社会科学版）》，2019 年第 1 期。

屈炳祥：《〈资本论〉与马克思的土地经济学》，载《中南财经大学学报》，2000 年第 2 期。

齐勇：《西方马克思主义空间生产理论探析》，载《理论视野》，2014 年第 7 期。

任平：《论马克思主义哲学研究的出场学视域》，载《中国社会科学》，2008 年第 4 期。

任平：《论空间生产与马克思主义的出场路径》，载《江海学刊》，2007 年第 5 期。

任暟：《马克思政治经济学批判的生态意蕴及其启示》，载《北京行政学院学报》，2017 年第 2 期。

孙江：《工业资本主义生产方式的空间向度研究》，载《哲学动态》，2010 年第 10 期。

孙乐强：《〈资本论〉与马克思的空间理论》，载《现代哲学》，2013

年第5期。

孙全胜：《马克思“空间生产”生态批判伦理的三重理论形态》，载《重庆社会科学》，2020年第7期。

邵彦敏：《马克思土地产权理论的逻辑内涵及其当代价值》，载《马克思主义与现实》，2006年第3期。

时青昊：《“物质变换”与马克思的生态思想》，载《科学社会主义》，2007年第5期。

宋朝龙：《〈共产党宣言〉的空间逻辑与人类命运共同体的构建》，载《学术论坛》，2018年第3期。

沈家强：《论资本与全球化的多重逻辑》，载《社会科学家》，2010年第5期。

沈湘平、赵婧：《马克思“诸个体共同活动方式”理论及其启示》，载《北京师范大学学报（社会科学版）》，2019年第6期。

沙健孙：《用唯物史观考察殖民主义问题的重要著作》，载《思想理论教育导刊》，2010年第5期。

沈开艳：《对马克思剩余价值理论的若干新思考》，载《上海经济研究》，2010年第12期。

沈佳强、叶芳：《马克思“人化自然”命题的存在论含义解析》，载《浙江海洋学院学报（人文科学版）》，2017年第2期。

孙全胜：《论马克思“空间生产”的理论形态》，载《上海师范大学学报（哲学社会科学版）》，2020年第3期。

孙全胜：《论马克思社会空间批判理论的三重主题》，载《中共福建省委党校学报》，2016年第10期。

田毅鹏、张金荣：《马克思社会空间理论及其当代价值》，载《社会科学研究》，2007年第2期。

田海平：《资本逻辑的瓦解与经济伦理学的前提》，载《学习与探索》，2013年第10期。

邰丽华、李梦：《资本逻辑主导的城市空间生产研究》，载《经济纵横》，2019年第2期。

唐踔：《“世界交往”视阈下的马克思全球化思想》，载《甘肃联合大学学报（社会科学版）》2012年第1期。

王雨辰、高晓溪：《空间批判与国外马克思主义解放政治的逻辑》，载《哲学研究》，2016 年第 11 期。

吴细玲：《城市社会空间与人的解放》，载《哲学动态》，2012 年第 4 期。

汪民安：《全球化、空间与战争》，载《马克思主义与现实》，2007 年第 2 期。

薛秀军：《分工与自由：马克思分工理论的逻辑进路初探》，载《哲学研究》，2013 年第 4 期。

王淑芹：《资本与道德关系疏证》，载《马克思主义与现实》，2012 年第 1 期。

王志刚：《马克思〈政治经济学批判大纲〉中的空间思想》，载《教学与研究》，2015 年第 3 期。

王永章：《马克思资本逻辑悖论新探》，载《社会科学家》，2009 年第 10 期。

王友洛：《普照的光：人的全面自由发展理论在马克思学说中的地位》，载《学习论坛》，2010 年第 10 期。

王南湜：《社会时空问题的再考察》，载《社会科学战线》，2009 年第 3 期。

王南湜：《解释“时空压缩”现象需要“空间转向”吗？——一种基于扩展马克思剩余价值论的透视》，载《学习与探索》，2015 年第 1 期。

王元璋、杨丽艳：《马克思资本积累理论的方法论及其现实意蕴》，载《江汉论坛》，2008 年第 4 期。

王建刚：《马克思“真正共同体”思想形成的文本考据》，载《中共中央党校学报》，2018 年第 5 期。

王东：《中国道路哲学创新的源头活水——〈资本论〉中蕴涵的“劳动、资本、国家”三元结构论》，载《武汉大学学报（哲学社会科学版）》，2018 年第 6 期。

王秋艳、汪斌锋：《从“全球化”到“逆全球化”：资本空间生产的限度及超越》，载《宁夏社会科学》，2019 年第 2 期。

王贵喜：《社会历史空间：历史唯物论的重要范畴》，载《重庆邮电大学学报》，2016 年第 4 期。

王永贵、黄婷：《人类命运共同体为打造世界新秩序提供中国智慧》，载《红旗文稿》，2019 年第 9 期。

王兴中等：《国外对空间剥夺及其城市社区资源剥夺水平研究的现状与趋势》，载《人文地理》，2008 年第 6 期。

吴耀国：《世界历史和世界市场的时空维度》，载《武汉大学学报(人文科学版)》，2016 年第 1 期。

吴耀国：《“世界历史”与“世界市场”的辩证关系——基于马克思社会批判理论中的时空维度分析》，载《河南大学学报（社会科学版)》，2016 年第 1 期。

薛稷：《空间批判与正义发掘》，载《马克思主义与现实》，2018 年第 4 期。

郗戈：《从资本逻辑看“全球现代性”的内在矛盾》，载《教学与研究》，2011 年第 7 期。

徐德斌、赫曦滢：《以人民为中心理念指导下的空间正义叙述范式研究》，载《中共天津市委党校学报》，2019 年第 2 期。

徐正非：《马克思美的规律论新解》，载《华中师范大学学报（人文社会科学版)》，2003 年第 1 期。

徐秦法、刘星亮：《马克思宗教观的精神向度》，载《科学与无神论》，2018 年第 5 期。

夏一璞：《马克思资本空间化思想的现实启示》，载《重庆社会科学》，2018 年第 5 期。

熊进：《马克思时间概念的三维特质 》，载《北方论丛》，2011 年第 6 期。

夏春玉：《马克思的流通理论及其评价》，载《当代经济科学》，1997 年第 3 期。

俞吾金：《马克思时空观新论》，载《哲学研究》，1996 年第 3 期。

杨楹：《论马克思哲学的理论立场》，载《哲学研究》，2003 年第 8 期。

余章宝：《马克思社会时空观探微》，载《学术月刊》，1998 年第 5 期。

于桂芝：《马克思世界历史视阈下个人生存境况探析》，载《学习与探索》，2010 年第 3 期。

袁久红：《马克思〈1857—1858 年经济学手稿〉中的空间思想及其

政治意蕴》，载《天津社会科学》，2014 年第 4 期。

闫永飞：《马克思劳动价值论的本质内涵和阶级意义》，载《江汉论坛》，2011 年第 9 期。

姜涌：《马克思劳动主体性的正义坐标》，载《山东社会科学》，2015 年第 4 期。

姚顺良、刘怀玉：《自在自然、人化自然与历史自然》，载《河北学刊》，2007 年第 5 期。

杨文进：《论马克思资本积累理论的逻辑结论》，载《经济评论》，2007 年第 1 期。

杨小冬、贺善侃、高晓红：《基于城市化的马克思空间正义思想探析》，载《中国地质大学学报（社会科学版）》，2020 年第 3 期。

姚新立：《〈资本论〉中的空间维度》，载《理论视野》，2012 年第 8 期。

杨勇兵：《马克思实践的人化自然观及其当代意义》，载《理论导刊》，2010 年第 3 期。

杨竞业：《论“文化正义”概念》，载《理论月刊》，2013 年第 5 期。

仰海峰：《弹性生产与资本的全球空间规划——从马克思到哈维》，载《江海学刊》，2008 年第 2 期。

张雄：《政治经济学批判：追求经济的“政治和哲学实现”》，载《中国社会科学》，2015 年第 1 期。

张文莲：《马克思的个人发展理论及其当代价值》，载《哲学研究》，2006 年第 5 期。

张双利：《资本主义宗教与历史唯物主义》，载《世界哲学》，2012 年第 6 期。

张雄：《构建当代中国马克思主义政治经济学的哲学思考》，载《马克思主义与现实》，2016 年第 3 期。

张荣军：《资本空间的三重向度》，载《社会科学家》，2014 年第 7 期。

周德海：《也论资本的文明作用——对马克思资本概念的重新认识》，载《管理学刊》，2017 年第 1 期。

周志山：《从分离与对立到统筹与融合——马克思的城乡观及其现实

意义》，载《哲学研究》，2007 年第 10 期。

朱燕：《马克思主义分工理论视角下两种经济全球化模式比较研究》，载《马克思主义研究》，2017 年第 10 期。

朱宝信：《空间是个人活动的时间——读〈时间是人类发展的空间〉有感》，载《内蒙古社会科学（文史哲版）》，1996 年第 1 期。

庄友刚：《空间生产与当代马克思主义哲学范式转型》，载《学习论坛》，2012 年第 8 期。

郑丽莹：《论新马克思主义城市学派对资本主义城市空间的三重批判》，载《重庆社会科学》，2020 年第 1 期。

庄友刚：《何谓空间生产？——关于空间生产问题的历史唯物主义分析》，载《南京社会科学》，2012 年第 5 期。

张雷声：《马克思的资本积累理论及其现实性》，载《山东社会科学》，2017 年第 1 期。

庄友刚、仇善章：《资本空间化与空间资本化：关于空间生产的现代性和后现代性话语》，载《山东社会科学》，2013 年第 2 期。

张佳：《全球化语境中的空间政治建构——大卫·哈维对资本主义替代性方案的思考》，载《山东社会科学》，2013 年第 5 期。

张冰：《资本主义生产与艺术相敌对》，载《江西社会科学》，2013 年第 11 期。

赵纯昌：《论时间与空间的社会性》，载《北方论丛》，1995 年第 2 期。

张康之：《基于人的活动的三重空间——马克思人学理论的自然空间、社会空间和历史空间》，载《中国人民大学学报》，2009 年第 4 期。

张梧：《资本空间化与空间资本化》，载《中国人民大学学报》，2017 年第 1 期。

邹诗鹏：《论马克思恩格斯的民族国家观》，载《复旦学报（社会科学版）》，2017 年第 2 期。

郑千千、朱炳元：《马克思虚拟资本理论及其现实意义》，载《苏州大学学报（哲学社会科学版）》，2010 年第 4 期。

张荣兴、方汉文：《马克思“世界文学”观念的新阐释》，载《苏州大学学报（哲学社会科学版）》，2017 年第 4 期。

朱宝信：《马克思论资本的文明作用》，载《西南师范大学学报（人文社会科学版)》，2003 年第 2 期。

左路平、赵爱霞：《〈共产党宣言〉蕴涵的全球空间思想与人类命运共同体构建》，载《石河子大学学报（哲学社会科学版)》，2018 年第 6 期。

章仁彪：《“人化自然”：和谐社会建构中的三大空间论——从“全球化”语境下的当代时空观谈起》，载《同济大学学报（社会科学版)》，2007 年第 4 期。

张雷声：《〈资本论〉关于资本和雇佣劳动关系分析的整体意蕴》，载《求索》，2017 年第 9 期。

邱华宇、崔琳菲：《从空间维度理解马克思主义及现实——访美国纽约城市大学教授大卫·哈维》，载《理论视野》，2018 年第 9 期。

张秀华：《马克思“人也按照美的规律来建造”——“生态文明”的生存论根基》，载《理论探讨》，2009 年第 4 期。

张晶晶：《空间发展悖论——论马克思对资本主义社会空间的批判》，载《理论导刊》，2020 年第 2 期。

张荣军：《当代中国城市空间生产与空间正义》，载《学术探索》，2015 年第 8 期。

赵家祥：《资本逻辑是资本主义社会的“普照的光”》，载《中国延安干部学院学报》，2019 年第 6 期。

张凌云：《马克思的亚细亚生产方式理论：研究过程与逻辑叙述》，载《上海社会科学学术季刊》，1992 年第 4 期。

朱解放：《马克思交通运输理论及其指导意义》，载《中国物流与采购》，2011 年第 6 期。

报纸类：

习近平：《更好统筹国内国际两个大局 夯实走和平发展道路的基础》，载《人民日报》，2013 年 1 月 30 日，第 1 版。

胡锦涛：《坚定不移沿着中国特色社会主义道路前进 为全面建成小康社会而奋斗》，载《人民日报》，2012 年 11 月 9 日，第 1 版。

外文文献类：

David Pepper, *Eco-Socialism: From Deep Eeep Ecology to Social Justice*,

Routledge, 1993, p. 95.

David Harvey, *The Geopolitics of Capitalism*, *In Gregory and Urry* (*eds.*), *Social Relations and Spatial Structures*, London: Macmillan, 1985, p. 143.

M. Foucault, *Questions on Geography*, *In C. Gordon* (*ed.*), *Power/Knowledge: Selected Interviews and Other Writings 1972 - 1977*, New York: Pantheon, 1980, p. 70.

Henri Lefebvre, *The Production of Space*, Trans by Donald Nicholson-Smith. Malden, MA: Blackwell Publishing, 1991, p. 46.

H. Lefebvre, *The Urban Revolution*, Twin Cities: University of Minnesota Press, 2003, p. 155.

R. J. Holton, *Cities*, *Capitalism and Civilization*, London: Allen & Unvin, 1986, p. 45.

Henri Lefebvre, *The Survival of Capitalism*, *Reproduction of the Relations of production*, Trans by Frank Bryant, London: Allison & Busby, 1978, p. 70.

Andrzej Zieleniec, *Space and Social Theory*, London: SAGE Publications: 2007, p. 93.

Michel Foucault, "Of Other Space", *Diacritics*, Vol. 16, No. 1, Spring, 1986.